高校土木工程专业规划教材

建设工程法规

祝连波　主　编
李　瑾　杨　曼　副主编

中国建筑工业出版社

图书在版编目（CIP）数据

建设工程法规/祝连波主编. —北京：中国建筑工业
出版社，2018.1
高校土木工程专业规划教材
ISBN 978-7-112-21705-2

Ⅰ．①建…　Ⅱ．①祝…　Ⅲ．①建筑法-中国-高等
学校-教材　Ⅳ.①D922.297

中国版本图书馆 CIP 数据核字（2017）第 325144 号

本书依据最新的法律法规编写。本书的主要内容包括：建设工程法规引论；
建设工程法律基础；城乡规划法律制度；土地管理法规；工程咨询法律制度；建
筑法法律法规；建设工程招标投标法律法规；建设工程质量管理法规；建设工程
安全生产管理法规；城市房地产管理法规；市政工程建设法规；建筑节能法规；
噪声污染防治法规；固体废物环境防治法规；建设项目环境保护及评价法规；大
气污染的防治规定；水污染的防治规定。

本书供高校师生使用，亦可供相关从业人员参考。

责任编辑：张　磊　郭　栋
责任校对：李美娜

高校土木工程专业规划教材
建设工程法规
祝连波　主　编
李　瑾　杨　曼　副主编
＊
中国建筑工业出版社出版、发行（北京海淀三里河路 9 号）
各地新华书店、建筑书店经销
霸州市顺浩图文科技发展有限公司制版
北京建筑工业印刷厂印刷
＊
开本：787×1092 毫米　1/16　印张：19½　字数：475 千字
2018 年 4 月第一版　2018 年 4 月第一次印刷
定价：**42.00** 元
ISBN 978-7-112-21705-2
（31560）

前　　言

随着我国经济的迅速发展，工程建设在国民经济中的地位举足轻重。由于工程建设项目具有投资大、涉及面广、建设周期长，与国民经济运行和人民生命财产安全密切相关等特点，因此，加强建设领域法规建设，普及建设工程法律知识，以法律来规范建设工程活动显得尤为重要。

建设工程法规是工程管理、工程造价、土木工程、交通工程及相关专业的一门专业技术课，是国家建筑类注册执业资格考试的一门必考课，通过对该课程的学习，使学生掌握并遵守建设工程法律法规，培养学生的法律素养，为未来走向工作岗位，做一名懂法、守法、用法的建设者奠定坚实的基础。本教材以《高等学校工程管理本科指导性专业规范》《高等学校工程造价本科指导性专业规范》《高等学校土木工程本科指导性专业规范》及现行建设工程法律法规为编写依据，教材具有以下几个突出特点：

1. 理论联系实践，有较强的实践性。围绕工程建设活动，以提升读者对建设工程法规的理解力为目的，引用大量真实案例，使读者置身于真实的法律环境中，以案说法、以案学法，具有较强的实践性和针对性，激发学生学习建设工程法规的热情。

2. 内容新颖实用。教材编写过程中以当前颁布的国家最新建设工程法规为依据（注：截止到 2017 年 11 月 30 日以前颁布的建设工程法律和法规），尽量吸收工程建设实践中的最新成果，反映我国建设工程法规的最新动态。

3. 语言流畅，通俗易懂。考虑到土建类专业学生在学习本课程时，一般没有进行法学方面的预备课学习，教材在解释建设工程法规专用词汇时，尽量做到浅显易懂，便于理解和掌握。

4. 教材内容广泛，知识体系具有综合性。在教材的编写过程中，注意相关知识体系的融合，如在编写建设工程招标投标法规时，以《中华人民共和国招标投标法》为主线，并把《工程建设项目施工招标投标办法》《评标委员会和评标暂行规定》《工程建设项目招标范围和规模标准规定》和《工程建设项目勘察设计招标投标办法》等相关法规融入编写内容中，既增加教材知识体系的综合性，又加深读者对建设工程招标投标法规知识理解的深度。

5. 教材知识结构合理，具有系统性。教材在知识结构上以工程建设基本程序为主线，做到知识主线清晰，层次分明、重点突出。

本书由苏州科技大学土木工程学院祝连波教授担任主编，由兰州交通大学博文学院李瑾老师和兰州交通大学博文学院杨曼老师担任副主编。全书共 12 章，各章的分工为：第 3 章、第 4 章和第 6 章由祝连波老师撰写，第 1 章、第 2 章和第 5 章由杨曼老师撰写，第 7 章、第 8 章和第 10 章由李瑾老师撰写，第 9 章、第 11 章和第 12 章由陇东学院土木工程学院曹李祥老师撰写。

在本书编写过程中，查阅和参考了大量的建设法规方面的文献资料和有关专家的著述，在此对他们表示衷心的感谢。

本书可以作为各级各类院校土木工程专业、工程管理专业或工程造价专业师生的教学用书，亦可作为建设领域行政管理者、建设项目管理者和从业人员的参考书。

由于编者水平有限，书中难免有不妥或错误之处，敬请各位读者、专家批评指正。

目　　录

1　建设工程法规引论

1.1　建设工程法律概述

1.1.1　法及法律的概述

1. 法的概述

"法"字在汉语中多用来表示"法律"、"刑法"等义，它的含义古今变化不大。后来由"法律"义引申出"标准"、"方法"等义，这是大家都比较熟悉的。"法"字在古代本来是个会意字，但从现在的字形上已经完全看不出来了。原来"法"字本写作"灋"，非常复杂，但它的会意意思却看得非常清楚。

中文法字，在西周金文中写作"灋"，与其他汉字一样，是一个绝妙的意象丰富的象形文字。汉代许慎《说文解字》说："灋，刑也。平之如水，故从水；廌所以触不直者去之，从去。"灋由三部分组成：氵、廌、去。氵，平坦之如水，一说预示法如水一样平，是为公平、公正；一说将人犯置于水面凛去。廌（音 zhi），神兽。

《说文解字》说："解廌，兽也。似山羊一角。古者决讼，令触不直。象形从豸者。凡廌之属，皆从廌。"《后汉书·舆服志》说："獬豸神羊，能别曲直。"在这里，廌为图腾动物，一角之圣兽，代表正直、正义、公正，或说是正义之神（性直恶曲），具有审判功能、职能，能为人分清是非曲直、对错，助狱为验。去，"人相违也"。去即对不公正行为的惩罚。一说判决把人驱逐出去，从原来的部落、氏族中驱逐出去，于水上凛去（古代之流刑），或交由神明判决，由神兽"触不直者去之。"

由此可知：

（1）法是一种判断是非曲直、惩治邪恶的（行为）规范，是正义的、公平的。

（2）法律是一种活动，是当人们相互间发生争执无法解决时，由廌公平裁判的一种审判活动；是当人们的行为不端、不公正时，由圣兽行使处罚的惩罚活动。

（3）法律的产生、实施离不开廌这一圣兽，它是社会权威力量的代名词，是社会强制力的代表。没有圣兽作为切实保障机制，法律没有神圣性，无法发挥出它的功能、威力。

法的概念因为学派的不同而有所不同。

德国拉德布鲁赫认为："法"不仅仅是一个范畴，一切法律上的考察是由此出发并以此为基础的，也不仅仅是一种思考方式，舍此根本不能思考法律之事，而且它还是一种现实的文化形态，其使法律世界的一切事实得以形成和塑造。

英国霍布斯从立法者的角度认为：法是国家对人民的命令，用口头说明，或用书面文字，或用其他方法所表示的规则或意志，用以辨别是非、指示从违。

美国弗兰克从司法者角度认为：就任何具体而言，法或者是实际的法，即关于这一情况的一个过去的判决；或者是大概的法，即关于一个未来判决的预测。

美国霍贝尔从守法者的角度认为：法律是这样一种社会规范，即如果有人对它置之不理或违反，拥有社会承认的权力的个人或集团就会以使用武力相威胁或实际使用武力。

美国庞德从法的作用的角度认为：法是为发达的政治上组织起来的社会高度专门化的社会控制形式——一种通过有系统、有秩序地适用社会强力的社会控制。

《法理学》主编张文显教授认为：法是指由国家专门机关创制的、以权利义务为调整机制并通过国家强制力保证实施的、调整行为关系的社会规范，它是意志与规律的结合，是阶级统治和社会管理的手段，它应当是通过利益调整从而实现社会正义的工具。

法是体现统治阶级意志的由国家制定或认可并以国家强制力保证实施的规范体系。

一般来说，调整人们行为的社会规范，有道德规范、宗教规范、纪律规范和法律规范。

法的特征与本质：

① 法是体现统治阶级意志的社会规范。

法是统治阶级的整体意志，而不是个别统治者的意志或统治者个人意志的简单相加。不是统治阶级意志的全部，而仅仅是上升为国家意志的那部分意志。

② 法是由国家强制力保障实施的社会规范。

法律规范区别于道德规范、宗教规范、纪律规范等其他社会规范的首要之处在于，它是由国家制定或认可的并由国家强制力保障实施的社会规范体系。

③ 法是受社会物质生活条件决定的社会规范。

物质资料的生产方式是决定社会面貌、性质和发展的根本原因，也是决定法律本质、内容和发展方向的根本因素。

综上所述，法是由国家制定或认可，并以国家强制力保证实施的，反映统治阶级意志的规范体系。法通过规定人们在相互关系中的权利和义务，确认、保护和发展对统治阶级有利的社会关系和社会秩序。

2. 法律的概述

法律是由享有立法权的立法机关（全国人民代表大会和全国人民代表大会常务委员会）行使国家立法权，依照法定程序制定、修改并颁布，并由国家强制力保证实施的法律总称。包括基本法律、非基本法律。法，可划分为宪法、法律、行政法规、地方性法规及自治条例和单行条例。宪法是高于其他法律部门（法律、行政法规、地方性法规、自治条例和单行条例）的国家根本大法，它规定国家制度和社会制度最基本的原则，公民基本权利和义务，国家机构的组织及其活动的原则等。法律是从属于宪法的强制性规范，是宪法的具体化。宪法是国家法的基础与核心，法律则是国家法的重要组成部分。法律可划分为基本法律（如刑法、刑事诉讼法、民法总则、民事诉讼法、行政诉讼法、行政法、商法、国际法等）和非基本法律（如商标法、文物保护法、建筑法等）。行政法规，是国家行政机关（国务院）根据宪法和法律，制定的行政规范的总称。

法律是维护国家稳定、各项事业蓬勃发展的最强有力的武器，是捍卫人民群众权利和利益的工具，也是统治者统治被统治者的手段。法律是一系列的规则，通常需要经由一套制度来落实。

3. 法律规范

法律首先是指一种行为规范，所以规范性就是它的首要特性。规范性是指法律为人们的行为提供模式、标准、样式和方向。法律同时还具有概括性，它是人们从大量实际、具体的行为中高度抽象出来的一种行为模式，它的对象是一般的人，是反复适用多次的。法律还具有普遍性，即法律所提供的行为标准是按照法律规定所有公民一概适用的，不允许有法律规定之外的特殊，即要求"法律面前人人平等"，一旦触犯法律，便会受到相应的惩罚，对其教育，改良。

法律规范不同于其他规范的另一个重要特征是它的严谨性。它由特殊的逻辑构成。构成一个法律的要素有法律原则、法律概念和法律规范。每一个法律规范由行为模式和法律后果两个部分构成。行为模式是指法律为人们的行为所提供的标准和方向。其中，行为模式一般有三种情况：

① 可以这样行为，称为授权性规范；

② 必须这样行为，称为命令性规范；

③ 不许这样行为，称为禁止性规范。

（1）法律是国家制定或认可的行为规范

这是法律来源上的一个重要特征。所谓国家制定和认可是指法律产生的两种方式。国家制定形成的是成文法，国家认可形成的通常是习惯法。

（2）法律是国家确认权利和义务的行为规范

法律所规定的权利和义务，不同于其他社会规范的权利和义务，它是由国家确认或认可和保障的一种关系，这是法律的一个重要特征。

（3）法律是由国家强制力保障实施的行为规范

由于法律是一种国家意志，它的实施就由国家强制力来保障。法律所规定的权利和义务是由专门的国家机关以强制力保证实施的，国家的强力部门包括军队、警察、法庭、监狱等有组织的国家暴力。

（4）法律是调整社会关系的行为规范

因为社会是指以物质生产为基础而结成的人们的总体，法律的调整是指向人们的行为，是对人们行为所设立的标准，即调整一定的社会关系。

（5）法律是具有普遍性的社会规范

① 普遍的有效性，在一国主权内法具有普遍效力；

② 普遍的一致性，法律不可以强人所难；

③ 法具有可诉性；

④ 法律的程序性。法律强制实施是通过法定时间与法定空间上的步骤和方式而得以实现的。

1.1.2 建设工程法规概述

1. 建设工程法规概念

建设法规是指国家立法机关或其授权的行政机关制定的，旨在调整国家及其有关机构、企事业单位、社会团体、公民之间，在建设活动中或建设行政管理活动中发生的各种社会关系的法律、法规的统称。建设法规体现了国家对城市建设、乡村建设、市政及社会公用事业等各项建设活动进行组织、管理、协调的方针、政策和基本原则。

建设业是我国国民经济的支柱产业，建设活动对国民经济、人们生活和社会的可持续发展关系密切，国家对其必须进行全面的规范管理，在建设活动中需要有完善的法律、行政法规和部门规章来规范与调整建设事业中的各种社会关系。

2. 建设工程法规调整的对象

我国建设法规的调整对象，即建设关系，是指由建设法规所规范的，在建设活动中发生的各种社会关系，它包括建设活动中所发生的行政管理关系、经济协作关系及其相关的民事关系。

（1）建设活动中的行政管理关系

建设活动中的行政管理关系指国家及其建设行政主管部门与建设单位、设计单位、施工单位及有关单位（如中介服务机构）之间发生的规划、指导、协调、服务、检查、监督、调节与控制等关系。

建设活动与人们的生命财产安全、社会的文明进步息息相关，国家对此必须进行全面的严格管理。因此，国家及其建设行政主管部门通过制定建设法规对建设活动进行行政监督和管理。

（2）建设活动中的经济协作关系

工程建设是非常复杂的活动，是多方主体参与的系统工程。在完成建设活动中，参建方有各自的利益，为了实现利益最大化，必然要寻求协作伙伴，进而就产生相互间的建设经济协作关系。如建设单位委托监理单位完成工程监理任务，从而产生委托与被委托关系。为了避免纠纷和矛盾的发生，在协作过程中所产生的关系需要借助建设法规来加以规范、调整。

（3）建设活动中的民事关系

建设活动中的民事关系是建设活动中由民事法律规范所调整的社会关系，具体是指平等主体之间的自然人、法人及其他组织因从事建设活动而产生的民事权利和义务关系，主要包括财产关系和人身关系。如在工程质量事故中某民工身体伤害的赔偿关系，房地产交易中买卖、租赁、不动产权属关系等都属于建设活动中的民事关系。建设活动中的民事关系既涉及公共利益，又关系着个人的权益。因此，必须要受到国家强制力调整的范围，由法律和行政法规予以规范和调整。

以上三种社会关系是在从事建设活动时所形成的，它们与其他活动中所形成的社会关系既有相同点，又有其自身的特点。因此，规范建设活动不能完全用普通的法律规范来调整，而必须由建设法规来调整。

3. 建设工程法规的特征

建设法规作为调整建设活动社会关系的法律规范，除具备一般法律基本特征外，还具有不同于其他法律的特有的属性。

（1）行政隶属性

行政隶属性是建设法规区别于其他法律的主要特征。调整方式包括：

① 授权

国家通过建设法规，授予国家行政建设管理机关管理权限，对建设活动进行监督管理。如《中华人民共和国建筑法》第七条规定："建筑工程开工前，建设单位应当按照国家有关规定向工程所在地县级以上人民政府建设行政主管部门申请领取施工许可证。"该规定授权工程所在地县级以上人民政府建设行政主管部门可以向建设单位核发建设工程施工许可证的权利。

② 许可

国家通过建设法规，允许特别的主体在法律允许范围内有某种作为的权利。如《中华人民共和国招标投标法实施条例》中第十三条第一款规定："招标代理机构在其资格许可和招标人委托的范围内开展招标代理业务，任何单位和个人不得非法干涉。"

③ 命令

国家通过建设法律规范赋予建设法律关系主体某种作为的义务，如《对外承包工程管理条例》第十条第二款规定："对外承包工程的单位将工程项目分包的，应当与分包单位订立专门的工程质量和安全生产管理协议，或者在分包合同中约定各自的工程质量和安全生产管理责任，并对分包单位的工程质量和安全生产工作统一协调、管理。"

④ 免除

国家通过建设法律规范，对主体依法应履行的义务在特定情况下予以免除。如《国家安全监管总局办公厅关于做好注册安全工程师恢复注册有关工作的通知》（安监总厅人事〔2017〕83号）规定："执业证有效期截止日期在2015年5月27日（注册工作暂停之日）至2017年10月30日（注册工作恢复之日前1天）期间的，需重新注册。自注册工作恢复之日起一年内申请重新注册的，若执业单位未发生变化，仅需在注册管理系统填报相关信息，免除提供继续教育证明，也不必报送有关纸质申请材料；若执业单位发生变化，仅免除提供继续教育证明。"

⑤ 禁止

国家通过建设法律规范赋予建设法律关系主体某种不作为的义务，如《中华人民共和国建筑法》第二十四条"禁止将建筑工程肢解发包"就属于禁止。

⑥ 计划

国家通过工程建设法律规范，对工程建设进行计划调节。如《国务院办公厅关于保障性安居工程建设和管理的指导意见》（国办发〔2011〕45号）规定："要因地制宜，科学编制建设规划，统筹安排年度建设任务。"这里的"建设规划"属于计划。

⑦ 撤销

国家通过建设法律规范授予建设行政管理机关运用行政权力对某些权利能力或法律资格予以撤销或消灭。如《中华人民共和国行政许可法》第六十九条第一款规定："有下列情形之一的，作出行政许可决定的行政机关或者其上级行政机关，根据利害关系人的请求或者依据职权，可以撤销行政许可：

（一）行政机关工作人员滥用职权、玩忽职守作出准予行政许可决定的；

（二）超越法定职权作出准予行政许可决定的；

（三）违反法定程序作出准予行政许可决定的；

（四）对不具备申请资格或者不符合法定条件的申请人准予行政许可的；

（五）依法可以撤销行政许可的其他情形。

被许可人以欺骗、贿赂等不正当手段取得行政许可的，应当予以撤销。"

（2）经济性

随着我国社会经济的发展，建筑业与工业、农业、商业和运输业共同构成国民经济的五大物质生产部门。因此，建筑业的经济性特征非常明显。工程建设法的经济性既包括财产性，也包括其与生产、分配、交换、消费的关联性。如房地产开发、工程建设勘察设计、施工、工程监理活动都直接为社会创造财富，其经济性特征非常显著。

（3）政策性

建设法规体现着国家的建设政策，具有政策性的特征。它一方面是实现国家建设政策的工具，另一方面也把国家建设政策具体化、规范化。比如为规范建筑业企业资质管理，依据《建筑业企业资质管理规定》（建设部令第 159 号）及相关法律法规，制定《建筑业企业资质管理规定实施意见》。

（4）技术性

建设产品的质量与人民的生命财产紧密相连，而建设活动又是一项技术性很强、安全要求很高的生产活动。为了保证建设产品的质量和人民生命财产的安全，必须要制定大量的专门技术规范类建设法规直接或间接约束工程建设参约方的行为，如《建筑抗震设计规范》对建筑结构抗震设计提出具体要求；为规范工程造价计价行为，统一建设工程工程量清单的编制和计价方法，住房和城乡建设部颁布了《建设工程工程量清单计价规范》GB 50500。

1.2 建设工程法规体系

1.2.1 建设工程法规体系的概念

法规体系也称法的体系，通常指由一个国家现行的各个部门法构成的有机联系的统一整体。在我国法规体系中，根据所调整的社会关系性质不同，可以划分为不同的部门法，如宪法及宪法相关法、民商法、行政法等。

建设工程法规体系，是指把已经制定的和需要制定的建设法律、行政法规、部门规章和地方法规、地方规章有机结合起来，形成的一个相互联系、相互补充、相互协调的完整统一的框架体系。

建设工程法规体系是国家法规体系的重要组成部分，它必须与国家的宪法和相关法律保持一致，但它又相对独立，自成体系。

1.2.2 建设工程法规体系的构成

根据《中华人民共和国立法法》有关立法的相关规定，我国建设法规体系构成如下：

1. 宪法

宪法是国家的根本大法，是治国安邦的总章程。宪法以法律的形式确认了中国各族人民奋斗的成果，规定了国家的根本制度和根本任务，是国家的根本法，具有最高的法律效力。全国各族人民、一切国家机关和武装力量、各政党和各社会团体、各企业事业组织，都必须以宪法为根本的活动准则，并且负有维护宪法尊严、保证宪法实施的职责。

2. 建设法律

法律由于制定机关的不同可分为两大类：一类为基本法律，即由全国人民代表大会制定和修改有关刑事、民事、国家机构的和其他方面的规范性文件，如《中华人民共和国民法总则》。另一类为基本法律以外的其他法律，又称非基本法律，是由全国人民代表大会常务委员会制定和修改，如《中华人民共和国建筑法》。此处的法律仅指全国人大及其常委会制定和修改的法律，其地位和效力仅次于宪法，在全国范围内实施。

建设法律是指由全国人民代表大会及其常委会制定和修改的属于国务院建设行政主管部门主管业务范围的各项法律，它们是建设法规体系的核心和基础。

建设法律包括但不限于以下法律：《中华人民共和国建筑法》《中华人民共和国招标投

标法》《中华人民共和国合同法》《中华人民共和国城市规划法》《中华人民共和国房地产管理法》《中华人民共和国安全生产法》《中华人民共和国民法总则》《中华人民共和国土地管理法》《中华人民共和国防震减灾法》《中华人民共和国物权法》《中华人民共和国固体废物污染环境防治法》等。

3. 建设行政法规

建设行政法规是指国务院依法制定并颁布的建设领域行政法规的总称。建设行政法规在建设法规体系中居"中坚"地位。如《建设工程质量管理条例》《建设工程安全生产管理条例》《物业管理条例》《住房公积金管理条例》《建设工程勘察设计管理条例》《安全生产许可证条例》《城市房地产开发经营管理条例》《中华人民共和国注册建筑师条例》等。

4. 建设部门规章

建设部门规章，是指住房和城乡建设部或国务院有关部门根据国务院规定的职责范围，依法制定并颁布的建设领域的各项规章。建设部门规章的名称一般是"规定""办法"和"实施细则"等，但不得称"条例"。

目前大量的建设法规都是以部门规章的方式发布的，如《工程建设项目施工招标投标办法》《建设工程勘察质量管理办法》《评标委员会和评标方法暂行规定》《建设工程质量检测管理办法》《建筑工程施工许可管理办法》《建筑业企业资质管理规定》等。

5. 地方性建设法规

地方性建设法规是指由省、自治区、直辖市人民代表大会及其常委会制定颁行的或经其批准颁布的由下一级人大或常委会制定的建设方面的法规。我国的地方人民政府分为四级，即省、市（设区的市）、县、乡四级。其中省级中包括自治区、直辖市，县级中包括县级市，即不设区的市。县、乡级没有立法权。省、自治区、直辖市以及省会城市、自治区首府有立法权。而地级市中有些有立法权，有些没有立法权，有立法权的必须是国务院批准的规模较大的市。

地方性法规在其所管辖的行政区内具有法律效力，如《宁夏回族自治区建设工程造价管理条例》《珠海市地下管线管理条例》《深圳经济特区物业管理条例》《武汉市建筑节能与新型墙体材料应用管理条例》《上海市住房公积金管理若干规定》《合肥市城市规划管理办法》《深圳经济特区建设监理条例》等。

6. 地方性建设规章

地方性建设规章是指由省、自治区、直辖市人民政府依法制定颁布的或经其批准颁布的，由其所辖市级人民政府制定的有关建设方面的规章、办法，在其管辖范围内适用。如《云南省城市建设档案管理规定》《长春市政府投资建设项目审计监督办法》《天津市建设工程勘察设计管理规定》《咸宁市城乡个人住宅规划建设管理办法》等。

建设法律的法律效力最高，层次越往下的法规法律效力越低。法律效力低的建设法规不得与比其法律效力高的建设法规相抵触；否则，其相应规定将被视为无效。

1.3 建设工程法规立法

1.3.1 建设立法的概念

立法是指国家权力机关及其行政机关依照其权限，按照一定的程序制定、修改或废止法律、法规的活动。

建设立法是指国家权力机关和行政机关按照宪法、法律规定的权限和程序制定、修改和废止建设法律、法规的活动。

1.3.2　建设立法的机构

根据 2004 年 3 月 14 日第十届全国人民代表大会第二次会议修订的《宪法》和 2015 年 3 月 15 日第十二届全国人民代表大会第三次会议修订的《中华人民共和国立法法》（以下简称《立法法》）规定，建设法规按立法权限可分 5 个层次：全国人民代表大会和全国人民代表大会常务委员会制定的建设法律；国务院制定的建设法规；住房和城乡建设部或国务院有关部门制定的建设部门规章；省、自治区、直辖市人大及其常委会制定的地方建设法规；省、自治区、直辖市和较大市的人民政府制定的地方建设规章。

1. 全国人民代表大会及其常务委员会的建设立法权

《立法法》对全国人民代表大会及其常务委员会的立法权限进行规定，《立法法》第七条规定："全国人民代表大会和全国人民代表大会常务委员会行使国家立法权。

全国人民代表大会制定和修改刑事、民事、国家机构的和其他的基本法律。

全国人民代表大会常务委员会制定和修改除应当由全国人民代表大会制定的法律以外的其他法律；在全国人民代表大会闭会期间，对全国人民代表大会制定的法律进行部分补充和修改，但是不得同该法律的基本原则相抵触。"

2. 国务院的立法权

《立法法》第六十五条规定："国务院根据宪法和法律，制定行政法规。行政法规可以就下列事项作出规定：

（一）为执行法律的规定需要制定行政法规的事项；

（二）宪法第八十九条规定的国务院行政管理职权的事项。

应当由全国人民代表大会及其常务委员会制定法律的事项，国务院根据全国人民代表大会及其常务委员会的授权决定先制定的行政法规，经过实践检验，制定法律的条件成熟时，国务院应当及时提请全国人民代表大会及其常务委员会制定法律。"

3. 国务院各部门的建设立法权

建设部门规章的立法机构是国务院各部委。建设部门规章一方面可以将法律、行政法规的规定进一步具体化，以便于更好地贯彻执行；另一方面建设部门规章作为对法律、行政法规的补充，可以更好地为建设法律关系主体实施建设行为和行政行为提供指导依据。

4. 地方国家权力机关的建设立法权

《立法法》第七十二条规定："省、自治区、直辖市的人民代表大会及其常务委员会根据本行政区域的具体情况和实际需要，在不同宪法、法律、行政法规相抵触的前提下，可以制定地方性法规。

设区的市的人民代表大会及其常务委员会根据本市的具体情况和实际需要，在不同宪法、法律、行政法规和本省、自治区的地方性法规相抵触的前提下，可以对城乡建设与管理、环境保护、历史文化保护等方面的事项制定地方性法规，法律对设区的市制定地方性法规的事项另有规定的，从其规定。设区的市的地方性法规须报省、自治区的人民代表大会常务委员会批准后施行。省、自治区的人民代表大会常务委员会对报请批准的地方性法规，应当对其合法性进行审查，同宪法、法律、行政法规和本省、自治区的地方性法规不抵触的，应当在四个月内予以批准。

省、自治区的人民代表大会常务委员会在对报请批准的设区的市的地方性法规进行审查时，发现其同本省、自治区的人民政府的规章相抵触的，应当作出处理决定。

除省、自治区的人民政府所在地的市，经济特区所在地的市和国务院已经批准的较大的市以外，其他设区的市开始制定地方性法规的具体步骤和时间，由省、自治区的人民代表大会常务委员会综合考虑本省、自治区所辖的设区的市的人口数量、地域面积、经济社会发展情况以及立法需求、立法能力等因素确定，并报全国人民代表大会常务委员会和国务院备案。

自治州的人民代表大会及其常务委员会可以依照本条第二款规定行使设区的市制定地方性法规的职权。自治州开始制定地方性法规的具体步骤和时间，依照前款规定确定。

省、自治区的人民政府所在地的市，经济特区所在地的市和国务院已经批准的较大的市已经制定的地方性法规，涉及本条第二款规定事项范围以外的，继续有效。"

《立法法》第七十三条规定："地方性法规可以就下列事项作出规定：

（一）为执行法律、行政法规的规定，需要根据本行政区域的实际情况作具体规定的事项；

（二）属于地方性事务需要制定地方性法规的事项。

除本法第八条规定的事项外，其他事项国家尚未制定法律或者行政法规的，省、自治区、直辖市和设区的市、自治州根据本地方的具体情况和实际需要，可以先制定地方性法规。在国家制定的法律或者行政法规生效后，地方性法规同法律或者行政法规相抵触的规定无效，制定机关应当及时予以修改或者废止。

设区的市、自治州根据本条第一款、第二款制定地方性法规，限于本法第七十二条第二款规定的事项。

制定地方性法规，对上位法已经明确规定的内容，一般不作重复性规定。

5. 地方行政机关的建设立法权

《立法法》第八十二条规定："省、自治区、直辖市和设区的市、自治州的人民政府，可以根据法律、行政法规和本省、自治区、直辖市的地方性法规，制定规章。

地方政府规章可以就下列事项作出规定：

（一）为执行法律、行政法规、地方性法规的规定需要制定规章的事项；

（二）属于本行政区域的具体行政管理事项。"

设区的市、自治州的人民政府根据本条第一款、第二款制定地方政府规章，限于城乡建设与管理、环境保护、历史文化保护等方面的事项。已经制定的地方政府规章，涉及上述事项范围以外的，继续有效。

除省、自治区的人民政府所在地的市，经济特区所在地的市和国务院已经批准的较大的市以外，其他设区的市、自治州的人民政府开始制定规章的时间，与本省、自治区人民代表大会常务委员会确定的本市、自治州开始制定地方性法规的时间同步。

应当制定地方性法规但条件尚不成熟的，因行政管理迫切需要，可以先制定地方政府规章。规章实施满两年需要继续实施规章所规定的行政措施的，应当提请本级人民代表大会或者其常务委员会制定地方性法规。

没有法律、行政法规、地方性法规的依据，地方政府规章不得设定减损公民、法人和其他组织权利或者增加其义务的规范。

1.3.3 建设立法的程序

立法有广义和狭义之分。广义是指包括宪法、法律、法规等在内的所有具有法律效力的规范性文件，狭义仅指法律，狭义的立法是指享有国家立法权的机关创制法律的活动。此处所述为狭义的立法，即国家立法权，立法机关为全国人民代表大会及其常委会。

1. 全国人民代表大会立法程序

一般分为提案、审议议案、表决、公布四个阶段。

（1）提案

该阶段的主要工作是有提案权的人员提出法律案然后决定是否列入会议议程的过程。

《立法法》第十四条规定："全国人民代表大会主席团可以向全国人民代表大会提出法律案，由全国人民代表大会会议审议。

全国人民代表大会常务委员会、国务院、中央军事委员会、最高人民法院、最高人民检察院、全国人民代表大会各专门委员会，可以向全国人民代表大会提出法律案，由主席团决定列入会议议程。"

《立法法》第十五条规定："一个代表团或者三十名以上的代表联名，可以向全国人民代表大会提出法律案，由主席团决定是否列入会议议程，或者先交有关的专门委员会审议、提出是否列入会议议程的意见，再决定是否列入会议议程。

专门委员会审议的时候，可以邀请提案人列席会议，发表意见。"

（2）审议议案

法律案的审议是指立法机关对享有立法提案权的机关、组织或个人提出的法律案进行审查和讨论的专门活动。

《立法法》第十八条规定："列入全国人民代表大会会议议程的法律案，大会全体会议听取提案人的说明后，由各代表团进行审议。

各代表团审议法律案时，提案人应当派人听取意见，回答询问。

各代表团审议法律案时，根据代表团的要求，有关机关、组织应当派人介绍情况。"

《立法法》第十九条规定："列入全国人民代表大会会议议程的法律案，由有关的专门委员会进行审议，向主席团提出审议意见，并印发会议。"

《立法法》第二十条规定："列入全国人民代表大会会议议程的法律案，由法律委员会根据各代表团和有关的专门委员会的审议意见，对法律案进行统一审议，向主席团提出审议结果报告和法律草案修改稿，对重要的不同意见应当在审议结果报告中予以说明，经主席团会议审议通过后，印发会议。"

《立法法》第二十一条规定："列入全国人民代表大会会议议程的法律案，必要时，主席团常务主席可以召开各代表团团长会议，就法律案中的重大问题听取各代表团的审议意见，进行讨论，并将讨论的情况和意见向主席团报告。

主席团常务主席也可以就法律案中的重大的专门性问题，召集代表团推选的有关代表进行讨论，并将讨论的情况和意见向主席团报告。"

《立法法》第二十二条规定："列入全国人民代表大会会议议程的法律案，在交付表决前，提案人要求撤回的，应当说明理由，经主席团同意，并向大会报告，对该法律案的审议即行终止。"

《立法法》第二十三条规定："法律案在审议中有重大问题需要进一步研究的，经主席团提出，由大会全体会议决定，可以授权常务委员会根据代表的意见进一步审议，作出决定，并将决定情况向全国人民代表大会下次会议报告；也可以授权常务委员会根据代表的意见进一步审议，提出修改方案，提请全国人民代表大会下次会议审议决定。"

（3）表决

《立法法》第二十四条规定："法律草案修改稿经各代表团审议，由法律委员会根据各代表团的审议意见进行修改，提出法律草案表决稿，由主席团提请大会全体会议表决，由全体代表的过半数通过。"

（4）公布

《立法法》第二十五条规定："全国人民代表大会通过的法律由国家主席签署主席令予以公布"

2. 全国人民代表大会常务委员会立法程序

一般分为提案、审议、表决、公布四个阶段。

（1）提案

《立法法》第二十六条规定："委员长会议可以向常务委员会提出法律案，由常务委员会会议审议。

国务院、中央军事委员会、最高人民法院、最高人民检察院、全国人民代表大会各专门委员会，可以向常务委员会提出法律案，由委员长会议决定列入常务委员会会议议程，或者先交有关的专门委员会审议、提出报告，再决定列入常务委员会会议议程。如果委员长会议认为法律案有重大问题需要进一步研究，可以建议提案人修改完善后再向常务委员会提出。"

《立法法》第二十七条规定："常务委员会组成人员十人以上联名，可以向常务委员会提出法律案，由委员长会议决定是否列入常务委员会会议议程，或者先交有关的专门委员会审议、提出是否列入会议议程的意见，再决定是否列入常务委员会会议议程。不列入常务委员会会议议程的，应当向常务委员会会议报告或者向提案人说明。

专门委员会审议的时候，可以邀请提案人列席会议，发表意见。"

《立法法》第二十八条规定："列入常务委员会会议议程的法律案，除特殊情况外，应当在会议举行的七日前将法律草案发给常务委员会组成人员。

常务委员会会议审议法律案时，应当邀请有关的全国人民代表大会代表列席会议。"

（2）审议

《立法法》第二十九条规定："列入常务委员会会议议程的法律案，一般应当经三次常务委员会会议审议后再交付表决。

常务委员会会议第一次审议法律案，在全体会议上听取提案人的说明，由分组会议进行初步审议。

常务委员会会议第二次审议法律案，在全体会议上听取法律委员会关于法律草案修改情况和主要问题的汇报，由分组会议进一步审议。

常务委员会会议第三次审议法律案，在全体会议上听取法律委员会关于法律草案审议结果的报告，由分组会议对法律草案修改稿进行审议。

常务委员会审议法律案时，根据需要，可以召开联组会议或者全体会议，对法律草案中的主要问题进行讨论。"

《立法法》第三十条规定："列入常务委员会会议议程的法律案，各方面意见比较一致的，可以经两次常务委员会会议审议后交付表决；调整事项较为单一或者部分修改的法律案，各方面的意见比较一致的，也可以经一次常务委员会会议审议即交付表决。"

《立法法》第三十一条规定："常务委员会分组会议审议法律案时，提案人应当派人听取意见，回答询问。

常务委员会分组会议审议法律案时，根据小组的要求，有关机关、组织应当派人介绍情况。"

《立法法》第三十二条规定："列入常务委员会会议议程的法律案，由有关的专门委员会进行审议，提出审议意见，印发常务委员会会议。

有关的专门委员会审议法律案时，可以邀请其他专门委员会的成员列席会议，发表意见。"

《立法法》第三十三条规定："列入常务委员会会议议程的法律案，由法律委员会根据常务委员会组成人员、有关的专门委员会的审议意见和各方面提出的意见，对法律案进行统一审议，提出修改情况的汇报或者审议结果报告和法律草案修改稿，对重要的不同意见应当在汇报或者审议结果报告中予以说明。对有关的专门委员会的审议意见没有采纳的，应当向有关的专门委员会反馈。

法律委员会审议法律案时，应当邀请有关的专门委员会的成员列席会议，发表意见。"

《立法法》第三十四条规定："专门委员会审议法律案时，应当召开全体会议审议，根据需要，可以要求有关机关、组织派有关负责人说明情况。"

《立法法》第三十五条规定："专门委员会之间对法律草案的重要问题意见不一致时，应当向委员长会议报告。"

（3）表决

《立法法》第四十一条规定："法律草案修改稿经常务委员会会议审议，由法律委员会根据常务委员会组成人员的审议意见进行修改，提出法律草案表决稿，由委员长会议提请常务委员会全体会议表决，由常务委员会全体组成人员的过半数通过。

法律草案表决稿交付常务委员会会议表决前，委员长会议根据常务委员会会议审议的情况，可以决定将个别意见分歧较大的重要条款提请常务委员会会议单独表决。

单独表决的条款经常务委员会会议表决后，委员长会议根据单独表决的情况，可以决定将法律草案表决稿交付表决，也可以决定暂不付表决，交法律委员会和有关的专门委员会进一步审议。"

《立法法》第四十三条规定："对多部法律中涉及同类事项的个别条款进行修改，一并提出法律案的，经委员长会议决定，可以合并表决，也可以分别表决。"

（4）公布

《立法法》第四十四条规定："常务委员会通过的法律由国家主席签署主席令予以公布。"

公布法律的方式一般都是在立法机关的刊物上或其他刊物上公布。包括《全国人民代表大会常务委员会公报》（刊登的法律文本为标准文本）、中国人大网以及在全国范围内发行的报纸。

1.4 建设法律关系

1.4.1 法律关系的概念

法律关系是法律在调整人们行为的过程中形成的特殊的权利和义务关系。或者说，法律关系是指被法律规范所调整的权利与义务关系。

法律关系由三个要素所构成，即法律关系的主体、法律关系的客体和法律关系的内容。

法律关系是根据法律规范建立的一种社会关系：首先，法律规范是法律关系产生的前提。如果没有相应的法律规范存在，就不可能产生法律关系；其次，法律关系不同于法律规范调整或保护的社会关系，而社会关系则是一个庞大的体系，其中某些领域是由法律所调整的，比如说，经济关系、行政管理关系等。某些是不属于法律所调整的，比如说好意施惠的关系、恋爱关系等；最后，法律关系是法律规范的实现形式，或者说，人们按照法律规范的要求行使权利、履行义务并由此而发生特定的法律上的关系，这就是一种法律关系。

因此，法律关系是以法律为前提而产生的社会关系，没有法律的规定，就不可能形成相应的法律关系。法律关系是以国家强制力作为保障的社会关系，当法律关系受到破坏时，国家会动用强制力进行矫正或保证实施。

1.4.2 建设法律关系

1. 建设法律关系的概念

建设法律关系是指由建设法律规范所确认和调整的，在建设管理和建设协作过程中所产生的权利、义务关系。

2. 建设法律关系的构成要素

建设法律关系由三个要素构成，即建设法律关系的主体、建设法律关系的客体和建设法律关系的内容。

（1）建设法律关系主体

建设法律关系的主体简称为建设主体，是指参与建设法律关系享受权利和负担义务的人。凡法律规定可成为建设主体的，不论其为自然人还是组织，都属于这里的"人"。因此，建设法律关系的主体包括自然人、法人和其他组织。在特殊情况下，国家也可以成为建设主体。

① 自然人。

自然人，是指基于出生而依法成为民事法律关系主体资格的人。自然人包括本国公民、外国国籍人和无国籍人。

② 法人。

法人是与自然人相对的概念，法人是具有民事权利能力和民事行为能力，依法独立享有民事权利和承担民事义务的组织。

法人应当具备下列条件：

1）法人应当有自己的名称、组织机构、住所、财产或者经费。

2）法人成立的具体条件和程序，依照法律、行政法规的规定。

3）设立法人，法律、行政法规规定须经有关机关批准的，依照其规定。

③ 其他组织

其他组织是指依法成立，有一定的组织机构和财产，但又不具备法人资格的组织。如：法人的分支机构，合伙组织等。

（2）建设法律关系客体

建设法律关系客体是指法律关系主体之间的权利和义务所指向的对象。它是构成法律关系的要素之一。建设法律关系客体是法律关系发生和存在的前提。在建设法律关系的客体中有以下几类：物、行为、智力成果。有时候，权利也可以成为客体。

① 物

物是指可为人们控制的并具有经济价值的生产资料和消费资料。在工程建设法律关系中表现为物的客体，主要是建筑材料、机械设备等。

② 行为

行为是指人的有意识的活动。在工程建设法律关系中，行为多表现为完成一定的工作，如勘察设计、施工安装、检查验收等活动。

③ 智力成果

智力成果是指人们脑力劳动的成果或智力方面的创作，在工程建设法律关系中设计单位提供的设计图纸。

（3）建设法律关系内容

建设法律关系的内容就是建设法律关系主体之间的权利和义务，即法律权利和法律义务。是在实际的社会生活中的具体落实，是法律规则在社会关系中实现的一种状态。权利义务是一对表征关系和状态的范畴，是法学范畴体系中的最基本的范畴。

权利是指法律保护的某种利益；从行为方式的角度看，它表现为要求权利相对人可以怎样行为，必须怎样行为或不得怎样行为。义务是指人们必须履行的某种责任，它表现为必须怎样行为和不得怎样行为两种方式。在法律调整状态下，权利是受法律保障的利益，其行为方式表现为意志和行为的自由。义务则是对法律所要求的意志和行为的限制，以及利益的付出。

在我国，权利与义务是一致的，不可分离，在法律上一方有权利，他方必有相应的义务或互为权利义务；任何公民不能只享有权利而不承担义务，也不会只承担义务而不享有权利。

复习思考题

1. 简述法及法律的概念、法律特征等。
2. 简述建设工程法规的概念。
3. 简述建设工程法规的调整对象及特征。
4. 简述我国建设工程法规的体系构成。
5. 简述我国建设工程立法权的相关内容。
6. 我国建设法律关系的构成要件及相关内容。

2 建设工程法律基础

2.1 民 法 基 础

2.1.1 概述

1. 民法概述

民法是指一切调整平等主体之间的财产关系和人身关系的法律规范的总称。

民法是我国法律体系中最为重要的法律部门之一。根据不同的角度，人们在使用"民法"这一概念时，赋予其不同的含义。

民法可分为形式意义上的民法与实质意义上的民法。所谓形式意义上的民法，指编纂成文的民法法典（即民法典）；所谓实质意义上的民法，指包括具有一切具有民法性质的法律、法规及判例法、习惯法等。比如，在我国，在民法典尚未制订的情况下，《民法总则》是基本的民事立法文件。此外，《合同法》《担保法》《著作权法》《专利法》《商标法》《继承法》等是民事单行法律。而在我国《宪法》以及其他部门法或者法规中，凡是涉及民事问题的法律规定，都是民法的组成部分。

自然人、法人的民事权益受法律保护，《民法总则》第三条规定，民事主体的人身权利、财产权利以及其他合法权益受法律保护，任何组织或者个人不得侵犯。这一原则反映了社会主义民法的本质要求，贯穿于《民法总则》的始终。

2. 《民法总则》的概况

民法是现代国家的基本法律之一。我国于 1986 年 4 月 12 日第六届全国人民代表大会第四次会议通过《中华人民共和国民法通则》（以下简称《民法通则》），1987 年 1 月 1 日起执行。2009 年 8 月 27 日，第十一届全国人民代表大会常务委员会第十次会议对《民法通则》的部分法律进行了修改。2017 年 3 月 15 日，第十二届全国人民代表大会第五次会议通过了《中华人民共和国民法总则》（以下简称《民法总则》），自 2017 年 10 月 1 日起施行。《民法总则》与《民法通则》将并行适用，但《民法总则》优先适用。

《民法总则》包括基本规定、自然人、法人及非法人组织、民事权利、民事法律行为、代理、民事责任、诉讼时效、期间计算及附则共十一章，二百零六条。

3. 民法的调整对象

《民法总则》第二条规定："民法调整平等主体的自然人、法人和非法人组织之间的人身关系和财产关系。"

民法所调整的人身关系，是指平等主体之间，基于一定的人格和身份而发生的，不具有直接经济内容的社会关系，具体表现为人身权，包括人格权和身份权；民法所调整的财产关系，是指人们在占有、使用、收益和处分物质财富的过程中形成的具有经济内容的社会关系。

4. 民法的基本原则

民法的基本原则反映民法的本质，是贯穿在一切民事法律制定中的基本指导思想。民法的基本原则有：

（1）平等原则

民法中的平等，是指主体的身份平等。身份平等是特权的对立物，是指不论其自然条件和社会处境如何，其法律资格亦即权利能力一律平等。《民法总则》第四条规定"民事主体在民事活动中的法律地位一律平等。"

（2）自愿原则

自愿原则的实质，就是在民事活动中当事人的意思自治。即当事人可以根据自己的判断，去从事民事活动，国家一般不干预当事人的自由意志，充分尊重当事人的选择。其内容应该包括自己行为和自己责任两个方面。自己行为，即当事人可以根据自己的意愿决定是否参与民事活动，以及参与的内容、行为方式等；自己责任，即民事主体要对自己参与民事活动所导致的结果负担责任。《民法总则》第五条规定："民事主体从事民事活动，应当遵循自愿原则，按照自己的意思设立、变更、终止民事法律关系。"

（3）公平原则

公平原则是指在民事活动中以利益均衡作为价值判断标准，在民事主体之间发生利益关系摩擦时，以权利和义务是否均衡来平衡双方的利益。因此，公平原则是一条法律适用的原则，即当民法规范缺乏规定时，可以根据公平原则来变动当事人之间的权利义务；公平原则又是一条司法原则，即法官的司法判决要做到公平合理，当法律缺乏规定时，应根据公平原则作出合理的判决。《民法总则》第六条规定："民事主体从事民事活动，应当遵循公平原则，合理确定各方的权利和义务。"

（4）诚信原则

所谓诚实信用原则，其本意是要求按照市场制度的互惠性行事。在缔约时，诚实并不欺不诈；在缔约后，守信用并自觉履行。如果说任何自由都是受制约的自由，那么诚实信用应是题中之意。然而，市场经济的复杂性和多变性昭示：无论法律多么严谨，也无法限制复杂多变的市场制度中暴露出的种种弊端，总会表现出某种局限性。民法规定该原则，使法院在审理具体案件中，能主动干预民事活动，调整当事人利益摩擦，使民事法律关系符合正义的要求；另一方面，法院可根据该原则作出司法解释，填补法律的漏洞旨由于该原则位阶高、不确定性强，用而不当也可能会成为司法专横的工具，对该原则的运用，必须与其他原则结合起来统筹考虑。《民法总则》第七条规定："民事主体从事民事活动，应当遵循诚信原则，秉持诚实，恪守承诺。"

（5）遵守法律与公序良俗原则

是指民事主体的行为应当遵守公共秩序，符合善良风俗，不得违反国家的公共秩序和社会的一般道德。公序良俗是公共秩序与善良风俗的简称。公共秩序，是指国家社会的存在及其发展所必需的一般秩序。善良风俗，是指国家社会的存在及其发展所必需的一般道德。《民法总则》第八条规定："民事主体从事民事活动，不得违反法律，不得违背公序良俗。"

（6）绿色原则

绿色原则顺应了民法生态化的发展趋势，民法的生态化对于环境问题的解决能够发挥不可替代的作用，而民法生态化的一个重要方面就在于民法基本原则的绿色化。《民法总则》第九条规定："民事主体从事民事活动，应当有利于节约资源、保护生态环境。"

2.1.2　民事权利能力和民事行为能力

1. 民事权利能力

民事权利能力，是民事法律赋予民事主体从事民事活动，从而享受民事权利和承担民事义务的资格。自然人所享有的民事权利和承担的民事义务是统一的，没有无义务的权利，也没有无权利的义务。自然人的民事权利能力是从自然人出生时起到自然人死亡时止，具有民事权利能力，依法享有民事权利，承担民事义务。

自然人的出生时间和死亡时间在法律上也有相关的规定。《民法总则》第十五条规定："自然人的出生时间和死亡时间，以出生证明、死亡证明记载的时间为准；没有出生证明、死亡证明的，以户籍登记或者其他有效身份登记记载的时间为准。有其他证据足以推翻以上记载时间的，以该证据证明的时间为准。"

2. 民事行为能力

自然人作为民事主体的一种，能否通过自己的行为取得民事权利、承担民事义务，取决于其是否具有民事行为能力。

民事行为能力是指法律确认的民事主体通过自己的行为从事民事活动，参加民事法律关系，取得民事权利和承担民事义务的能力。民事权利能力是自然人获得参与民事活动的资格，但能不能运用这一资格，还受到自然人的年龄、智力状况、认识能力、精神状态等主观条件来制约。

民事行为能力包括完全民事行为能力、限制民事行为能力、无民事行为能力三种：

（1）完全民事行为能力人，即成年人且精神正常之人，他们可以独立地处分自己的自然人获得参与民事活动的资格，但能不能运用这一资格，还受自然人的智力状况、认识能力、精神状态等主观条件的制约。《民法总则》第十八条规定："成年人为完全民事行为能力人，可以独立实施民事法律行为。

十六周岁以上的未成年人，以自己的劳动收入为主要生活来源的，视为完全民事行为能力人。"

（2）限制民事行为能力人，即八周岁以上的未成年或不能完全辨认自己行为的成年人。

《民法总则》第十九条规定："八周岁以上的未成年人为限制民事行为能力人，实施民事法律行为由其法定代理人代理或者经其法定代理人同意、追认，但是可以独立实施纯获利益的民事法律行为或者与其年龄、智力相适应的民事法律行为。"

《民法总则》第二十二条规定："不能完全辨认自己行为的成年人为限制民事行为能力人，实施民事法律行为由其法定代理人代理或者经其法定代理人同意、追认，但是可以独立实施纯获利益的民事法律行为或者与其智力、精神健康状况相适应的民事法律行为。"

（3）无民事行为能力人，即八周岁以下的未成年人或完全不能辨认自己行为的成年人。

《民法总则》第二十条规定："不满八周岁的未成年人为无民事行为能力人，由其法定代理人代理实施民事法律行为。"

《民法总则》第二十一条规定："不能辨认自己行为的成年人为无民事行为能力人，由其法定代理人代理实施民事法律行为。

八周岁以上的未成年人不能辨认自己行为的，适用前款规定。"

2.1.3　民事法律行为

1. 民事法律行为的概念

民事法律行为是民事主体通过意思表示设立、变更、终止民事法律关系的行为。如，依法签订工程建设承包合同的行为。民事法律行为的上位概念是民事行为，具有表意性和目的性，排除了事实行为；同时民事法律行为是合法行为，以适法性为特征，不包括无效民事行为、可变更、可撤销民事行为以及效力未定民事行为。严格称谓是"法律行为"，中国民法称民事法律行为。

民事法律行为是民事行为的一种，与其他民事行为相比，其主要特征表现为它的合法性。

2. 民事法律行为的生效要件

（1）行为人具有相应的民事行为能力；年满十八周岁是成年人，而成年人为完全民事行为能力人，可以独立实施民事法律行为。

（2）意思表示真实，包括两个方面的含义：一是指行为人的内心意思与外部的表示行为相一致的状态；二是指当事人是在意志自由的前提下，进行意思表示的状态。

（3）不违反法律、行政法规的强制性规定，不违背公序良俗，不损害公共利益。

3. 民事法律行为的效力

（1）无效的民事法律行为

无效民事行为是指已经成立，但已严重欠缺民事行为的有效要件，自始、绝对、确定、当然不按照行为设立、变更和终止民事法律关系的意思表示发生法律效力的民事行为。

① 无民事行为能力人实施的民事法律行为的效力

《民法总则》第一百四十四条规定："无民事行为能力人实施的民事法律行为无效。"

② 虚假表示与隐藏行为的效力

《民法总则》第一百四十六条规定："行为人与相对人以虚假的意思表示实施的民事法律行为无效。"

③ 违反强制性规定与违背公序良俗的民事法律行为的效力

《民法总则》第一百五十三条规定："违反法律、行政法规的强制性规定的民事法律行为无效，但是该强制性规定不导致该民事法律行为无效的除外。

违背公序良俗的民事法律行为无效。"

④ 恶意串通的民事法律行为的效力

《民法总则》第一百五十四条规定："行为人与相对人恶意串通，损害他人合法权益的民事法律行为无效。"

（2）可撤销的民事法律行为

可撤销的民事法律行为是指民事法律行为虽已成立，但因欠缺民事行为的生效要件，可以因行为人撤销权的行使，使民事法律行为自始归于无效的法律行为。

① 限制民事行为能力人实施的民事法律行为的效力，作为善意第三人有撤销的权利

《民法总则》第一百四十五条规定："限制民事行为能力人实施的纯获利益的民事法律

行为或者与其年龄、智力、精神健康状况相适应的民事法律行为有效；实施的其他民事法律行为经法定代理人同意或者追认后有效。

相对人可以催告法定代理人自收到通知之日起一个月内予以追认。法定代理人未作表示的，视为拒绝追认。民事法律行为被追认前，善意相对人有撤销的权利。撤销应当以通知的方式作出。"

② 重大误解实施的民事法律行为的效力

《民法总则》第一百四十七条规定："基于重大误解实施的民事法律行为，行为人有权请求人民法院或者仲裁机构予以撤销。"

③ 以欺诈手段实施的民事法律行为的效力

分为了相对人欺诈和第三人欺诈两种情形。

《民法总则》第一百四十八条规定："一方以欺诈手段，使对方在违背真实意思的情况下实施的民事法律行为，受欺诈方有权请求人民法院或者仲裁机构予以撤销。"

《民法总则》第一百四十九条规定："第三人实施欺诈行为，使一方在违背真实意思的情况下实施的民事法律行为，对方知道或者应当知道该欺诈行为的，受欺诈方有权请求人民法院或者仲裁机构予以撤销。"

④ 以胁迫手段实施的民事法律行为的效力

《民法总则》第一百五十条规定："一方或者第三人以胁迫手段，使对方在违背真实意思的情况下实施的民事法律行为，受胁迫方有权请求人民法院或者仲裁机构予以撤销。"

⑤ 显失公平的民事法律行为的效力

《民法总则》第一百五十一条规定："一方利用对方处于危困状态、缺乏判断能力等情形，致使民事法律行为成立时显失公平的，受损害方有权请求人民法院或者仲裁机构予以撤销。"

（3）撤销权消灭的期间

有下列情形之一的，撤销权消灭：

① 当事人自知道或者应当知道撤销事由之日起一年内、重大误解的当事人自知道或者应当知道撤销事由之日起三个月内没有行使撤销权；

② 当事人受胁迫，自胁迫行为终止之日起一年内没有行使撤销权；

③ 当事人知道撤销事由后明确表示或者以自己的行为表明放弃撤销权；

④ 当事人自民事法律行为发生之日起五年内没有行使撤销权的，撤销权消灭。

（4）民事法律行为无效或者被撤销后的法律效力

① 无效的或者被撤销的民事法律行为自始没有法律约束力。

② 民事法律行为部分无效，不影响其他部分效力的，其他部分仍然有效。

③ 民事法律行为无效、被撤销或者确定不发生效力后，行为人因该行为取得的财产，应当予以返还；不能返还或者没有必要返还的，应当折价补偿。有过错的一方应当赔偿对方由此所受到的损失；各方都有过错的，应当各自承担相应的责任。法律另有规定的，依照其规定。

2.1.4 代理

1. 代理的概念

代理是指代理人以被代理人（又称本人）的名义，在代理权限范围内向第三人（又称相对人）实施的法律行为，其法律后果直接由被代理人承受的民事法律制度。代理涉及的三方当事人：被代理人、代理人和代理关系所涉及的第三人。其中，代为他人实施民事法律行为的人，称为代理人；由他人以自己的名义代为民事法律行为，并承担法律后果的人，称为被代理人。

2. 代理的基本特征

（1）代理行为是能够引起民事法律后果的民事法律行为。

（2）代理人一般应以被代理人的名义从事代理行为。

（3）代理人在代理权限范围内独立为意思表示。

（4）代理行为的法律后果直接归属于被代理人。

3. 代理的类型

代理包括委托代理、法定代理：

（1）委托代理

委托代理是指根据被代理人的委托而产生的代理，是适用范围最为广泛的一种代理方式。

民事法律行为的委托代理，可以用书面形式，也可以用口头形式。法律规定用书面形式的，应当用书面形式。书面委托代理的授权委托书应当载明代理人的姓名或者名称、代理事项、权限和期间，并由委托人签名或者盖章。委托书授权不明的，被代理人应当向第三人承担民事责任，代理人负连带责任。如，业主委托监理进行工程项目管理即属于委托代理。

（2）法定代理

法定代理是根据法律的规定而直接产生的代理关系。如父母代理未成年人进行民事活动就属于法定代理。

无民事行为能力人、限制民事行为能力人的监护人是他的法定代理人。

4. 无权代理

（1）狭义的无权代理

无权代理是指不具有代理权的当事人所实施的代理行为。无权代理本身不具有法律效力。无权代理如经被代理人追认，代理有效。如未经被代理人追认，则无权代理人应自己承担法律后果。未经追认的无权代理行为所造成的损害，由无权代理人承担赔偿责任。

无权代理通常表现为以下几种形式：未经授权的"代理"；代理权消灭后的"代理"；超越代理权限的"代理"。

（2）狭义无权代理的构成要件

① 行为人既没有代理权，也没有令人相信其有代理权的事实或理由；

② 行为人以被代理人（本人）的名义与他人所为的民事法律行为；

③ 第三人须为善意且无过失；

④ 行为人的行为不违法；

⑤ 行为人与第三人具有相应的民事行为能力。

《民法总则》第一百七十一条规定："行为人没有代理权、超越代理权或者代理权终止后，仍然实施代理行为，未经被代理人追认的，对被代理人不发生效力。

相对人可以催告被代理人自收到通知之日起一个月内予以追认。被代理人未作表示的，视为拒绝追认。行为人实施的行为被追认前，善意相对人有撤销的权利。撤销应当以通知的方式作出。

行为人实施的行为未被追认的，善意相对人有权请求行为人履行债务或者就其受到的损害请求行为人赔偿，但是赔偿的范围不得超过被代理人追认时相对人所能获得的利益。

相对人知道或者应当知道行为人无权代理的，相对人和行为人按照各自的过错承担责任。"

（3）表见代理

表见代理制度是基于被代理人的过失或被代理人与无权代理人之间存在特殊关系，使相对人有理由相信无权代理人享有代理权而与之形成的代理行为，代理行为的后果由被代理人承担的一种特殊的无权代理。

表见代理是指行为人虽无代理权，但由于被代理人（本人）的行为，造成了足以使善意第三人相信其有代理权的表象，而与善意第三人进行的、由本人承担法律后果的代理行为。表见代理实质上是无权代理，是广义无权代理的一种。若无权代理行为均由被代理人追认决定其效力的话，会给善意第三人造成损害，因此，在表见的情形之下，规定由被代理人承担表见代理行为的法律后果，更有利于保护善意第三人的利益，维护交易安全，并以此加强代理制度的可信度。

根据上述表见代理的概念和立法规定，表见代理应具备以下构成条件：

① 须行为人无代理权；

② 须有使相对人相信行为人具有代理权的事实或理由；

③ 须相对人为善意且无过失；

④ 须行为人与相对人之间的民事法律行为具备民事法律行为的有效要件。

表见代理发生有权代理的法律效力，因此，表见代理应具备民事法律行为成立的有效要件，即不得违反法律或者社会公共利益等。

（4）表见代理产生的后果

① 表见代理成立，订立的合同有效，表见代理中的相对人不享有《合同法》第四十八条规定的撤销权。

② 被代理人（本人）对相对人（善意第三人）承担民事责任。表见代理被认定成立后，其在法律上产生的后果同有权代理的法律后果一样，即由被代理人对代理人实施的代理行为承担民事责任。

③ 代理人对被代理人（本人）承担民事赔偿责任。

④ 无权代理人对被代理人的费用返还请求权。

表见代理依法产生有权代理的法律效力，即无权代理人与第三人之间实施的民事法律行为对于被代理人具有法律约束力。

5. 代理权的终止

（1）委托代理的终止

有下列情形之一的，委托代理终止：

① 代理期间届满或者代理事务完成；

② 代理人取消委托或者代理人辞去委托；

③ 代理人丧失民事行为能力；

④ 代理人或者被代理人死亡；

⑤ 作为代理人或者被代理人的法人、非法人组织终止。

（2）委托代理终止的例外情形

《民法总则》第一百七十四条规定："被代理人死亡后，有下列情形之一的，委托代理人实施的代理行为有效：

（一）代理人不知道并且不应当知道被代理人死亡；

（二）被代理人的继承人予以承认；

（三）授权中明确代理权在代理事务完成时终止；

（四）被代理人死亡前已经实施，为了被代理人的继承人的利益继续代理。

作为被代理人的法人、非法人组织终止的，参照适用前款规定。"

（3）法定代理的终止

有下列情形之一的，法定代理或者指定代理终止：

① 被代理人取得或者恢复完全民事行为能力；

② 代理人丧失民事行为能力；

③ 代理人或者被代理人死亡；

④ 法律规定的其他情形。

2.1.5 债权概述

1. 债与债权

债是按照合同的约定或依照法律的规定在当事人之间产生的特定的权利和义务关系。享有权利的称债权人，负有义务的人称债务人。债权是债权人要求债务人按照合同的约定或者依照法律的规定履行义务的权利。

2. 债的发生根据

债权是因合同、侵权行为、无因管理、不当得利以及法律的其他规定，权利人请求特定义务人为或者不为一定行为的权利。

（1）合同

合同又称契约，合同是当事人之间设立、变更、终止民事关系的协议，它是引起债权债务关系的最主要的根据。

（2）不当得利

不当得利是指无法律上的原因而取得利益，致使他人受损害的事实。《民法总则》第一百二十二条规定："因他人没有法律根据，取得不当利益，受损失的人有权请求其返还不当利益。"因此不当得利一经成立，当事人之间即发生债权债务关系，受损害一方享有请求返还其利益的权利，受益人负有返还其所受利益的义务。

（3）侵权行为

这是指行为人不法侵害他人的财产权或人身权的行为，作为加害人负有赔偿受害人损失的义务，受害人享有请求加害人赔偿损失的权利。

（4）无因管理

无因管理是指没有法定的，也没有受人之托的义务，为避免他人利益受损失而进行管理的，有权要求受益人偿付由此而支付的必要费用。必要费用，包括为管理本人事务直接支出的费用，为本人谋利益而负担的债务，以及在管理活动中受到的直接损失。

（5）其他根据

债的发生根据除上述几种外，还可以因其他法律事实而发生，如遗嘱、发现埋藏物等也是债的发生根据。

3. 债的消灭

债的消灭，也称债的终止。引起债的消灭的原因主要有：

（1）债因履行而消灭

债务人履行债务，债权人的利益得到实现，债的目的实现，债也就归于消灭。履行是债消灭的最主要，也是最常见的原因。

（2）债因免除而消灭

免除是指债权人放弃债权，从而免除债务人所承担的义务。免除的意思表示一经作出，即发生效力，债权人不得撤回。

（3）债因抵消而消灭

抵消是指同类已到期的对等债务，因当事人相互抵消而同时消灭。用抵消方法消灭债务应符合下列条件：双方债权有效存在；双方债权必须均期限届至；双方债务的给付必须种类相同；双方债务均非不得抵消之债。

（4）债因提存而消灭

提存是指由于债权人的原因，债务人无法向债权人给付合同标的物时，债务人将标的物交付提存机关而消灭债权、债务关系的法律制度。

自提存有效成立时起，债务人对债权人的债务消灭。标的物提存后，毁损、灭失的风险由债权人承担。提存期间，标的物的孳息归债权人所有。提存费用由债权人负担。债权人享有随时领取提存物的权利，但债权人领取提存物的权利，自提存之日起五年内不行使而消灭，提存物扣除提存费用后归国家所有。

（5）债因混同而消灭

债的混同，指债权人与债务人同归于一人的事实。当债权债务同归于一人时，债权人与债务人合二而一，没有自己对自己履行的必要，债的关系归于消灭。

（6）债因当事人死亡而解除

具有人身性质的合同之债，因人身关系是不可继承和转让的，如委托合同的受托人、出版合同的约稿人等死亡时，其所定合同也随之解除。

2.1.6 民事责任

民事责任又称民事法律责任，是指民事主体在民事活动中，因实施了民事违法行为，根据民法所承担的对其不利的民事法律后果或者基于法律特别规定而应承担的民事法律责任。民事责任属于法律责任的一种，是保障民事权利和民事义务实现的重要措施，它主要是一种民事救济手段，旨在使受害人被侵犯的权益得以恢复。

1. 几种不同的责任

（1）一般民事责任

一般民事责任是由民事主体依照法律规定和当事人约定，履行民事义务，承担民事责任。

（2）按份责任

按份责任是指两人以上依法承担按份责任，能够确定责任大小的，各自承担相应的责任；难以确定责任大小的，平均承担责任。

（3）连带责任

连带责任是指两人以上依法承担连带责任的，权利人有权请求部分或者全部连带责任人承担责任。连带责任人的责任份额根据各自责任大小确定；难以确定责任大小的，平均承担责任。实际承担责任超过自己责任份额的连带责任人，有权向其他连带责任人追偿。

2. 承担民事责任的方式

承担民事责任的方式主要有以下几种，以下几种承担民事责任的方式，可以单独适用，也可以合并适用：

①停止侵害；②排除妨碍；③消除危险；④返还财产；⑤恢复原状；⑥修理、重作、更换；⑦继续履行；⑧赔偿损失；⑨支付违约金；⑩消除影响、恢复名誉；⑪赔礼道歉；⑫法律规定惩罚性赔偿的，依照规定。

2.1.7 诉讼时效

1. 诉讼时效的概述

诉讼时效是指权利人在法定期限内未向人民法院提起诉讼请求保护其权利时，法律规定消灭其胜诉权的制度。例如，债务人到期不偿还债务的，债权人在时效期间内向人民法院起诉的，人民法院依法强制债务人履行债务。而债权人在时效期限届满后提起诉讼，请求人民法院强制债务人还债的，权利便不再受法律保护。但应当注意的是诉讼时效使权利人丧失的是胜诉权，而不是权利人的实体权利。

诉讼时效是指向人民法院请求保护民事权利的期间，通常为三年。《民法总则》第一百八十条规定："向人民法院请求保护民事权利的诉讼时效期间为三年，法律另有规定的依照其规定。

诉讼时效期间自权利人知道或者应当知道权利受到损害以及义务人之日起计算。法律另有规定的，依照其规定。但是自权利受到损害之日起超过二十年的，人民法院不予保护；有特殊情况的，人民法院可以根据权利人的申请决定延长。"

2. 诉讼时效届满的后果

（1）诉讼时效期间届满的，义务人可以提出不履行义务的抗辩。

（2）诉讼时效期间届满后，义务人同意履行的，不得以诉讼时效期间届满为由抗辩；义务人已自愿履行的，不得请求返还。

3. 诉讼时效的中止、中断

（1）诉讼时效的中止

在诉讼时效期间的最后六个月内，因不可抗力或者其他障碍不能行使请求权的，诉讼时效中止。从中止时效的原因消除之日起，时效期间继续计算 6 个月。

在诉讼时效期间的最后六个月内，因下列障碍，不能行使请求权的，诉讼时效中止：

① 不可抗力；

② 民事行为能力人或者限制民事行为能力人没有法定代理人，或者法定代理人死亡、丧失民事行为能力、丧失代理权；

③ 继承开始后未确定继承人或者遗产管理人；

④ 权利人被义务人或者其他人控制；

⑤ 其他导致权利人不能行使请求权的障碍。

（2）诉讼时效的中断

诉讼时效因提起诉讼、当事人一方提出要求或者同意履行义务而中断。从中断时起，诉讼时效期间重新计算。

引起诉讼时效中断的事实均是当事人有意识的行为，包括起诉、权利人主张权利或者义务人同意履行义务。这些法定事由发生在诉讼时效期间的任何阶段均产生中断的法律效力，而且诉讼时效中断的次数不受法律限制。

有下列情形之一的，诉讼时效中断，从中断、有关程序终结时起，诉讼时效期间重新计算：①权利人向义务人提出履行请求；②义务人同意履行义务；③权利人提起诉讼或者申请仲裁；④与提起诉讼或者申请仲裁具有同等效力的其他情形。

2.2 合同法基础

《中华人民共和国合同法》（以下简称《合同法》）由中华人民共和国第九届全国人民代表大会第二次会议于 1999 年 3 月 15 日通过，自 1999 年 10 月 1 日起执行。《合同法》共二十三章，四百二十八条，为总则、分则和附则三个部分。总则包括合同法的基本原则、合同的订立、合同的效力、合同的履行以及合同的变更转让和违约责任等；分则对十五种合同即买卖合同、供用电（水、气、热力）合同、赠与合同、借款合同、租赁合同、融资租赁合同、承揽合同、建设工程合同、运输合同、技术合同、保管合同、仓储合同、委托合同、行纪合同和居间合同做出了具体的规定；附则是关于合同法的执行时间。

《合同法》第二条规定：合同是平等主体的自然人、法人及其他组织之间设立、变更、终止民事权利义务关系的协议。合同有广义和狭义之分，狭义的合同是指债权合同．即两个以上的民事主体之间设立、变更、终止债权关系的协议。广义的合同是指两个以上的民事主体之间设立、变更、终止民事权利义务关系的协议，广义的合同除了民法中债权合同之外，还包括物权合同、身份合同，以及行政法中的行政合同和劳动法中的劳动合同等。

2.2.1 合同法的原则及合同的种类

1. 合同法的原则

（1）平等原则

平等原则是指地位平等的合同当事人，在权利义务对等的基础上，经过充分协商达成一致，以实现互利互惠的经济利益目的原则。

《合同法》第三条规定："合同当事人的法律地位平等。一方不得将自己的意志强加给另一方。"

（2）自愿原则

自愿原则是合同法的重要基本原则，合同当事人通过协商，自愿决定和调整相互权利义务关系。

《合同法》第四条规定："当事人依法享有自愿订立合同的权利，任何单位和个人不得非法干预。"

（3）公平原则

公平原则要求合同双方当事人之间的权利义务要公平合理，要大体上平衡，强调一方给付与对方给付之间的等值性，合同的负担和风险合理分配。

《合同法》第五条规定："当事人应当遵循公平原则确定各方的权利和义务。"

（4）诚实信用原则

诚实信用原则要求当事人在订立、履行合同，以及合同终止后的全过程中，都要诚实，讲信用，相互协作。

《合同法》第六条规定："当事人行使权利、履行义务应当遵循诚实信用原则。"

（5）合法原则

合法原则要求当事人在履行合同时要符合法律、行政法规的规定，符合社会公德，有利于维护社会经济秩序、社会公共利益。

《合同法》第七条规定："当事人订立、履行合同，应当遵守法律、行政法规，尊重社会公德，不得扰乱社会经济秩序，损害社会公共利益。"

（6）履行义务原则

履行义务原则是指依法成立的合同具有约束力，要求双方当事人按照合同约定履行自己的义务，不得擅自变更或解除合同。

《合同法》第七条规定："依法成立的合同，对当事人具有法律约束力。当事人应当按照约定履行自己的义务，不得擅自变更或者解除合同。依法成立的合同，受法律保护。"

2. 合同的种类

依据不同的标准，可以将合同分成不同的种类。

（1）有名合同和无名合同

根据法律是否对合同规定有确定的名称与调整规则，合同分为有名合同与无名合同。有名合同又称为典型合同，是指法律上已经确定了一定的名称及具体规则的合同。

《合同法》分则中规定15种有名合同：买卖合同，供用电、水、气、热力合同，赠与合同，借款合同，租赁合同，融资租赁合同，承揽合同，建设工程合同（建设工程合同包括工程勘察、设计、施工合同），运输合同，技术合同，保管合同，仓储合同，委托合同，行纪合同和居间合同。

无名合同又称非典型合同，是指法律上尚未确定一定的名称与规则的合同，合同当事人可以自由决定合同的内容，只要不违背法律的禁止性规定和社会公共利益，仍然是有效的。

（2）要式合同和不要式合同

根据法律规定合同应当具备特定形式，合同分为要式合同和不要式合同。法律规定或当事人约定应具备特定形式的合同是要式合同，反之为不要式合同。

《合同法》第十条规定："当事人订立合同，有书面形式、口头形式和其他形式。

法律、行政法规规定或当事人约定应当采用书面形式的，应当采用书面形式。当事人约定采用书面形式的，应当采用书面形式。"

如《合同法》第二百七十条规定："建设工程合同应当采用书面形式。"

（3）单务合同和双务合同

根据合同当事人是否互相享有权利、承担义务，可将合同分为单务合同与双务合同。单务合同是指合同关系中只有一方承担义务、另一方享有权利的合同，如赠予合同；双务合同中当事人之间相互承担义务，如买卖合同、建设工程合同等。

（4）主合同与从合同

根据合同是否须以其他合同的存在为前提而存在，可将合同分为主合同与从合同。主合同是指不依赖其他合同而能独立存在的合同；从合同是指必须以其他合同的存在才能成立的合同，如抵押合同、保证合同。

2.2.2　合同的订立

合同的订立，是合同双方当事人依法就合同内容，经过协商达成一致意见的法律行为。《合同法》第十三条规定："当事人订立合同，采取要约、承诺方式。"因此，合同订立的过程包括要约和承诺两个阶段。

1. 要约

要约是指当事人一方向对方发出的希望和他人订立合同的意思表示。发出要约的一方称要约人，接收要约的一方称受要约人。

（1）要约具备的条件

① 要约一般向特定的受要约人发出；

② 要约必须具有缔约目的，表明一经受要约人承诺，要约人即受该意思表示约束；

③ 要约的内容必须具体确定。

（2）要约邀请

要约邀请又称要约引诱，是指当事人向他人作出的希望他人向自己发出要约的意思表示。要约邀请既可以向特定人发出，也可以向不特定的人发出。

《合同法》第十五条的规定："要约邀请是希望他人向自己发出要约的意思表示。寄送的价目表、拍卖公告、招标公告、招股说明书、商业广告等为要约邀请。商业广告的内容符合要约规定的，视为要约。"

（3）要约的生效

要约自到达受要约人时生效。要求要约发出后，自到达受要约人处发生效力；如果要约采取数据电文形式发出的，收件人指定特定系统接收数据电文的，该数据电文进入该特定系统的时间，视为到达时间；未指定特定系统的，该数据电文进入收件人的任何系统的首次时间，视为到达时间。

（4）要约的撤回

要约可以撤回。要约撤回的时间要求撤回要约的通知应当在要约到达受要约人之前或者与要约同时到达受要约人处。

（5）要约的撤销

要约撤销是指要约生效后，要约人撤销要约的行为。

《合同法》第十八条规定："要约可以撤销。撤销要约的通知应当在受要约人发出承诺通知之前到达受要约人。"

根据相关规定，并不是所有的要约都可以撤销，有下列情形之一的，要约不得撤销：

① 要约人确定了承诺期限或者以其他形式明示要约不可撤销；

② 受要约人有理由认为要约是不可撤销的，并已经为履行合同作了准备工作。

（6）要约的失效

要约失效是指要约丧失了法律约束力，即对要约人和受要约人都不具有法律上的约束力。

根据《合同法》第二十条规定："有下列情形之一的，要约失效：

（一）拒绝要约的通知到达受要约人；

（二）要约人依法撤销要约；

（三）承诺期限届满，受要约人未作出承诺；

（四）受要约人对要约的内容作出实质性变更。"

2. 承诺

承诺是指受要约人同意要约的意思表示。

（1）承诺应具备的条件

① 承诺必须由受要约人作出。

② 承诺的内容必须与要约的内容一致：

《合同法》第三十条规定："承诺的内容应当与要约的内容一致。受要约人对要约的内容作出实质性变更的，为新要约。有关合同标的、数量、质量、价款或者报酬、履行期限、履行地点和方式、违约责任和解决争议方法等的变更，是对要约内容的实质性变更。"

《合同法》第三十一条规定："承诺对要约的内容作出非实质性变更的，除要约人及时表示反对或者要约表明承诺不得对要约的内容作出任何变更的以外，该承诺有效，合同的内容以承诺的内容为准。"

③ 承诺的方式必须符合要约的规定：

《合同法》第二十二条规定："承诺应当以通知的方式作出，但根据交易习惯或者要约表明可以通过行为作出承诺的除外。"

④ 承诺应当在要约确定的期限内作出：

《合同法》第二十三条规定："承诺应当在要约确定的期限内到达要约人。要约没有确定承诺期限的，承诺应当依照下列规定到达：

（一）要约以对话方式作出的，应当即时作出承诺，但当事人另有约定的除外；

（二）要约以非对话方式作出的，承诺应当在合理期限内到达。"

《合同法》第二十四条规定："要约以信件或者电报作出的，承诺期限自信件载明的日期或者电报交发之日开始计算。信件未载明日期的，自投寄该信件的邮戳日期开始计算。要约以电话、传真等快速通讯方式作出的，承诺期限自要约到达受要约人时开始计算。"

（2）承诺的生效

承诺的通知到达要约人时生效。如果承诺不需要通知的，根据交易习惯或者要约的要求作出承诺的行为时生效。

承诺以通知方式作出的，自通知到达要约人时生效。采用数据电文形式承诺的，收件人指定特定系统接收数据电文的，该数据电文进入该特定系统的时间，视为到达时间；未指定特定系统的，该数据电文进入收件人的任何系统的首次时间，视为到达时间。

（3）承诺的撤回

承诺可以撤回。撤回承诺的通知应当在承诺通知到达要约人之前或者与承诺通知同时到达要约人。

要约可以撤回，也可以撤销，但是承诺只能撤回，而不能撤销。因为承诺到达，承诺生效，承诺生效，合同成立，因此承诺不可以撤销。

（4）逾期承诺

逾期承诺是指承诺人超出承诺期限发出承诺。

《合同法》第二十八条规定："受要约人超过承诺期限发出承诺的，除要约人及时通知受要约人该承诺有效的以外，为新要约。"

《合同法》第二十九条规定："受要约人在承诺期限内发出承诺，按照通常情形能够及时到达要约人，但因其他原因承诺到达要约人时超过承诺期限的，除要约人及时通知受要约人因承诺超过期限不接受该承诺的以外，该承诺有效。"

3. 合同成立的时间和地点

（1）合同成立时间

《合同法》第二十五条规定："承诺生效时合同成立。"

《合同法》第三十二条规定："当事人采用合同书形式订立合同的，自双方当事人签字或者盖章时合同成立。"

《合同法》第三十三条规定："当事人采用信件、数据电文等形式订立合同的，可以在合同成立之前要求签订确认书。签订确认书时合同成立。合同成立的地点则关系到管辖法院的选择和涉外合同的法律适用。"

（2）合同成立的地点

《合同法》第三十四条规定："承诺生效的地点为合同成立的地点。

采用数据电文形式订立合同的，收件人的主营业地为合同成立的地点；没有主营业地的，其经常居住地为合同成立的地点。当事人另有约定的，按照其约定。"

《合同法》第三十五条规定："当事人采用合同书形式订立合同的，双方当事人签字或者盖章的地点为合同成立的地点。"

4. 合同内容

根据《合同法》第十二条中的规定："合同的内容由当事人约定。

一般包括如下条款：

（一）当事人的名称或者姓名和住所；

（二）标的；

（三）数量；

（四）质量；

（五）价款或者报酬；

（六）履行期限、地点和方式；

（七）违约责任；

（八）解决争议的方法。"

5. 合同的形式

合同的形式又称合同的方式，是指当事人采用何种方式来订立合同。

根据《合同法》第十条规定："当事人订立合同，有书面形式、口头形式和其他形式。法律、行政法规规定采用书面形式的，应当采用书面形式。当事人约定采用书面形式的，应当采用书面形式。"

《合同法》第十一条规定："书面形式是指合同书、信件和数据电文（包括电报、电传、传真、电子数据交换和电子邮件）等可以有形地表现所载内容的形式。"

6. 缔约过失责任

（1）缔约过失责任概念

所谓缔约过失责任，是指在合同订立过程中，一方当事人因违背其应依据诚实信用原则所尽的义务，而导致另一方的信赖利益的损失，应承担的民事责任。依通说观点，缔约过失责任是指当事人在订立合同过程中，因过错违反依诚实信用原则负有的先合同义务，导致合同不成立，或者合同虽然成立，但不符合法定的生效条件而被确认无效、被变更或被撤销，给对方造成损失时所应承担的民事责任。所谓先合同义务，又称先契约义务或缔约过程中的附随义务，是指自缔约当事人因签订合同而相互接触磋商，至合同有效成立之前，双方当事人依诚实信用原则负有协助、通知、告知、保护、照管、保密、忠实等义务。

《合同法》第四十二条规定："当事人在订立合同过程中有下列情形之一，给对方造成损失的，应当承担损害赔偿责任：

（一）假借订立合同，恶意进行磋商；

（二）故意隐瞒与订立合同有关的重要事实或者提供虚假情况；

（三）有其他违背诚实信用原则的行为。"

《合同法》第四十三条规定："当事人在订立合同过程中知悉的商业秘密，无论合同是否成立，不得泄露或者不正当地使用。泄露或者不正当地使用该商业秘密给对方造成损失的，应当承担损害赔偿责任。"

可见，缔约过失责任实质上是诚实信用原则在缔约过程中的体现。

（2）缔约过失责任的主要法律特征：

① 法定性

缔约过失责任是基于法律的规定而产生的一种民事责任。只有当事人的行为符合合同法第四十二条、第四十三条规定的情形之一，并给对方造成经济损失的，才应依法承担缔约过失责任。

② 相对性

缔约过失责任只能存在于缔约阶段（也称先契约阶段），即合同订立的磋商阶段，而不能存在于其他阶段。同时，缔约过失责任也只能在缔约当事人之间产生。

③ 补偿性

缔约过失责任的补偿性，是指缔约过失责任旨在弥补或补偿缔约过失行为所造成的财产损害后果。我国合同法第四十二条中，将损害赔偿作为缔约过失责任的救济方式，就是缔约过失责任补偿性的法律体现。缔约过失责任补偿性是民法意义上平等、等价原则的具体体现，也是市场交易关系在法律上的内在要求。

2.2.3 合同的效力

合同的效力，又称合同的法律效力，是指赋予依法成立的合同具有对当事人各方的约束力。合同成立后，符合法律规定的生效要件的，是一个有效合同；不符合法律规定的生效要件，是一个无效合同、可撤销合同或效力待定合同。

合同成立和生效是不同的两个概念，合同成立是指双方当事人意思表示一致时合同成立。合同生效则是价值判断。但是在多数情况下，合同成立的时间和生效的时间是一致的。但是并不是所有的合同都如此，例如特殊的书面合同需要经过批准、登记、审批、公证后才可生效。

1. 合同的生效

《合同法》第四十四条规定："依法成立的合同，自成立时生效。

法律、行政法规规定应当办理批准、登记等手续生效的，依照其规定。"

《合同法》第四十五条规定："当事人对合同的效力可以约定附条件。附生效条件的合同，自条件成就时生效。附解除条件的合同，自条件成就时失效。

当事人为自己的利益不正当地阻止条件成就的，视为条件已成就；不正当地促成条件成就的，视为条件不成就。"

《合同法》第四十六条规定："当事人对合同的效力可以约定附期限。附生效期限的合同，自期限届至时生效。附终止期限的合同，自期限届满时失效。"

2. 效力待定的合同

（1）限制民事行为能力人订立的合同

《合同法》第四十七条规定："限制民事行为能力人订立的合同，经法定代理人追认后，该合同有效，但纯获利益的合同或者与其年龄、智力、精神健康状况相适应而订立的合同，不必经法定代理人追认。

相对人可以催告法定代理人在一个月内予以追认。法定代理人未作表示的，视为拒绝追认。合同被追认之前，善意相对人有撤销的权利。撤销应当以通知的方式作出。"

（2）无权代理人订立的合同

《合同法》第四十八条规定："行为人没有代理权、超越代理权或者代理权终止后以被代理人名义订立的合同，未经被代理人追认，对被代理人不发生效力，由行为人承担责任。

相对人可以催告被代理人在一个月内予以追认。被代理人未作表示的，视为拒绝追认。合同被追认之前，善意相对人有撤销的权利。撤销应当以通知的方式作出。"

《合同法》第五十条规定："法人或者其他组织的法定代表人、负责人超越权限订立的合同，除相对人知道或者应当知道其超越权限的以外，该代表行为有效。"

（3）无权处分人订立的合同

无权处分人订立的合同要通过以下两个法条来理解。将合同效力和处分权分开理解。由于没有处分权或所有权而订立的合同并不必然导致合同无效，但是因为没有处分权或所有权导致标的物所有权不能转移致使相对方受到损害的，应承担相应的赔偿责任。

《买卖合同司法解释》第三条的规定："当事人一方以出卖人在缔约时对标的物没有所有权或者处分权为由主张合同无效的，人民法院不予支持。

出卖人因未取得所有权或者处分权致使标的物所有权不能转移，买受人要求出卖人承担违约责任或者要求解除合同并主张损害赔偿的，人民法院应予支持。"

《合同法》第五十一条规定："无处分权的人处分他人财产，经权利人追认或者无处分权的人订立合同后取得处分权的，该合同有效。"

3. 无效合同

无效合同，是指虽经合同当事人协商订立，但因其不具备或违反了法律规定导致合同不发生法律效力。无效合同的效力是自始无效。

（1）无效合同的范围

根据《合同法》第五十二条的规定："有下列情形之一的，合同无效：

（一）一方以欺诈、胁迫的手段订立合同，损害国家利益的；

（二）恶意串通，损害国家、集体或者第三人利益；

（三）以合法形式掩盖非法目的；

（四）损害社会公共利益；

（五）违反法律、行政法规的强制性规定。"

（2）无效合同的免责条款无效的法律规定

免责条款是当事人在合同中约定在某种情况下免除自己或者限制当事人所负将来合同责任的条款。

根据《合同法》第五十三条规定："合同中的下列免责条款无效：

（一）造成对方人身伤害的；

（二）因故意或者重大过失造成对方财产损失的。"

4. 可变更、可撤销合同

可变更、可撤销的合同是指当事人订立的合同欠缺有效条件时，当事人一方有权请求人民法院或者仲裁机关作出裁定，从而使合同的内容变更或使合同的效力归于消灭的合同。

（1）可变更、可撤销合同的认定

《合同法》第五十三条规定："下列合同，当事人一方有权请求人民法院或者仲裁机构变更或者撤销：

（一）因重大误解订立的；

（二）在订立合同时显失公平的。

一方以欺诈、胁迫的手段或者乘人之危，使对方在违背真实意思的情况下订立的合同，受损害方有权请求人民法院或者仲裁机构变更或者撤销。

当事人请求变更的，人民法院或者仲裁机构不得撤销。"

（2）可变更、可撤销的合同的效力

可变更、可撤销的合同的效力自成立时产生法律效力，对当事人具有法律约束力。当合同被撤销后，合同自始无效。《合同法》第五十七条规定："合同无效、被撤销或者终止的，不影响合同中独立存在的有关解决争议方法的条款的效力。"

（3）撤销权的消灭

《合同法》第五十五条规定："有下列情形之一的，撤销权消灭：

（一）具有撤销权的当事人自知道或者应当知道撤销事由之日起一年内没有行使撤销权；

（二）具有撤销权的当事人知道撤销事由后明确表示或者以自己的行为放弃撤销权的。"

（4）合同被确认无效或者被撤销的后果

《合同法》第五十八条规定："合同无效或者被撤销后，因该合同取得的财产，应当予以返还；不能返还或者没有必要返还的，应当折价补偿。有过错的一方应当赔偿对方因此所受到的损失，双方都有过错的，应当各自承担相应的责任。"

《合同法》第五十九条规定："当事人恶意串通，损害国家、集体或者第三人利益的，因此取得的财产收归国家所有或者返还集体、第三人。"

2.2.4　合同的履行

合同履行是指合同当事人按照合同的约定或法律的规定实施一定的行为。

《合同法》第六十条规定："当事人应当按照约定全面履行自己的义务。

当事人应当遵循诚实信用原则，根据合同的性质、目的和交易习惯履行通知、协助、保密等义务。"

1. 合同履行的内容

（1）合同履行的原则

全面履行原则：当事人应当按照约定全面履行自己的义务，包括主体、质量、价款和报酬、履行地点、履行期限等。

诚实信用原则：当事人应当遵循诚实信用原则，根据合同的性质、目的和交易习惯履行通知、协助、保密等义务。

（2）合同内容没有约定或约定不明确的规定

合同成立生效以后，当事人就质量、价款或者报酬、履行地点等内容没有约定或者约定不明确的，双方当事人可以协议补充，如果不能达成补充协议的，按照合同有关条款或者交易习惯来确定。

如果双方当事人根据上述规定还是不能确定合同内容的，应当适用下列规定：

① 质量要求不明确的，按照国家标准、行业标准履行；没有国家标准、行业标准的，按照通常标准或者符合合同目的的特定标准履行。

② 价款或者报酬不明确的，按照订立合同时履行地的市场价格履行；依法应当执行政府定价或者政府指导价的，按照规定履行。

③ 履行地点不明确，给付货币的，在接受货币一方所在地履行；交付不动产的，在不动产所在地履行；其他标的，在履行义务一方所在地履行。

④ 履行期限不明确的，债务人可以随时履行，债权人也可以随时要求履行，但应当给对方必要的准备时间。

⑤ 履行方式不明确的，按照有利于实现合同目的的方式履行。

⑥ 履行费用的负担不明确的，由履行义务一方负担。

⑦ 执行政府定价或者政府指导价的，在合同约定的交付期限内政府价格调整时，按照交付时的价格计价。逾期交付标的物的，遇价格上涨时，按照原价格执行；价格下降时，按照新价格执行。逾期提取标的物或者逾期付款的，遇价格上涨时，按照新价格执行；价格下降时，按照原价格执行。

2. 合同履行过程中的抗辩权

在双务合同中，如果一方或双方当事人在履行的过程当中没有履行或履行不合格时，一方当事人或双方当事人以此来进行抗辩，保护自己的合法权益的法律行为称为履行过程中的抗辩权。根据法律相关规定，又将抗辩权分为同时履行抗辩权、先履行抗辩权和不安抗辩权。

（1）同时履行抗辩权

同时履行抗辩权，是指在双务合同中，没有先后履行顺序的当事人一方在对方未对待给付以前，可拒绝履行自己的债务之权利。

《合同法》第六十六条规定："当事人互负债务，没有先后履行顺序的，应当同时履行。一方在对方履行之前有权拒绝其履行要求。一方在对方履行债务不符合约定时，有权拒绝其相应的履行要求。"

（2）先履行抗辩权

先履行抗辩权是指在双务合同当中，当事人互负债务，有先后履行顺序的，先履行一方未履行或者履行不合格，后履行一方有权拒绝其履行债务。

《合同法》第六十七条规定："当事人互负债务，有先后履行顺序，先履行一方未履行的，后履行一方有权拒绝其履行要求。先履行一方履行债务不符合约定的，后履行一方有权拒绝其相应的履行要求。"

（3）不安抗辩权

不安抗辩权是指在双务合同中，有先后履行顺序的，先履行一方发现后履行一方有财产善恶化等情形，可能危及其债权时，在后履行方未履行其债务或提供担保前，有拒绝先履行自己债务的权利。

先履行债务的当事人，在掌握确切证据证明对方有下列情形之一的，可以中止履行：

① 经营状况严重恶化；

② 转移资产、抽逃资金，以逃避债务；

③ 丧失商业信誉；

④ 有丧失或者可能丧失履行债务能力的其他情形。

但是当事人没有确切证据证明就中止履行的，应当承担违约责任。

不安抗辩权的行使应按照《合同法》第六十九条规定："当事人主张不安抗辩权时，应及时通知对方；对方提供适当担保时，应当恢复履行。中止履行时，对方在合理期限内未恢复履行能力并且未提供适当担保的，主张不安抗辩权一方有权解除合同。"

3. 代位权

代位权是指债权人为促使自己的债权而以自己的名义代债务人行使其到期债权的权利。代位权主要是债权人代替债务人向债务人的债务人（即次债务人）主张权利的法律行为。

《合同法》第七十三条规定："因债务人怠于行使其到期债权对债权人造成损害的，债权人可以向人民法院请求以自己的名义代位行使债务人的债权，但该债权专属于债务人自身的除外。

代位权的行使范围以债权人的债权为限。债权人行使代位权的必要费用，由债务人负担。"

4. 撤销权

撤销权是指因债务人放弃其到期债权或者无偿转让财产或债务人以明显不合理的低价转让财产，对债权人造成损害的，并且受让人知道该情形的，债权人也可以请求人民法院撤销债务人的行为。

（1）构成要件

① 须有债务人的行为。

债务人放弃其到期债权；债务人无偿转让财产；债务人以明显不合理的低价转让财产。

② 债务人的行为必须以财产为标的。

非财产为标的物的人身性质的行为不得撤销，例如结婚、收养或者终止收养、继承的抛弃或者承认等行为，不得撤销。

③ 债务人的行为有害债权。

（2）撤销权的期间

撤销权自债权人知道或者应当知道撤销事由之日起一年内行使。自债务人的行为发生之日起五年内没有行使撤销权的，该撤销权消灭。

2.2.5 合同的变更、转让和终止

1. 合同的变更

合同的变更有广义和狭义之分。广义的合同变更指合同主体、客体和内容中至少一项变更；狭义的合同变更，是指在不改变合同主体前提下合同的客体或内容的变更。本节所称合同变更，仅指狭义的合同变更。合同变更分为约定变更和法定变更。

（1）约定变更

《合同法》第七十七条规定："当事人协商一致，可以变更合同。"

（2）法定变更

《合同法》第三百零八条规定："在承运人将货物交付收货人之前，托运人可以要求承运人中止运输、返还货物、变更到达地或者将货物交给其他收货人，但应当赔偿承运人因此受到的损失。"

2. 合同的转让

合同的转让，是指合同当事人一方依法将其合同的权利和义务全部或部分地转让给第三人的行为。合同转让有合同债权的转让、合同债务的转移及合同债权和债务概括转让三种形态。

（1）债权转让

① 被转让的合同权利有效存在

② 被转让的合同权利具有可转让性

《合同法》第七十九条规定："债权人可以将合同的权利全部或者部分转让给第三人，但有下列情形之一的除外：

（一）根据合同性质不得转让；

（二）按照当事人约定不得转让；

（三）依照法律规定不得转让。"

债权转让通知义务：《合同法》第八十条规定："债权人转让权利的，应当通知债务人。未经通知，该转让对债务人不发生效力。

债权人转让权利的通知不得撤销，但经受让人同意的除外。"

（2）债务转移

债务人经过债权人的同意，将合同的义务全部或者部分转移给第三人的，由第三人向债权人履行的法律行为。

《合同法》第八十四条规定："债务人将合同的义务全部或者部分转移给第三人的，应当经债权人同意。"

（3）概括转让

概括转让是指合同一方当事人将其权利和义务一并转移给第三人，由第三人全部地承受这些权利和义务的法律行为。

《合同法》第八十八条规定："当事人一方经对方同意，可以将自己在合同中的权利和义务一并转让给第三人。"

权利义务一并转让的，要适用于上述有关"债权转让"、"债务转移"的相关法律制度。

《合同法》第八十七条规定："法律、行政法规规定转让权利或者转移义务应当办理批准、登记等手续的，依照其规定。"

3. 合同的终止

合同的终止，是指合同权利和合同义务归于消灭，合同关系不复存在。

（1）合同权利义务终止的原因

根据《合同法》第九十一条规定："有下列情形之一的，合同的权利义务终止：

（一）债务已经按照约定履行；

（二）合同解除；

（三）债务相互抵消；

（四）债务人依法将标的物提存；

（五）债权人免除债务；

（六）债权债务同归于一人；

（七）法律规定或者当事人约定终止的其他情形。"

（2）合同解除的情形

合同的权利义务终止后，当事人应当遵循诚实信用原则，根据交易习惯履行通知、协助、保密等义务。合同解除分为约定解除和法定解除两种情形。

① 约定解除

根据《合同法》第九十三条规定："当事人协商一致，可以解除合同。

当事人可以约定一方解除合同的条件。解除合同的条件成就时，解除权人可以解除合同。"

② 法定解除

当出现一些法定事由时，合同可以解除。

《合同法》第九十四条规定："有下列情形之一的，当事人可以解除合同：

（一）因不可抗力致使不能实现合同目的；

（二）在履行期限届满之前，当事人一方明确表示或者以自己的行为表明不履行主要债务；

（三）当事人一方迟延履行主要债务，经催告后在合理期限内仍未履行；

（四）当事人一方迟延履行债务或者有其他违约行为致使不能实现合同目的；

（五）法律规定的其他情形。"

③ 合同解除权的行使

《合同法》第九十五条规定："法律规定或者当事人约定解除权行使期限，期限届满当事人不行使的，该权利消灭。

法律没有规定或者当事人没有约定解除权行使期限，经对方催告后在合理期限内不行使的，该权利消灭。"

《合同法》第九十六条规定："当事人一方依照本法第九十三条第二款、第九十四条的规定主张解除合同的，应当通知对方。合同自通知到达对方时解除。对方有异议的，可以请求人民法院或者仲裁机构确认解除合同的效力。

法律、行政法规规定解除合同应当办理批准、登记等手续的，依照其规定。"

④ 合同解除的法律后果

《合同法》第九十七条规定："合同解除后，尚未履行的，终止履行；已经履行的，根据履行情况和合同性质，当事人可以要求恢复原状、采取其他补救措施，并有权要求赔偿损失。"

《合同法》第九十八条规定："合同的权利义务终止，不影响合同中结算和清理条款的效力。"

2.2.6 违约责任

违约责任，合同当事人不履行合同义务或者履行合同义务不符合合同约定所产生的民事责任。

1. 违约责任的承担方式

《合同法》第一百零七条规定："当事人一方不履行合同义务或者履行合同义务不符合约定的，应当承担继续履行、采取补救措施或者赔偿损失等违约责任。"

《合同法》第一百一十条规定："当事人一方不履行非金钱债务或者履行非金钱债务不符合约定的，对方可以要求履行，但有下列情形之一的除外：

（一）法律上或者事实上不能履行；

（二）债务的标的不适于强制履行或者履行费用过高；

（三）债权人在合理期限内未要求履行。"

《合同法》第一百一十四条规定："当事人可以约定一方违约时应当根据违约情况向对方支付一定数额的违约金，也可以约定因违约产生的损失赔偿额的计算方法。

约定的违约金低于造成的损失的，当事人可以请求人民法院或者仲裁机构予以增加；约定的违约金过分高于造成的损失的，当事人可以请求人民法院或者仲裁机构予以适当减少。

当事人就迟延履行约定违约金的，违约方支付违约金后，还应当履行债务。"

《合同法》第一百一十五条规定："当事人可以依照《中华人民共和国担保法》约定一方向对方给付定金作为债权的担保。债务人履行债务后，定金应当抵作价款或者收回。给付定金的一方不履行约定的债务的，无权要求返还定金；收受定金的一方不履行约定的债务的，应当双倍返还定金。"

《合同法》第一百一十六条规定："当事人既约定违约金，又约定定金的，一方违约时，对方可以选择适用违约金或者定金条款。"

2. 违约责任的免除

《合同法》第一百一十七条规定："因不可抗力不能履行合同的，根据不可抗力的影响，部分或者全部免除责任，但法律另有规定的除外。当事人迟延履行后发生不可抗力的，不能免除责任。"

《合同法》第一百一十八条规定："当事人一方因不可抗力不能履行合同的，应当及时通知对方，以减轻可能给对方造成的损失，并应当在合理期限内提供证明。"

2.3 民事诉讼法律制度

2.3.1 民事诉讼法概述

1. 民事诉讼与民事诉讼法

民事诉讼是指法院在当事人和其他诉讼参与人的参与下，按照法律规定的程序，审理和解决民事案件的诉讼活动以及在活动中产生的各种法律关系的总和。

民事诉讼法是调整民事诉讼的法律规范，是指国家制定或认可的，规范法院和当事人、其他诉讼参与人进行诉讼活动的法律规范的总和。主要适用于人民法院受理公民之间、法人之间、其他组织之间以及他们相互之间因财产关系和人身关系提起的民事纠纷。

2. 民事诉讼法适用范围及基本原则

凡是在中华人民共和国领域内参加民事诉讼活动，都必须遵守《中华人民共和国民事诉讼法》。

《中华人民共和国民事诉讼法》是以宪法为根据，结合我国民事审判工作的经验和实际情况而制定，目的是为了保护当事人行使诉讼权利，保证人民法院查明事实，分清是非，正确适用法律，及时审理民事案件，确认民事权利义务关系，制裁民事违法行为，保护当事人的合法权益，教育公民自觉遵守法律，维护社会秩序、经济秩序，保障社会主义建设事业顺利进行。

我国民事案件的审判权是由人民法院来行使的。人民法院应依照法律规定对民事案件进行独立审判，不受行政机关、社会团体和个人的干涉。

人民法院在审理民事案件时，必须以事实为根据，以法律为准绳。应当保障和便利当事人行使诉讼权利，对当事人在适用法律上一律平等，当事人有权进行辩论；应当遵循诚实信用原则，当事人有权在法律规定的范围内处分自己的民事权利和诉讼权利。应当根据自愿和合法的原则进行调解，调解不成的，应当及时判决；应当依照法律规定实行合议、回避、公开审判和两审终审制度。

各民族公民都有用本民族语言、文字进行民事诉讼的权利。在少数民族聚居或者多民族共同居住的地区，人民法院应当用当地民族通用的语言、文字进行审理和发布法律文书。人民法院应当对不通晓当地民族通用的语言、文字的诉讼参与人提供翻译。

人民检察院有权对民事审判活动实行法律监督。

2.3.2 民事诉讼管辖制度

民事诉讼中的管辖，是指各级法院之间和同级法院之间受理第一审民事案件的分工和权限。它是在法院内部具体确定特定的民事案件由那个法院行使民事审判权的一项制度。

在民事诉讼中我们划定了民事审判权作用的范围，解决了哪些纠纷可以作为民事诉讼来受理，但是我们还需解决应由哪个法院来受理这一纠纷。我们需要对属于哪个法院的民事诉讼受案范围的纠纷作进一步划分，将它们具体分配到各个法院。因此，管辖分为了地域管辖、级别管辖、移送管辖和指定管辖。

1. 级别管辖

级别管辖是纵向划分了上、下级人民法院之间受理第一审民事案件的权限和分工，解决了某一民事案件应由哪一级人民法院管辖的问题。

在我国人民法院分为了四级：基层人民法院、中级人民法院、高级人民法院和最高人民法院。

（1）基层人民法院

原则上第一审民事案件都是由基层法院来受理的。但是，法律另有规定的除外。

（2）中级人民法院

中级人民法院管辖下列第一审民事案件：①重大涉外案件；②在本辖区有重大影响的

案件；③最高人民法院确定由中级人民法院管辖的案件。

（3）高级人民法院

高级人民法院管辖在本辖区区域内有重大影响的第一审民事案件。

（4）最高人民法院

最高人民法院管辖下列第一审民事案件：①在全国范围内有重大影响的案件；②认为应当由最高人民法院审理的案件。

2. 地域管辖

地域管辖是从横向划分了同级人民法院之间受理第一审民事案件的权限和分工，解决了某一民事案件应由哪一个人民法院管辖的问题。

地域管辖主要根据当事人住所地、诉讼标的物所在地或者法律事实所在地来确定。即当事人住所地、诉讼标的或者法律事实的发生地、结果地在哪个法院辖区，案件就由该地人民法院管辖。

根据《民事诉讼法》的规定，地域管辖分为一般地域管辖、特殊地域管辖、专属管辖。

（1）一般地域管辖

一般地域管辖的确定以原告就被告所在地为原则，被告就原告所在地为例外。

对自然人、法人或其他组织提起的民事诉讼，应当由被告住所地的人民法院管辖；被告住所地与经常居住地不一致的，由被告经常居住地的人民法院管辖。

下列民事诉讼中，由原告住所地人民法院管辖；原告住所地与经常居住地不一致的，由原告经常居住地人民法院管辖：

① 对不在中华人民共和国领域内居住的人提起的有关身份关系的诉讼；

② 对下落不明或者宣告失踪的人提起的有关身份关系的诉讼；

③ 对被劳动教养的人提起的诉讼；

④ 对被监禁的人提起的诉讼。

（2）特殊地域管辖

特殊地域管辖是以引起民事法律关系发生、变更、消灭的法律事实或标的物所在地为标准来确定管辖。例如，下列情形：

根据《民事诉讼法》第二十三条规定："因合同纠纷提起的诉讼，由被告住所地或者合同履行地人民法院管辖。"

根据《民事诉讼法》第二十四条规定："因保险合同纠纷提起的诉讼，由被告住所地或者保险标的物所在地人民法院管辖。"

根据《民事诉讼法》第二十五条规定："因票据纠纷提起的诉讼，由票据支付地或者被告住所地人民法院管辖。"

根据《民事诉讼法》第二十六条规定："因公司设立、确认股东资格、分配利润、解散等纠纷提起的诉讼，由公司住所地人民法院管辖。"

根据《民事诉讼法》第二十七条规定："因铁路、公路、水上、航空运输和联合运输合同纠纷提起的诉讼，由运输始发地、目的地或者被告住所地人民法院管辖。"

根据《民事诉讼法》第二十八条规定："因侵权行为提起的诉讼，由侵权行为地或者被告住所地人民法院管辖。"

根据《民事诉讼法》第二十九条规定："因铁路、公路、水上和航空事故请求损害赔偿提起的诉讼，由事故发生地或者车辆、船舶最先到达地、航空器最先降落地或者被告住所地人民法院管辖。"

根据《民事诉讼法》第三十条规定："因船舶碰撞或者其他海事损害事故请求损害赔偿提起的诉讼，由碰撞发生地、碰撞船舶最先到达地、加害船舶被扣留地或者被告住所地人民法院管辖。"

根据《民事诉讼法》第三十一条规定："因海难救助费用提起的诉讼，由救助地或者被救助船舶最先到达地人民法院管辖。"

根据《民事诉讼法》第三十二条规定："因共同海损提起的诉讼，由船舶最先到达地、共同海损理算地或者航程终止地的人民法院管辖。"

（3）专属管辖

专属管辖是指对某些特殊的案件强制性规定只能由特定的人民法院来管辖。例如，下列情形：①因不动产纠纷提起的诉讼，由不动产所在地人民法院管辖；②因港口作业中发生纠纷提起的诉讼，由港口所在地人民法院管辖；③因继承遗产纠纷提起的诉讼，由被继承人死亡时住所地或者主要遗产所在地人民法院管辖。

3. 移送管辖

移送管辖是指人民法院在发现受理案件后不属于本院管辖的，应当移送有管辖权的人民法院。

根据《民事诉讼法》第三十六条规定："人民法院发现受理的案件不属于本院管辖的，应当移送有管辖权的人民法院，受移送的人民法院应当受理。受移送的人民法院认为受移送的案件依照规定不属于本院管辖的，应当报请上级人民法院指定管辖，不得再自行移送。"

4. 指定管辖

指定管辖是指有管辖权的人民法院由于特殊原因，不能行使管辖权的，由上级人民法院指定管辖。

根据《民事诉讼法》第三十七条规定："有管辖权的人民法院由于特殊原因，不能行使管辖权的，由上级人民法院指定管辖。人民法院之间因管辖权发生争议，由争议双方协商解决；协商解决不了的，报请它们的共同上级人民法院指定管辖。"

2.3.3 诉讼程序

1. 第一审普通程序

第一审普通诉讼程序，又称普通程序。是指人民法院审理和裁判第一审民事案件通常适用的程序。普通程序是诉讼程序中最基本、最核心的一种程序，是诉讼程序的基础。

（1）起诉和受理

起诉是指公民、法人和其他组织认为自己的民事权益受到侵犯或与他人发生争议，以自己的名义向法院提出诉讼，要求法院予以审判的诉讼行为。

受理是指法院认为原告的起诉符合法定条件，决定立案审理的一种诉讼活动。法院立案之后有权同时也有责任对这一具体案件进行实体审判。

① 起诉的条件

根据《民事诉讼法》第一百一十九条的规定："起诉必须符合下列条件：（一）原告是与本案有直接利害关系的公民、法人和其他组织；（二）有明确的被告；（三）有具体的诉讼请求和事实、理由；（四）属于人民法院受理民事诉讼的范围和受诉人民法院管辖。"

② 起诉的方式及内容

当事人起诉应当向人民法院递交起诉状，并按照被告人数提出副本。

书写起诉状确有困难的，可以口头起诉，由人民法院记入笔录，并告知对方当事人。

起诉状应当记明下列事项：

1）原告的姓名、性别、年龄、民族、职业、工作单位、住所、联系方式，法人或者其他组织的名称、住所和法定代表人或者主要负责人的姓名、职务、联系方式；

2）被告的姓名、性别、工作单位、住所等信息，法人或者其他组织的名称、住所等信息；

3）诉讼请求和所根据的事实与理由；

4）证据和证据来源，证人姓名和住所。

③ 法院受理

人民法院应当保障当事人依照法律规定享有的起诉权利。对符合起诉条件的，必须受理，应当在七日内立案，并通知当事人。不符合起诉条件的，应当在七日内作出裁定，不予受理。原告对裁定不服的，可以提起上诉。

（2）庭前准备

人民法院对决定受理的案件，应当告知当事人诉讼的权利和义务。可通过书面的方式在《受理案件通知书》和《应诉通知书》中向当事人告知，也可以通过口头方式告知。

人民法院受理案件后应当在立案之日起的五日内将起诉状副本送达给被告，被告应当在收到其诉状副本之日起十五日内提出答辩状。答辩状中被告为自然人的应记明被告的姓名、性别、年龄、民族、职业、工作单位、住所、联系方式。若被告为法人或者其他组织的，应记明被告的名称、住所和法定代表人或者主要负责人的姓名、职务、联系方式。人民法院在收到被告答辩状之日起五日内应将答辩状副本送达原告。被告如果不提出答辩状的，不影响人民法院的审理。

人民法院审判人员在开庭前确定合议庭组成人员后，应当在三日内告知当事人。审判人员在开庭前必须认真审核当事人提交的诉讼材料，确有必要的应当调查收集相关证据。

（3）开庭审理

人民法院在审理民事案件时，除涉及国家秘密、个人隐私或者法律另有规定的以外，都应当进行公开审理。但是离婚案件、涉及商业秘密的案件，当事人申请不公开审理的，可以不公开审理。

人民法院应当在开庭三日前通知当事人和其他诉讼参与人。若公开审理的，应当公告当事人姓名、案由和开庭的时间、地点。

开庭审理前，书记员应当查明当事人和其他诉讼参与人是否到庭，并宣布法庭纪律。然后由审判长核对当事人信息，宣布案由，宣布审判人员、书记员名单，并告知当事人有关的诉讼权利和义务，询问当事人是否提出回避的申请。

① 法庭调查

法庭调查是指审判人员在诉讼参与人的参加下，在法庭上依照法定程序进行调查、核实案件事实和证据的诉讼活动。法庭调查是法庭审理案件的中心环节。

法庭调查应当按照下列顺序进行：

1）当事人陈述；

2）告知证人的权利义务，证人作证，宣读未到庭的证人证言；

3）出示书证、物证、视听资料和电子数据；

4）宣读鉴定意见；

5）宣读勘验笔录。

② 法庭辩论

法庭辩论是指在开庭审理中，双方当事人就起诉书中陈述的相关事实、提交的证据等进行辩论的活动。法庭辩论是法庭审理的当中的重要环节。

法庭辩论按照下列顺序进行：

1）原告及其诉讼代理人发言；

2）被告及其诉讼代理人答辩；

3）第三人及其诉讼代理人发言或者答辩；

4）互相辩论。

法庭辩论终结，由审判长按照原告、被告、第三人的先后顺序征询各方最后意见。

（4）宣告判决

法庭辩论终结后，人民法院应当依法作出判决。判决前能够对双方当事人进行调解的，还可以进行调解，若调解不成的，应当及时作出判决。

人民法院对公开审理或者不公开审理的案件，一律以公开的形式宣告判决。当庭宣判的，应当在十日内送达判决书；定期宣判的，宣判后立即送达判决书。

宣告判决时，应当告知当事人不服一审判决结果的有上诉的权利，并将上诉期限和上诉的法院一并告知。

2. 第二审程序

当事人不服人民法院第一审裁判结果的，有权向上一级人民法院提起上诉。

当事人不服第一审判决的，应当在判决书送达之日起的十五日内提出上诉；当事人不服第一审裁定的，应当在裁定书送达之日起十日内提出上诉。

（1）第二审程序相关法律制度

上诉状的内容，应当包括当事人的姓名、法人的名称及其法定代表人的姓名或者其他组织的名称及其主要负责人的姓名；原审人民法院名称、案件的编号和案由；上诉的请求和理由。

当事人原则上应当向原审法院提交上诉状，并按照对方当事人或者代表人的人数提出副本。但是当事人直接向第二审人民法院提交上诉状的，第二审人民法院应当在五日内将上诉状移交原审人民法院。

原审人民法院在收到上诉状后，应当在五日内将上诉状副本送达给对方当事人，并告知对方当事人在收到上诉状副本之日起十五日内提出答辩状。人民法院应当在收到对方当事人答辩状之日起的五日内将答辩状副本送达上诉人。对方当事人不提出答辩状的，不影响人民法院的审理。

原审人民法院在收到上诉状、答辩状后，应当在五日内连同全部案卷和证据，报送第二审人民法院。

第二审人民法院在收到全部案卷和证据后，原则上应当组成合议庭，开庭进行审理。但经过阅卷、调查和询问当事人，对没有提出新的事实、证据或者理由的，合议庭认为不需要开庭审理的，可以不开庭审理。第二审法院在审理过程中应当对上诉人的上诉请求、有关事实和适用法律进行审查。对上诉案件的审理，可以在本院进行，也可以到案件发生地或者原审人民法院所在地进行。

（2）第二审程序裁判结果

根据《民事诉讼法》第一百七十条的规定："第二审人民法院对上诉案件，经过审理，按照下列情形，分别处理：

（一）原判决、裁定认定事实清楚，适用法律正确的，以判决、裁定方式驳回上诉，维持原判决、裁定；

（二）原判决、裁定认定事实错误或者适用法律错误的，以判决、裁定方式依法改判、撤销或者变更；

（三）原判决认定基本事实不清的，裁定撤销原判决，发回原审人民法院重审，或者查清事实后改判；

（四）原判决遗漏当事人或者违法缺席判决等严重违反法定程序的，裁定撤销原判决，发回原审人民法院重审。

原审人民法院对发回重审的案件作出判决后，当事人提起上诉的，第二审人民法院不得再次发回重审。"

第二审人民法院作出的判决、裁定，即终审的判决、裁定。一经作出即发生法律效力，当事人不得再次上诉。

3. 审判监督程序

指人民法院、人民检察院对已经发生法律效力的判决、裁定、调解书，发现在认定事实或适用法律上确有错误的，依法提起并对案件进行重新审判的程序。

（1）法院启动再审程序

各级人民法院院长对本院已经发生法律效力的判决、裁定、调解书，发现确有错误，认为需要再审的，应当提交审判委员会讨论决定。

最高人民法院对地方各级人民法院已经发生法律效力的判决、裁定、调解书，上级人民法院对下级人民法院已经发生法律效力的判决、裁定、调解书，发现确有错误的，有权提审或者指令下级人民法院再审。

（2）检察院启动再审程序

最高人民检察院对各级人民法院已经发生法律效力的判决、裁定；上级人民检察院对下级人民法院已经发生法律效力的判决、裁定，发现有《中华人民共和国民事诉讼法》第二百条规定情形之一的，或者发现调解书损害国家利益、社会公共利益的，应当提出抗诉。

地方各级人民检察院对同级人民法院已经发生法律效力的判决、裁定，《中华人民共和国民事诉讼法》第二百条规定情形之一的，或者发现调解书损害国家利益、社会公共利益的，可以向同级人民法院提出检察建议，并报上级人民检察院备案；也可以提请上级人民检察院向同级人民法院提出抗诉。

各级人民检察院对审判监督程序以外的其他审判程序中审判人员的违法行为，有权向同级人民法院提出检察建议。

（3）当事人申请启动再审程序

当事人对已经发生法律效力的判决、裁定，认为有错误的，可以向上一级人民法院申请再审；当事人一方人数众多或者当事人双方为公民的案件，也可以向原审人民法院申请再审。当事人申请再审的，不停止判决、裁定的执行。

① 当事人向人民法院申请启动再审程序

根据《民事诉讼法》第二百条的规定："当事人的申请符合下列情形之一的，人民法院应当再审：

（一）有新的证据，足以推翻原判决、裁定的；

（二）原判决、裁定认定的基本事实缺乏证据证明的；

（三）原判决、裁定认定事实的主要证据是伪造的；

（四）原判决、裁定认定事实的主要证据未经质证的；

（五）对审理案件需要的主要证据，当事人因客观原因不能自行收集，书面申请人民法院调查收集，人民法院未调查收集的；

（六）原判决、裁定适用法律确有错误的；

（七）审判组织的组成不合法或者依法应当回避的审判人员没有回避的；

（八）无诉讼行为能力人未经法定代理人代为诉讼或者应当参加诉讼的当事人，因不能归责于本人或者其诉讼代理人的事由，未参加诉讼的；

（九）违反法律规定，剥夺当事人辩论权利的；

（十）未经传票传唤，缺席判决的；

（十一）原判决、裁定遗漏或者超出诉讼请求的；

（十二）据以作出原判决、裁定的法律文书被撤销或者变更的；

（十三）审判人员审理该案件时有贪污受贿，徇私舞弊，枉法裁判行为的。"

② 当事人向人民检察院申请启动再审程序

根据《民事诉讼法》第二百零九条的规定："有下列情形之一的，当事人也可以向人民检察院申请检察建议或者抗诉：（一）人民法院驳回再审申请的；（二）人民法院逾期未对再审申请作出裁定的；（三）再审判决、裁定有明显错误的。人民检察院对当事人的申请应当在三个月内进行审查，作出提出或者不予提出检察建议或者抗诉的决定。当事人不得再次向人民检察院申请检察建议或者抗诉。"

4．执行

发生法律效力的民事判决书、裁定书，当事人必须履行。一方拒绝履行的，对方当事人可以向人民法院申请执行，也可以由审判员移送执行员执行。

2.4 仲裁法律制度

2.4.1 仲裁法概述

仲裁是指双方当事人自愿达成仲裁协议，并根据他们之间订立的仲裁协议，自愿将其争议提交仲裁机构，由仲裁员组成仲裁庭进行裁判，并接受该裁判约束的一种制度。仲裁活动和法院的审判活动一样，是解决民事争议的方式之一。

为了保证当事人能够公正、及时地解决经济纠纷，并保护当事人的合法权益，保障社会主义市场经济健康发展，双方当事人之间就发生的合同纠纷和其他财产权益纠纷，可以通过仲裁的方式解决。

但是，并不是所有的纠纷都可以通过仲裁来解决。例如，婚姻、收养、监护、扶养、继承等有关身份的纠纷是不可以通过仲裁的方式解决；法律规定依法应当由行政机关处理的行政争议不可以通过仲裁的方式解决。

1. 仲裁法的基本制度

（1）仲裁协议制度

双方当事人采用仲裁方式解决纠纷的，应当双方自愿达成仲裁协议。没有仲裁协议，一方当事人申请仲裁的，仲裁委员会不予受理。

（2）或裁或审制度

当事人达成仲裁协议，一方当事人向人民法院起诉的，人民法院不予受理，但是仲裁协议无效的除外。

（3）一裁终局制度

仲裁实行一裁终局的制度。裁决作出后，当事人就同一纠纷再申请仲裁或者向人民法院起诉的，仲裁委员会或者人民法院不予受理。但是，裁决被人民法院依法裁定撤销或者不予执行的，当事人就该纠纷可以根据双方重新达成的仲裁协议申请仲裁，也可以向人民法院提起诉讼。

2. 仲裁协议

仲裁协议必须建立在双方当事人自愿、平等和协商一致的基础上。仲裁协议是双方当事人共同的意思表示，并同意将争议提交仲裁的一种书面形式。双方当事人之间的纠纷通过仲裁的方式来解决，前提必须要有一份有效的仲裁协议。

（1）仲裁协议的内容

仲裁协议包括合同中订立的仲裁条款和以其他书面方式在纠纷发生前或者纠纷发生后达成的请求仲裁的协议。

仲裁协议应当具有下列内容

① 请求仲裁的意思表示；

② 仲裁事项；

③ 选定的仲裁委员会。

（2）仲裁协议的效力

仲裁协议独立存在，如果包含仲裁条款的合同发生了变更、解除、终止或者无效的情形，不影响仲裁协议的效力。

在仲裁协议中对仲裁事项或者仲裁委员会没有约定或者约定不明确的，当事人可以补充协议；达不成补充协议的，仲裁协议无效。

仲裁协议有下列情形之一的，仲裁协议无效：

① 约定的仲裁事项超出法律规定的仲裁范围的；

② 无民事行为能力人或者限制民事行为能力人订立的仲裁协议；

③ 一方采取胁迫手段，迫使对方订立仲裁协议的。

当事人对仲裁协议的效力有异议的，可以请求仲裁委员会作出决定或者请求人民法院作出裁定。一方请求仲裁委员会作出决定，另一方请求人民法院作出裁定的，由人民法院裁定。当事人对仲裁协议的效力有异议，应当在仲裁庭首次开庭前提出。

2.4.2 仲裁程序

1. 提出仲裁申请

当事人申请仲裁的，应当向仲裁委员会递交仲裁协议、仲裁申请书及副本。

当事人在申请仲裁中应当符合下列条件：（1）有仲裁协议；（2）有具体的仲裁请求和事实、理由；（3）属于仲裁委员会的受理范围。

仲裁申请书应当载明下列事项：（1）当事人的姓名、性别、年龄、职业、工作单位和住所，法人或者其他组织的名称、住所和法定代表人或者主要负责人的姓名、职务；（2）仲裁请求和所根据的事实、理由；（3）证据和证据来源、证人姓名和住所。

仲裁委员会收到仲裁申请书之日起五日内，认为符合受理条件的，应当受理，并通知当事人；认为不符合受理条件的，应当书面通知当事人不予受理，并说明理由。

2. 仲裁受理庭的组成

根据仲裁的相关规定，仲裁庭可以由三名仲裁员或者一名仲裁员组成。

当事人约定由三名仲裁员组成仲裁庭的，应当各自选定或者各自委托仲裁委员会主任指定一名仲裁员，第三名仲裁员由当事人共同选定或者共同委托仲裁委员会主任指定。第三名仲裁员为首席仲裁员。当事人约定由一名仲裁员成立仲裁庭的，应当由当事人共同选定或者共同委托仲裁委员会主任指定仲裁员。

当事人没有在仲裁规则规定的期限内约定仲裁庭的组成方式或者选定仲裁员的，由仲裁委员会主任指定。仲裁庭组成后，仲裁委员会应当将仲裁庭的组成情况书面通知当事人。

3. 审理案件

（1）开庭审理。仲裁应当开庭进行审理，但是当事人协议不开庭的，仲裁庭可以根据仲裁申请书、答辩书以及其他材料作出裁决。

（2）不公开审理。仲裁原则上不公开进行。当事人协议公开的，可以公开进行。但涉及国家秘密的除外。

4. 仲裁裁决

仲裁裁决应当按照多数仲裁员的意见作出，少数仲裁员的不同意见可以记入笔录。仲裁庭不能形成多数意见时，裁决应当按照首席仲裁员的意见作出。

在仲裁裁决书中应当写明仲裁请求、争议事实、裁决理由、裁决结果、仲裁费用的负担和裁决日期。当事人协议不愿写明争议事实和裁决理由的，可以不写。裁决书由仲裁员签名，加盖仲裁委员会印章。对裁决持不同意见的仲裁员，可以签名，也可以不签名。若仲裁庭仲裁纠纷时，其中一部分事实已经清楚，可以就该部分先行裁决。

对裁决书中的文字、计算错误或者仲裁庭已经裁决但在裁决书中遗漏的事项，仲裁庭应当补正；当事人自收到裁决书之日起三十日内，可以请求仲裁庭补正。

仲裁裁决书自作出之日起发生法律效力。

5. 执行

当事人应当履行裁决。一方当事人不履行的，另一方当事人可以依照《中华人民共和国民事诉讼法》的有关规定向人民法院申请执行。受申请的人民法院应当执行。

2.5 建设工程法律基础案例

案例1 合同撤销权纠纷

判决书字号：

一审判决书：江苏省南通市海安县人民法院（2008）安民一初字第××号民事判决书。

二审判决书：江苏省南通市中级人民法院（2008）通中民一终字第××号民事判决书。

案由：合同撤销权纠纷。

诉讼双方

原告（上诉人）：彭××，女，住海安县海安镇×××。

委托代理人：仲××、康××，江苏南通××律师事务所律师。

被告（被上诉人）：夏×霞，女，住海安县海安镇×××。

委托代理人：丁××，江苏南通××律师事务所律师。

被告（被上诉人）：崔××，女，农民，住海安县海安镇×××。

审级：二审。

审判机关和审判组织

一审法院：江苏省南通市海安县人民法院。

二审法院：江苏省南通市中级人民法院。

一审审理：原告诉称：2007年10月7日，两被告恶意串通，谎称其二人创办"圣子足疗保健中心"（以下简称圣子足疗），系经营业主，并谎称该中心总投资达23万元，诱使我与两被告签订转让协议，以10万元的价格购买了该中心50%的财产。事后，我才发现圣子足疗系个体性质，业主为夏某某，经营场所的房屋为租赁使用，总投资估计仅2万元。圣子足疗系个体工商户性质，个体工商户的经营权与登记的特定的经营者具有身份上的依附关系，不能剥离独立存在。两被告虚假陈述、隐瞒真实情况，诱使我签订转让协议，且双方订立协议时显失公平。请求法院依法撤销原、被告之间于2007年10月7日签订的转让协议。

被告辩称：夏某某系夏×霞的姑姑，工商登记时我们为了享受税收等方面的优惠政策便借用了夏某某的下岗证进行办理，所以经营者才会登记为夏某某，圣子足疗实际是由我们投资、经营。我们的投资除了移交给原告的部分动产外，还包括装潢、广告、消防验收、房租等方面的投资。原告、被告之间签订的转让协议是双方当事人真实意思的表示，被告没有对原告进行虚假陈述，也没有隐瞒事实，不存在原告所称的重大误解及显失公平的情况，请求驳回原告的诉讼请求。

江苏省南通市海安县人民法院经公开审理查明：夏×霞、崔××因合伙经营圣子足疗需要，于2005年9月2日与王某某签订房屋租赁协议一份，以年租金31800元的价格租得海安镇人民西路×××（上下共五间），双方约定租赁期限为3年，从2005年9月10日起至2008年9月9日止。2005年11月17日，夏×霞为享受税收优惠政策，借用其姑姑夏某某的下岗证办理了圣子足疗的工商登记，并取得个体工商户营业执照。2007年10

月 7 日，夏×霞（甲方）、崔××（乙方）、彭××（丙方）三方签订转让协议一份，协议主要约定将甲乙双方创办的总投资达 23 万元的圣子足疗中甲方 50% 的"股份"以 10.5 万元的价格转让给丙方。同月 16 日，夏×霞、彭××、崔××办理了交接手续，彭××在"2007 年 10 月 15 日转让设备盘点表"上签名确认收到了清单所列设备。彭××于同日给付夏×霞 10 万元，并由夏×霞出具收条一份，载明"今收到彭××圣子足疗 50% 股份转让款拾万元整"。2008 年 1 月 23 日，彭××以夏×霞、崔××隐瞒事实、虚假陈述，造成原告重大误解，协议显失公平为由，向本院提起诉讼，要求撤销双方之间的转让协议。2008 年 3 月 7 日，原告申请撤回起诉，本院裁定准许。2008 年 4 月 8 日，原告再次起诉至本院，要求撤销转让协议。

本案双方当事人讼争的焦点是：原告、被告在签订转让协议时，是否存在两被告隐瞒事实、虚假陈述的情况，以致给原告造成重大误解，导致签订的转让协议显失公平。

江苏省南通市海安县人民法院经审理认为：圣子足疗虽登记为个体工商户性质，但实为两被告共同出资、共同经营、共担风险，其本质应视为合伙。原告彭××在签订转让协议前多次到圣子足疗，其应当清楚圣子足疗系两被告实际经营，而非营业执照上所登记的夏某某。原告与两被告签订转让协议中约定"夏×霞将圣子足疗 50% 的股份以 10.5 万元的价格转让给彭××"，因圣子足疗非有限责任公司，故不存在"股份"一说，该表述系当事人因对法律关系认识不清而作出的错误表述。综观整个协议，可以认定，该转让协议实为夏×霞的退伙与彭××的入伙相结合的一份协议。彭××以 10 万元价格受让的不仅包括清单上所列可移交的资产，还包含圣子足疗的经营权等。且原告入伙后，与被告崔××已实际经营圣子足疗一段时间。

江苏省南通市海安县人民法院依照《中华人民共和国合同法》第五十四条第一款、第二款，最高人民法院《关于民事诉讼证据的若干规定》第二条的规定，作出如下判决：驳回原告彭××的诉讼请求。

二审审理：

上诉人诉称：圣子足疗系夏某某个人投资经营，此有工商部门的营业执照为证，个体工商户的经营权与登记的经营者具有身份上的依附关系。从转让协议的内容看，本案转让协议并非单纯的财产转让，而是财产与经营权转让，两被上诉人不是合法的经营主体，进行经营权的转让违反了《行政许可法》的规定，协议应为无效。本案三方当事人在磋商转让的过程中，被上诉人未将工商登记情况披露给上诉人，原审以转让前上诉人多次到足疗店就认定上诉人知晓两被上诉人系实际经营，缺乏事实和法律依据。被上诉人称是借用夏某某的下岗证享受税收优惠政策，而实际上被上诉人之一夏×霞也是下岗职工。而且即使他们借用，法律效果也只能产生于两被上诉人与夏某某之间。两被上诉人欺骗上诉人总投资为 23 万元，实际没有充分的证据表明存在投资 23 万元的事实，且从盘点的资产看，上诉人以 10 万元价款受让仅值 2 万元的财产，协议显失公平，故请求二审法院支持上诉人的诉讼请求。

被上诉人辩称：原审认定事实清楚，适用法律正确，请求驳回上诉，维持原判。

二审事实和证据

江苏省南通市中级人民法院经审理，确认一审法院认定的事实和证据。

二审判案理由

江苏省南通市中级人民法院经审理认为：本案中有证据表明上诉人在签订转让协议前多次到圣子足疗，对该店的实际经营情况比较了解，且按常理也应对该店的现状与前景进行考察与判断，对自己受让该店的风险进行评估。在协议订立后双方进行盘点交接，上诉人按协议支付了转让款，上诉人在协议订立后也实际经营了一段时间，整个协议的履行过程均不能证明两被上诉人具备显失公平的故意。故本案中所涉的转让协议不论从客观要求还是主观要件上说均不构成显失公平，上诉人以此请求撤销转让协议的理由不能成立。至于上诉人在上诉中提到两被上诉人隐瞒工商登记情况的事宜，从上诉人订立协议的前后行为看，其应明知工商登记情况，该店的实际经营人为两被上诉人，原审法院根据案件的具体情况认定圣子足疗系合伙经营并无不当。至于工商登记的业主与实际经营人应否一致，应由相应行政管理机关进行管理。综上，原审认为事实清楚，适用法律正确，上诉人的上诉理由不能成立，原判决应予维持。

二审定案结论

江苏省南通市中级人民法院依照《中华人民共和国合同法》第五十四条第一款、第二款，最高人民法院《关于民事诉讼证据的若干规定》第二条的规定，作出如下判决：驳回上诉，维持原判。

案例 2　仲裁裁决执行案例

中国银行等五家银行与奥林匹克饭店有限公司仲裁裁决执行案

申请执行人：中国银行、中国银行东京分行、日本樱花银行、日本第一劝业银行香港分行、日本三井信托银行。

被执行人：奥林匹克饭店有限公司。

被执行人奥林匹克饭店有限公司是中国体育服务公司与香港嘉兴（中国）投资有限公司合资设立的法人。该公司为兴建奥林匹克饭店，曾于 1987 年 3 月 20 日与申请执行人中国银行、中国银行东京分行、日本樱花银行、日本第一劝业银行香港分行、日本三井信托银行等 5 家银行组成的银团签订贷款协议，约定中国银行等 5 家银行组成的银团签订贷款协议，约定中国银行等 5 家银行向奥林匹克饭店有限公司发放 50 亿日元的贷款；同时还签订了"抵押协议"，约定将奥林匹克饭店作为贷款的抵押物以及贷款方提供贷款额度的先决条件之一。中国银行等 5 家银行已经按照贷款协议的约定履行了全部放款义务，但是奥林匹克饭店有限公司没有按时偿还到期贷款本息。双方当事人就如何履行"抵押协议"发生争议，因协商未成，中国银行等 5 家银行遂依据"抵押协议"中的仲裁条款向中国国际经济贸易仲裁委员会申请仲裁。

中国国际经济贸易仲裁委员会裁决：

（1）申请人中国银行等 5 家银行与被申请人奥林匹克饭店有限公司于 1987 年 3 月 20 日签订的"抵押协议"有效；

（2）申请人有权按照有关法律的规定，对协议规定的担保权益实行处分，用处分担保权益所得的款项偿付被申请人截止 1994 年 9 月 20 日应付申请人的款项总计 57.18 亿余日元和上述金额自 1994 年 9 月 20 日至实际支付日止按申请人与被申请人于 1987 年 3 月 20 日签订的"贷款协议"中所确定的利率支付利息；

（3）被申请人应付申请人律师费及保全费合计人民币 32.99 万余元；

（4）本案仲裁费 18.58 万余美元和人民币 97.15 万余元，应由被申请人承担。

仲裁裁决生效后，由于被执行人奥林匹克饭店有限公司未履行裁决内容，申请执行人中国银行等5家银行遂依照《中华人民共和国民事诉讼法》第二百一十七条第一款的规定，向北京市第一中级人民法院申请执行，请求法院准许其接管奥林匹克饭店，实现经仲裁裁决认定的有效"担保权益"，以便用处分"担保权益"所得款项偿付被执行人所欠的本金和利息。

北京市第一中级人民法院经审查认为：仲裁裁决中的所谓"处分担保权益"，就是要实现抵押物权，因此强制执行的内容应当是将作为抵押物的奥林匹克饭店的动产、不动产全部交付给申请执行人。该院为了在执行中不影响饭店的正常经营，又能顺利地完成饭店财产的清点核实工作，保证饭店移交，决定采用"托管方式"执行。即委托北京六合兴饭店管理公司进驻奥林匹克饭店，在指定期间内完成核查饭店资产的工作，并代为经营管理。

1998年11月18日，北京市第一中级人民法院根据六合兴饭店管理公司的报告，认定核查工作已经完成，遂将奥林匹克饭店的全部资产正式移交给申请执行人中国银行等5家银行。至此，这起标的巨大的申请执行案执行终结。

案例3　合同违约案

原告：（乙）××市××精神病防治站

被告：（甲）××房地产开发有限公司

甲、乙因房屋拆迁纠纷一案诉至法院。

一审法院查明：2003年8月30日，甲、乙签订了一份拆迁协议书约定：

（1）甲方同意乙方要求，在××区××街东边线临街安置一处门市房，安置门市房建筑面积在96～97m² 之间，如低于上述面积，每平方米甲方补乙方5000元整；回迁后该门市房的产权归乙方，甲方配合乙方办理房证手续。

（2）甲方同意一次性给付乙方24万元作为拆迁过程中的所有补偿费用。

（3）回迁安置期限以搬迁之日起至2004年10月30日止。逾期不能回迁，每超一天甲方补偿乙方1万元整。

（4）乙方同意回迁后对所安置的门市房不再从事医疗行业。

（5）考虑未来小区整体环境，乙方保证回迁安置后室外装饰装修应服从小区物业管理。

（6）回迁安置的门市房是清水房，而且室内各种配套设施齐全，甲方除代收煤气管网配套费之外，不再收取其他配套费用。

（7）乙方同意在收到甲方补偿费后8日内，将被拆迁房屋腾交给甲方拆除等内容，并附图纸一张，协议签订后，甲方付给乙方24万元，乙方将被拆迁房屋交由甲方拆除。

回迁楼房竣工后，甲于2004年11月10日通知乙回迁同时，以回迁实际面积为114.43m²，提出乙交纳面积补偿金13万元及其他费用2.9万元。乙拒绝回迁，甲遂在回迁房北门处，在理应安置的房屋间壁出一间壁墙。

被拆迁房屋产权人为××市房产局，非住宅房屋，建筑面积255m²。乙为该房屋的承租人。2003年2月9日，甲与产权人同意对拆除房屋实行货币补偿，产权补偿费为44.8万元，并已将该款付给产权人。原审法院在庭审中，甲同意对乙进行有偿补偿。

原审法院认为，甲与乙的"拆迁协议书"中对回迁安置，产权归属，违约责任的约定是在自愿的基础上达成的，该约定未违反国家法律或现行法规的强行性规定，视为有效。关于甲提出乙系被拆迁房屋的承租人，但非被拆迁人，不具备回迁安置产权调换资格的主张。《××市城市房屋拆迁管理条例》是对房屋承租人的最低补偿办法进行了规定，但对在拆迁人认可的情况下，对承租人可以进行如何安置并未限制，作为拆迁人的甲其将作为承租人的乙以合同约定进行回迁安置是对自己权利利益进行一种不违法的自由处分方式，对其后果应履行诺言承担约定义务。关于甲提出乙隐瞒其为被拆迁房屋承租人且已解除租赁关系的事实，使其在不知乙真实情况下，与之签订协议，是采用欺诈手段，属无效协议的主张，因甲在与乙签订协议之前，已对产权人进行了产权补偿，其明知乙并非产权人，且甲以产权补偿方式取得了被拆迁房屋的产权，其在拆迁房屋时，理应对承租人进行安置，故对甲的这项主张不予支持。在审理中，双方均认为，争议的焦点为对乙进行回迁安置是否有偿问题。如前所述，"拆迁协议"为有效协议，双方均应按协议履行义务，而在协议中，对增加面积部分及其他配套费用问题，除煤气管网费外，均已明确约定不收取，对乙的诉讼请求予以支持。法院依据《中华人民共和国合同法》第八条、第四十四条、第六十条、第一百零七条、第一百一十四条的规定，判决如下：

（1）原告乙与被告甲所签订拆迁协议书有效。

（2）被告甲于判决生效后5日内将门市房按图纸安置给原告。

（3）被告甲在安置房同时拆除安置房内的间壁墙。

（4）被告甲于判决生效后5日内一次性补偿原告逾期回迁费19万元（从2004年11月1日起至判决生效之日止，按每日1000元计算）。

（5）驳回原、被告其他诉讼请求。

甲不服一审判决提起上诉。其上诉理由是：甲与乙所签订的拆迁协议是无效的协议，因该份协议是在乘人之危情况下签订的；乙不具备回迁主体的资格；原审判决由上诉人给付被上诉人逾期回迁补偿费是错误的。

被上诉人乙辩称同意一审判决，要求二审法院驳回上诉，维持原判。

二审法院经开庭审理查明的事实与原审判决认定的事实基本一致。

二审法院认为，2003年8月30日，甲、乙双方所签订的拆迁协议书，是当事人真实意思表示，并不违反国家法律、法规的禁止性规定，应是合法有效的协议，对双方当事人具有约束力，均应恪守履行。在协议书中明确规定了双方的权利义务。上诉人甲在协议中明确承诺："在××区××街东边线临街安置一处门市房，回迁后该门市房的产权归乙方。甲配合乙办理房产手续，回迁安置期限以拆迁之日起至2004年10月30日止，逾期不能回迁，每超一天甲方补偿乙方1000元整。"故现上诉人认为被上诉人不具备回迁安置的主体资格，本院不予支持。关于上诉人主张拆迁协议是无效的协议问题，本院认为，该份协议的内容并不存在《中华人民共和国合同法》第五十二条所规定致使合同无效的五种情形。上诉人又主张该协议存在乙乘人之危与上诉人签订协议的上诉理由。按照法律规定，即使存在乘人之危的情形，使上诉人违背真实意思的情况下签订了合同，受损害方有权请求人民法院或仲裁机构变更或撤销，且具有撤销权的当事人自知道或应当知道撤销事由之日起一年内行使撤销权。上诉人并没有提供行使前述权利的有效证据。关于上诉人主张被上诉人拒不回迁，违约在先，不同意支付逾期回迁补偿费的上诉理由。上诉人给被上诉人的回迁通知，其内容违反了当初协议中的承诺，既对增加的面积收取面积补偿金又收取气源费、动力电安装费，造成被上诉人不能回迁的责任在于上诉人，原判判决由上诉人支付被上诉人逾期回迁补偿费并无不当。上诉人的上诉理由没有法律依据和事实依据，本院不予支持。综上，依据《中华人民共和国民事诉讼法》第一百五十三条第一款（一）项之规定，判决如下：驳回上诉，维持原判。

【案例评价】

本案的焦点问题是，首先，甲与乙所签订的拆迁协议是否有效。

我国《合同法》第五十二条规定，有下列情形之一的，合同无效：

（1）一方以欺诈、胁迫的手段订立合同，损害国家利益。

（2）恶意串通，损害国家、集体或者第三人利益。

（3）以合法形式掩盖非法目的。

（4）损害社会公共利益。

（5）违反法律、行政法规的强制性规定。

因甲与乙所签订的拆迁协议的内容并不存在《中华人民共和国合同法》第五十二条所规定致使合同无效的五种情形，所以，法院判定该协议有效是正确的。

既然合同有效，合同当事人甲就应当按照约定全面履行自己的义务。甲不履行合同义务或者履行合同义务不符合约定的，就应当依法承担继续履行，采取补救措施或者赔偿损失等违约责任。

其次，该份协议是否在乘人之危情况下签订的。

我国《合同法》第五十四条规定：下列合同，当事人一方有权请求人民法院或者仲裁机构变更或者撤销：

（1）因重大误解订立的。

（2）在订立合同时显失公平的。

一方以欺诈、胁迫的手段或者乘人之危，使对方在违背真实意思的情况下订立的合同，受损害方有权请求人民法院或者仲裁机构变更或者撤销。

当事人请求变更的，人民法院或者仲裁机构不得撤销。

我国《合同法》第五十五条规定，有下列情形之一的，撤销权消灭：

具有撤销权的当事人自知道或者应当知道撤销事由之日起一年内没有行使撤销权。

具有撤销权的当事人知道撤销事由后明确表示或者以自己的行为放弃撤销权。

复习思考题

1. 简述民法的基本原则。

2. 简述自然人民事行为能力分为几种情形。

3. 简述无效、可撤销的民事法律行为有哪些？

4. 简述什么是代理行为以及代理的类型。

5. 简述表见代理行为。

6. 简述债权发生的原因。

7. 简述诉讼时效发生以及诉讼时效的中止和中断。

3 城乡规划法律制度

3.1 城乡规划法规概述

3.1.1 城乡规划法规的概念

城乡规划，包括城镇体系规划、城市规划、镇规划、乡规划和村庄规划。城市规划、镇规划分为总体规划和详细规划。

城乡规划法规，是指由国家权力机关或其他授权机构制定的，规范城乡规划活动，指导和调控城乡建设和发展的有关城市和乡村规划管理的法律、行政法规的总称。

随着社会主义市场经济体制的建立和逐步完善，我国有关城乡规划管理的法律法规也在不断进行着改革与完善。

1989 年 12 月 26 日第七届全国人民代表大会常务委员会第十一次会议通过，1990 年 4 月 1 日起施行的《中华人民共和国城市规划法》，是我国城市规划和建设方面的第一部法律，对规范和加强城市的规划、建设与管理起到了重要的作用。《中华人民共和国城市规划法》与 1993 年 5 月 7 日国务院令第 116 号公布，1993 年 11 月 1 日起实施的《村庄和集镇规划建设管理条例》作为我国有关城市和乡村管理最主要的法律、行政法规，在一定时期内对于加强城市、村庄和集镇的规划、建设和管理，遏制城市和乡村的无序建设、生态环境破坏等问题，促进城乡健康协调发展起到了重要的作用。

2007 年 10 月 28 日中华人民共和国主席令第七十四号公布，自 2008 年 1 月 1 日起施行的《中华人民共和国城乡规划法》为目前我国城乡规划管理工作的统一立法，《中华人民共和国城市规划法》与《村庄和集镇规划建设管理条例》同时废止。

2015 年 4 月 24 日，中华人民共和国主席习近平签发了中华人民共和国主席令（第二十三号），该主席令中规定：全国人大常委会关于修改《中华人民共和国港口法》等七部法律的决定（含税收征收管理法、固体废物污染环境防治法、枪支管理法、防洪法、证券投资基金法、城乡规划法），已由中华人民共和国第十二届全国人民代表大会常务委员会第十四次会议于 2015 年 4 月 24 日通过，现予公布，自公布之日起施行。目前执行的是2015 年修正后的《中华人民共和国城乡规划法》，以下简称《城乡规划法》。

我国城乡规划相关的法律法规还有：

2000 年 2 月 14 日，建设部相继颁布《村镇规划编制办法》（试行）和《县域城镇体系规划编制要点》，2010 年 4 月 25 日，住房和城乡建设部颁布《省域城镇体系规划编制审批办法》，都是对城乡规划编制和审批工作的具体深化规定。

2000 年 3 月 13 日，国务院发布实施了《国务院办公厅关于加强和改进城乡规划工作的通知（国办发［2000］25 号），该法规在《国务院关于宣布失效一批国务院文件的决定（2016）》中已宣布失效。

2001年1月23日，建设部颁布《城市规划编制单位资质管理规定》，旨在加强城市规划编制单位的管理，规范城市规划编制工作。

2001年4月20日，建设部颁布《国家重点风景名胜区规划编制审批管理办法》，2003年8月11日，建设部颁布《国家重点风景名胜区总体规划编制报批管理规定》，加强国家重点风景名胜区总体规划编制和报批的管理，进一步提高规划编制的规范性和科学性。

2002年5月15日，国务院发布实施了《国务院关于加强城乡规划监督管理的通知》，进一步强化了城乡规划对城乡建设的引导和调控作用，健全了城乡规划建设的监督管理制度。

根据《国务院关于加强城乡规划监督管理的通知》的规定，建设部于2002年8月29日颁布《近期建设规划工作暂行办法》及《城市规划强制性内容暂行规定》。

2003年1月2日，建设部发布关于《工程建设标准体系》（城乡规划、城镇建设、房屋建筑部分）的通知，《工程建设标准体系》（城乡规划、城镇建设、房屋建筑部分）是城乡规划、城镇建设、房屋建筑领域逐步完善标准体系的纲领性文件，是组织开展标准制订、修订和管理的基本依据。

为了切实加强城乡规划监督管理工作，促进城乡全面、协调和可持续发展，2004年1月9号，建设部发布《关于开展城乡规划监督检查的通知》，通知中对城乡规划监督检查的重点、主要内容、检查方式和时间等方面进行了明确的规定。

为深入贯彻《国务院关于加强城乡规划监督管理的通知》（国发〔2002〕13号）要求，不断加强对城乡规划管理的监督检查，总结推广四川等地派驻城乡规划督察员制度试点工作作法与经验，规范和引导各地派驻城乡规划督察员制度的建立和完善。2005年5月10号，建设部发布《关于建立派驻城乡规划督察员制度的指导意见》，对建立派驻城乡规划督察员制度的重要意义、基本思路及促进派驻城乡规划督察员制度健康发展的措施，进行了具体说明。

为切实贯彻落实《国务院关于加强城乡规划监督管理的通知》（国发〔2002〕13号）、《国务院办公厅转发建设部等部门关于做好稳定住房价格工作意见的通知》（国办发〔2005〕26号）、《国务院办公厅转发建设部关于加强城市总体规划工作意见的通知》（国办发〔2006〕12号）和建设部、监察部《关于开展城乡规划效能监察的通知》（建规〔2005〕161号）精神，全面有效地推进城乡规划效能监察工作，切实发挥城乡规划全面性、综合性、战略性的调控作用，促进城镇增长方式的转变，2006年3月10日，建设部、监察部印发关于《建设部、监察部城乡规划效能监察领导小组办公室2006年度工作计划要点》的通知，对城乡规划效能监察工作的目标、重点及时间进度安排提出了具体要求。

根据《城乡规划法》的有关规定，建设部在2007年12月20号制定了城乡规划许可证书的样本，并发布了《关于印发新版城乡规划许可证书样本的通知》，对新版城乡规划许可证书的类型、启用时间、编号等内容进行了具体规定。

2008年1月30日，建设部为了贯彻实施《城乡规划法》，发布了《关于贯彻实施〈城乡规划法〉的指导意见》，对颁布《城乡规划法》的重大意义、指导原则及需做好的工作进行了明确规定。

2009年7月27号，住房和城乡建设部办公厅为了落实全国住房和城乡建设工作会议

"完善城乡规划实施和监督管理"的目标要求，强化对国务院审批的城市总体规划执行情况的监督，发布了《关于开展利用卫星遥感技术辅助城乡规划督察工作的通知》，决定在试点基础上对国务院审批总体规划城市开展利用卫星遥感技术，辅助城乡规划督察工作。

2012 年 7 月 2 号，住房和城乡建设部为了加强对城乡规划编制单位的管理，规范城乡规划编制工作，保证城乡规划编制质量，发布了《城乡规划编制单位资质管理规定》，对城乡规划编制单位资质等级标准、资质的申请与审批及资质的监督管理等内容进行了规定。该规定在 2016 年 1 月 11 号，又进行了修订，目前执行的是修订后的资质管理文件。

为了加强城乡规划管理，惩处城乡规划违法违纪行为，监察部、人力资源和社会保障部、住房和城乡建设部在 2012 年 12 月 3 号发布了《城乡规划违法违纪行为处分办法》，该办法共 21 条，对各类城乡规划违法违纪行为的处分办法进行了明确的规定。2016 年 1 月 18 号，监察部、人力资源和社会保障部、住房和城乡建设部对该办法进行了修订。

3.1.2　城乡规划法的立法目的

《城乡规划法》第一条规定："为了加强城乡规划管理，协调城乡空间布局，改善人居环境，促进城乡经济社会全面协调可持续发展，制定本法。"

在《城乡规划法》出台以前，我国遵循《中华人民共和国城市规划法》和《村庄和集镇规划建设管理条例》所确定的规划管理制度是建立在城乡二元结构基础上的，这种规划制度与实施模式使得城市和乡村规划之间缺乏统筹考虑和协调，影响城乡协调发展，已经不适应城乡统筹的需要。

1. 加强城乡规划管理

城乡规划管理是组织编制和审批城乡规划，并对城市、镇、乡、村庄的土地使用和各项建设的安排实施规划控制、指导和监督检查。只有依法加强对城乡规划的管理，才能使依法批准的各类城乡规划得以落实，有序规范各项城乡建设活动。因此，加强城乡规划管理是城乡规划法立法的直接目的。

2. 协调城乡空间布局，改善人居环境

将城乡规划的编制、审批、实施以及监督检查活动纳入法制化轨道，依法规范、管理城乡建设活动，其根本在于以人为本，实现城乡空间协调布局，为人民群众创造良好的工作和生活环境。协调城乡空间布局，改善人居环境是城乡规划法的根本目的。

3. 促进经济社会全面协调可持续发展

好的城乡规划应当立足当前、面向未来、统筹兼顾、综合布局，要处理好局部利益与整体利益、近期建设与长远发展、经济建设与环境保护、现代化建设与历史文化保护等一系列关系，充分发挥城乡规划在引导城乡发展中的统筹协调和综合调控作用，促进城乡经济社会全面协调可持续发展。

3.1.3　城乡规划法的适用范围

《城乡规划法》第二条规定："制定和实施城乡规划，在规划区内进行建设活动，必须遵守本法。"第三条规定："城市和镇应当依照本法制定城市规划和镇规划。城市、镇规划区内的建设活动应当符合规划要求。"因此，城乡规划法规的适用范围是规划区以及在规划区内从事与城乡规划管理活动相关的单位和人员。

规划区，是指城市、镇和村庄的建成区以及因城乡建设和发展需要，必须实行规划控制的区域。规划区的具体范围由有关人民政府在组织编制的城市总体规划、镇总体规划、乡规划和村庄规划中，根据城乡经济社会发展水平和统筹城乡发展的需要划定。城市和镇必须依法制定城市规划和镇规划，乡、村庄规划可由省、自治区、直辖市人民政府及市、县人民政府自主确定。应当制定乡、村庄规划的，要依法制定规划，其他的乡、村庄可以在政府的鼓励、指导下制定和实施规划。

与城乡规划管理活动相关的人员主要指编制、审批、管理城乡规划的各级人民政府、建设主管部门、受委托的城乡规划编制单位及人员；依据城乡规划从事建设活动的建设单位、设计单位、施工单位及个人；从事城市规划相关的科研、教学单位及人员。无论是城市、镇，还是乡、村庄，凡是制定了规划的，其规划区内的建设活动都必须符合规划的要求，违反规划的行为要依法予以处罚。

3.1.4　城乡规划体系

《城乡规划法》第二条第一款规定："城乡规划，包括城镇体系规划、城市规划、镇规划、乡规划和村庄规划。城市规划、镇规划分为总体规划和详细规划。详细规划分为控制性详细规划和修建性详细规划。"

1. 城镇体系规划

城镇体系规划，是指一定在地域范围内实施城乡规划管理，以区域生产力合理布局和城镇职能分工为依据，确定不同人口规模等级和职能分工的城镇的分布和发展规划。城镇体系规划的作用是合理配置调辖区内空间资源，优化城乡空间布局，引导城镇化和城镇发展。城镇体系规划分为全国、省域和县域规划。国务院建设主管部门组织编制的全国城镇体系规划和省、自治区人民政府组织编制的省域城镇体系规划，是城市总体规划编制的依据。

2. 城市规划

城市规划，是指对一定时期内城市的经济和社会发展、土地利用、空间布局以及各项建设的综合部署、具体安排和实施措施。城市规划在指导城市有序发展、提高建设和管理水平等方面发挥着重要的先导和统筹作用。

城市规划分为总体规划和详细规划。详细规划又分为控制性详细规划和修建性详细规划。城市总体规划是对一定时期内城市的性质、发展目标、发展规模、土地利用、空间布局以及各项建设的综合部署、具体安排和实施措施，是引导和调控城市建设，保护和管理城市空间资源的重要依据和手段。城市详细规划是依据城市的总体规划，对一定时期内城市的局部地区的土地利用、空间布局和建设用地所作的具体安排和设计，更加具体和具有操作性。

3. 镇的规划

"镇"指的是经国家批准设镇建制的行政地域，镇的建设应当坚持合理布局、节约用地的原则。镇的规划分为总体规划和详细规划，镇的详细规划分为控制性详细规划和修建性详细规划。

镇的总体规划是指对一定时期内镇的性质、发展目标、发展规模、土地利用、空间布局以及各项建设的综合部署、具体安排和实施措施。镇的总体规划的作用是管制镇的空间资源开发、保护生态环境和指导镇的科学建设、有序发展。镇的详细规划，是指以镇的总体规划为依据，对一定时期确定镇内建设地区的土地使用情况、空间环境控制、指导各项建筑及其工程设施和施工的具体安排和设计。

4. 乡规划、村庄规划

《城乡规划法》第三条规定："县级以上地方人民政府根据本地农村经济社会发展水平，按照因地制宜、切实可行的原则，确定应当制定乡规划、村庄规划的区域。在确定区域内的乡、村庄，应当依照本法制定规划，规划区内的乡、村庄建设应当符合规划要求。县级以上地方人民政府鼓励、指导前款规定以外的区域的乡、村庄制定和实施乡规划、村庄规划。"

本规定体现了因地制宜、分类指导的思想，目前，我国还有一部分村庄没有编制村庄建设规划。国家鼓励通过乡规划、村庄规划对乡、村庄的经济和社会发展、土地利用、空间布局以及各项建设的进行综合部署和具体安排。对乡规划、村庄规划不再作总体规划和详细规划的分类，而是统一安排。

3.2 城乡规划的编制与审批

3.2.1 制定城乡规划应遵循的原则

《城乡规划法》第四条规定："制定和实施城乡规划，应当遵循城乡统筹、合理布局、节约土地、集约发展和先规划后建设的原则，改善生态环境，促进资源、能源节约和综合利用，保护耕地等自然资源和历史文化遗产，保持地方特色、民族特色和传统风貌，防止污染和其他公害，并符合区域人口发展、国防建设、防灾减灾和公共卫生、公共安全的需要。在规划区内进行建设活动，应当遵守土地管理、自然资源和环境保护等法律、法规的规定。县级以上地方人民政府应当根据当地经济社会发展的实际，在城市总体规划、镇总体规划中合理确定城市、镇的发展规模、步骤和建设标准。"

城乡统筹原则是制定和实施城乡规划应当遵循的首要原则。统筹考虑城市、镇、乡和村庄的发展，适应区域人口发展、国防建设、防灾减灾和公共卫生、公共安全各方面的需要，有助于合理配置基础设施和公共服务设施，使城乡居民均衡地享受公共服务，促进形成城乡、区域协调互动发展的良好机制。

遵循合理布局的原则，就是要优化空间资源的配置，维护空间资源利用的公平性，促进资源的节约和利用，保持地方特色、民族特色和传统风貌，保障城市运行安全和效率，促进大中小城镇协调发展，促进城市、镇、乡和村庄的有序健康发展。

节约土地，集约发展，珍惜和合理利用土地资源。促进资源、能源节约和综合利用，推进城镇发展方式从粗放型向集约型转变，建设资源节约环境友好型城镇，促进城乡经济社会全面协调可持续发展。

先规划后建设是城乡规划法确定的实施规划管理的基本原则，这一原则要求各级人民政府及其城乡规划主管部门要严格依据法定职权编制城乡规划；要严格依照法定程序审批和修改规划，保证规划的严肃性和科学性；要加强对已经被依法批准的规划实施监督管理，在规划区内进行建设活动，必须依照本法取得规划许可，对违法行为人要依法予以处罚。

3.2.2 城乡规划的审批

城乡规划体系的审批程序体现的特点是各级政府逐级规划，逐级审批，下位规划不得违反上位规划。明确各级城乡规划的法定地位和作用，有利于加强中央政府规划管理的责任，有利于明晰各级政府的规划管理事权，有利于发挥好各级规划部门对城乡建设活动的综合调控作用。

1. 全国城镇体系规划的审批

《城乡规划法》第十二条规定："国务院城乡规划主管部门会同国务院有关部门组织编制全国城镇体系规划，用于指导省域城镇体系规划、城市总体规划的编制。全国城镇体系规划由国务院城乡规划主管部门报国务院审批。"

全国城镇体系规划是统筹安排全国城镇发展和城镇发展布局的宏观性、战略性的法定规划，是引导城镇化健康发展的重要依据，对省域城镇体系规划、城市总体规划的编制起着指导作用。由国务院城乡规划主管部门会同国务院有关部门组织编制全国城镇体系规划，有利于统筹城镇发展与资源环境保护、基础设施建设的关系。

2. 省域城镇体系规划的审批

《城乡规划法》第十三条规定："省、自治区人民政府组织编制省域城镇体系规划，报国务院审批。省域城镇体系规划的内容应当包括：城镇空间布局和规模控制，重大基础设施的布局，为保护生态环境、资源等需要严格控制的区域。"

省域城镇体系规划是合理配置和保护利用空间资源、统筹全省（自治区）城镇空间布局、综合安排基础设施和公共设施建设、促进省域内各级各类城镇协调发展的综合性规划，是落实省（自治区）的经济社会发展目标和发展战略、引导城镇化健康发展的重要依据和手段。

3. 城市总体规划的审批

《城乡规划法》第十四条规定："城市人民政府组织编制城市总体规划。直辖市的城市总体规划由直辖市人民政府报国务院审批。省、自治区人民政府所在地的城市以及国务院确定的城市的总体规划，由省、自治区人民政府审查同意后，报国务院审批。其他城市的总体规划，由城市人民政府报省、自治区人民政府审批。"

城市总体规划是一定时期内城市发展目标、发展规模、土地利用、空间布局以及各项建设的综合部署和实施措施，是引导和调控城市建设、保护和管理城市空间资源的重要依据和手段，是一项全局性、综合性、战略性的工作。

4. 镇的总体规划的审批

《城乡规划法》第十五条规定："县人民政府组织编制县人民政府所在地镇的总体规划，报上一级人民政府审批。其他镇的总体规划由镇人民政府组织编制，报上一级人民政府审批。"

镇的总体规划是对镇行政区域内的土地利用、空间布局以及各项建设的综合部署，是管理空间资源开发、保护生态环境和历史文化遗产、创造良好生活环境的重要手段，在指导镇的科学建设、有序发展、充分发挥规划的协调和社会服务等方面具有重要作用。镇规划包含县人民政府所在地镇的规划和其他镇的规划。

3.2.3　城市、镇规划的编制

1. 城市、镇总体规划的内容及期限

《城乡规划法》第十七条规定："城市总体规划、镇总体规划的内容应当包括：城市、镇的发展布局，功能分区，用地布局，综合交通体系，禁止、限制和适宜建设的地域范围，各类专项规划等。

规划区范围、规划区内建设用地规模、基础设施和公共服务设施用地、水源地和水系、基本农田和绿化用地、环境保护、自然与历史文化遗产保护以及防灾减灾等内容，应当作为城市总体规划、镇总体规划的强制性内容。

城市总体规划、镇总体规划的规划期限一般为二十年。城市总体规划还应当对城市更长远的发展作出预测性安排。"

城市、镇总体规划是城镇发展与建设的基本依据，是调控各项自然资源、保护生态环境、维护社会公平、保障公共安全和公众利益的重要公共政策。为充分发挥城市、镇总体规划的综合调控作用，发挥其合理高效配置空间资源、优化城镇布局的功能，本条规定了城市、镇总体规划的内容，包括两个方面，即应当包括的内容和强制性内容，强制性内容是必备的内容。

2. 城市规划的编制内容

《城市规划编制办法》对按国家行政建制设立的市组织编制城市规划的原则、要求、内容等作了较详尽的规定。《城市规划编制办法》第七条规定："城市规划分为总体规划和详细规划两个阶段。大、中城市根据需要，可以依法在总体规划的基础上组织编制分区规划。城市详细规划分为控制性详细规划和修建性详细规划。"

（1）城市总体规划的强制性内容

① 城市规划区范围。

② 市域内应当控制开发的地域。包括：基本农田保护区，风景名胜区，湿地、水源保护区等生态敏感区，地下矿产资源分布地区。

③ 城市建设用地。包括：规划期限内城市建设用地的发展规模，土地使用强度管制区划和相应的控制指标（建设用地面积、容积率、人口容量等）；城市各类绿地的具体布局；城市地下空间开发布局。

④ 城市基础设施和公共服务设施。包括：城市干道系统网络、城市轨道交通网络、交通枢纽布局；城市水源地及其保护区范围和其他重大市政基础设施；文化、教育、卫生、体育等方面主要公共服务设施的布局。

⑤ 城市历史文化遗产保护。包括：历史文化保护的具体控制指标和规定；历史文化街区、历史建筑、重要地下文物埋藏区的具体位置和界线。

⑥ 生态环境保护与建设目标，污染控制与治理措施。

⑦ 城市防灾工程。包括：城市防洪标准、防洪堤走向；城市抗震与消防疏散通道；城市人防设施布局；地质灾害防护规定。

（2）控制性详细规划应当包括的内容

① 确定规划范围内不同性质用地的界线，确定各类用地内适建、不适建或者有条件地允许建设的建筑类型。

② 确定各地块建筑高度、建筑密度、容积率、绿地率等控制指标；确定公共设施配套要求、交通出入口方位、停车泊位、建筑后退红线距离等要求。

③ 提出各地块的建筑体量、体型、色彩等城市设计指导原则。

④ 根据交通需求分析，确定地块出入口位置、停车泊位、公共交通场站用地范围和站点位置、步行交通以及其他交通设施。规定各级道路的红线、断面、交叉口形式及渠化措施、控制点坐标和标高。

⑤ 根据规划建设容量，确定市政工程管线位置、管径和工程设施的用地界线，进行管线综合。确定地下空间开发利用具体要求。

⑥ 制定相应的土地使用与建筑管理规定。

（3）修建性详细规划应当包括的内容

① 建设条件分析及综合技术经济论证。

② 建筑、道路和绿地等的空间布局和景观规划设计，布置总平面图。

③ 对住宅、医院、学校和托幼等建筑进行日照分析。

④ 根据交通影响分析，提出交通组织方案和设计。

⑤ 市政工程管线规划设计和管线综合。

⑥ 竖向规划设计。

⑦ 估算工程量、拆迁量和总造价，分析投资效益。

控制性详细规划成果应当包括规划文本、图件和附件。图件由图纸和图则两部分组成，规划说明、基础资料和研究报告收入附件。修建性详细规划成果应当包括规划说明书、图纸。

3.2.4 乡、村庄规划的编制

1. 编制乡、村庄规划应遵循的原则

《城乡规划法》第十八条第一款规定："乡规划、村庄规划应当从农村实际出发，尊重村民意愿，体现地方和农村特色。"

编制乡、村庄规划除了遵循城乡统筹、合理布局、节约土地、集约发展和先规划后建设的原则，还应当从农村实际出发，即充分考虑农村经济、社会及文化发展现状，合理确定应当制定规划的区域及规划区范围。尊重村民意愿，即体现出村民对乡村建设及未来发展的期望与理想，用于指导其生产、生活。体现地方和农村特色，即社会主义新农村建设要求尽可能发挥地方特色及农村特色，以满足村民的生产生活所需。

2. 乡、村庄规划的编制内容

《城乡规划法》第十八条第二款规定："乡规划、村庄规划的内容应当包括：规划区范围，住宅、道路、供水、排水、供电、垃圾收集、畜禽养殖场所等农村生产、生活服务设施、公益事业等各项建设的用地布局、建设要求，以及对耕地等自然资源和历史文化遗产保护、防灾减灾等的具体安排。乡规划还应当包括本行政区域内的村庄发展布局。"

乡是行政区划的基层单位，乡规划分为乡域规划和乡驻地规划。一般包含以下内容：提出产业发展目标，落实相关生产、生活服务设施以及公益事业等各项建设的空间布局；落实规划期内各阶段人口规模与人口分布情况；确定乡的职能及规模，明确乡政府驻地的规划建设用地标准与规划区范围；制定各专项规划，并提出自然和历史文化保护、防灾减灾等要求，确定规划区内生态环境保护与优化目标；提出实施规划的措施和有关建议，明确规划强制性内容等。乡规划还要体现对村规划的指导性，确定中心村、基层村的层次与等级，提出村庄集约建设的分阶段目标及实施方案。

村庄规划的主要内容包括：安排村庄内的农业生产、生活服务设施、居住、道路、工程建设等用地布局；确定村庄内的给水、排水、供电等工程设施及其管线走向、敷设方式；明确垃圾收集点、公厕等环境卫生设施的分布、规模；确定防灾减灾设施的分布和规模；对村庄分期建设时序进行安排，并对近期建设的工程投资等进行估算和分析。

3.3　城乡规划的实施

3.3.1　实施城乡规划应遵循的原则

《城乡规划法》第二十八条规定："地方各级人民政府应当根据当地经济社会发展水平，量力而行，尊重群众意愿，有计划、分步骤地组织实施城乡规划。"

城乡建设和发展要因地制宜、实事求是，既要保证城市经济社会长期稳定健康发展，考虑经济社会发展对城市扩大和土地利用的需要，又要重视生态资源环境保护，从土地、水、能源供给和环境支持的可能出发，量力而行。在城乡规划实施过程中，地方各级人民政府应充分尊重群众的意愿，反映他们对城市发展的预期，改善人居环境。城乡规划的实施，还要明确近期建设和远期发展的目标，有计划、分步骤地组织实施。

3.3.2　城乡规划的实施

1. 城市的建设和发展

《城乡规划法》第二十九条第一款规定："城市的建设和发展，应当优先安排基础设施以及公共服务设施的建设，妥善处理新区开发与旧区改建的关系，统筹兼顾进城务工人员生活和周边农村经济社会发展、村民生产与生活的需要。"

城市基础设施作为城市生产、生活最基本的承载体，是城市经济和社会各项事业发展的重要基础；城市公共服务设施能为城市居民的社会生活、经济生活和文化生活创造条件，优先安排城市基础设施及公共服务设施建设，有利于促进城市经济增长、维护生态平衡，推动社会和谐发展。同时，在城市旧区改建过程中，应当避免大拆大建，坚持逐步更新完善、注意历史文化遗产保护和城市特色维护的原则；在城市新区开发的过程中，要注意配套设施的完善和建设，特别要着重处理好各类开发区与城市主城区之间的关系，防止盲目建设和重复建设。

城市的发展和建设应当统筹兼顾周边农村经济社会发展、村民生产与生活的需要。农村经济社会和城市经济社会是相互联系、相互依赖的，城市有责任带动乡村，工业有责任支援农业。要按照促进城乡统筹发展的原则，通过统一规划，促进城市的发展建设与周边乡村的发展建设相协调，把促进城市的可持续发展与发挥城市对农村发展的带动和反哺作用联系起来，实现发展目标与发展过程的统一。

2. 镇的建设和发展

《城乡规划法》第二十九条第二款规定："镇的建设和发展，应当结合农村经济社会发展和产业结构调整，优先安排供水、排水、供电、供气、道路、通信、广播电视等基础设施和学校、卫生院、文化站、幼儿园、福利院等公共服务设施的建设，为周边农村提供服务。"

镇是县域经济的增长点，是承前启后、承上启下的"中枢"，是连接城与乡的基地。抓住了小城镇这个城乡空间网络的节点，就抓住了连接城市、集聚乡村人口发展非农产业、辐射农村地区的核心环节，因而镇的发展与建设要从统筹城乡发展的角度考虑问题。镇的发展与建设要立足当地资源条件、环境优势、人文特色等，有利于促进农业结构的调整，推动产业结构的优化升级，要优先安排基础设施和科教文卫等公共服务设施，逐步构筑城乡一体的公共服务网络，促进基础设施向周边农村延伸、公共服务向周边农村覆盖、现代文明向周边农村辐射，从而构建农村发展的良好平台。

3. 乡、村庄的建设和发展

《城乡规划法》第二十九条第三款规定："乡、村庄的建设和发展，应当因地制宜、节约用地，发挥村民自治组织的作用，引导村民合理进行建设，改善农村生产、生活条件。"

乡村的发展与建设要坚持按照党中央提出的要求，以"生产发展、生活富裕、乡风文明、村容整洁、管理民主"为原则，扎实稳步推进社会主义新农村建设。乡村的发展和建设，要有利于改善农村的生产和生活条件，要顺应当地农村经济社会发展趋势，节约用地，体现出地方特色和农村特色。要尊重村民意愿，发挥村民自治组织的作用。

4. 城市新区的开发和建设

《城乡规划法》第三十条规定："城市新区的开发和建设，应当合理确定建设规模和时序，充分利用现有市政基础设施和公共服务设施，严格保护自然资源和生态环境，体现地方特色。在城市总体规划、镇总体规划确定的建设用地范围以外，不得设立各类开发区和城市新区。"

城市新区的开发和建设，是指按照城市总体规划的部署，在城市现有建成区以外的地段，进行集中成片、综合配套的开发建设活动。新区开发是随着城市经济与社会的发展，为满足城市建设的需要，逐步实现城市不同阶段的发展目标而进行的。

城市新区的选址应妥善处理近期建设与长远发展的关系，因地制宜，量力而行，合理确定开发建设的规模、强度和时序，坚持集约用地和节约用地的原则，防止盲目开发。新区的基础设施和公共服务设施要根据社会经济发展合理布局，配套建设，充分利用现有市政基础设施和公共服务设施。在开发和建设过程中，还应保护好生态环境和自然资源，防止破坏现有的历史文化遗存，充分考虑保护城市的传统特色，结合城市的历史沿革及地域特点，在规划建设中体现鲜明的地方特色。另外，城市新区的开发和建设还应坚持统一规划和管理，在城市总体规划、镇总体规划确定的建设用地范围以外，不得设立各类开发区和城市新区。

3.4 历史文化名城、风景名胜区的规划管理与文物保护

3.4.1 旧城改造与历史文化名城、名镇、名村的规划管理

《城乡规划法》第三十一条第一款规定："旧城区的改建，应当保护历史文化遗产和传统风貌，合理确定拆迁和建设规模，有计划地对危房集中、基础设施落后等地段进行改建。

历史文化名城、名镇、名村的保护以及受保护建筑物的维护和使用，应当遵守有关法律、行政法规和国务院的规定。"

1. 旧城改造

旧城区记载了各个历史城市发展的轨迹，是城市各历史时期的政治、经济、社会和文化的缩影。城市旧区通常历史文化遗存比较丰富，历史格局和传统风貌比较完整，但同时也积累了历史遗留的种种弊端，比如用地功能混杂、城市格局较小、建筑密度和人口密度高、基础设施和公共服务设施水平较低、道路交通拥堵、房屋质量比较差等问题，迫切需要进行更新和完善。因而，结合城市新区开发，适时推动城市旧区的改建，是保证我国城

市建设协调发展的重要命题。局部或整体地、有步骤地进行改造和更新旧城区的最终目标是，改善人居环境、交通运输条件，加强城市基础设施和公共设施的建设，提高城市综合功能。

2. 历史文化名城、名镇、名村的规划管理

历史文化名城是指保存文物特别丰富，具有重大历史文化价值和革命意义的城市。目前，国务院已审批的属于历史文化名城的城市共有 118 个。历史文化名城的老城区，保存着大量的历史文化遗存，是无法替代的、极其珍贵的文化财富。为此，在旧城区的规划建设中，要高度关注历史格局、传统风貌、历史文化街区和各级文物的保护，采取渐进式有机更新的方式，防止大拆大建。周边城市新区、乡、镇、村庄的建设，要与历史文化名城、名镇、名村的保护目标相协调。按照《城乡规划法》的第三十一条第二款规定，对历史文化名城、名镇、名村的保护以及受保护建筑物的维护和使用，还应当遵守有关法律、行政法规和国务院的规定。

3.4.2　风景名胜区的规划管理

《城乡规划法》第三十二条规定："城乡建设和发展，应当依法保护和合理利用风景名胜资源，统筹安排风景名胜区及周边乡、镇、村庄的建设。风景名胜区的规划、建设和管理，应当遵守有关法律、行政法规和国务院的规定。"

风景名胜区，是指具有观赏、文化或者科学价值，自然景观、人文景观比较集中，环境优美，可供人们游览或者进行科学、文化活动的区域。风景名胜资源是极其珍贵的自然文化遗产，是不可再生的资源，国家非常重视风景名胜资源的保护。2006 年 9 月 19 日，国务院颁布《风景名胜区条例》，对风景名胜区的设立、规划、保护、利用和管理作了具体规定。国家对风景名胜区实行科学规划、统一管理、严格保护、永续利用的原则，在2016 年 2 月 6 日，国务院又发布了该条例的修订版。

1. 风景名胜区规划的编制

风景名胜区规划分为总体规划和详细规划。

风景名胜区总体规划的编制，应当体现人与自然和谐相处、区域协调发展和经济社会全面进步的要求，坚持保护优先、开发服从保护的原则，突出风景名胜资源的自然特性、文化内涵和地方特色。风景名胜区详细规划应当根据核心景区和其他景区的不同要求编制，确定基础设施、旅游设施、文化设施等建设项目的选址、布局与规模，并明确建设用地范围和规划设计条件。风景名胜区详细规划，应当符合风景名胜区总体规划。

风景名胜区总体规划应当包括下列内容：

（1）风景资源评价；

（2）生态资源保护措施、重大建设项目布局、开发利用强度；

（3）风景名胜区的功能结构和空间布局；

（4）禁止开发和限制开发的范围；

（5）风景名胜区的游客容量；

（6）有关专项规划。

2. 风景名胜区规划的审批

国家级风景名胜区的总体规划，由省、自治区、直辖市人民政府审查后，报国务院审批。国家级风景名胜区的详细规划，由省、自治区人民政府建设主管部门或者直辖市人民

政府风景名胜区主管部门报国务院建设主管部门审批。

省级风景名胜区的总体规划，由省、自治区、直辖市人民政府审批，报国务院建设主管部门备案。省级风景名胜区的详细规划，由省、自治区人民政府建设主管部门或者直辖市人民政府风景名胜区主管部门审批。

风景名胜区的规划、建设和管理，在《风景名胜区》、《国家重点风景名胜区规划编制审批管理办法》及《国家重点风景名胜区总体规划编制报批管理规定》等法规中已有明确规定，因此在《城乡规划法》中仅作衔接性的规定。

3.5　规划许可证制度

3.5.1　选址意见书制度

《城乡规划法》第三十六条规定："按照国家规定需要有关部门批准或者核准的建设项目，以划拨方式提供国有土地使用权的，建设单位在报送有关部门批准或者核准前，应当向城乡规划主管部门申请核发选址意见书。前款规定以外的建设项目不需要申请选址意见书。"

土地使用权划拨，是指县级以上人民政府依法批准，在土地使用者缴纳补偿、安置等费用后将该幅土地交付其使用，或者将土地使用权无偿交付给土地使用者使用的行为。《土地管理法》对适宜划拨土地使用权的情形做了具体规定。只有关系国计民生的重大建设项目，才能通过划拨方式取得土地使用权。

选址意见书是法定项目审批和划拨土地的前置条件。城乡规划主管部门根据有关法规和依法制定的城乡规划，在法定时间内对于符合城乡规划的选址，颁发建设项目选址意见书。建设项目选址意见书适用于按国家规定需要有关部门进行批准或核准通过行政划拨方式取得用地使用权的建设项目，其他建设项目则不需要申请选址意见书。

3.5.2　建设用地规划许可证制度

《城乡规划法》第三十七条规定："在城市、镇规划区内以划拨方式提供国有土地使用权的建设项目，经有关部门批准、核准、备案后，建设单位应当向城市、县人民政府城乡规划主管部门提出建设用地规划许可申请，由城市、县人民政府城乡规划主管部门依据控制性详细规划核定建设用地的位置、面积、允许建设的范围，核发建设用地规划许可证。

建设单位在取得建设用地规划许可证后，方可向县级以上地方人民政府土地主管部门申请用地，经县级以上人民政府审批后，由土地主管部门划拨土地。"

3.5.3　建设用地规划许可证制度

《城乡规划法》第三十八条规定："在城市、镇规划区内以出让方式提供国有土地使用权的，在国有土地使用权出让前，城市、县人民政府城乡规划主管部门应当依据控制性详细规划，提出出让地块的位置、使用性质、开发强度等规划条件，作为国有土地使用权出让合同的组成部分。未确定规划条件的地块，不得出让国有土地使用权。

以出让方式取得国有土地使用权的建设项目，在签订国有土地使用权出让合同后，建设单位应当持建设项目的批准、核准、备案文件和国有土地使用权出让合同，向城市、县人民政府城乡规划主管部门领取建设用地规划许可证。

城市、县人民政府城乡规划主管部门不得在建设用地规划许可证中，擅自改变作为国有土地使用权出让合同组成部分的规划条件。"

土地使用权出让，是指国家将国有土地使用权在一定年限内出让给土地使用者，由土地使用者向国家支付土地使用权出让金的行为。土地使用权出让可以采取招标、拍卖、挂牌出让或者双方协议的方式。

关于规划条件未纳入国有土地使用权合同和未取得建设用地规划许可证的法律后果，《城乡规划法》第三十九条规定："规划条件未纳入国有土地使用权出让合同的，该国有土地使用权出让合同无效；对未取得建设用地规划许可证的建设单位批准用地的，由县级以上人民政府撤销有关批准文件；占用土地的，应当及时退回；给当事人造成损失的，应当依法给予赔偿。"

3.5.4　建设工程规划许可证制度

《城乡规划法》第四十条规定："在城市、镇规划区内进行建筑物、构筑物、道路、管线和其他工程建设的，建设单位或者个人应当向城市、县人民政府城乡规划主管部门或者省、自治区、直辖市人民政府确定的镇人民政府申请办理建设工程规划许可证。

申请办理建设工程规划许可证，应当提交使用土地的有关证明文件、建设工程设计方案等材料。需要建设单位编制修建性详细规划的建设项目，还应当提交修建性详细规划。对符合控制性详细规划和规划条件的，由城市、县人民政府城乡规划主管部门或者省、自治区、直辖市人民政府确定的镇人民政府核发建设工程规划许可证。

城市、县人民政府城乡规划主管部门或者省、自治区、直辖市人民政府确定的镇人民政府应当依法将经审定的修建性详细规划、建设工程设计方案的总平面图予以公布。"

由于建设工程具有不可移动、对周围环境影响大的特点，在城市、镇规划区内进行建筑物、构筑物、道路、管线和其他工程的建设活动，依据经法定程序批准的城乡规划，依法严格实施建设工程规划许可，是保障城乡规划有效实施，避免对城乡建设健康、有序发展构成不利影响的前提。

3.6　违反城市规划法的法律责任

3.6.1　违法城乡规划编制工作规定的法律责任

1. 未依法进行城乡规划编审工作

《城乡规划法》第五十八条规定："对依法应当编制城乡规划而未组织编制，或者未按法定程序编制、审批、修改城乡规划的，由上级人民政府责令改正，通报批评；对有关人民政府负责人和其他直接责任人员依法给予处分。"

2. 城乡规划组织编制机关和编制单位的法律责任

（1）《城乡规划法》第五十九条规定："城乡规划组织编制机关委托不具有相应资质等级的单位编制城乡规划的，由上级人民政府责令改正，通报批评；对有关人民政府负责人和其他直接责任人员依法给予处分。"

（2）《城乡规划法》第六十二条规定："城乡规划编制单位有下列行为之一的，由所在地城市、县人民政府城乡规划主管部门责令限期改正，处合同约定的规划编制费一倍以上二倍以下的罚款；情节严重的，责令停业整顿，由原发证机关降低资质等级或者吊销资质证书；造成损失的，依法承担赔偿责任：

① 超越资质等级许可的范围承揽城乡规划编制工作的；

② 违反国家有关标准编制城乡规划的。

未依法取得资质证书承揽城乡规划编制工作的，由县级以上地方人民政府城乡规划主管部门责令停止违法行为，依照前款规定处以罚款；造成损失的，依法承担赔偿责任。

以欺骗手段取得资质证书承揽城乡规划编制工作的，由原发证机关吊销资质证书，依照本条第一款规定处以罚款；造成损失的，依法承担赔偿责任。"

（3）《城乡规划法》第六十三条规定："城乡规划编制单位取得资质证书后，不再符合相应的资质条件的，由原发证机关责令限期改正；逾期不改正的，降低资质等级或者吊销资质证书。"

3.6.2 政府及城乡规划主管部门的法律责任

1. 镇人民政府或者县级以上人民政府城乡规划主管部门的法律责任

《城乡规划法》第六十条规定："镇人民政府或者县级以上人民政府城乡规划主管部门有下列行为之一的，由本级人民政府、上级人民政府城乡规划主管部门或者监察机关依据职权责令改正，通报批评；对直接负责的主管人员和其他直接责任人员依法给予处分：

（1）未依法组织编制城市的控制性详细规划、县人民政府所在地镇的控制性详细规划的；

（2）超越职权或者对不符合法定条件的申请人核发选址意见书、建设用地规划许可证、建设工程规划许可证、乡村建设规划许可证的；

（3）对符合法定条件的申请人未在法定期限内核发选址意见书、建设用地规划许可证、建设工程规划许可证、乡村建设规划许可证的；

（4）未依法对经审定的修建性详细规划、建设工程设计方案的总平面图予以公布的；

（5）同意修改修建性详细规划、建设工程设计方案的总平面图前未采取听证会等形式听取利害关系人的意见的；

（6）发现未依法取得规划许可或者违反规划许可的规定在规划区内进行建设的行为，而不予查处或者接到举报后不依法处理的。"

2. 有关行政部门的法律责任

《城乡规划法》第六十一条规定："县级以上人民政府有关部门有下列行为之一的，由本级人民政府或者上级人民政府有关部门责令改正，通报批评；对直接负责的主管人员和其他直接责任人员依法给予处分：

（1）对未依法取得选址意见书的建设项目核发建设项目批准文件的；

（2）未依法在国有土地使用权出让合同中确定规划条件或者改变国有土地使用权出让合同中依法确定的规划条件的；

（3）对未依法取得建设用地规划许可证的建设单位划拨国有土地使用权的。"

3.6.3 违反规划许可证制度的法律责任

《城乡规划法》第六十四条规定："未取得建设工程规划许可证或者未按照建设工程规划许可证的规定进行建设的，由县级以上地方人民政府城乡规划主管部门责令停止建设；尚可采取改正措施消除对规划实施的影响的，限期改正，处建设工程造价百分之五以上百分之十以下的罚款；无法采取改正措施消除影响的，限期拆除，不能拆除的，没收实物或者违法收入，可以并处建设工程造价百分之十以下的罚款。"

《城乡规划法》第六十五条规定："在乡、村庄规划区内未依法取得乡村建设规划许可证或者未按照乡村建设规划许可证的规定进行建设的，由乡、镇人民政府责令停止建设、限期改正；逾期不改正的，可以拆除。"

3.6.4 违法进行建设活动的法律责任

1. 建设单位或者个人违反规定进行临时建设

《城乡规划法》第六十六条规定："建设单位或者个人有下列行为之一的，由所在地城市、县人民政府城乡规划主管部门责令限期拆除，可以并处临时建设工程造价一倍以下的罚款：

（1）未经批准进行临时建设的；

（2）未按照批准内容进行临时建设的；

（3）临时建筑物、构筑物超过批准期限不拆除的。"

2. 建设单位未依法报送竣工验收资料

《城乡规划法》第六十七条规定："建设单位未在建设工程竣工验收后六个月内向城乡规划主管部门报送有关竣工验收资料的，由所在地城市、县人民政府城乡规划主管部门责令限期补报；逾期不补报的，处一万元以上五万元以下的罚款。"

3. 违法建设行政强制执行的规定

《城乡规划法》第六十八条规定："城乡规划主管部门作出责令停止建设或者限期拆除的决定后，当事人不停止建设或者逾期不拆除的，建设工程所在地县级以上地方人民政府可以责成有关部门采取查封施工现场、强制拆除等措施。"

《城乡规划法》第六十九条规定："违反《城乡规划法》规定，构成犯罪的，依法追究刑事责任。"

3.7 城乡规划法规案例

案例1 建设工程规划许可证核发程序案例

【案情介绍】

2009年1月，利源房地产开发公司通过拍卖的方式取得某市城区的一块建筑用地，拟建一座住宅小区，小区东北角为2幢33层的住宅楼，其余为多层住宅楼。项目施工前，利源房地产开发公司向本市的城乡规划主管部门提交有关证明文件、建设工程设计方案等材料，申请建设工程规划许可证。在审核了上述资料之后，城乡规划主管部门发给利源房地产开发公司建设工程规划许可证。2009年10月，东北角高层住宅楼主体施工到8层。与小区东北角相邻的住户王某提起诉讼，以新建高层住宅影响自家住房采光、通风为由，要求该房地产开发企业赔偿采光、通风损失5万元。

【思考问题】

本案例中，利源房地产开发公司是否应赔偿王某损失？

【案例评析】

根据《城乡规划法》第四十条规定："在城市、镇规划区内进行建筑物、构筑物、道路、管线和其他工程建设的，建设单位或者个人应当向城市、县人民政府城乡规划主管部门或者省、自治区、直辖市人民政府确定的镇人民政府申请办理建设工程规划许可证。"

该市城乡规划主管部门在核发建设工程规划许可证之前，审核了利源房地产开发公司的申请表、设计图纸、修建住宅楼的位置、地形地段等资料，以上核查程序并无遗漏。

行政机关在审查该建设项目时，必须执行规划法和国家标准的要求和说明，在综合考虑各住宅楼间距的设定、日照要求以及通风、消防、管线埋设、视觉、卫生等因素的情况下，才能颁发建设工程规划许可证。该市城乡规划主管部门发给利源公司建设工程规划许可证，依据的事实清楚、证据充分、程序合法，是判定是否侵权的统一标准，也是判决行政赔偿的事实依据，因此利源房地产开发公司不予赔偿。

案例2　违反规划许可证制度案例

【案情介绍】

某纺织厂因经营不善，决定改变业务领域，转向经营酒店业务。2010年3月18日，纺织厂召开股东大会，决定将毗邻市主干道的厂房拆除修建一栋假日酒店，并与投资方签署了合同，口头承诺由纺织厂办理各项审批手续。随后，纺织厂向市城乡规划主管部门报送了修建计划。在计划尚未审批，未取得建设工程规划许可证的情况下，投资方于2010年3月底开始动工拆除厂房。5月20日，市城乡规划主管部门有关负责人赶到施工现场，发现酒店基础开挖已经完工，责令立即停工。纺织厂表示愿意接受处理，实际并未停工。

【思考问题】

（1）纺织厂违反了哪些法律法规？

（2）城乡规划主管部门应给予纺织厂哪些处罚？

【案例评析】

纺织厂在未取得建设工程规划许可证的情况下擅自动工建设，违反了《城乡规划法》第四十条第一款的规定："在城市、镇规划区内进行建筑物、构筑物、道路、管线和其他工程建设的，建设单位或者个人应当向城市、县人民政府城乡规划主管部门或者省、自治区、直辖市人民政府确定的镇人民政府申请办理建设工程规划许可证。"

《城乡规划法》第六十四条规定："未取得建设工程规划许可证或者未按照建设工程规划许可证的规定进行建设的，由县级以上地方人民政府城乡规划主管部门责令停止建设；尚可采取改正措施消除对规划实施的影响的，限期改正，处建设工程造价百分之五以上百分之十以下的罚款；无法采取改正措施消除影响的，限期拆除，不能拆除的，没收实物或者违法收入，可以并处建设工程造价百分之十以下的罚款。"市规划局应根据新建酒店对规划实施的影响程度对纺织厂处以限期改正、罚款或限期拆除的处罚。

案例3　改判的扩建项目案例

××市虹×区人民法院行政判决书（2015）虹行初字第××号

原告：××飞宏副食品市场经营管理有限公司，法定代表人包××，委托代理人朱××、滕××。

被告：××市虹×区城市管理行政执法局，法定代表人李×，委托代理人胡×、许××。

原告××飞宏副食品市场经营管理有限公司（以下简称飞宏公司）不服被告××市虹×区城市管理行政执法局（以下简称虹×城管局）作出（虹）责停决字【2014】第××号《责令停止建设、限期拆除决定书》（以下简称《决定书》）的行政行为，于2015年4月29日向本院提起行政诉讼。本院于2015年4月29日立案后，于2015年5月4日向被告送达了起诉状副本及应诉通知书。本院依法组成合议庭，于 2015 年 5 月 26 日公开开庭审理了本案。原告的法定代表人包××及委托代理人朱××、滕××，被告的委托代理人许××到庭参加诉讼。本案现已审理终结。

2014 年 12 月 2 日被告虹×城管局作出（虹）责停决字【2014】第××号责令停止建设、限期拆除决定（以下简称《决定》），责令原告飞宏公司立即停止建设，并在收到《决定书》起 24 小时内自行拆除在××市飞虹路×××号×××室、×××号×××室正在搭建的违法建筑。逾期不拆除的，虹×城管局将依据《中华人民共和国城乡规划法》（以下简称《城乡规划法》）报请虹×区人民政府强制拆除。

原告诉称：2006 年，经区经委（商委）要求对菜市场进行规范化改造并出具了改造图纸，2007 年 5 月，由市经委（商委）、区经委（区商委）、市行业协会对市场进行了验收通过，并没有认为原告扩建超面积。2014 年 5 月，区商委再次要求对市场进行新一轮改造，根据这个要求，原告在 2006～2007 年改造时的建筑面积的基础上，对墙体地面进行了装饰，并没有拆除原房屋结构，只是在形式上对墙面和地面进行装饰。被告混淆建筑搭建与装饰的不同，没有证据证明原告进行扩建，故请求法院撤销被告作出的《决定书》。就其诉请原告提供了《决定书》、行政复议决定书、虹×区市场监督管理局档案室证明材料、会议纪要、飞虹菜店平面布置图、证人证言等证据材料。

被告辩称：飞宏公司在改建过程中将原有向北一侧的两处外墙均向外扩建 0.7m，同时在西侧角上搭建了一建筑物（已整改），被告经过调查，确认以上违法事实。因飞宏公司不顾被告的制止，将扩建部分完成，被告发出《决定书》，该决定认定事实清楚，适用法律正确，查处程序合法，故请求法院驳回原告的诉讼请求。

被告虹×城管局向本院提交了以下证据、依据：

1. 立案审批表，证明被告对飞宏公司涉嫌违反《城乡规划法》的有关规定进行扩建一案立案调查；

2. 现场检查笔录、现场情况草图、现场照片，证明飞宏公司在飞虹路×××号处存在搭建行为；

3. 企业法人营业执照、××市房地产权证，证明飞宏公司对搭建处的房屋拥有产权并实际支配使用；

4. 《虹×区住宅建筑工程公司竣工图》（飞虹路×××号处），证明涉案房屋原竣工验收时的房屋形态；

5. 询问颜××的笔录、询问金××的笔录，证明原告在装修过程中卷帘门的安装位置；

6. 《决定书》及送达回证，证明被告作出责令原告停止建设、限期拆除的决定，并将《决定书》送达原告。

被告提供的职权依据、法律依据是《××市城市管理行政执法条例》（以下简称《条例》）第十一条第一款第（八）项、《城乡规划法》第四十条第一款、第六十四条的规定。

经庭审质证，原告认为：

1. 2014 年市场改造的图纸和 2006 年改造时的图纸完全一致，原告并没有向外扩建；

2. 原告提供的图纸是从虹×区市场监督管理局档案室调出来的，原告把房子买下来的时候就是这样，改建没有超出范围；

3. 被告陈述《城乡规划法》的条文只能适用 2008 年之后改造的房屋，不适用于涉案房屋；

4. 原告并没有拆除原房屋结构，只是对房屋进行装饰、装修。

被告认为：

1. 其认定原告进行扩建是依据房管局出具的竣工图纸，与原告房产权证一致，原告提供虹×区市场监督管理局档案室调出来的图纸证明力不够；

2. 原告提供的会议纪要不能作为产权证明的依据，对房屋的面积和状态也不能起到证明作用；

3. 被告检查原告搭建房屋的行为时，《城乡规划法》已公布施行，本案涉案房屋是适用的。

本院对上述证据认证如下：原告、被告提供的证据符合证据的关联性、合法性、真实性，能够证明其认定的事实，本院确认具有证据效力。

经审理查明：2014年9月1日被告虹×城管局执法人员在巡查飞虹路×××号时，发现该处建筑物正在施工，该建筑物北侧有向外延伸扩建的情况，在东、西部各搭建了一建筑物。经查，该处施工由飞宏公司所为。被告根据××市虹×区住房保障和房屋管理局提供的房屋竣工图确认了飞宏公司违法扩建的事实。被告立即要求飞宏公司进行改正，恢复建筑物原状。其后，飞宏公司并未停止搭建，仍将扩建部分改建完成。2014年12月2日被告作出《决定》，飞宏公司不服，提起行政复议。2015年4月7日××市城市管理行政执法局作出×城管复决字（2014）第9号行政复议决定，维持了被告作出《决定书》的行政行为，原告遂起诉至本院。

本院认为：根据《条例》第四条第二款的规定，被告具有作出《决定》的职权。本案中原告提供的××市虹×区市场监督管理局的档案材料不能作为建筑物合法性的证明，而原告提供的会议纪要是针对办理工商执照的，也不能作为确认房屋状况是否合法的依据。此外，原告的扩建行为是在《城乡规划法》公布施行之后，被告根据《城乡规划法》的内容对原告擅自搭建行为进行查处并无不当。但是，被告在确认原告存在违法扩建的事实时，仅凭房屋竣工图纸与被告简单绘制的现场草图进行比较认定违法扩建面积，而缺乏与原告房屋房地产权证中记载的房屋合法面积的实际对比，因此对违法扩建的房屋面积没有准确认定，故作出的《决定》属事实不清，证据不足，依法应予撤销。据此，依据《××市城市管理行政执法条例》第四条第二款、第十一条第一款第（八）项、《中华人民共和国城乡规划法》第四十条第一款、《中华人民共和国行政诉讼法》第七十条第（一）项之规定，判决如下：

撤销被告××市虹×区城市管理行政执法局于2014年12月2日对原告××飞宏副食品市场经营管理有限公司作出的（虹）责停决字【2014】第××号责令停止建设、限期拆除决定。

本案受理费50元，由被告××市虹×区城市管理行政执法局负担。

如不服本判决，可以在判决书送达之日起十五日内向本院递交上诉状，并按对方当事人的人数提出副本，上诉于××市第二中级人民法院。

二〇一五年七月二十四日

复习思考题

1. 简述城乡规划的概念及包含的内容。

2. 简述城市规划的概念及分类。

3. 制定和实施城乡规划应遵循的原则是什么?

4. 城乡规划的审批权限是如何规定的?

5. 什么是建设用地规划许可证,简述建设用地规划许可证的核发程序。

6. 什么是建设工程规划许可证,简述建设工程规划许可证的核发程序。

7. 风景名胜区总体规划应包含哪些内容?

8. 案例分析题:1994 年 9 月,原告杨××依法取得某县县城规划区界定范围内的城南小区建设用地许可证,有效期一年(1994 年 9 月至 1995 年 9 月)。1995~1996 年,原告未申请建设工程规划许可证,即按照用地许可划定的红线建设完成第一、二、三层建筑物主体工程,后停止施工。1999 年 10 月至 2000 年 3 月间续建完成第四、五、六层建筑物的主体工程,未装修。2000 年 3 月间,被告某县建设局发现原告未申请建设工程规划许可证,擅自在规划区界定的城南小区建设第六层建筑物,经勘察并委托评估,面积为99m^2,整体造价 29700 元。同年 4 月 2 日,被告向原告送达城建监察通知书,责令其停止建设,并于 5 月 15 日组织听证会,听取原告的陈述、申辩。6 月 27 日,被告作出行政处罚决定,认定原告杨××未取得建设工程规划许可证,擅自于 2000 年 2 月、3 月间,建设第六层建筑物的行为,违反《中华人民共和国城市规划法》(下称《城市规划法》)第三十二条、《××省实施〈中华人民共和国城市规划法〉办法》(下称《实施办法》)的规定,决定处罚原告杨××:责令限期(十日内)改正(出具保证书);并处罚款 1485 元。原告杨××不服被告所作行政处罚,于 2000 年 7 月 4 日,向县政府申请复议。9 月 25日,县政府作出行政复议决定,维持行政处罚决定。

一审法院经审理认为,原告杨××未申请批准建设工程规划许可证,擅自于 1999 年10 月至 2000 年 3 月间,在县城规划区界定范围内的城南小区建设第四、五、六层建筑物的行为,其行为本身影响县城城建规划的行政管理。违反《城市规划法》第三十二条、《实施办法》第四十一、第四十四条的事实清楚,证据确凿,足以认定。被告县建设局根据《城市规划法》第四十条、《实施办法》第五十九条的规定,对其中的第六层建筑处以5%法定幅度内的罚款 1485 元,适用法律、法规正确,量罚适当、公正,行政执法程序合法。遂判决维持被告所作行政处罚决定。宣判后,原告杨××不服,提起上诉,请问二审法院将如何审判?

4 土地管理法规

4.1 土地管理法规概述

4.1.1 土地管理的基本概念

1. 土地的概念

土地是地球表面上由土壤、岩石、气候、水文、地貌、植被等组成的自然综合体,它包括人类过去和现在的活动结果。

狭义的土地仅指地球表层的陆地部分,广义的土地还包括其上、下一定幅度空间范围内的全部环境要素,以及人类生产生活作用的结果和施加的影响。因此,广义的土地同时具有自然属性和经济属性。从土地管理的角度,可以认为土地是一个综合体,既是自然的产物,又是人类过去和现在活动结果的反映。

2. 土地的分类

根据《中华人民共和国土地管理法》第四条规定,土地按用途分为农用地、建设用地和未利用地。

农用地是指直接用于农业生产的土地,包括耕地、林地、草地、农田水利用地、养殖水面等;建设用地是指建造建筑物、构筑物的土地,包括城乡住宅和公共设施用地、工矿用地、交通水利设施用地、旅游用地、军事设施用地等;未利用地是指农用地和建设用地以外的土地。

为了更有效地管理土地,在上述三种分类的基础上,国家标准化管理委员会2007年发布《土地利用现状分类》,根据土地的用途、利用方式和覆盖特征等因素,将土地分为了12个一级类、57个二级类。其中,12个一级类土地是:耕地、园地、林地、草地、商服用地、工矿仓储用地、住宅用地、公共管理与公共服务用地、特殊用地、交通运输用地、水域及水利设施用地、其他土地。

3. 土地管理的概念

土地管理是指国家为维护土地所有制,调整土地关系,提高土地利用效益,综合运用行政、经济、法律、科技等方法进行的计划、组织、协调、控制等综合性活动。

土地管理工作具有全局性、综合性,是政府行政管理的重要内容之一。土地管理的本质是对土地的行政管理,国家把土地管理权授予各级政府及其土地行政主管部门。因此,土地管理也是政府及其土地行政主管部门依据法律和运用法定职权,对社会组织、单位和个人占有、使用、利用土地的过程或者行为所进行的组织和管理活动。

4.1.2 土地管理法规的概念

土地管理法规,是指国家权力机关制定的用于调整人们在开发、利用和保护土地过程中所产生的各种社会关系的法律规范的总称。我国十分重视土地的合理利用与管理,据我国土地社会主义公有制以及"必须十分珍惜和合理利用每寸土地，切实保护耕地"的基本国策，制定了一系列的土地管理法律、法规，已基本形成了较完善的法律法规体系。目前，已实施的与土地管理相关的法律、法规主要有：

1986 年 6 月 25 日第六届全国人民代表大会常务委员会第十六次会议通过，经 1988 年 12 月、1998 年 8 月、2004 年 8 月三次人民代表大会修订的《中华人民共和国土地管理法》（以下简称《土地管理法》），是我国全面的、综合性的关于土地管理的法律。

1998 年 12 月 27 日，国务院颁布的《中华人民共和国土地管理法实施条例》（以下简称《实施条例》）以及 2011 年 2 月 22 日颁布的《土地复垦条例》是《土地管理法》的实施配套法规，其中《实施条例》在 2011 年 1 月 8 日和 2014 年 7 月 29 日国务院进行了两次修订。

1998 年 12 月 27 日，国务院颁布《基本农田保护条例》，2007 年 12 月 1 日又颁布《中华人民共和国耕地占用税暂行条例》，是关于合理利用土地资源、保护耕地和基本农田的制度。

1990 年 5 月 19 日，国务院颁布《中华人民共和国城镇国有土地使用权出让和转让暂行条例》，原国家土地管理局于 1992 年 3 月 8 日颁布的《划拨土地使用权管理暂行办法》以及 1995 年 3 月 11 日颁布的《确定土地所有权和使用权的若干规定》等法规，规范了土地权利制度。

1994 年 7 月 5 日第八届全国人民代表大会常务委员会第八次会议通过，经 2007 年 8 月 30 日第十届全国人民代表大会修正的《中华人民共和国城市房地产管理法》，主要对房地产开发用地的管理进行了规定。

1995 年 12 月 18 日，国家土地管理局颁布《土地违法案件查处办法》，对查处土地违法案件、依法追究土地违法者的法律责任作了规定。

1996 年 8 月 18 日，国家计委、国家土地管理局颁布《建设用地计划管理办法》，加强建设用地的计划管理。

2009 年 1 月 5 日，国土资源部颁布《土地利用总体规划编制审查办法》，规范土地利用总体规划的编制、审查和报批。

1999 年 2 月 24 日国土资源部颁布《土地利用年度计划管理办法》经 2004 年 10 月 29 日、2006 年 11 月 20 日两次部务会修订，旨在规范土地利用年度计划的编制、下达、执行、监督和考核。

根据 2001 年《国务院关于加强国有土地资产管理的通知》，2004 年《国务院关于深化改革严格土地管理的决定》文件精神，国土资源部于 2005 年相继出台《招标拍卖挂牌出让国有土地使用权规范（试行）》与《协议出让国有土地使用权规范》，进一步规范国有土地使用权出让行为。

2007 年 12 月 4 日国土资源部、财政部、中国人民银行联合制定颁布《土地储备管理办法》，旨在完善土地储备制度，加强土地调控，规范土地市场运行，促进土地节约集约利用，提高建设用地保障能力。

2007 年 3 月 16 日第十届全国人民代表大会第五次会议通过《物权法》，对土地承包经营权、建设用地和宅基地的使用权作了进一步的规定。

4.2 土地管理制度

4.2.1 土地所有权制度

《土地管理法》第二条第一款和第二款规定："中华人民共和国实行土地的社会主义公有制，即全民所有制和劳动群众集体所有制，全民所有，即国家所有土地的所有权由国务院代表国家行使。任何单位和个人不得侵占、买卖或者以其他形式非法转让土地。"。

土地所有权是指土地所有人依法对其所有土地占有、使用、收益和处分，并排除他人非法干涉的权利。我国土地所有权在法律上分为国家土地所有权和集体土地所有权两种。国家和农民集体以外的民事主体不能成为土地的所有人。

（1）国家土地所有权

国家土地所有权是指国有土地属于全民所有，由国务院代表国家依法行使对国有土地的占有、使用、收益和处分的权利。

根据《实施条例》的规定，国有土地所有权的范围包括：

① 城市市区的土地；

② 农村和城市郊区中已经依法没收、征收、征购为国有的土地；

③ 国家依法征用的土地；

④ 依法不属于集体所有的林地、草地、荒地、滩涂及其他土地；

⑤ 农村集体经济组织全部成员转为城镇居民的，原属于其成员集体所有的土地；

⑥ 因国家组织移民、自然灾害等原因，农民成建制地集体迁移后不再使用的原属于迁移农民集体所有的土地。

（2）集体土地所有权

农民集体土地所有权是指农村集体经济组织依法对其所有的土地享有的占有、使用、收益和处分，并排除他人非法干涉的权利。集体土地分三级所有，包括：村农民集体所有、村内两个以上农村集体经济组织的农民集体所有、乡（镇）农民集体所有。

《土地管理法》第十条规定："农民集体所有的土地依法属于村农民集体所有的，可以由村集体经济组织或者村民委员会经营、管理；已经分别属于村内两个以上农村集体经济组织的农民集体所有的，可以由村内各该农村集体经济组织或者村民小组经营、管理；已经属于乡（镇）农民集体所有的，由乡（镇）农村集体经济组织经营、管理。"

《实施条例》第四条规定："农民集体所有的土地，由土地所有者向土地所在地的县级人民政府土地行政主管部门提出土地登记申请，由县级人民政府登记造册，核发集体土地所有权证书，确认所有权。"

集体土地所有权的范围包括：农村和城市郊区的土地，除由法律规定属于国家所有的以外，属于集体所有；宅基地和自留地、自留山，属于集体所有。

4.2.2 土地使用权制度

《土地管理法》第二条第三款规定："任何单位和个人不得侵占、买卖或者以其他形式非法转让土地。土地使用权可以依法转让。国家依法实行国有土地有偿使用制度。但是，国家在法律规定的范围内划拨国有土地使用权的除外。"

1. 土地使用权的概念

土地使用权是指土地使用人根据法律、合同的规定，在法律允许的范围内，对国家或集体所有的土地所享有的占有、使用、一定收益和在限定范围内进行处分的权利。土地使用权在法律上，具体表现为土地使用人对土地可依法行使使用、出租、转让、抵押的权利。

《土地管理法》第九条规定："国有土地和农民集体所有的土地，可以依法确定给单位或者个人使用。使用土地的单位和个人，有保护、管理和合理利用土地的义务。"一般情况下，我国的土地所有权和土地使用权是相分离的。国有土地的绝大部分并非是由国家直接占有和使用，集体所有的土地，在大多数情况下也是由农村村民占有和使用的。国内外的公司、企业、其他组织和个人，可以依法取得土地使用权，进行土地开发、利用、经营等活动。

2. 土地使用权的取得方式

《实施条例》第二十九条规定："国有土地有偿使用的方式包括：国有土地使用权出让；国有土地租赁；国有土地使用权作价出资或者入股。"根据《中华人民共和国城镇国有土地使用权出让和转让暂行条例》的规定，土地使用者还可以通过其他土地使用人依法转让、出租、抵押、继承、获取建筑物、其他附着物所有权等方式取得国有土地的使用权。

农民集体所有的土地使用权可以通过承包、转让、继承等方式取得。农民还可依法取得农民集体所有的宅基地、自留地、自留山的使用权。

（1）划拨土地使用权

《中华人民共和国城市房地产管理法》第二十二条规定："土地使用权划拨，是指县级以上人民政府依法批准，在土地使用者缴纳补偿、安置等费用后将该幅土地交付其使用，或者将土地使用权无偿交付给土地使用者使用的行为。依照本法规定以划拨方式取得土地使用权的，除法律、行政法规另有规定外，没有使用期限的限制。"划拨的本质是依法无偿取得土地的使用权，因此，只有军事用地、城市基础设施等关系国家社会发展大局的重大建设项目才能通过划拨方式取得土地使用权。《土地管理法》第五十四条规定以下四类适宜划拨土地使用权的情形：

① 国家机关用地和军事用地；

② 城市基础设施用地和公益事业用地；

③ 国家重点扶持的能源、交通、水利等基础设施用地；

④ 法律、行政法规规定的其他用地。

（2）出让土地使用权

土地使用权出让是指国家以土地所有者的身份将土地使用权在一定年限内让与土地使用者，并由土地使用者向国家支付土地使用权出让金的行为。根据1990年5月19日，国务院颁布《中华人民共和国城镇国有土地使用权出让和转让暂行条例》第十三条规定，土地使用权出让可以采取协议、招标、拍卖的方式。2002年5月9日，国土资源部颁布的《招标拍卖挂牌出让国有土地使用权规定》中提出对经营性用地也可以采取挂牌出让的方式。

① 协议出让

协议出让国有土地使用权，是指国家以协议方式将国有土地使用权在一定年限内出让给土地使用者，由土地使用者向国家支付土地使用权出让金的行为。2003 年 6 月 11 日，国土资源部颁布了《协议出让国有土地使用权规定》，明确了协议出让国有土地使用权的范围，即：除依照法律、法规和规章的规定应当采用招标、拍卖或者挂牌方式外，方可采取协议方式。

② 招标出让

招标出让国有土地使用权，是指市、县人民政府土地行政主管部门发布招标公告，邀请特定或者不特定的公民、法人和其他组织参加国有土地使用权投标，根据投标结果确定土地使用者的行为。

③ 拍卖出让

拍卖出让国有土地使用权，是指出让人发布拍卖公告，由竞买人在指定时间、地点进行公开竞价，根据出价结果确定土地使用者的行为。

④ 挂牌出让

挂牌出让国有土地使用权，是指出让人发布挂牌公告，按公告规定的期限将拟出让宗地的交易条件在指定的土地交易场所挂牌公布，接受竞买人的报价申请并更新挂牌价格，根据挂牌期限截止时的出价结果确定土地使用者的行为。

随着市场经济的发展，国有土地供应结构产生了根本性改变，招标、拍卖、挂牌出让制度作为市场配置国有经营性建设用地的基本制度，在土地供应中发挥着越来越重要的作用。这三种出让方式没有优劣之分，只是适用范围有区别。《招标拍卖挂牌出让国有土地使用权规定》第四条规定："商业、旅游、娱乐和商品住宅等各类经营性用地，必须以招标、拍卖或者挂牌方式出让。经营性用地用途以外的土地的供地计划公布后，同一宗地有两个以上意向用地者的，也应当采用招标、拍卖或者挂牌方式出让。"

土地行政主管部门应视国家产业政策、政府对土地的要求、土地用途、规划限制条件等因素选择适宜的出让方式。一般而言，对于土地使用者和土地用途无特殊限制，以获取最高土地出让金为目标的经营性用地，应采用招标、拍卖或挂牌方式；对于除获取较高出让金外，还具有其他综合目标或特定的社会、公益建设条件，土地用途受严格限制，仅少数人可能有受让意向的经营性用地，应采用招标方式出让。

（3）租赁土地使用权，是指国家将一定时期内的土地使用权让与土地使用者使用，而土地使用者按年度向国家缴纳租金的行为。

（4）作价出资入股，是指将一定时期的国有土地使用权出让金作价，作为国家的投资计作国家的股份。这种方式主要是针对现有国有企业使用的划拨土地使用权需要改制时适用。对企业新增用地，特别是征收土地后提供给用地单位使用的不能采用这种方式。

3. 经营性用地有偿使用

2001 年后，国务院相继下发《关于深化改革严格土地管理的决定》和《国务院关于加强土地调控有关问题的通知》，这两个规范性文件进一步明确了土地使用制度改革的基本内容和走向，即建立和完善土地资源配置的市场机制，充分发挥市场配置土地资源的基础性作用，经营性用地逐步推行有偿使用。

《中华人民共和国物权法》第一百三十七条进一步规定："设立建设用地使用权，可以采取出让或者划拨等方式。工业、商业、旅游、娱乐和商品住宅等经营性用地以及同一土地有两个以上意向用地者的，应当采取招标、拍卖等公开竞价的方式出让。严格限制以划拨方式设立建设用地使用权。采取划拨方式的，应当遵守法律、行政法规关于土地用途的规定。"《中华人民共和国物权法》的出台进一步扩大了招标、拍卖和挂牌方式出让的范围，同时缩小了划拨方式供地的范围。

《国务院关于促进节约集约用地的通知》中规定，今后除军事、社会保障性住房和特殊用地等可以继续以划拨方式取得土地外，对国家机关办公和交通、能源、水利等基础设施（产业）、城市基础设施以及各类社会事业用地要积极探索实行有偿使用，对其中的经营性用地先行实行有偿使用。其他建设用地应严格实行市场配置，有偿使用。

4.2.3 耕地保护制度

耕地是人类赖以生存的基本资源和条件，保持农业可持续发展首先要确保耕地的数量和质量。面对我国人均耕地少，耕地后备资源不足的严峻形势，始终将"十分珍惜、合理利用土地和切实保护耕地"作为基本国策，采取各种措施，稳定和扩大耕地面积，对基本农田实行特殊保护，是保证土地得以永续和合理使用，满足我国未来人口和国民经济发展对农产品的需求，保障农业生产乃至国民经济的持续、稳定、快速发展的重大战略问题。

1. 基本农田保护制度

基本农田，是指按照一定时期人口和社会经济发展对农产品的需求，依据土地利用总体规划确定的不得占用的耕地。基本农田是耕地中的精华，加强基本农田保护，对优质耕地实行特殊保护，对保障国家粮食安全发挥了积极作用。

基本农田保护区，是指为对基本农田实行特殊保护而依据土地利用总体规划和依照法定程序确定的特定保护区域。

根据《土地管理法》第三十四条规定："国家实行基本农田保护制度。下列耕地应当根据土地利用总体规划划入基本农田保护区，严格管理：

① 经国务院有关主管部门或者县级以上地方人民政府批准确定的粮、棉、油生产基地内的耕地；

② 有良好的水利与水土保持设施的耕地，正在实施改造计划以及可以改造的中、低产田；

③ 蔬菜生产基地；

④ 农业科研、教学试验田；

⑤ 国务院规定应当划入基本农田保护区的其他耕地。

各省、自治区、直辖市划定的基本农田应当占本行政区域内耕地的百分之八十以上。

基本农田保护区以乡（镇）为单位进行划区定界，由县级人民政府土地行政主管部门会同同级农业行政主管部门组织实施。"

2. 耕地总量的动态平衡

随着国民经济的发展和人口增长，耕地的数量和质量都应不断提高，才能实现经济的可持续发展。保持耕地总量的动态平衡就是依据现有耕地资源的数量，综合考虑耕地需求状况与后备土地资源的供应能力，分析耕地资源的余缺状况，合理协调耕地供给满足人口及国民经济发展对耕地数量和质量需求的平衡状况。我国土地管理部门提出，土地管理工作必须把保持耕地总量动态平衡作为首要的奋斗目标。这就要求在一定时期、一定行政范围内开垦增加的耕地总量不少于减少的耕地总量，从而使耕地总量保持稳定。

《土地管理法》第三十三条规定："省、自治区、直辖市人民政府应当严格执行土地利用总体规划和土地利用年度计划，采取措施，确保本行政区域内耕地总量不减少；耕地总量减少的，由国务院责令在规定期限内组织开垦与所减少耕地的数量与质量相当的耕地，并由国务院土地行政主管部门会同农业行政主管部门验收。个别省、直辖市确因土地后备资源匮乏，新增建设用地后，新开垦耕地的数量不足以补偿所占用耕地的数量的，必须报经国务院批准减免本行政区域内开垦耕地的数量，进行易地开垦。"

3. 占用耕地补偿制度

《土地管理法》第三十一条规定："国家保护耕地，严格控制耕地转为非耕地。

国家实行占用耕地补偿制度。非农业建设经批准占用耕地的，按照"占多少，垦多少"的原则，由占用耕地的单位负责开垦与所占用耕地的数量和质量相当的耕地；没有条件开垦或者开垦的耕地不符合要求的，应当按照省、自治区、直辖市的规定缴纳耕地开垦费，专款用于开垦新的耕地。

省、自治区、直辖市人民政府应当制定开垦耕地计划，监督占用耕地的单位按照计划开垦耕地或者按照计划组织开垦耕地，并进行验收。"

4. 推进土地开发、复垦、整理，严格控制耕地转为非耕地

国家保护耕地，严格控制耕地转为非耕地。国家鼓励单位和个人按照土地利用总体规划，在保护和改善生态环境、防止水土流失和土地荒漠化的前提下，开发未利用的土地；对因采掘、建材工业发展和其他工矿废弃物堆积等被占用或破坏的土地，通过整治改造使失去的生产力得到恢复再利用；对田、水、路、林、村综合整治，提高耕地质量，增加有效耕地面积，改善农业生产条件和生态环境。

非农业建设必须节约使用土地，可以利用荒地的，不得占用耕地；可以利用劣地的，不得占用好地。禁止占用耕地建窑、建坟或者擅自在耕地上建房、挖砂、采石、采矿、取土等。禁止占用基本农田发展林果业和挖塘养鱼。禁止任何单位和个人闲置、荒芜耕地。禁止毁坏森林、草原开垦耕地，禁止围湖造田和侵占江河滩地。通过提高新增建设用地有偿使用费标准，征收耕地占用税、提高征地补偿费标准等等经济措施保护耕地。

4.2.4 土地用途管制制度

《土地管理法》第四条规定："国家实行土地用途管制制度。国家编制土地利用总体规划，规定土地用途，将土地分为农用地、建设用地和未利用地。严格限制农用地转为建设用地，控制建设用地总量，对耕地实行特殊保护。"

土地用途管制制度是我国土地管理制度的核心。国家严格限制农用地转为建设用地，控制建设用地总量，对耕地实行特殊保护。实施农业结构调整和发展设施农业，应尽量利用荒山、荒坡、滩涂等未利用地和低效闲置的土地，不占或少占耕地，严禁占用基本农田。

1. 加强土地的计划管理，严格土地利用总体规划实施

实行土地管制的基础是加强土地的计划管理，确立土地利用总体规划控制建设用地总量的法律地位。土地利用总体规划一经批准，具有法定效力，任何单位和个人不得违反。各级国土资源部门不得以任何名义改变土地利用总体规划确定的用地规模、结构和布局安排，确保各类规划在土地利用上与土地利用总体规划相衔接。凡不符合土地利用总体规划的，必须及时调整和修改，核减用地规模，调整用地布局，强化土地利用总体规划对土地利用的整体管控作用。

通过推进土地利用规划数据库建设、制定完善土地利用总体规划管理的地方配套法

规、加大土地利用总体规划宣传力度等措施保障土地利用总体规划的实施，对土地利用总体规划实施动态监管。

2. 保护基本农田，严格建设用地审批

实行用途管制的关键是保证基本农田数量，严格控制农用地转为建设用地。各地要严格遵守土地利用总体规划确定的基本农田保护目标、保护区布局及管制规则，及时划定基本农田，完善基本农田保护区管理，提高基本农田投入，改善基本农田生产条件，提高基本农田质量。

根据《土地管理法》第四十四条规定："建设占用土地，涉及农用地转为建设用地的，应当办理农用地转用审批手续。

省、自治区、直辖市人民政府批准的道路、管线工程和大型基础设施建设项目、国务院批准的建设项目占用土地，涉及农用地转为建设用地的，由国务院批准。

在土地利用总体规划确定的城市和村庄、集镇建设用地规模范围内，为实施该规划而将农用地转为建设用地的，按土地利用年度计划分批次由原批准土地利用总体规划的机关批准。在已批准的农用地转用范围内，具体建设项目用地可以由市、县人民政府批准。

本条第二款、第三款规定以外的建设项目占用土地，涉及农用地转为建设用地的，由省、自治区、直辖市人民政府批准。"

4.3　土地利用总体规划

土地利用总体规划，是指国家从社会、经济、资源的可持续发展出发，综合考虑当地自然条件、生态建设、耕地保护以及集约利用建设用地等因素，对一定区域内的土地的开发、利用、治理和保护所作的统筹安排和布局。土地利用总体规划是指导土地管理的纲领性文件，是落实土地宏观调控和土地用途管制，规划城乡建设和统筹各项土地利用活动的重要依据。

《土地管理法》第十七条规定："各级人民政府应当依据国民经济和社会发展规划、国土整治和资源环境保护的要求、土地供给能力以及各项建设对土地的需求，组织编制土地利用总体规划。"土地利用总体规划的规划期限一般为 15 年。

4.3.1　土地利用总体规划的编制

1. 土地利用总体规划的编制程序

根据《土地利用总体规划编制审查办法》的规定，土地利用总体规划一般分为国家、省、市、县和乡（镇）五级，特殊情况下可编制跨行政区域的土地利用总体规划。土地利用总体规划由国土资源行政主管部门负责编制，在编制前应当先组织开展评估现行规划的实施情况，基础调查、重大问题研究等前期工作。在真实、准确、合法的土地调查基础数据的基础上，编制土地利用总体规划大纲。土地利用总体规划大纲要包括规划背景，指导思想和原则，土地利用战略定位和目标，土地利用规模、结构与布局总体安排，规划实施措施等内容。国土资源行政主管部门依据经审查通过的土地利用总体规划大纲，编制土地利用总体规划。乡（镇）土地利用总体规划可以与所在地的县级土地利用总体规划同步编制。

2. 编制土地利用总体规划应遵循的原则

土地利用总体规划应按照下列原则编制：

（1）严格保护基本农田，控制非农业建设占用农用地；

（2）提高土地利用率；

（3）统筹安排各类、各区域用地；

（4）保护和改善生态环境，保障土地的可持续利用；

（5）占用耕地与开发复垦耕地相平衡。

3. 土地利用总体规划的编制内容

土地利用总体规划应当包括下列内容：

（1）现行规划实施情况评估；

（2）规划背景与土地供需形势分析；

（3）土地利用战略；

（4）规划主要目标的确定，包括耕地保有量、基本农田保护面积、建设用地规模和土地整理复垦开发安排等；

（5）土地利用结构、布局和节约集约用地的优化方案；

（6）土地利用的差别化政策；

（7）规划实施的责任与保障措施。

乡（镇）土地利用总体规划可以根据实际情况对上述内容适当简化。省、市、县级的土地利用总体规划应突出对上级规划的落实、对本行政区域内重大土地利用问题的解决方案以及土地利用分区及分区管制等内容。土地利用总体规划图件包括土地利用总体规划图、规划现状图、专题规划图和规划分析图等。

4.3.2 土地利用总体规划的审批

土地利用总体规划审查报批，分为土地利用总体规划大纲审查和土地利用总体规划审查报批两个阶段。

土地利用总体规划大纲经本级人民政府审查同意后，逐级上报审批机关同级的国土资源行政主管部门审查。国土资源行政主管部门主要对土地利用总体规划大纲的指导思想、战略定位、基础数据、规划目标、土地利用结构与空间布局调整等内容进行审查。

土地利用总体规划按照下级规划服从上级规划的原则，自上而下审查报批。《土地管理法》第二十一条中规定："土地利用总体规划实行分级审批"。全国土地利用总体规划，由国务院土地行政主管部门会同国务院有关部门编制，报国务院批准；省、自治区、直辖市的土地利用总体规划，报国务院批准；省、自治区人民政府所在地的市、人口在一百万以上的城市以及国务院指定的城市的土地利用总体规划，经省、自治区人民政府审查同意后，报国务院批准；其他的土地利用总体规划，逐级上报省、自治区、直辖市人民政府批准；其中，乡（镇）土地利用总体规划，由乡（镇）人民政府编制，逐级上报省、自治区、直辖市人民政府或者省、自治区、直辖市人民政府授权的设区的市、自治州人民政府批准。

土地利用总体规划审查重点内容包括：

（1）现行规划实施评价；

（2）规划编制原则与指导思想；

（3）战略定位与规划目标；

（4）土地利用结构、规模、布局和时序；

（5）土地利用主要指标分解情况；

（6）规划衔接协调论证情况和公众参与情况；

（7）规划实施保障措施。

4.3.3　土地利用年度计划

土地利用年度计划，是指国家对计划年度内新增建设项目占用农用地和未利用地用地量、土地开发整理补充耕地量和耕地保有量的具体安排。

土地利用年度计划，根据国民经济和社会发展计划、国家产业政策、土地利用总体规划以及建设用地和土地利用的实际状况编制。土地利用年度计划的编制审批程序与土地利用总体规划的编制审批程序相同，一经审批下达，必须严格执行。

1. 土地利用年度计划管理应遵循的原则

土地利用年度计划管理应当遵循下列原则：

（1）严格执行土地利用总体规划，合理控制建设用地总量，切实保护耕地特别是基本农田；

（2）运用土地政策参与宏观调控，以土地供应引导需求，促进经济增长方式转变，提高土地节约集约利用水平；

（3）建设占用耕地与补充耕地相平衡；

（4）优先保证国家重点建设项目和基础设施项目用地；

（5）城镇建设用地增加与农村建设用地减少相挂钩；

（6）保护和改善生态环境，保障土地的可持续利用。

2. 土地利用年度计划的内容

土地利用年度计划应当包括下列内容：

（1）新增建设用地计划指标。分为城镇村建设用地指标和能源、交通、水利、矿山、军事设施等独立选址的重点建设项目用地指标。包括新增建设用地总量和新增建设占用农用地及耕地指标。新增建设用地计划指标依据国民经济和社会发展计划、国家宏观调控要求、土地利用总体规划、国家供地政策和土地利用的实际情况等因素确定。

（2）土地开发整理计划指标。包括土地开发补充耕地指标和土地整理复垦补充耕地指标。土地开发整理计划指标依据土地利用总体规划、土地开发整理规划、建设占用耕地、实现耕地保有量目标等情况确定。

（3）耕地保有量计划指标。耕地保有量计划指标依据国务院向省、自治区、直辖市下达的耕地保护责任考核目标确定。

4.4　建 设 用 地

4.4.1　建设用地概述

建设用地是指建造建筑物、构筑物的土地，包括城乡住宅和公共设施用地、工矿用地、交通水利设施用地、旅游用地、军事设施用地等。建设用地管理是指国家建设和乡（镇）村集体建设征用、使用集体所有土地或者划拨国有土地的土地管理。加强建设用地管理是加强土地资源宏观管理、调控固定资产投资规模和实施产业政策的重要措施，是审核建设项目可行性研究报告评估和初步设计及审批建设用地的重要依据。

土地利用总体规划中，将土地用途分为农用地、建设用地和未利用地三类。

国家严格限制农用地转为建设用地，在土地利用总体规划确定的城市建设用地范围内，为实施城市规划占用土地的，市、县人民政府按照土地利用年度计划拟订农用地转用方案、补充耕地方案、征用土地方案，分批次逐级上报有批准权的人民政府，批准后方可组织实施。在土地利用总体规划范围内，为实施村庄、集镇规划占用土地的，还要拟订农用地转用方案、补充耕地方案，并按规定程序报批。

建设项目需要使用土地的，必须依法申请使用土地利用总体规划确定的城市建设用地范围内的国有建设用地，将规划中非建设用地转为建设用地的应严格审批手续。建设单位应当根据建设项目的总体设计一次申请，办理建设用地审批手续；分期建设的项目，可以根据可行性研究报告确定的方案分期申请建设用地、分期办理建设用地有关审批手续。

建设项目需要占用土地利用总体规划确定的国有未利用地的，按照省、自治区、直辖市的规定办理；国家重点建设项目、军事设施和跨省、自治区、直辖市行政区域的建设项目以及国务院规定的其他建设项目用地，应当报国务院批准。建设项目确需使用土地利用总体规划确定的城市建设用地范围外的土地，涉及农民集体所有的未利用地的，只报批征用土地方案和供地方案。

建设占用土地，涉及农用地转为建设用地的，应当符合土地利用总体规划和土地利用年度计划中确定的农用地转用指标；城市和村庄、集镇建设占用土地，涉及农用地转用的，还应当符合城市规划和村庄、集镇规划。

4.4.2　国家建设用地

国家进行经济、文化、国防建设以及兴办社会公共事业，可依法征用集体所有土地、划拨国有土地。经批准的建设项目需要使用国有建设用地的，建设单位应当持法律、行政法规规定的有关文件，向有批准权的县级以上人民政府土地行政主管部门提出建设用地申请，经土地行政主管部门审查，报本级人民政府批准。

建设单位使用国有土地，应当以有偿使用方式取得，按照国务院规定的标准和办法，缴纳土地使用权出让金等土地有偿使用费和其他费用后，方可使用土地。但是，国家从全社会利益出发，进行经济、文化、国防建设及兴办社会公共事业时，经县级以上人民政府的批准，建设单位通过划拨的方式取得土地使用权。

下列建设用地可以以划拨方式取得：国家机关用地和军事用地；城市基础设施用地和公益事业用地；国家重点扶持的能源、交通、水利等基础设施用地；法律、行政法规规定的其他用地。

4.4.3　乡（镇）村建设用地

乡镇企业、乡（镇）村公共设施、公益事业、农村村民住宅等乡（镇）村建设，应当按照村庄和集镇规划，合理布局，综合开发，配套建设；建设用地，应当符合乡（镇）土地利用总体规划和土地利用年度计划，并依照规定办理审批手续。

1. 乡（镇）村兴办企业的建设用地

农村集体经济组织使用乡（镇）土地利用总体规划确定的建设用地兴办企业或者与其他单位、个人以土地使用权入股、联营等形式共同举办企业的，应当持有关批准文件，向县级以上地方人民政府土地行政主管部门提出申请，按照省、自治区、直辖市规定的批准权限，由县级以上地方人民政府批准；其中，涉及占用农用地的，要依法办理农用地转用审批手续。兴办企业的建设用地，必须严格控制。省、自治区、直辖市可以按照乡镇企业的不同行业和经营规模，分别规定用地标准。

2. 乡（镇）村公共设施、公益事业建设用地

乡（镇）村公共设施、公益事业建设，需要使用土地的，经乡（镇）人民政府审核，向县级以上地方人民政府土地行政主管部门提出申请，按照省、自治区、直辖市规定的批准权限，由县级以上地方人民政府批准；其中，涉及占用农用地的，同样需要按照规定办理审批手续。

3. 宅基地建设用地

农村村民可以依法取得宅基地的使用权，农村村民一户只能拥有一处宅基地，其宅基地的面积不得超过省、自治区、直辖市规定的标准。农村村民建住宅，应当符合乡（镇）土地利用总体规划，并尽量使用原有的宅基地和村内空闲地。农村村民住宅用地，经乡（镇）人民政府审核，由县级人民政府批准；其中，涉及占用农用地的要依照相关规定办理审批手续。农村村民出卖、出租住房后，再申请宅基地的，不予批准。

4.4.4 建设用地的征收和补偿

1. 土地的征收和征用

《土地管理法》第二条第四款规定："国家为了公共利益的需要，可以依法对土地实行征收或者征用并给予补偿。"2011 年颁布的《国务院关于废止和修改部分行政法规的决定》将"征用"修改为"征收、征用"。

征收土地是指国家为了公共利益的需要，依法将集体所有土地转为国家所有并给予补偿的行为。征收的实质，是国家强行收买集体土地的所有权，意味着土地所有权性质的改变。

要区别征收与征用的含义，征用与征收的共同点是都具有强制性，均仅依政府依法做出的征收命令、征用命令而发生效力，无须征得被征收、被征用的单位和个人的同意。征用是指国家在紧急情况下对集体土地的强制性使用，在使用完毕后再将土地归还集体的一种行为，并不改变土地的所有权性质。

2. 征地审批程序

根据《土地管理法》和《实施条例》的规定，征收土地要由省、自治区、直辖市人民政府批准，并报国务院备案。征收基本农田、基本农田以外超过 35hm² 的耕地以及超过 70hm² 的其他土地，要由国务院批准。

征收农用地的，应当依法办理农用地转用审批手续。省、自治区、直辖市人民政府批准的道路、管线工程和大型基础设施建设项目、国务院批准的建设项目占用土地，涉及农用地转为建设用地的，由国务院批准。在土地利用总体规划确定的城市和村庄、集镇建设用地规模范围内，为实施该规划而将农用地转为建设用地的，按土地利用年度计划分批次由原批准土地利用总体规划的机关批准。在已批准的农用地转用范围内，具体建设项目用地可以由市、县人民政府批准。其他建设项目占用土地，涉及农用地转为建设用地的，由省、自治区、直辖市人民政府批准。

经国务院批准农用地转用的，或经省、自治区、直辖市人民政府在征地批准权限内批准农用地转用的，同时办理征地审批手续，不再另行办理征地审批。征收土地依照法定程

序批准后，由县级以上地方人民政府予以公告并组织实施。

3. 征收建设用地的补偿

征收土地的，按照被征收土地的原用途给予补偿。

征收耕地的补偿费用包括土地补偿费、安置补助费以及地上附着物和青苗的补偿费。征收耕地的土地补偿费，为该耕地被征收前3年平均年产值的6~10倍。征收耕地的安置补助费，按照需要安置的农业人口数计算。需要安置的农业人口数，按照被征收的耕地数量除以征地前被征收单位平均每人占有耕地的数量计算。每一个需要安置的农业人口的安置补助费标准，为该耕地被征收前3年平均年产值的4~6倍。但是，每公顷被征收耕地的安置补助费，最高不得超过被征收前3年平均年产值的15倍。

征收其他土地的土地补偿费和安置补助费标准，由省、自治区、直辖市参照征收耕地的土地补偿费和安置补助费的标准规定。

被征收土地上的附着物和青苗的补偿标准，由省、自治区、直辖市规定。

征收城市郊区的菜地，用地单位应当按照国家有关规定缴纳新菜地开发建设基金。

依照规定支付土地补偿费和安置补助费，尚不能使需要安置的农民保持原有生活水平的，经省、自治区、直辖市人民政府批准，可以增加安置补助费。但是，土地补偿费和安置补助费的总和不得超过土地被征收前3年平均年产值的30倍。

国务院根据社会、经济发展水平，在特殊情况下，可以提高征收耕地的土地补偿费和安置补助费的标准。

4.5 违反土地管理法的法律责任

4.5.1 违反土地权属变更规定的法律责任

1. 买卖或非法转让土地

买卖或者以其他形式非法转让土地的，由县级以上人民政府土地行政主管部门没收违法所得；对违反土地利用总体规划擅自将农用地改为建设用地的，限期拆除在非法转让的土地上新建的建筑物和其他设施，恢复土地原状，对符合土地利用总体规划的，没收在非法转让的土地上新建的建筑物和其他设施；可以并处罚款；对直接负责的主管人员和其他直接责任人员，依法给予行政处分；构成犯罪的，依法追究刑事责任。

2. 违法转让集体土地

擅自将农民集体所有的土地的使用权出让、转让或者出租用于非农业建设的，由县级以上人民政府土地行政主管部门责令限期改正，没收违法所得，并处罚款。

3. 不按规定办理土地变更登记

不依照规定办理土地变更登记的，由县级以上人民政府土地行政主管部门责令其限期办理。

4.5.2 违法占用或损毁耕地的法律责任

违反规定占用耕地建窑、建坟或者擅自在耕地上建房、挖砂、采石、采矿、取土等，破坏种植条件的，或者因开发土地造成土地荒漠化、盐渍化的，由县级以上人民政府土地行政主管部门责令限期改正或者治理，可以并处罚款；构成犯罪的，依法追究刑事责任。

拒不履行土地复垦义务的，由县级以上人民政府土地行政主管部门责令限期改正；逾期不改正的，责令缴纳复垦费，专项用于土地复垦，可以处以罚款。

4.5.3 非法占用土地应承担的法律责任

1. 违法批准、占用土地

未经批准或者采取欺骗手段骗取批准，非法占用土地的，由县级以上人民政府土地行政主管部门责令退还非法占用的土地，对违反土地利用总体规划擅自将农用地改为建设用地的，限期拆除在非法占用的土地上新建的建筑物和其他设施，恢复土地原状，对符合土地利用总体规划的，没收在非法占用的土地上新建的建筑物和其他设施，可以并处罚款；对非法占用土地单位的直接负责的主管人员和其他直接责任人员，依法给予行政处分；构成犯罪的，依法追究刑事责任。超过批准的数量占用土地，多占的土地以非法占用土地论处。

2. 非法占用集体土地用作宅基地

农村村民未经批准或者采取欺骗手段骗取批准，非法占用土地建住宅的，由县级以上人民政府土地行政主管部门责令退还非法占用的土地，限期拆除在非法占用的土地上新建的房屋。超过省、自治区、直辖市规定的标准，多占的土地以非法占用土地论处。

3. 对拆除违规建筑的规定

责令限期拆除在非法占用的土地上新建的建筑物和其他设施的，建设单位或者个人必须立即停止施工，自行拆除；对继续施工的，作出处罚决定的机关有权制止。建设单位或者个人对责令限期拆除的行政处罚决定不服的，可以在接到责令限期拆除决定之日起十五日内，向人民法院起诉；期满不起诉又不自行拆除的，由作出处罚决定的机关依法申请人民法院强制执行，费用由违法者承担。

4.5.4 违反土地批准、征收规定的法律责任

1. 非法和违法批准占用、征收土地

无权批准征收、使用土地的单位或者个人非法批准占用土地的，超越批准权限非法批准占用土地的，不按照土地利用总体规划确定的用途批准用地的，或者违反法律规定的程序批准占用、征收土地的，其批准文件无效，对非法批准征收、使用土地的直接负责的主管人员和其他直接责任人员，依法给予行政处分；构成犯罪的，依法追究刑事责任。非法批准、使用的土地应当收回，有关当事人拒不归还的，以非法占用土地论处。

非法批准征收、使用土地，对当事人造成损失的，依法应当承担赔偿责任。

2. 侵占、挪用征地补偿费用

侵占、挪用被征收土地单位的征地补偿费用和其他有关费用，构成犯罪的，依法追究刑事责任；尚不构成犯罪的，依法给予行政处分。

3. 不按规定交回国有土地使用权

依法收回国有土地使用权当事人拒不交出土地的，临时使用土地期满拒不归还的，或者不按照批准的用途使用国有土地的，由县级以上人民政府土地行政主管部门责令交还土地，处以罚款。

4. 土地行政主管部门的法律责任

土地行政主管部门的工作人员玩忽职守、滥用职权、徇私舞弊，构成犯罪的，依法追究刑事责任；尚不构成犯罪的，依法给予行政处分。

4.6 土地管理法律制度案例

案例1 非法批准占用土地案例

【案情介绍】

李某系某市畜牧局副局长，主管其下属的草原监理站工作。李某任职期间，部分村民要求承包村周围草甸，李某在未确定所要承包的草甸是草原还是林地，是否属于经市人民政府登记造册的未确定使用权的国家所有土地及土地权属的情况下，超越职权，以草原监理站的名义陆续与10余名村民签订草原承包合同，将林业局林权证范围内的林地以草原名义发包325亩，并以草原建设补偿费名义收取人民币15000元。畜牧局草原监理站以草原名义发包林地的行为，导致212亩林地遭到开垦破坏，被开垦的林地，除39亩未耕种外，其余林地已全部耕种农作物，给国家造成较大经济损失。

【思考问题】

李某违反了哪些法律法规？

【案例评析】

根据《土地管理法》规定，任何单位和个人不得侵占、买卖或者以其他形式非法转让土地，土地使用权可以依法转让。国家为了公共利益的需要，可以依法对土地实行征收或者征用并给予补偿。国家依法实行国有土地有偿使用制度。征用与占用土地都须经有关部门的审批，并须经过一定的审批程序。

非法批准征用、占用土地罪，是指国家机关工作人员徇私舞弊，违反土地管理法规，非法批准征用、占用土地，情节严重的行为。《土地管理法》第七十八条规定："无权批准征收、使用土地的单位或者个人非法批准占用土地的，超越批准权限非法批准占用土地的，不按照土地利用总体规划确定的用途批准用地的，或者违反法律规定的程序批准占用、征收土地的，其批准文件无效，对非法批准征收、使用土地的直接负责的主管人员和其他直接责任人员，依法给予行政处分；构成犯罪的，依法追究刑事责任。非法批准、使用的土地应当收回，有关当事人拒不归还的，以非法占用土地论处。"

案例2 土地征收补偿案例

【案情介绍】

王某原系某村小组村民，承包该村5亩耕地，并于2000年领取《土地承包经营权证》，承包期限为10年。随后，王某一家迁至附近县城居住，该村小组未对其承包土地进行调整。2010年3月6日，县政府因兴建高速公路，征用该村小组部分耕地，发布征地补偿标准为：土地补偿费3000元/亩，安置费15000元/亩，地上附着物和青苗补偿费2000元/亩。2010年3月11日，王某一家三人将户口迁回原籍，即该村小组。2010年5月，该村小组32亩耕地被征用，王某家的3.3亩耕地在征用范围。2010年12月，该村小组按小组人均10500元分配土地征收补偿款，并暂留32000元，其中未分给王某家补偿款。现王某一家诉至法院，要求村小组按每人10500元标准支付其补偿款。

【思考问题】

王某是否应得到征地补偿？

【案例评析】

王某一家的户口虽然曾迁出村小组，但仍然享有原有耕地的土地承包经营权。根据《中华人民共和国物权法》第四十二条第二款的规定："征收集体所有的土地，应当依法足额支付土地补偿费、安置补助费、地上附着物和青苗的补偿费用，安排被征地农民的社会保障费用，保障被征地农民的生活，维护被征地农民的合法权益。"以及第一百三十二条的规定："承包地被征收的，土地承包经营权人有权依照本法第四十二条第二款的规定获得相应补偿"。因此，土地承包经营权人承包的集体土地被征收后，应当参与征地补偿费的分配，与其是否是村集体经济组织成员无关。

根据《土地管理法》第四十七条规定，征收耕地的补偿费用包括土地补偿费、安置补助费以及地上附着物和青苗的补偿费三项。其中，土地补偿费应支付给集体土地的所有权人；安置补助费应当支付给放弃统一安置的农户；地上附着物和青苗补偿费是对被征地农户财产损失的补偿，应当支付给土地承包方。本案例中，在土地承包期内王某一家部分承包耕地被征用，应根据征地补偿标准以及被征收的耕地面积，考虑地上附着物、承包期限等因素，适当补偿王某一家征地补偿费，而不应按照村民标准补偿。

案例3 改变土地用途的案例

【案情介绍】

2005年4月，某镇个体户汤某承租某镇中学闲置食堂房屋办养鸡场。镇土地管理所发现后，对其作了调查取证，并报县国土资源管理局对汤某以非法占地为由给予了相应处罚。镇中学校长杨某认为：汤某租赁的是房屋而不是土地，只需要在房地产管理部门办理登记手续就行了。汤某租赁的房屋是学校闲置多年不用的食堂用房，收取租金主要用于弥补教学经费的不足，是合理的，没有必要再向土地管理部门缴纳土地出让金。

【思考问题】

请问国土局的处罚是否正确？

【案例评析】

本案的违法主体应是镇中学。《土地管理法》第五十六条规定："建设单位使用国有土地的，应当按照土地使用权出让等有偿使用合同的约定或者土地使用权划拨批准文件的规定使用土地，确需改变该宗土地建设用途的，应当经有关人民政府土地行政管理部门同意，报原批准用地的人民政府批准；其中，在城市规划之内改变土地用途的，在报批前应当先经有关城市规划行政主管部门同意。"镇中学是以公益事业而取得的划拨土地使用权，若要改变土地用途，理应提交确需改变土地用途的申请书，依照法定的程序办理审批手续，经批准后，方可按新批准的土地用途使用土地。事实上，镇中学却未经批准擅自将房屋出租给以营利为目的的汤某办养鸡场，改变了土地用途，违反了该条款的规定，构成了改变土地用途的违法行为，是本案的违法主体。

非法占地是指单位或个人未经批准，擅自占用土地，采用欺骗手段骗取批准占用土地，以及超过批准的数量多占土地的行为，其显著的特征就是行为人没有取得任何批准文件而擅自占用的土地。

针对本案，当事人之间真实的法律关系是土地转让关系，其违法行为的表现形式是以其他形式非法转让土地，这里以本案当事人签订的房屋租赁合同为构成要件。由此可见，县国土资源局认定汤某非法占地给予处罚，明显适用法律不当，违法主体认定错误，违法主体应是镇中学。但汤某与镇中学之间租赁房屋的行为属于民法调节的范畴，不受法律保护。

　　土地管理部门应处理某镇中学，因为镇中学既是房屋所有权人，又是土地使用权享有者，出租房屋时连同划拨土地使用权一起出租，其行为未经县级以上人民政府批准，未补缴土地租金，也没有办理划拨土地使用权出租手续。依据《城镇国有土地使用权出让和转让暂行条例》第四十六条"对未经批准擅自转让、出租、抵押划拨土地使用权的单位和个人，市、县人民政府土地管理部门应当没收其非法收入，并根据情节，处以罚款"的规定，县国土资源局应依法收缴镇中学所收租金中包含的土地收益部分，并对其违法行为，根据情节给予处罚。

复习思考题

　　1. 什么是土地所有权？

　　2. 什么是土地使用权？获得土地使用权的方式有哪些？

　　3. 简述耕地保护的制度。

　　4. 什么是土地利用总体规划？具体包含哪些内容？

　　5. 征收建设用地的补偿标准是如何规定的？

　　6. 违反土地征收规定应承担的法律责任有哪些？

　　7. 案例分析题：某行政机关在为一农户办理变更登记时，发现该户已于1998年办理了宅基地审批手续，新占旱地2分修建住宅。在2000年新房建起后，办理了集体土地使用权登记。该户当时由于分户，旧房两间仍由其父母居住。老宅基地其父拥有合法权属。去年，父母双方去世后，他欲将老宅基地住房权属变更给自己，准备将老宅翻修。由于家中无其他兄妹，他是唯一的合法继承人，老宅理应由他继承。但他本人已拥有一处新宅基地，如果将老宅基地为其办理过户登记，又违反了《土地管理法》第六十二条第一款的规定：农村村民一户只能拥有一处宅基地，其宅基地的面积不得超过省、自治区、直辖市规定的标准，并且极有可能将翻建的老宅私下买卖或出租。为此，变更登记一直没有进行。请问如果将老宅通过集体建设用地使用权流转方式转让于他，是否可以呢？

5 工程咨询法律制度

5.1 工程项目可行性与评价研究制度

5.1.1 工程建设项目的概念

工程建设项目是指土木建筑工程、线路管道和设备安装工程、建筑装修工程等工程项目的新建、扩建和改建，是形成固定资产的基本生产过程及其与相关联的其他建设工程的总称。

土木建筑工程，包括矿山、铁路、公路、道路、隧道、桥梁、堤坝、电站、码头、飞机场、运动场、房屋（如厂房、剧院、旅馆、商店、学校和住宅）等工程。

线路管道和设备安装工程，包括电力、通信线路、石油、燃气、给水、排水、供热等管道系统和各类机械设备、装置的安装工程。

其他工程建设工作，包括建设单位及其主管部门的投资决策活动以及征用土地、工程勘察设计、工程监理等。这些工作是工程建设必不可少的内容。

工程建设项目按投资的再生产性质可以分为基本建设项目和更新改造项目两大类。

基本建设项目按其规模又可分为大型、中型和小型三类。一般地，按投资额划分，生产性建设项目中的能源、交通、原材料部门的工程项目，投资额达到 5000 万元及其以上的为大中型项目；其他部门和非工业建设项目，投资额达到 3000 万元及其以上的为大中型建设项目。按生产能力或使用效益划分的，以国家对各行各业的具体规定为标准。

更新改造项目分为限额以上和限额以下项目。一般地，按投资额划分，能源、交通、原材料部门的工程项目，投资额达到 5000 万元及其以上的为限额以上项目；其他部门和非工业建设项目，投资额达到 3000 万元及其以上的为限额以上项目。其他为限额以下项目。

5.1.2 工程建设项目基本程序的概念及立法现状

基本建设程序，是指基本建设项目从酝酿分析、计划建设到建成投产的全过程中，需要进行的各项工作以及先后顺序。它反映基本建设工作的内在联系，是从事基本建设工作的部门和人员都必须遵守的行动准则。

基本建设程序是在认识工程建设客观规律基础上总结提出的、工程建设全过程中各项工作都必须遵守的先后次序，是由基本建设项目本身的特点和客观规律决定的；进行基本建设，坚持按科学的基本建设程序办事，就是要求基本建设工作必须按照符合客观规律要求的一定顺序进行，正确处理基本建设工作中从制定建设规划、确定建设项目、勘察、定点、设计、建筑、安装、试车，直到竣工验收交付使用等各个阶段、各个环节之间的关系，达到提高投资效益的目的，这是关系基本建设工作全局的一个重要问题，也是按照自然规律和经济规律管理基本建设的一个根本原则。

我国基本建设程序最初是 1952 年政务院正式颁布的，基本上是苏联管理模式和方法的翻版。随着各项建设事业的不断发展，基本建设程序也不断变化，逐步完善和科学化。目前我国工程建设程序方面的法规还多是部门规章和规范性文件，主要有：《工程建设项目实施阶段程序管理暂行规定》(1995)、《国家计划委员会关于编制建设前期工作计划的通知》(1982)、《国家发展改革委员会、建设部关于建设项目经济评价工作的若干规定》(2006)、《工程建设项目实施阶段程序管理暂行规定》(1995) 等一些规范性文件。

此外，在《中华人民共和国土地管理法》、《中华人民共和国城市规划法》《中华人民共和国建筑法》等法律中，也有关于工程建设程序的一些规定。

5.1.3 我国工程建设项目的程序

1. 工程建设前期阶段的内容

（1）投资意向

投资意向是投资主体发现社会存在合适的投资机会所产生的投资愿望。

（2）投资机会分析

投资机会分析是投资主体对投资机会所进行的初步考察和分析，在认为机会合适、有良好的效益时，则可进行进一步的行动。

（3）项目建议书

项目建议书是投资机会分析结果文字化后所形成的书面文件，以方便投资决策者分析、抉择。项目建议书应由投资者（目前一般是项目主管部门或企、事业单位）对准备建设项目提出的大体轮廓性设想和建议，对拟建工程的必要性、客观可行性和获利的可能性逐一进行论述。

（4）可行性研究

可行性研究是指项目建议书被批准后，对拟建项目在技术上是否可行、经济上是否合理等内容所进行的分析论证。可行性研究应对项目所涉及的社会、经济、技术问题进行深入的调查研究，对各种各样的建设方案和技术方案进行发掘并加以比较、优化。对项目建成以后的经济效益、社会效益进行科学的预测及评价，提出该项目建设是否可行的结论性意见。对可行性研究的具体内容和所应达到的深度，有关法规都有明确的规定。

可行性研究报告必须经有资格的咨询机构评估确认后，才能作为投资决策的依据。

（5）审批立项

审批立项是有关部门对可行性研究报告的审查批准程序，审查通过后即予以立项，正式进入工程项目的建设准备阶段。

2. 工程建设项目的审批

基本建设程序始终是国家对建设项目管理的一项重要内容，其审批程序非常严格。我国目前对基本建设项目，规定大中型项目由国家计委审批，小型及一般地方项目由地方计委审批。1998 年 9 月，国务院《关于加强建设项目管理确保工程建设质量的通知》中再次强调"进一步加强建设项目管理，要严格执行国家关于基本建设项目审批的各项规定。任何单位和个人都不得越权审批项目，也不得降低标准批准项目。按照规定，需报国务院审批的项目，必须报国务院审批；需报国家计委审批的项目，必须报国家计委审批。对前期工作达不到深度要求的项目，一律不予审批。"

一般情况下，项目建议书、可行性研究报告、初步设计等的审批权限、部门是一致的，按照国家有关规定，其审批权限划分为以下几级：

（1）所有大中型和限额以上项目，按照项目隶属关系由行业主管部门或省、自治区、直辖市和计划单列市审查同意后，报国家计委审批。凡投资在 2 亿元以上的项目，由国家计委审核后报国务院审批。

（2）地方投资安排的地方院校、医院及其他文教卫生事业的大中型基本建设项目，由省、自治区、直辖市和计划单列市计委审批，抄报国家计委和有关部门备案。

（3）企业横向联合投资的大中型基本建设项目，凡自行解决资金、能源、原材料、设备，以及投产后的产供销、动力、运力等能够自己落实，而且已经与有关部门、地方、企业签订了合同，不需要国家安排的，由有关部门或省、自治区、直辖市和计划单列市计委审批，抄报国家计委备案。

3. 工程建设项目程序的一般步骤

根据我国现行的工程建设程序规定，项目的建设应遵循以下几个步骤：

（1）根据国民经济和社会发展规划，结合行业和地区发展规划的要求，提出项目建议书；

（2）在勘测、试验、调查研究及详细技术经济论证的基础上编制可行性研究报告；

（3）根据项目的咨询评估情况，对项目进行决策；

（4）根据批准的可行性研究报告编制设计文件；

（5）初步设计批准后，做好施工前的各项准备工作，并申请开工报告；

（6）组织施工，并根据工程进度，做好生产准备；

（7）项目按批准的设计内容建设，经验收合格后，正式投产交付使用；

（8）项目全部建成后的一定时间，对项目评审决策、项目建设实施和生产经营状况进行总结评价，即后评估。

5.2 工程勘察设计法律制度

随着我国的城镇化进程的加快，国家大力发展民生，支持基础建设，建设工程的安全性就格外重要，而工程的勘察，设计不但直接关系到工程的质量与安全，而且也直接关系到环境等方面的问题，为加强对建设工程的勘察、设计的管理，必须严格实施建设工程勘察设计法规。

5.2.1 工程勘察设计概述

建设工程勘察是指为满足工程建设的规划、设计、施工、运营及综合治理等方面的需要，对地形、地质及水文等情况进行测绘、勘探测试，并提供相应成果和资料的活动。岩土工程中的勘测、设计、处理、监测活动，也属工程勘察范畴。

建设工程设计是指运用工程技术理论及技术经济方法，按照现行技术指标，对新建、扩建、改建项目的工艺、土建、公用工程、环境工程等进行综合性设计及技术经济分析，并提供作为建设依据的设计文件和图纸的活动。

在工程建设的各个环节中，勘察是基础，而设计是整个工程建设的灵魂，它们对工程的质量和效益都起着至关重要的作用。因此，依法加强勘察设计管理是十分重要的。

建设工程勘察、设计应当与社会、经济发展水平相适应，做到经济效益、社会效益和环境效益相统一。为此，必须坚持先勘察、后设计、再施工的原则，并鼓励在建设工程勘察设计活动中采用先进技术、先进工艺、先进设备、新型材料和现代管理方法。

工程勘察设计法规是指调整工程勘察设计活动中发生的各种社会关系的法律规范的总称。

5.2.2 工程勘察设计法规的立法现状

现阶段我国关于工程勘察设计相关的法规主要有：

1978 年国家建委颁发的《设计文件的编制和审批办法》；

1983 年国家计委颁发的《基本建设设计工作管理暂行办法》和《基本建设勘测工作管理暂行办法》；

1999 年国务院办公厅转发建设部等部门《关于工程勘察设计单位体制改革若干意见的通知》；

2017 年国务院颁发的《工程勘察设计管理条例》。

为适应市场经济的需要，进一步加强对工程勘测设计行为的规范和管理，国家正在积极制定《中华人民共和国工程勘察设计法》，届时它将成为我国第一部工程勘测设计方面的法律，对工程勘测设计的法制建设，将有极大的推动作用。

为了加强对建设工程勘察、设计活动的管理，保证建设工程勘察、设计的质量，保护人民的生命和财产安全，要求从事建设工程勘察、设计活动的单位或个人，必须遵守相关的法律、法规的规定。建设工程勘察、设计应当与社会、经济发展水平相适应，做到经济效益、社会效益和环境效益相统一。从事建设工程勘察、设计活动的，应当坚持先勘察、后设计、再施工的原则进行，要求严格执行工程建设强制性标准，并对建设工程勘察、设计的质量负责。

5.2.3 建设工程勘察设计法规的基本原则

1. 市场准入制原则

任何单位和个人都必须在法律允许的范围内从事建设工程勘察设计活动。

2. 科学设计的原则

必须坚持先勘察、后设计、再施工的原则，同时坚持经济效益、社会效益环境效益相结合。

3. 依法设计的原则

建设工程勘察设计单位和个人必须依法进行建设工程勘察、设计，严格执行工程建设强制性标准，并对建设工程勘察、设计的质量负责。

5.2.4 工程建设勘察设计的发包与承包

建设工程勘察、设计项目采用发包的方式将勘察、设计项目交由承担单位或个人来完成。一般有招标发包和直接发包两种方式。

采用招标发包的建设工程勘察、设计项目应当依照《中华人民共和国招标投标法》的规定，实行招标发包。建设工程勘察、设计方案评标，应当以投标人的业绩、信誉和勘察、设计人员的能力以及勘察、设计、方案的优劣为依据，进行综合评定。

建设工程勘察、设计的招标人应当在评标委员会推荐的候选方案中确定中标方案。但是，建设工程勘察、设计的招标人认为评标委员会推荐的候选方案不能最大限度满足招标文件规定的要求的，应当依法重新招标。

1. 下列建设工程的勘察、设计项目，经有关主管部门批准，可以直接发包：

（1）采用特定的专利或专有技术的；

（2）建筑艺术造型有特定要求的；

（3）国务院规定的其他工程建设的勘察设计。

2. 建设工程勘察、设计的一般规定

发包方可将整个建设工程勘察设计发包给一家勘察、设计单位，也可分别发包给几个勘察设计单位。工程勘察、设计单位可以经发包方书面同意，将除工程主体部分以外的其他部分的勘察、设计分包给具有相应资质等级的其他勘察、设计单位。

发包方可以将整个建设工程勘察、设计发包给一个勘察、设计单位；也可以将建设工程的勘察、设计分别发包给几个勘察、设计单位。除建设工程主体部分的勘察、设计外，经发包方书面同意，承包方可以将建设工程其他部分的勘察、设计再分包给其他具有相应资质等级的建设工程勘察、设计单位。

建设工程勘察、设计单位不得将所承揽的建设工程勘察、设计转包。承包方必须在建设工程勘察、设计资质证书规定的资质等级和业务范围内承揽建设工程的勘察、设计业务。

建设工程勘察、设计的发包方与承包方，应当执行国家规定的建设工程勘察、设计程序。双方应当签订建设工程勘察、设计合同。双方在合同中约定的勘察费、设计费应当按照国家有关建设工程勘察费、设计费的相关管理规定执行。

5.2.5 建设工程勘察设计标准

工程建设标准是指对基本建设中各类工程的勘察、规划、设计、施工、安装、验收等需要协调统一的事项所制定的标准。由政府或立法机关颁布，是对新建建筑物的最低技术要求，也是建设法规体系的组成部分。

制定和实施各项工程建设标准，并使其各系统的标准形成相辅相成、共同作用的完整体系，即实现工程建设标准化，是我国工程建设领域现阶段一项重要的经济、技术政策，可保证质量及安全生产，提高经济效益、社会效益和环境效益。

1. 工程建设勘察设计规范和标准设计两种

工程建设勘察设计规范：强制性勘察设计标准，"已经颁发，就是技术法规。在一切工程勘察、设计工作中都必须执行。"勘察设计规范分为国家、部、省（自治区、直辖市）、设计单位四级。

标准设计：推荐性设计标准。"一经颁发，建设单位和设计单位要因地制宜地积极采用，凡无特殊理由的不得另行设计。"标准设计分为国家、部、省三级。

2. 工程建设标准的制定与实施

（1）工程建设标准的制定原则

① 遵守国家相关法律法规及相关方针、政策，密切结合自然条件，合理利用资源，充分考虑使用和维修的要求，做到安全适用、技术先进、经济合理。

② 积极开展科学实验或测试验证。

③ 积极采用新技术、新工艺、新设备、新材料。

④ 条文规定严谨、明确，文句简练，不得模棱两可。

⑤ 注意与现行标准的协调，更改需要审批。

⑥ 发扬民主、充分讨论。

（2）工程建设标准的实施

各级行政主管部门不得擅自更改国家或行业的强制性标准；应对勘察、设计、规划、施工单位及建设单位执行强制性标准的情况进行监督检查。工程建设活动的部门、单位和个人，都必须执行强制性标准。

不符合强制性标准的工程勘察成果报告和规划、设计文件，不得批准使用；不按标准施工、质量达不到合格标准的工程，不得验收。

工程质量监督机构和安全监督机构，应根据现行的强制性标准，对工程建设的质量和安全进行监督，发生争议时，由该标准的批准部门进行裁决。国家机关、社会团体、企业、事业单位及全体公民均有权检举、揭发违反强制性标准的行为。

推荐性标准，国家鼓励自愿采用，如何采用，由当事人在工程合同中予以确认。

5.2.6 建设工程勘察设计文件编制

1. 建设工程勘察设计的原则

工程设计是工程建设的主导环节，对工程建设的质量、投资效益起着决定性的作用。为保证工程设计的质量和水平，相关法规规定，工程设计必须遵循以下主要原则：

（1）贯彻经济、社会发展规划和产业政策、城乡规划；

（2）综合利用资源，满足环保要求；

（3）遵守工程建设技术标准；

（4）采用新技术、新工艺、新材料、新设备；

（5）重视技术和经济效益的结合。

2. 建设工程勘察设计文件编制的依据

（1）项目批准文件；

（2）城市（乡）规划；

（3）工程建设强制性标准；

（4）国家规定的建设工程勘察、设计深度要求。

铁路、交通、水利等专业建设工程，还应当以专业规划的要求为依据。如有可能，设计单位应积极参加项目建议书的编制、建设地址的选择、建设规划的制定及试验研究等设计的前期工作。对大型水利枢纽、水电站、大型矿山、大型工厂等重点项目，在项目建议书批准前，可根据长远规划的要求进行必要的资源调查、工程地质和水文勘察、经济调查和多种方案的技术经济比较等方面的工作，从中了解和掌握有关情况，收集必要的设计基础资料，为编制设计文件作好准备。

3. 建设工程勘察文件的基本内容和要求

（1）勘察报告的内容和要求

① 勘察报告的内容

1）任务要求和依据的技术标准；

2）建设工程概况；

3）勘察方法和勘察工作布置；

4）场地地形、地貌、地层、地质构造、岩土性质及其均匀性；

5）各项岩土性质指标，岩土的强度参数、变形参数、地基承载力的建议值；

6）地下水埋藏情况、类型、水位及其变化；

7）土和水对建筑材料的腐蚀性；

8）可能影响工程稳定的不良地质作用的描述和对工程危害程度的评价；

9）场地稳定性和适宜性的评价。

② 勘察报告的要求

岩土工程勘察报告应对岩土利用、整治和改造的方案进行分析论证，提出建议；对工程施工和使用期间可能发生的岩土工程问题进行预测，提出监控和预防措施的建议。

对岩土的利用、整治和改造的建议，宜进行不同方案的技术经济论证，并提出对设计、施工和现场监测要求的建议。

（2）图件的内容

① 勘探点平面布置图；

② 工程地质柱状图；

③ 工程地质剖面图；

④ 原位测试成果图表；

⑤ 室内试验成果图表。

5.2.7 建设工程设计文件的基本内容和要求

1. 设计阶段

（1）一般建设项目

一般建设项目的设计可按初步设计和施工图设计两阶段进行。

（2）技术复杂的建设项目

技术上复杂的建设项目，可增加技术设计阶段，即按初步设计、技术设计、施工图设计三个阶段进行。

（3）存在总体部署问题的建设项目

一些牵涉面广的项目，如大型矿区、油田、林区、垦区、联合企业等，存在总体开发部署等重大问题，这时，在进行一般设计前还可进行总体规划设计或总体设计。

2. 设计文件的要求

（1）方案设计文件应满足编制初步设计文件和控制概算的需要；初步设计文件应满足编制施工招标文件、主要设备材料订货和编制施工图设计文件的需要；施工图设计文件应满足设备材料采购、非标准设备制作和施工的需要，并注明建设工程合理使用年限。

（2）设计文件中选用的材料、构配件、设备，应当注明其规格、型号、性能等技术指标，其质量要求必须符合国家规定的标准。

3. 设计阶段的内容与深度

（1）总体设计

总体设计一般由文字说明和图纸两部分组成。其内容包括：建设规模、产品方案、原料来源、工艺流程概况、主要设备配备、主要建筑物及构筑物、公用和辅助工程，"三废"质量及环境保护方案、占地面积估计、总图布置及运输方案、生活区规划、生产组织和劳动定员估计、工程进度和配合要求、投资估算等。

总体设计的深度应满足开展下述工作的要求：初步设计，主要大型设备、材料的预安排，土地征用谈判。

（2）初步设计

初步设计一般应包括以下有关文字说明和图纸：设计依据、设计指导思想、产品方案、各类资源的用量和来源、工艺流程、主要设备选型及配置、总图运输、主要建筑物和构筑物、公用及辅助设施、新技术采用情况、主要材料用量、外部协作条件、占地面积和土地利用情况、综合利用和"三废"治理、生活区建设、抗震和人防措施、生产组织和劳动定员、各项技术经济指标、建设顺序和期限、总概算等。

初步设计的深度应满足以下要求：设计方案的比选和确定、主要设备材料订货、土地征用、基建投资的控制、施工图设计的编制、施工组织设计的编制、施工准备和生产准备等。

（3）技术设计

技术设计的内容，由有关部门根据工程的特点和需要，自行制定。其深度应能满足确定设计方案中重大技术问题和有关实验、设备制造等方面的要求。

（4）施工图设计

施工图设计，应根据已获批准的初步设计进行。其深度应能满足以下要求：设备材料的安排和非标准设备的制作、施工图预算的编制、施工要求等。

5.2.8　建设工程文件的审批和修改

1. 设计文件的审批

（1）大中型建设项目的初步设计和总概算及技术设计，按隶属关系，由国务院主管部门或省、直辖市、自治区审批。

（2）小型建设项目的初步设计的审批权限，由主管部门或省、市、自治区自行规定。

（3）总体规划设计（或总体设计）的审批权限与初步设计的审批权限相同。

（4）各部直接代管的下放项目的初步设计，由国务院主管部门为主，会同有关省、市、自治区审查或批准。

（5）施工图设计的审批要按有关规定进行审查。

2. 勘察、设计文件的修改

（1）设计文件是工程建设的主要依据，经批准后不得任意修改。

（2）凡涉及计划任务书的主要内容，如建设规模、产品方案、建设地点、主要协作关系等方面的修改，须经原计划任务书审批机关批准。

（3）凡涉及初步设计主要内容，如总平面布置、主要工艺流程、主要设备、建设面积、建设标准、总定员、总概算等方面的修改，须经原设计审批机关批准。

（4）施工图的修改，须经原设计单位的同意。

5.2.9　建设工程勘察设计的监督管理

1. 监督管理机构

国家建设行政主管部门对全国的建设工程勘察、设计活动实施统一监督管理。

国务院铁路、交通、水利等有关部门按照国务院规定的职责分工，负责全国的有关专业建设工程勘察、设计活动的监督管理。

县级以上建设行政主管部门负责本行政区域内的建设工程勘察、设计活动监督管理，且交通、水利等有关部门在各自的职责范围内，负责本行政区域的有关专业建设工程勘察、设计活动的监督管理。

任何单位和个人对建设工程勘察、设计活动中的违法行为都有权检举、控告、投诉。

2. 监督管理的内容

县级以上人民政府建设行政主管部门或交通、水利等有关部门应对施工图设计文件中涉及公共利益、公共安全、工程建设强制性标准的内容进行审查。未经审查批准的施工图不得使用。

建设工程勘察、设计单位在其勘察、设计资质证书的业务范围内跨部门、跨地区承揽勘察设计任务的，有关地方人民政府及其所属部门不得设置障碍，不得违反国家规定收取任何费用。

5.2.10 违法责任

1. 建设单位的违法责任

违反《建设工程质量管理条例》的行为，必须受到相应的处罚，造成重大安全事故，构成犯罪的，依法追究其刑事责任。

建设单位将工程勘察、设计业务发包给不具备相应资质等级的建设工程勘察、设计单位的，责令改正，可处 50 万元以上 100 万元以下的罚款。

建设单位在施工图设计文件未经审查或审查不合格，却擅自施工的，将处 20 万元以上 50 万元以下的罚款。

2. 勘察、设计单位的违法责任

（1）勘察、设计、施工、工程监理单位超越本单位资质等级承揽工程的，责令停止违法行为，对勘察、设计单位或者工程监理单位处合同约定的勘察费、设计费或者监理酬金 1 倍以上 2 倍以下的罚款；情节严重的，吊销资质证书；有违法所得的，予以没收。

未取得勘察、设计资质证书承揽工程的，予以取缔，依照上述规定处以罚款；有违法所得的，予以没收。

以欺骗手段取得勘察、设计资质证书承揽工程的，吊销资质证书，依照上述规定处以罚款；有违法所得的，予以没收。

（2）勘察、设计、施工、工程监理单位允许其他单位或者个人以本单位名义承揽工程的，责令改正，没收违法所得，对勘察、设计单位和工程监理单位处合同约定的勘察费、设计费和监理酬金 1 倍以上 2 倍以下的罚款；情节严重的，吊销资质证书。

（3）勘察、建设单位将承包的工程转包或者违法分包的，责令改正，没收违法所得，对勘察、设计单位处合同约定的勘察费、设计费 25% 以上 50% 以下的罚款；情节严重的，吊销资质证书。

（4）勘察、设计单位有下列行为之一的，责令改正，处 10 万元以上 30 万元以下的罚款：

① 勘察单位未按照工程建设强制性标准进行勘察的；

② 设计单位未根据勘察成果文件进行工程设计的；

③ 设计单位指定建筑材料、建筑构配件的生产厂、供应商的；

④ 设计单位未按照工程建设强制性标准进行设计的。

有前款所列行为，造成工程质量事故的，责令停业整顿，降低资质等级；情节严重的，吊销资质证书；造成损失的，依法承担赔偿责任。

3. 勘察、设计执业人员的违法责任

个人未经注册，擅自以注册建设工程勘察设计人员的名义从事建设工程勘察、设计活动的，责令停止违法行为；已注册的执业人员和其他专业技术人员，但未受聘于一个建设工程勘察设计单位或同时受聘于两个以上的建设工程勘察设计单位从事有关业务活动的，可责令停止执行业务或吊销资格证书；对于上述人员，还要没收非法所得，并处非法所得的 2 倍以上 5 倍以下的罚款，给他人造成损失的，依法承担赔偿责任。

4. 国家机关工作人员的违法责任

国家工作人员在勘察设计监督管理中玩忽职守、滥用职权、徇私舞弊，构成犯罪的，依法追究其刑事责任；尚不构成犯罪的，依法给予行政处罚。

5.3 工程监理制度

5.3.1 工程监理概述

我国工程监理始于 1983 年利用世界银行贷款建设的鲁布革水电站引水工程。《建筑法》第三十条第一款规定："国家推行建筑工程监理制度"。

《建筑法》以法律形式正式确立了工程监理制度。国务院《建设工程质量管理条例》、《建设工程安全生产管理条例》则进一步规定了工程监理单位的质量责任、安全责任。

工程监理单位应当根据建设单位的委托，客观、公正地执行监理业务。建设单位和工程监理单位之间是一种委托代理关系，适用《民法总则》有关代理的法律规定。

建设工程监理的范围：

《建设工程质量管理条例》第十二条规定了必须实行监理的建设工程范围，《建设工程监理范围和规模标准规定》则对必须实行监理的建设工程作出更具体的规定。

《建设工程监理范围和规模标准规定》第二条规定："下列建设工程必须实行监理：

（一）国家重点建设工程；

（二）大中型公用事业工程；

（三）成片开发建设的住宅小区工程；

（四）利用外国政府或者国际组织贷款、援助资金的工程；

（五）国家规定必须实行监理的其他工程。"

（1）国家重点建设工程

《建设工程监理范围和规模标准规定》第三条规定："国家重点建设工程，是指依据《国家重点建设项目管理办法》所确定的对国民经济和社会发展有重大影响的骨干项目。"

（2）大中型公用事业工程

《建设工程监理范围和规模标准规定》第四条规定："大中型公用事业工程，是指项目总投资额在 3000 万元以上的下列工程项目：

（一）供水、供电、供气、供热等市政工程项目；

（二）科技、教育、文化等项目；

（三）体育、旅游、商业等项目；

（四）卫生、社会福利等项目；

（五）其他公用事业项目。"

（3）成片开发建设的住宅小区工程

《建设工程监理范围和规模标准规定》第五条规定："成片开发建设的住宅小区工程，

其建筑面积在 5 万 m² 以上的，必须实行监理；5 万 m² 以下的住宅建设工程，可以实行监理；具体范围和规模标准，由省、自治区、直辖市人民政府建设行政主管部门规定。为了保证住宅质量，对高层住宅及地基、结构复杂的多层住宅应当实行监理。"

（4）利用外国政府或者国际组织贷款、援助资金的工程

《建设工程监理范围和规模标准规定》第六条规定："利用外国政府或者国际组织贷款、援助资金的工程范围包括：

（一）使用世界银行、亚洲开发银行等国际组织贷款资金的项目；

（二）使用国外政府及其机构贷款资金的项目；

（三）使用国际组织或者国外政府援助资金的项目。"

（5）国家规定必须实行监理的其他工程

《建设工程监理范围和规模标准规定》第七条规定："国家规定必须实行监理的其他工程是指：

（一）项目总投资额在 3000 万元以上关系社会公共利益、公众安全的下列基础设施项目：

（1）煤炭、石油、化工、天然气、电力、新能源等项目；

（2）铁路、公路、管道、水运、民航以及其他交通运输业等项目；

（3）邮政、电信枢纽、通信、信息网络等项目；

（4）防洪、灌溉、排涝、发电、引（供）水、滩涂治理、水资源保护、水土保持等水利建设项目；

（5）道路、桥梁、地铁和轻轨交通、污水排放及处理、垃圾处理、地下管道、公共停车场等城市基础设施项目；

（6）生态环境保护项目；

（7）其他基础设施项目。

（二）学校、影剧院、体育场馆项目。"

5.3.2　工程监理的依据、内容和权限

1. 建筑工程监理的依据

《建筑法》第三十二条第一款规定："建筑工程监理应当依照法律、行政法规及有关的技术标准、设计文件和建筑工程承包合同，对承包单位在施工质量、建设工期和建设资金使用等方面，代表建设单位实施监督。"

依据《建筑法》本款规定，建筑工程监理的依据有：

（1）法律、行政法规及相关规范性文件

法律、行政法规既包括直接约束监理单位及从业人员监理行为的下述法律法规：

1997 年 11 月 1 日第八届全国人民代表大会常委会第二十八次会议通过的、2011 年 4 月 22 日第十一届全国人民代表大会常务委员会第二十次会议修正的《中华人民共和国建筑法》；

2003 年 11 月 24 日国务院颁布的《建设工程安全生产管理条例》；

1988 年 7 月 25 日建设部颁布的《关于开展建设监理工作的通知》；

1988 年 11 月 28 日建设部颁布的《关于开展建设监理工作试点工作的若干意见》；

1993 年 5 月 25 日建设部、人事部颁布的《监理工程师资格考试和注册实行办法》实

施意见的通知；

2001 年 1 月 17 日建设部颁布的《建设工程监理范围和规模标准规定》；

2002 年 7 月 27 日建设部颁布的《房屋建筑工程施工旁站监理管理办法（试行）》；

2012 年 3 月 27 日住房和城乡建设部、国家工商行政管理总局关于印发《建设工程监理合同（示范文本）》GF—2012—0202 的通知；

2017 年 10 月 7 日国务院颁布的《建设工程质量管理条例》。

除以上的法律、法规及其他规范性文件外还包括间接约束建设单位及从业人员行为的法律法规，如《中华人民共和国合同法》、《中华人民共和国招标投标法》等法律法规。

（2）设计文件

设计文件是施工的依据，同时也是监理的依据。监理单位应按照设计文件对施工活动进行监督管理。

（3）建筑工程承包合同

工程监理企业应当根据建设单位与承包单位签订的建设工程合同进行监理，以便监督施工单位是否按照合同约定履行义务。

2. 工程监理的内容

工程监理的主要内容可以概括为："三控制、三管理、一协调"。"三控制"是指建设工程监理对建设工程的投资、工期和质量进行控制；"三管理"是指建设工程监理对建设工程进行的安全管理、合同管理、信息管理。"一协调"是指建设工程监理单位要协调好与业主单位、施工单位、设计单位等有关单位的工作关系。

由于工程监理单位和建设单位之间属委托代理关系，工程监理单位的监理工作内容、监理权限还将取决于双方合同的具体约定，并且该约定要向被监理的承包单位披露。《建筑法》第三十三条规定："实施建筑工程监理前，建设单位应当将委托的工程监理单位、监理的内容及监理权限，书面通知被监理的建筑施工企业。"

3. 工程监理人员的权限

《建筑法》第三十二条第二、三款，分别规定了工程监理人员的监理权限和义务："工程监理人员认为工程施工不符合工程设计要求、施工技术标准和合同约定的，有权要求建筑施工企业改正。

工程监理人员发现工程设计不符合建筑工程质量标准或者合同约定的质量要求的，应当报告建设单位要求设计单位改正。"

《建设工程质量管理条例》第三十七条第二款规定："未经监理工程师签字，建筑材料、建筑构配件和设备不得在工程上使用或者安装，施工单位不得进行下一道工序的施工。未经总监理工程师签字，建设单位不拨付工程款，不进行竣工验收。"

5.3.3　工程监理的相关规定

1. 工程监理单位资质等级许可制度的规定

我国对工程监理单位实行资质等级许可制度。《建筑法》第三十一条规定："实行监理的建筑工程，由建设单位委托具有相应资质条件的工程监理单位监理。"

《建设工程质量管理条例》第三十四条第一款进一步规定："工程监理单位应当依法取得相应资质等级的证书，并在其资质等级许可的范围内承担工程监理业务。"

目前，对有关工程监理企业的资质等级、业务范围等作出统一规定的是 2007 年 7 月

31 日建设部发布的《工程监理企业资质管理规定实施意见》。

2. 禁止工程监理单位实施的违法行为

《建筑法》第三十四条规定："工程监理单位应当在其资质等级许可的监理范围内，承担工程监理业务。

工程监理单位应当根据建设单位的委托，客观、公正地执行监理任务。

工程监理单位与被监理工程的承包单位以及建筑材料、建筑构配件和设备供应单位不得有隶属关系或者其他利害关系。

工程监理单位不得转让工程监理业务。"

《建筑法》第三十五条规定："工程监理单位不按照委托监理合同的约定履行监理义务，对应当监督检查的项目不检查或者不按照规定检查，给建设单位造成损失的，应当承担相应的赔偿责任。

工程监理单位与承包单位串通，为承包单位谋取非法利益，给建设单位造成损失的，应当与承包单位承担连带赔偿责任。"

5.4　工程咨询法律制度案例

案例 1　工程勘察设计案例

【案情描述】

1999 年 3 月 15 日，被告上海某区建设行政主管部门收到第一原告举报，称其正在进行施工的建筑施工图纸存在严重问题，希望被告对该图纸的设计单位进行查处。被告经调查后发现，该项目施工图纸是由第一原告未某组织无证设计人员私自安排刻制，并使用本应当是由市建委统一管理发放的施工图出图专用章，且以蚌埠某建筑设计院止海分院的名义设计。据此，被告于 1999 年 11 月 17 日对第一原告作出了"责令停止建筑活动并处五万元罚款"的行政处罚。同时，上述项目的开发单位、第二原告在未验明设计单位的资质的情况下，将工程设计发包给事实上是个人的第一原告，并将无证人员设计的施工图纸发给施工单位使用，被告因此对第二原告也作出了责令改正，并处罚款三万元等的行政处罚。处罚决定书下达以后，两原告均不服上述行政处罚遂于 2000 年 1 月 6 日向法院提起行政诉讼要求撤销被告的上述行政处罚。

【案件分析】

在本案中，第一原告宋某未经注册，以注册执业人员的名义从事建设工程勘察设计活动，且私刻图章，以其他单位的名义从事建设工程勘察设计任务。

第二原告上海市某房地产开发公司违反有关法律、法规的规定，将建设工程勘察设计任务发包给不具有相应资质等级的勘察设计单位。

第一原告和第二原告均违反了有关法律法规的强制性规定，本案被告建设行政主管部门依据有关法律规定对上述被告进行行政处罚，是正确的。

案例 2　勘察设计单位联合勘察设计——资质等级的确定

【案情介绍】

某年某月，原告某设计事务所（乙级）和原告某设计院下设的某分院（丙级）签订了联合设计"商厦"建设项目（乙级）协议。随后，设计事务所设计院某分院与被告签订一份工程设计合同。约定两原告为被告设计商厦建设项目，总设计费 20 万元。两原告依约完成设计时，即通知被告付费 20 万元被告未支付。经催讨未果，两原告向人民法院提起诉讼，要求被告支付 20 万元设计费。

本案焦点：两原告联合勘察设计，资质等级不同，最终该按何种等级来确定资质。

【案件分析】

根据《建筑法》第十三条规定"从事建筑活动的建筑施工企业、勘察单位、设计单位和工程监理单位，按照其拥有的注册资本、专业技术人员、技术装备和已完成的建筑工程业绩等资质条件，划分为不同的资质等级，经资质审查合格，取得相应等级的资质证书后，方可在其资质等级许可的范围内从事建筑活动。"

具体来讲，就是根据建筑工程项目本身被评定的等级，应由不低于该等级的相应资质等级的建筑施工企业、勘察单位设计单位等承包建筑工程的勘察、设计和施工。如本案涉及的建筑工程项目属"乙级"项目，所要求的设计单位应为具有"乙级"资质等级的单位。

本案的特殊之处在于两原告实行联合设计且资质等级不同。根据《建筑法》第二十七条第二款的规定，两个以上不同资质等级的单位实行联合共同承包的，应当按照资质等级低的单位的业务许可范围承揽工程。

案例 3　勘察设计工程承包纠纷案

西藏林盛森林工业有限公司与云南省林业勘察设计院等工程承包纠纷案

中华人民共和国最高人民法院民事判决书

(2000) 经终字第××号

上诉人（原审原告）：西藏林盛森林工业有限公司。住所地：西藏自治区拉萨市。

法定代表人：周××，该公司总经理。

委托代理人：刘燕×，西藏恒丰律师事务所律师。

上诉人（原审被告）：云南省金沙江林产品公司。住所地：四川省攀枝花市格里坪。

法定代表人：王明×，该公司经理。

委托代理人：刘保×，该公司副经理。

委托代理人：张××，四川攀枝花智达律师事务所律师。

被上诉人（原审被告）：云南省林业勘察设计院。住所地：云南省昆明市。

法定代表人：赵××，该设计院院长。

委托代理人：王以×，该设计院职员。

委托代理人：孙××，云南云元律师事务所律师。

上诉人西藏林盛森林工业有限公司、云南省金沙江林产品公司为与被上诉人云南省林业勘察设计院工程承包纠纷一案，不服云南省高级人民法院（1999）云高经初字第 6 号民事判决，向本院提起上诉，本院依法组成由审判员姜××担任审判长，审判员刘××、代理审判员王××参加的合议庭进行了审理，书记员张××担任记录，本案现已审理终结。

查明：1997 年 1 月 21 日，西藏林盛森林工业有限公司（以下简称林盛公司）与云南省金沙江林产品公司（以下简称金沙江公司）签订合作协议。该协议分为两部分，第一部分为长期合作意向，约定林盛公司在开发怒江水运木材过程中（含硬结构大型收漂工程）凡金沙江公司有能力承担的业务范围内，在同等条件下优先考虑为金沙江公司提供承揽业务的机会。每次合作以双方议定的合同为准。第二部分为亚谷收漂工程协议，约定：林盛公司决定在亚谷建一次性容量二万立方米原木的软吊收漂工程，采取总承包方式，勘测、设计、施工全部包给金沙江公司；工程应在 1997 年 4 月 30 日前全面完工，投产使用；项目投资总额 300 万元，1997 年 2 月 7 日前付 50 万元，2 月底前付 160 万元，3 月 20 日前付 50 万元，竣工验收后付全款；金沙江公司在施工中发生的一切工伤事故，林盛公司概不负责。因林盛公司资金不能按时到位造成的工期延误，金沙江公司概不负责。因设计问题造成的重大工程事故，由金沙江公司负责。该协议还对工程设计要求等作了约定。同年 2 月 23 日，林盛公司与金沙江公司、云南省林业勘察设计院（以下简称云南林勘院）达成一份会议纪要，确定收漂工程地址由亚谷改为依地坝，收漂工程采用斜河缆工程形式。此后，金沙江公司与云南林勘院技术人员对该段河道进行了勘察。同年 3 月，云南林勘院出具了怒江依地坝中洪水收漂工程设计说明书及施工图。在该设计说明书及施工图上载明的勘测人员和设计人员除朱福兴为云南林勘院工程师外，其余 15 人均为金沙江公司人员。同年 4 月 27 日，林盛公司与金沙江公司签订怒江水运阻拦出河工程承包协议书，约定：工程建设单位为林盛公司，施工单位为金沙江公司，施工内容为：1. 江中漂子的制作及安装；2. 岸上支座；3. 港道及出河场（含进场公路）。设计资料由云南林勘院提供，施工单位必须严格按图纸、规范和设计说明施工，工程承包总费用 360 万元，施工中如变更设计，须经双方及设计单位同意，并以书面材料进行结算。工程完成后，林盛公司要及时组织验收，如竣工后一周内仍未验收，金沙江公司可认为该工程验收合格。由于质量不合格造成的返工，损失全部由施工方负责。此后，金沙江公司即组织施工，在施工过程中，林盛公司工地代表吴××在现场负责质量监督。因个别施工环节与图纸有不符之处，吴××在施工图纸上签注："和施工人员共同放样与图纸不符之处同意按实际处理"。同年 8 月 31 日，金沙江公司完成全部收漂工程。工程完工后，双方未组织验收，吴××认可工程施工质量合格。施工中贮木场工程部分增加预算 107249.18 元，工程总造价增至 3707249.18 元。林盛公司陆续向金沙江公司付款 2969004.38 元，向云南林勘院支付 4 万元设计费，合计支付工程款 3009004.38 元。此外，林盛公司向金沙江公司借支现金 13000 元，林盛公司为该工程支付青苗补偿费 12441.12 元，租房费 28 000 元，公路占用费 3200 元。

1997 年 8 月 20 日，林盛公司与金沙江公司签订木材赶漂协议书，约定：由金沙江公司承担林盛公司的木材赶漂任务，林盛公司承担木材流送损失的 20%；金沙江公司木材赶漂采取承包形式，每立方米代运综合价 140 元，承包内容包括：出场检尺、赶漂、江道宣传、保护，漂子维护、调整、保养、出河、归楞、"三清一顺"；奖惩规定为：若收漂损失率超出 20%，超出部分金沙江公司按 150 元/m³ 赔偿林盛公司损失，收漂损失率低于 20%，低于部分林盛公司以 150 元/m³ 对金沙江公司奖励。推江时要严格把关，不符合流送条件的木材不得推江。双方还对漂木保护、赶漂时间、付款方式及时间等事项作了约定。此后，林盛公司即开始木材推江，金沙江公司也投入人力、物力进行赶漂。林盛公司陆续向金沙江公司支付赶漂费 523000 元。木材到达依地坝阻拦工程时，大量木材很快钻漂，损失严重。1998 年 5 月 23 日，三方当事人对依地坝阻拦工程存在的问题进行了现场考察，达成一份会议纪要，分析认定木材钻漂的主要原因是：

1. 设计施工时是枯水季节，现水位、流速、流向、流态与当时变化较大，流速加快，流向右移，流态紊乱，横向漂鼓暴水严重。

2. 由于主流向与纵向漂子夹角过大，使部分木材在主流向与纵向漂子交汇处也有钻漂发生。

3. 由于阻拦工程横向部分与下游的甲等滩相距太近，致使打捞钻漂木材无法进行，现滩头已上移到出河坡口，出河人员在江边水中站立不稳，无法出河。

4. 根据现缏存木约200m³，木材厚度约3m，木材来后仍继续钻漂，缏场内形不成更大的木堆，因此该工程不适合中洪水收漂，只限枯水收漂使用。

5. 由于漂筋的纵横向连接捆绳柱，使用的栎木，现已腐烂，工程已不能承受强大负荷。

6. 横向漂子漂浮力差，有下沉现象。

7. 设计施工前水文地质等资料不足。

8. 流送木材浮力差。该纪要还认定，经过半年多木材流送实践证明，该段江道可以进行单漂流送，建议对现收漂工程进行改造或重新选址建设。1998年6月15日，三方当事人达成赶漂损失认定备忘录，载明：1997年9月5日至10月12日，除推江过程中木材破损685m³外，推江木材共计为13186m³，1998年流送结束后共计出河木材800m³。按照该备忘录的认定，推江木材损失数额为12386m³。

另查明：林盛公司为实施木材赶漂业务于1996年12月14日与西藏自治区察隅县木材开发公司（以下简称察隅公司）签订第一份原木购销合同，约定察隅公司于1997年3月底之前向林盛公司提供原木15000m³，价格为300元/m³（含推江费）；1997年9月20日，林盛公司与察隅公司签订第二份原木购销合同，约定察隅公司在1998年8月底前向林盛公司提供原木20000m³，价格为300元/m³（含推江费）。察隅公司根据上述合同组织采伐队进行采伐，所伐木材除已推江部分外，因收漂工程不合格，尚有部分滞留在山中。林盛公司提供了察隅公司与黄永盛等6个采伐队的采伐协议、对察隅公司有关人员的调查笔录及6个采伐队的证明材料，以证明滞留在山中不能漂运的木材为12000m³。

云南省高级人民法院经审理认为：本案当事人签订的合作协议、怒江水运阻拦出河工程承包协议书、木材赶漂协议书系当事人自愿协商一致达成，内容也不违反法律规定，应为有效协议。当事人达成的会议纪要、赶漂损失认定备忘录也系当事人真实意思表示，应作为本案认定责任的依据。林盛公司与金沙江公司签订的合作协议约定金沙江公司为工程勘测、设计、施工单位，云南林勘院出具的设计说明书上载明的勘测人员和设计人员除朱××一人外其余均是金沙江公司人员，云南林勘院也陈述系金沙江公司来找其盖章。虽然设计费由林盛公司支付，应视为其代金沙江公司支付。故应认定系金沙江公司委托云南林勘院进行设计；林盛公司主张木材钻漂造成损失系依地坝阻拦工程设计存在问题造成，而金沙江公司及云南林勘院则均主张系林盛公司聘用人员吴××擅自将设计说明书上设计的河缏长度由250m（缏弦长度）更改为269.5m所造成。但是，设计说明书上载明的缏弦长度为河缏两头之间的直线距离，而河缏设计为弧形，实际长度应大于250m。三方当事人到现场勘察达成的会议纪要对木材钻漂造成损失的原因进行分析认定，也未载明系变更设计造成损失。故金沙江公司与云南林勘院此主张不能成立。该会议纪要明确阻拦工程不适合中洪水收漂，建议对现收漂工程进行改造或重新选址建设，应认定该工程为不合格工程，林盛公司此主张成立；按双方签订的怒江水运阻拦出河工程承包协议书约定，由于质量不合格造成的返工，损失全部由金沙江公司负责。虽然该工程质量不合格主要因设计存在问题所致，但林盛公司与云南林勘院并无直接法律关系，勘测、设计、施工均由金沙江公司负责。因此，本案应由金沙江公司承担赔偿责任，再由其与云南林勘院另案解决；林盛公司诉讼请求第一项要求赔偿工程款、管理费、利息及青苗补偿费、租房费、公路占用费合计4966700.71元，由于木材收漂工程质量不合格，林盛公司对投入该工程的工程款应视为其损失，由金沙江公司赔偿。由于林盛公司已聘用技术人员负责质量监督，林盛公司在工程未正式验收前就实际接受了该工程，并投入使用，对损失的造成也有一定责任，故对林盛公司要求赔偿工程款利息813994.3元的请求不予支持。林盛公司要求赔偿管理费826902.43元及利息97299.91元无事实依据和法律依据，对该部分诉讼请求亦不予支持。林盛公司已支付工程款3009004.38元、青苗补偿费12441.12元、租房费28000元、公路占用费3200元，扣减林盛公司借支现金13000元，金沙江公司应当赔偿林盛公司3039645.4元；双方当事人达成的流送木材赶漂协议约定，由林盛公司承担木材流送损失的20%，故金沙江公司应承担9908.8m³木材损失。木材赶漂协议约定，若收漂损失率超出20%，超出部分金沙江公司按150元/m³赔偿损失，该条款规定的内容实质是一个违约条款，由于林盛公司购买原木价款为300元/m³，该违约金并不足以弥补林盛公司损失，应当以林盛公司实际损失作为计算依据。金沙江公司应赔偿林盛公司木材损失2972640元。林盛公司要求赔偿赶漂费利益114411.6元，由于金沙江公司已实际投入人力、物力进行赶漂，故对此部分诉讼请求不予支持。林盛公司要求赔偿已付木材款利息298066.74元、未付木材款滞纳金1058682.5元，未赶漂木材款360万元及应缴增值税612000元，因与本案不属同一法律关系，且该部分价款也未实际支付，故对此部分诉讼请求不予支持；因赶漂损失惩罚金1486320元已包括在上述木材损失中，不应再重复计算，故对林盛公司关于由金沙江公司支付赶漂损失惩罚金1486320元的诉讼请求不予支持。因本案工程质量不合格，金沙江公司关于由林盛公司支付尚欠工程款738244.8元及逾期付款违约金230332元的反诉请求不能成立。该院依照《中华人民共和国民法通则》第八十五条、一百一十一条、《中华人民共和国经济合同法》第三十一条的规定，判决：

一、由金沙江公司赔偿林盛公司工程款及相关费用损失3039645.4元；

二、由金沙江公司赔偿林盛公司木材损失2972640元；

三、驳回金沙江公司的反诉请求。本诉案件受理费98485.09元，由林盛公司负担59091.05元，金沙江公司负担39394.04元。反诉案件受理费14695.77元，由金沙江公司负担。

林盛公司与金沙江公司均不服云南省高级人民法院上述民事判决，向本院提起上诉。林盛公司上诉称：本案收漂工程是由总承包单位金沙江公司发包给云南林勘院勘察设计的，由于云南林勘院设计不合格，给林盛公司造成重大经济损失。根据有关法律规定，云南林勘院应与金沙江公司对林盛公司的损失承担连带责任，原审驳回林盛公司对金沙江公司的诉讼请求不当；因收漂工程不合格，致使林盛公司大量已砍伐的木材不能运出，至今还滞留在山上，原审对该部分损失不予认定显属错误。此外，原判在计算林盛公司的损失时，仅计算原木价款损失，而不计算资源补偿费、增值税、赶漂费等成本损失，对林盛公司为该工程支付的管理费、青苗补偿费、房租费、公路占用费等费用的利息及木材款滞纳金等损失原判亦未作认定；赶漂协议约定赶漂损失率超过20%，由金沙江公司承担违约金，原审对此未予认定不当。请求改判原审判决第一、第二项，并由金沙江公司、云南林勘院承担本案诉讼费。金沙江公司上诉称：原审未对收漂工程进行科学鉴定，仅凭三方当事人签订的会议纪要认定收漂工程不合格，并据此驳回金沙江公司对林盛公司的反诉请求，显属不当；会议纪要认定，除收漂工程本身存在问题外，林盛公司提供的木材漂浮力差亦是造成赶漂木材大量损失的原因，原审判令承担林盛公司赶漂木材的全部损失亦属错误；收漂工程存在问题是由于工程设计不合理造成的，而工程设计的水文地质资料由林盛公司提供、设计单位由林盛公司指定，本公司按云南林勘院的设计图纸施工，没有任何过错，不应承担对林盛公司的赔偿责任；金沙江公司与林盛公司签订的赶漂协议明确约定收漂损失率超过 20%，超出部分由金沙江公司按 150 元/m³ 赔偿林盛公司，原判按 300 元/m³ 计算林盛公司的损失，没有事实依据。请求撤销原判，依法改判，并判令林盛公司承担本案上诉费。云南林勘院答辩称：云南林勘院是按照国家规定的有关技术标准和程序完成收漂工程勘察设计的，设计图纸是符合国家标准的合格产品。但林盛公司作为建设单位，未按基本建设程序对设计文件组织评审论证就开始施工；在施工过程中林盛公司的工地代表未经云南林勘院同意，擅自变更设计，将纵向漂子加长 19.5m，使得横向漂子发生位移，致使整个工程平面布置、结构情况与原设计文件不符；工程竣工后未组织验收，就交付使用。因此，收漂工程质量不合格的责任应由林盛公司承担，林盛公司的上诉理由与请求没有事实与法律依据，请求维持原判。

本院认为：林盛公司与金沙江公司于1997年1月21日签订的合作协议、同年4月27日签订的怒江水运阻拦出河工程承包协议书、同年8月20日签订的木材赶漂协议，均系双方当事人真实意思表示，内容不违反法律法规规定，应认定合法、有效。收漂工程是以云南林勘院名义进行设计的，但根据合作协议的约定，收漂工程采取总承包的方式，勘察、设计、施工全部由金沙江公司承包，没有证据证明林盛公司将该工程的勘察设计另行发包给了云南林勘院，应认定金沙江公司将由自己总承包工程中的设计部分转包给了云南林勘院。林盛公司与金沙江公司、云南林勘院三方关于将收漂工程地址确定为依地坝的会议纪要，以及林盛公司向云南林勘院直接支付4万元设计费的事实表明，林盛公司对金沙江公司转包工程设计是明知且同意的。由于本案工程承包合同签订时，有关法律法规没有关于承包人将自己承包的建筑工程转包给第三人后该第三人与发包人的法律关系问题的规定，本案应适用《中华人民共和国合同法》的有关规定。根据该法第二百七十二条的规定，云南林勘院应对其设计方案与金沙江公司向林盛公司承担连带责任。原审判决以林盛公司与云南林勘院无直接法律关系为由驳回林盛公司对云南林勘院的诉讼请求，系适用法律不当，应予纠正。

林盛公司与金沙江公司在对木材赶漂过程中，大量木材钻漂，损失严重。为此，林盛公司、金沙江公司及云南林勘院达成的会议纪要认定，木材钻漂的主要原因是工程设计及施工质量存在问题。该会议纪要是金沙江公司、云南林勘院、林盛公司在现场考察的基础上达成的，且各方均对纪要签字认可，系各方真实意思表示，应作为认定收漂工程设计及施工质量的依据。收漂工程设计人员除朱××为云南林勘院工程师外，其余15人均为金沙江公司的工作人员，而金沙江公司的上述设计人员同时又参与了工程施工，故应认定工程设计人员对施工中与图纸不符之处是明知且同意的。林盛公司聘用人员吴××在有关图纸上签注同意施工中与图纸不符之处按实际处理，只是表明其同意有关设计人员及施工人员对原设计方案的个别调整，不能据此认定林盛公司聘用人员擅自变更云南林勘院的设计。另则，三方当事人关于木材钻漂原因的会议纪要亦未认定工程质量不合格系林盛公司擅自变更设计方案所致。因此，云南林勘院关于林盛公司擅自变更部分设计方案致使整个工程平面布置、结构情况与原设计文件不符的抗辩理由与事实不符，本院不予支持。第一批木材赶漂结果及三方的会议纪要证明，本案收漂工程不能实际使用，系不合格工程，故金沙江公司与云南林勘院应对林盛公司为该工程支付的工程款、青苗补偿费、租房费、公路占用费共计3039645.4元承担连带赔偿责任。因工程质量不合格，原审驳回金沙江公司关于由林盛公司支付尚欠的工程款及逾期付款违约金的反诉请求正确，应予维持。由于林盛公司聘用的工地代表未尽质量监督之责，且林盛公司未对工程组织验收就实际接收并投入使用，亦有一定过错，原审判决驳回林盛公司关于由金沙江公司、云南林勘院赔偿工程款利息813994.3元、管理费826902.43元及利息97299.91元的诉讼请求并无不当，亦应予维持。

金沙江公司、云南林勘院及林盛公司于1998年6月15日达成的赶漂损失认定备忘录载明，推江木材损失数额为12386m³。按照金沙江公司与林盛公司达成的流送木材赶漂协议的约定，在林盛公司提供的木材符合赶漂条件的情况下，由林盛公司承担木材流送损失的20%。但鉴于金沙江公司、云南林勘院、林盛公司于1998年5月23日达成的会议纪要认定木材钻漂的原因之一是流送木材漂浮力差，林盛公司承担流送木材损失的比例应适当提高，即林盛公司应承担流送木材损失的40%（4954.4m³），金沙江公司承担流送木材损失的60%（7431.6m³）。流送木材赶漂协议约定，若收漂损失率超出20%，超出部分金沙江公司按150元/m³赔偿林盛公司损失，若收漂损失率低于20%，低于部分林盛公司按150元/m³对金沙江公司奖励。该条款应属于奖惩条款，而不是对损失计算方法的约定。由于林盛公司购买原木的价格是300元/m³，上述奖惩条款不足以弥补林盛公司的实际损失，故原审判决按300元/m³计算林盛公司的木材损失并无不当。按照上述各方当事人应承担的已赶漂木材损失的比例，应认定金沙江公司与云南林勘院应承担的林盛公司已赶漂木材的损失额为2229480元。金沙江公司关于应按150元/m³计算已赶漂的木材损失的上诉请求因与双方当事人签订的赶漂协议有关条款的真实意思不符，本院不予支持。由于按300元/m³计算已赶漂木材的损失能够补偿林盛公司该部分实际损失，本院对林盛公司关于由金沙江公司、云南林勘院另行承担150元/m³的惩罚性违约金的上诉请求亦不予支持。

林盛公司为进行木材赶漂，与察隅公司签订两份原木购销合同，约定由察隅公司向林盛公司提供原木35000m³，察隅公司根据上述合同组织采伐队进行采伐。林盛公司所提供的察隅公司与黄××等6个采伐队的采伐协议、对察隅公司有关人员的调查笔录及6个采伐队的证明材料等证据相互印证，可以认定林盛公司滞留在山中的不能漂运的木材为12000m³。因赶漂工程不合格，又没有其他运输方法运输，致使该12000m³不能从察隅县运出及销售，金沙江公司、云南林勘院对该部分木材的损失亦应承担赔偿责任。鉴于该批木材如被赶漂，同样存在木材正常损耗及因木材漂浮力差而使损耗比例加大的情况，林盛公司对该部分木材损失的承担比例应比照上述已赶漂木材损失的承担比例计算，即林盛公司自行承担40%（4800m³），金沙江公司与云南林勘院连带承担60%（7200m³）。按300元/m³计算，金沙江公司与云南林勘院应承担的该部分损失额为2160000元。原审判决对林盛公司滞留在察隅县的木材损失未予认定不当，应予纠正。由于林盛公司滞留在察隅县的木材损失得到补偿，林盛公司应将该部分木材的60％移交给金沙江公司及云南林勘院，由其自行处理。

综上，原审判决认定事实基本清楚，但适用法律及对各方当事人责任划分欠当，应予纠正。本院根据《中华人民共和国民事诉讼法》第一百五十三条第一项、第二项的规定，判决如下：

一、维持云南省高级人民法院（1999）云高经初字第6号民事判决主文第三项。

二、变更云南省高级人民法院（1999）云高经初字第6号民事判决主文第一项为：云南省金沙江林产品公司、云南省林业勘察设计院对西藏林盛工业有限公司的工程款及相关费用损失3039645.4元承担连带赔偿责任。

三、变更云南省高级人民法院（1999）云高经初字第6号民事判决主文第二项为：云南省金沙江林产品公司、云南省林业勘察设计院对西藏林盛工业有限公司已赶漂木材损失2229480元、滞留在察隅县的木材损失2160000元承担连带赔偿责任。

四、西藏林盛工业有限公司将滞留在察隅县的12000m³木材中的7200m³移交给云南省金沙江林产品公司及云南省林业勘察设计院。

上列应付款项限本判决送达之次日起10日内付清，逾期支付按《中华人民共和国民事诉讼法》第二百三十二条的规定处理。

本案一审本诉案件受理费98485.09元，由西藏林盛工业有限公司承担59091.054元，由云南省金沙江林产品公司、云南省林业勘察设计院各承担19697.018元。一审反诉案件受理费14695.77元，由云南省金沙江林产品公司承担；本案二审案件受理费98485.09元，由西藏林盛工业有限公司承担39394.036元，由云南省金沙江林产品公司、云南省林业勘察设计院各承担29545.527元。

本判决为终审判决。

复习思考题

1. 什么是基本建设程序项目？我国基本建设程序的一般步骤是什么？
2. 简述工程勘察设计的发包与承包。
3. 简述工程设计文件的内容和要求。
4. 简述勘察设计文件的标准。
5. 简述勘察设计的监督管理及违约责任。
6. 简述工程监理的范围。
7. 禁止工程监理实施的违法行为有哪些？

6 建筑法法律法规

6.1 建筑法概述

6.1.1 建筑法的概念及立法目的

1. 建筑法的概念

建筑法有狭义和广义之分，狭义的建筑法是 1997 年 11 月 1 日第八届全国人民代表大会常委会第二十八次会议通过的《中华人民共和国建筑法》（以下简称《建筑法》），于 1998 年 3 月 1 日起实施。该法共计八章八十五条，包括总则、建筑许可、建筑工程发包与承包、建筑工程监理、建筑安全生产管理、建筑工程质量管理、法律责任及附则等内容。全国人大常委会第二十次会议于 2011 年 4 月 22 日通过了《关于修改〈中华人民共和国建筑法〉的决定》，自 2011 年 7 月 1 日起施行修正后的建筑法。

广义的建筑法，是指调整建筑活动的法律规范的总称。目前，调整建筑活动和对建筑活动进行监督管理过程中所发生的法律关系的法律、法规、规章主要有：

1997 年 11 月 1 日，第八届全国人民代表大会常委会第二十八次会议通过的《中华人民共和国建筑法》；

1999 年 8 月 30 日，第九届全国人民代表大会常委会第十一次会议通过的《中华人民共和国招标投标法》；

2000 年 9 月 25 日，国务院颁布《建设工程勘察设计管理条例》；

2000 年 1 月 30 日，国务院颁布《建设工程质量管理条例》（该条例已被修改）；

2000 年 8 月 25 日，建设部发布《实施工程建设强制性标准监督规定》；

2000 年 6 月 30 日，建设部发布《房屋建筑工程质量保修办法》；

2001 年 11 月 29 日，国务院颁布《建设领域推广应用新技术管理规定》；

2001 年 11 月 5 日，建设部发布《建筑工程施工发包与承包计价管理办法》；

2001 年 6 月 1 日，建设部发布的《房屋建筑和市政基础设施工程施工招标投标管理办法》；

2002 年 11 月 1 日，第九届全国人民代表大会常务委员会第二十八次会议通过《中华人民共和国安全生产法》；

2003 年 11 月 24 日，国务院颁布《建设工程安全生产管理条例》；

2004 年 11 月 16 日，建设部发布《建设工程项目管理试行办法》；

2004 年 9 月 29 日，最高人民法院审判委员会发布《最高人民法院关于审理建设工程施工合同纠纷案件适用法律问题的解释》；

2004 年 7 月 5 日，建设部发布《建筑施工企业安全生产许可证管理规定》；

2005 年 1 月 12 日，建设部和财政部发布《建设工程质量保证金管理暂行办法》；

2006 年 3 月 14 日，建设部发布《建设部治理建设系统商业贿赂实施方案》；

2007 年 1 月 5 日，建设部等五部委发布《关于加强大型公共建筑工程建设管理的若干意见》；

2007 年 3 月 13 日，建设部发布《施工总承包企业特级资质标准》；

2007 年 6 月 26 日，建设部发布《建筑业企业资质管理规定》《工程监理企业资质管理规定》《建设工程勘察设计资质管理规定》；

2007 年 9 月 21 日，建设部发布《工程建设项目招标代理机构资格认定办法实施意见》；

2008 年 6 月 30 日，住房和城乡建设部发布《建筑施工企业安全生产许可证动态监管暂行办法》；

2010 年 8 月 1 日，住房和城乡建设部发布《房屋建筑和市政基础设施工程质量监督管理规定》；

2011 年 12 月 20 日，国家发展改革委、工业和信息化部、财政部等单位发布《关于印发简明标准施工招标文件和标准设计施工总承包招标文件的通知》，该文件自 2012 年 5 月 1 日起实施；

2013 年 12 月 11 日，住房和城乡建设部发布《建筑工程施工发包与承包计价管理办法（2013)》，该办法自 2014 年 2 月 1 日实施；

2014 年 8 月 4 日，住房和城乡建设部发布《建筑工程施工转包违法分包等违法行为认定查处管理办法（试行)》；

2015 年 6 月 26 日，交通运输部发布《公路工程设计施工总承包管理办法》，该办法自 2015 年 8 月 1 日起实施；

2017 年 6 月 20 日，住房和城乡建设部、财政部印发《建设工程质量保证金管理办法的通知》；

2017 年 10 月 7 日，国务院颁布新修改的《建设工程质量管理条例》。

2. 建筑法的立法目的

《建筑法》第一条规定："为了加强对建筑活动的监督管理，维护建筑市场秩序，保证建筑工程的质量和安全，促进建筑业健康发展，制定本法。"此条即规定了我国《建筑法》的立法目的。

6.1.2 建筑法适用范围

《建筑法》第二条规定："在中华人民共和国境内从事建筑活动，实施对建筑活动的监督管理，应当遵守本法。本法所称建筑活动，是指各类房屋建筑及其附属设施的建造和与其配套的线路、管道、设备的安装活动。"

《建筑法》的适用范围包含两层意思：一是调整的地域范围为中华人民共和国境内，但不包括香港、澳门、台湾地区；二是对各类房屋建筑及其设施的新建、改建、扩建、维修、拆除、装饰装修活动，以及线路、管道、设备的安装活动。

《建筑法》第八十一条规定："本法关于施工许可、建筑施工企业资质审查和建筑工程发包、承包、禁止转包，以及建筑工程监理、建筑工程安全和质量管理的规定，适用于其他专业建筑工程的建筑活动，具体办法由国务院规定。"

《建筑法》第八十三条规定："省、自治区、直辖市人民政府确定的小型房屋建筑工程的建筑活动，参照本法执行。依法核定作为文物保护的纪念建筑物和古建筑等的修缮，依照文物保护法的有关规定执行。抢险救灾及其他临时性房屋建筑和农民自建低层住宅的建筑活动，不适用本法。"

《建筑法》第八十四条规定："军用房屋建筑工程建筑活动的具体管理办法，由国务院、中央军事委员会依据本法制定。"

6.1.3 《建筑法》确立的基本制度

1. 建筑许可制度

建筑许可，是指建设行政主管部门或者其他有关行政主管部门准许、变更和终止公民、法人和其他组织从事建筑活动的具体行政行为。《建筑法》规定的建筑许可包括施工许可与从业资格许可两种。

实行建筑许可制度旨在有效保证建筑工程质量和安全，也是国际上的通行做法，如日本、英国、德国及我国台湾地区的建筑法，都明确地规定建筑许可制度。

2. 建筑工程发包与承包制度

建设工程发包与承包是指发包方通过合同委托承包方为其完成某建设工程的全部或其中一部分工作的交易行为。建设工程发包方一般为投资人或工程总承包单位；工程承包方则一般为工程勘察设计单位、施工单位、专业分包单位或劳务分包单位等。自1982年起，我国建设领域逐步确立了建设工程发包与承包制度，把工程设计与施工推入市场，由相关企业竞争承包。

建设工程发包与承包制度，能够鼓励竞争，防止垄断，有利于建筑业健康发展，有利于提高项目管理水平，严格控制工程造价和工期，对市场经济的建设与发展起到了良好的促进作用。

3. 建筑工程监理制度

建筑工程监理，是指由依法取得法定资质等级许可的工程监理单位，根据建设单位的委托，依照法律、行政法规及有关的技术标准、设计文件和建筑工程承包合同，对建筑工程承包单位在建筑工程的施工质量、建设工期和建设资金使用等方面，代表建设单位实施监督管理的技术性、专业性服务行为。

我国自1988年开始推行建筑工程监理制度，至今已在全国全面展开。《建筑法》在总结我国推行建筑工程监理制度经验的基础上，借鉴和吸收国际上的通行做法，明确规定了建筑工程监理的任务以及相关要求。

实践证明，在我国推行建筑工程监理制，对于建设项目的成本管理、进度管理、质量管理、安全生产管理及合同管理等目标的实现，具有重要的意义。

4. 建筑安全生产管理制度

建筑安全生产管理是指建设行政主管部门、建筑安全监督管理机构、建筑施工企业以及有关单位为保证建筑生产安全，对建筑工程生产过程中的安全工作所进行的计划、组织、指挥、协调、控制和监督等一系列管理活动的总称。

《建筑法》就安全生产的方针、原则，安全技术措施，安全工作职责与分工，安全教育和事故报告等作出了明确的规定，为解决建筑活动中存在的安全生产问题提供了法律依据。

我国目前已经建立了以《建筑法》为核心并由《安全生产法》《安全生产许可证条例》

《建设工程安全生产管理条例》《建筑施工企业安全生产许可证管理规定》等相关法律、法规、部门规章等组成的较为完整的建筑安全生产管理法律制度体系。其中，《建筑法》对建筑安全生产活动进行了指导性规定，具体的规定体现在《建设工程安全生产管理条例》之中。

5. 建筑工程质量管理法律制度

建筑工程质量是指建筑工程满足业主需要的，符合国家法律、法规、技术规范标准、设计文件及合同规定的要求，包括在安全、使用功能、耐久性、环境保护等方面所有明确的和隐含能力的特性综合。建设工程质量管理是建设工程管理的重点，直接关系着国民经济的发展和人民生命的安全，因此，加强建设工程质量的管理是一个十分重要的问题。

我国目前已经建立了以《建筑法》为核心并由《质量法》《建设工程质量管理条例》《房屋建筑和市政基础设施工程质量监督管理规定》《房屋建筑工程质量保修办法》《建设工程质量检测管理办法》《建设工程勘察质量管理办法》等相关法律、法规、部门规章组成的较为完整的建筑工程质量管理法律制度体系。其中，《建筑法》对建筑工程质量管理涉及的主要问题作出了明确规定。《建筑法》第六章对建设活动各方主体的质量管理责任做出了法律上的规定，《建设工程质量管理条例》是对《建筑法》的补充与完善，解决了当前建设工程质量存在的突出问题，对促进建设事业健康发展产生了十分积极的作用。

6.2 建筑许可制度

6.2.1 建筑工程施工许可

1. 建筑工程施工许可制度的概念

施工许可制度是指由国家授权有关建设行政主管部门，在建筑工程施工前，依建设单位申请，对该项工程是否符合法定的开工条件进行审查，对符合条件的工程发给施工许可证，允许建设单位开工建设的制度。

《建筑法》第七条规定："建筑工程开工前，建设单位应当按照国家有关规定向工程所在地县级以上人民政府建设行政主管部门申请领取施工许可证；但是，国务院建设行政主管部门确定的限额以下的小型工程除外。

按照国务院规定的权限和程序批准开工报告的建筑工程，不再领取施工许可证。"

2. 实施建筑工程施工许可的工程范围

1999年10月15日建设部颁布了《建筑工程施工许可管理办法》（2001年7月4日修订）第二条规定："在中华人民共和国境内从事各类房屋建筑及其附属设施的建造、装修装饰和与其配套的线路、管道、设备的安装，以及城镇市政基础设施工程的施工，建设单位在开工前应当依照本办法的规定，向工程所在地的县级以上人民政府建设行政主管部门（以下简称发证机关）申请领取施工许可证。

工程投资额在30万元以下或者建筑面积在300m² 以下的建筑工程，可以不申请办理施工许可证。省、自治区、直辖市人民政府建设行政主管部门可以根据当地的实际情况，对限额进行调整，并报国务院建设行政主管部门备案。

按照国务院规定的权限和程序批准开工报告的建筑工程，不再领取施工许可证。"

3. 申请施工许可证的条件

《建筑法》第八条规定："申请领取施工许可证应具备下列条件：

（1）已经办理该建筑工程用地批准手续；

（2）在城市规划区的建筑工程，已经取得规划许可证；

（3）需要拆迁的，其拆迁进度符合施工要求；

（4）已经确定建筑施工企业；

（5）有满足施工需要的施工图纸及技术资料；

（6）有保证工程质量和安全的具体措施；

（7）建设资金已经落实；

（8）法律、行政法规规定的其他条件。"

上述八个方面条件，是建设单位申领施工许可证所必须具备的必要条件，必须同时具备，缺一不可。

《建筑工程施工许可管理办法》第四条规定："建设单位申请领取施工许可证，应当具备下列条件，并提交相应的证明文件：

（1）已经办理了建筑工程用地批准手续；

（2）在城市规划区的建筑工程，已经取得建设工程规划许可证；

（3）施工现场已经具备基本施工条件，需要拆迁的，其拆迁进度符合施工要求；

（4）已经确定施工企业。按照规定应该招标的工程没有招标，应该公开招标的工程没有公开招标，或者肢解发包工程，以及将工程发包给不具备相应资质条件的，所确定的施工企业无效；

（5）已经具有满足施工需要的施工图纸和技术资料，施工图设计文件已经按照规定通过了审查；

（6）有保证工程质量和安全的具体措施；施工企业编制的施工组织设计中有根据建筑工程特点制定的相应质量、安全技术措施，专业性较强的工程项目编制的专项质量、安全施工组织设计，并按照规定办理了工程质量、安全监督手续；

（7）按照规定应该委托监理的工程已委托监理；

（8）建设资金已经落实。建设工期不足一年的，到位资金原则上不得少于工程合同价的 50%；建设工期超过一年的，到位资金原则上不得少于工程合同价的 30%。建设单位应当提供银行出具的到位资金证明，有条件的可以实行银行付款保函或者其他第三方担保；

（9）法律法规规定的其他条件。"

4. 施工许可证的颁发程序

《建筑工程施工许可管理办法》第五条规定："申请办理施工许可证，应当按照下列程序进行：

（1）建设单位向发证机关领取《建筑工程施工许可证申请表》；

（2）建设单位持加盖单位及法定代表人印鉴的《建筑工程施工许可证申请表》，并附本办法第四条规定的证明文件，向发证机关提出申请；

（3）发证机关在收到建设单位报送的《建筑工程施工许可证申请表》和所附证明文件后，对于符合条件的，应当自收到申请之日起十五日内颁发施工许可证；对于证明文件不齐全或者失效的，应当限期要求建设单位补正，审批时间可以自证明文件补正齐全后作相应顺延；对于不符合条件的，应当自收到申请之日起十五日内书面通知建设单位，并说明理由。

建筑工程在施工过程中，建设单位或者施工单位发生变更的，应当重新申请领取施工许可证。"

5. 施工许可证的管理

《建筑法》第九条规定："建设单位应当自领取施工许可证之日起 3 个月内开工。因故不能按期开工的，应当向发证机关申请延期；延期以两次为限，每次不超过 3 个月。既不开工又不申请延期或者超过延期时限的，施工许可证自行废止。"

《建筑法》第十条规定："在建的建筑工程因故中止施工的，建设单位应当自中止施工之日起 1 个月内，向发证机关报告，并按照规定做好建筑工程的维护管理工作。

建筑工程恢复施工时，应当向发证机关报告；中止施工满 1 年的工程恢复施工前，建设单位应当报发证机关核验施工许可证。"

《建筑法》第十一条规定："按照国务院有关规定批准开工报告的建筑工程，因故不能按期开工或者中止施工的，应当及时向批准机关报告情况。因故不能按期开工超过 6 个月的，应当重新办理开工报告的批准手续。"

《建筑法》第六十四条规定："违反本法规定，未取得施工许可证或者开工报告未经批准擅自施工的，责令改正，对不符合开工条件的责令停止施工，可以处以罚款。"

《建筑工程施工许可管理办法》第六条规定："建设单位申请领取施工许可证的工程名称、地点、规模，应当与依法签订的施工承包合同一致。

施工许可证应当放置在施工现场备查。"

《建筑工程施工许可管理办法》第七条规定："施工许可证不得伪造和涂改。"

《建筑工程施工许可管理办法》第十一条规定："对于采用虚假证明文件骗取施工许可证的，由原发证机关收回施工许可证，责令停止施工，并对责任单位处以罚款；构成犯罪的，依法追究刑事责任。"

《建筑工程施工许可管理办法》第十二条规定："对于伪造施工许可证的，该施工许可证无效，由发证机关责令停止施工，并对责任单位处以罚款；构成犯罪的，依法追究刑事责任。

对于涂改施工许可证的，由原发证机关责令改正，并对责任单位处以罚款；构成犯罪的，依法追究刑事责任。"

《建筑工程施工许可管理办法》第十三条规定："本办法中的罚款，法律、法规有幅度规定的从其规定。无幅度规定的，有违法所得的处 5000 元以上 30000 元以下的罚款，没有违法所得的处 5000 元以上 10000 元以下的罚款。"

【例题 1】 某建设单位 2005 年 2 月 1 日领取了施工许可证。由于某种原因，工程不能按期开工，故向发证机关申请延期。根据《建筑法》的规定，申请延期应在（   ）前进行。

A. 2005 年 3 月 1 日   B. 2005 年 4 月 1 日

C. 2005 年 5 月 1 日   D. 2005 年 6 月 1 日

【答案】 C。建设单位因故不能按期开工的，应当向发证机关申请延期。延期以两次为限，每次不超过 3 个月。既不开工又未申请延期或超过延期时限的，施工许可证自行废止。

【例题 2】 甲房地产开发公司将一住宅小区工程以施工总承包方式发包给乙建筑公司，建筑公司又将其中场地平整及土方工程分包给丙土方公司，在工程开工前，应当由（　　）按照有关规定申请领取施工许可证。

A. 乙建筑公司
B. 丙土方公司
C. 甲房地产开发公司和乙建筑公司共同
D. 甲房地产开发公司

【答案】 D。

6.2.2 从业资格许可

从业资格许可是指国家通过法定条件和立法程序对建筑活动主体资格进行认定和批准，赋予其在法律规定的范围内从事一定的建筑活动，其中包括企业资质许可和从业人员资格许可。

1. 企业资质许可

2006 年 12 月 30 日，建设部发布《建筑业企业资质管理规定》，并于 2007 年 9 月 1 日起施行。

《建筑业企业资质管理规定》第二条规定："在中华人民共和国境内申请建筑业企业资质，实施对建筑业企业资质监督管理，适用本规定。

本规定所称建筑业企业，是指从事土木工程、建筑工程、线路管道设备安装工程、装修工程的新建、扩建、改建等活动的企业。"

《建筑法》第十二条规定："从事建筑活动的建筑施工企业、勘察单位、设计单位和工程监理单位，应当具备下列条件：

（1）有符合国家规定的注册资本；

（2）有与其从事的建筑活动相适应的具有法定执业资格的专业技术人员；

（3）有从事相关建筑活动所应有的技术装备；

（4）法律、行政法规规定的其他条件。"

《建筑法》第十三条规定："从事建筑活动的建筑施工企业、勘察单位、设计单位和工程监理单位，按照其拥有的注册资本、专业技术人员、技术装备和已完成的建筑工程业绩等资质条件，划分为不同的资质等级，经资质审查合格，取得相应等级的资质证书后，方可在其资质等级许可的范围内从事建筑活动。"

《建筑业企业资质管理规定》第五条规定："建筑业企业资质分为施工总承包、专业承包和劳务分包三个序列。"

（1）建筑业企业的管理

施工总承包序列企业资质设特级、一级、二级和三级四个等级，分为十二个资质类别。专业承包序列企业资质设二至三个等级，分为六十个资质类别。劳务分包序列企业资质设一至两个等级，十三个资质类别，建筑业企业的资质管理的具体规定详见《建筑业企业资质管理规定》。

（2）监理企业资质管理

监理企业是指从事工程监理业务并取得工程监理企业资质证书的经济组织。它是监理工程师的执业机构。

监理企业资质分为综合资质、专业资质和事务所资质。综合资质、事务所资质不分级别。专业资质按照工程性质和技术特点划分为若干工程类别，并分为甲级、乙级，其中房屋建筑、水利水电、公路和市政公用专业资质可设立丙级。监理企业资质管理的具体规定详见《工程监理企业资质管理规定》。

（3）勘察设计资质管理

勘察设计企业是指依法取得资格，从事工程勘察、工程设计活动的企业。勘察资质分为工程勘察综合资质、工程勘察专业资质、工程勘察劳务资质。

勘察综合资质只设甲级；勘察专业资质设甲级、乙级，根据工程性质和技术特点，部分专业可以设丙级；勘察劳务资质不分等级。

设计资质分为设计综合资质、设计行业资质、设计专业资质和设计专项资质。

设计综合资质只设甲级；设计行业资质、设计专业资质、设计专项资质设甲级、乙级。

勘察设计企业资质管理详见《建设工程勘察设计资质管理规定》。

2. 从业人员资格许可

《建筑法》第十四条规定："从事建筑活动的专业技术人员，应当依法取得相应的执业资格证书，并在执业资格证书许可的范围内从事建筑活动。"

目前，我国先后在建筑建立起多种执业资格制度，如注册城市规划师、注册建筑师、注册结构工程师、注册建造师、注册土木工程师（岩土）、注册土木工程师（港口与航道工程）、注册公用设备工程师、注册电气工程师、注册咨询工程师、注册安全工程师、注册监理工程师、注册造价工程师、注册投资项目管理师、注册物业管理师、注册环境影响评价师、注册土地估价师、注册房地产估价师、注册招标师等执业资格制度。

被纳入执业资格制度的专业技术人员，应当经全国统一考试合格，取得执业资格证书并经注册后，方可分别以建筑师、结构工程师、监理工程师、造价工程师、咨询工程师或建造师等名义执业。

建筑工程从业者资格证件，严禁出卖、转让、出借、涂改、伪造。违反上述规定的，将视具体情节，追究法律责任。

6.3　建筑工程发包与承包

6.3.1　建筑工程发包

1. 建筑工程发包的概念

建筑工程发包，是指建设单位或总承包单位通过招标方式或直接发包方式将建筑工程任务（勘察、设计、施工等）的全部或部分交由他人承包，并按建设工程合同约定支付报酬的行为。

建筑工程发包单位，通常为建筑工程的建设单位，国家计委1996年4月发布的《关于实行建设项目法人责任制的暂行规定》第二条和第三条规定："国有单位投资的经营性基本建设大中型建设项目，在建设阶段必须组建项目法人。项目法人可按《公司法》的规定设立有限责任公司（包括国有独资公司）和股份有限公司形式。由项目法人对项目的策划、资金筹措、建设实施、生产经营、债务偿还和资产保值增值，实行全过程负责。"据此规定，由国有单位投资建设的经营性的房屋建筑工程，由依法设立的项目法人作为建设单位，负责建设工程的发包。国有单位投资建设的非经营性的房屋建筑工程，应当由建设单位作为发包方负责工程的发包。

2. 建筑工程发包的方式

《建筑法》第十九条规定："建筑工程依法实行招标发包，对不适用于招标发包的可以直接发包。"因此，建设工程的发包方式主要有两种：招标发包和直接发包。

（1）招标发包

招标发包是指建设单位通过招标确定承包单位的一种发包方法，招标发包又有两种方式：一种是公开招标，另一种方式是邀请招标。

建设工程的招标发包，主要依据的法律和部门规章有：《中华人民共和国招标投标法》、《工程建设项目施工招标投标办法》、《工程建设项目勘察设计招标投标办法》、《工程建设项目招标范围和规模标准规定》、《房屋建筑和市政基础设施工程施工招标投标管理办法》、《评标委员会和评标暂行规定》等有关规定。

（2）直接发包

直接发包是指发包方直接与承包方进行协商，以约定工程建设的价格、工期和其他条件的发包方式。建筑工程一般应实行招标发包，不适于招标发包的工程可以直接发包，如保密工程、特殊专业工程、特殊性质工程等。

《建筑法》第二十二条规定："建筑工程实行直接发包的，发包单位应当将建筑工程发包给具有相应资质条件的承包单位。"

建设工程采取招标方式比直接发包方式更有利于公平竞争，更符合市场经济规律的要求，因此，我国相关法规都提倡招标方式，对直接发包方式则加以限制。

3. 建筑工程发包的有关规定

（1）关于招标的规定

《建筑法》第二十条规定："建筑工程实行公开招标的，发包单位应当依照法定程序和方式，发布招标公告，提供载有招标工程的主要技术要求、主要的合同条款、评标的标准和方法以及开标、评标、定标的程序等内容的招标文件。开标应当在招标文件规定的时间、地点公开进行。开标后应当按照招标文件规定的评标标准和程序对标书进行评价、比较，在具备相应资质条件的投标者中，择优选定中标者。"

《建筑法》第二十一条规定："建筑工程招标的开标、评标、定标由建设单位依法组织实施，并接受有关行政主管部门的监督。"

《建筑法》第二十三条规定："政府及其所属部门不得滥用行政权力，限定发包单位将招标发包的建筑工程发包给指定的承包单位。"

（2）关于工程总承包的规定

《建筑法》第二十四条规定："提倡对建筑工程实行总承包，禁止将建筑工程肢解发包。

建筑工程的发包单位可以将建筑工程的勘察、设计、施工、设备采购一并发包给一个工程总承包单位，也可以将建筑工程勘察、设计、施工、设备采购的一项或者多项发包给一个工程总承包单位；但是，不得将应当由一个承包单位完成的建筑工程肢解成若干部分发包给几个承包单位。"

（3）发包人不得指定材料设备供应商的规定

建筑材料、建筑构配件和设备的采购主要有三种形式：①由建设单位负责采购；②由承包商负责采购；③由双方约定的供应商供应。

采用上面的何种采购形式，由当事人自由约定。如果双方约定建筑材料、建筑构配件和设备是由承包商采购的，则建设单位就不得非法干预其采购过程，更不可以直接为承包商指定生产厂、供应商。《建筑法》第二十五条规定："按照合同约定，建筑材料、建筑构配件和设备由工程承包单位采购的，发包单位不得指定承包单位购入用于工程的建筑材料、建筑构配件和设备或者指定生产厂、供应商。"

4. 关于工程违法发包的规定

（1）违法发包的定义

《建筑工程施工转包违法分包等违法行为认定查处管理办法（试行）》第四条规定："本办法所称违法发包，是指建设单位将工程发包给不具有相应资质条件的单位或个人，或者肢解发包等违反法律法规规定的行为。"

（2）违法发包的情形

《建筑工程施工转包违法分包等违法行为认定查处管理办法（试行）》第五条规定："存在下列情形之一的，属于违法发包：

① 建设单位将工程发包给个人的；

② 建设单位将工程发包给不具有相应资质或安全生产许可的施工单位的；

③ 未履行法定发包程序，包括应当依法进行招标未招标，应当申请直接发包未申请或申请未核准的；

④ 建设单位设置不合理的招投标条件，限制、排斥潜在投标人或者投标人的；

⑤ 建设单位将一个单位工程的施工分解成若干部分发包给不同的施工总承包或专业承包单位的；

⑥ 建设单位将施工合同范围内的单位工程或分部分项工程又另行发包的；

⑦ 建设单位违反施工合同约定，通过各种形式要求承包单位选择其指定分包单位的；

⑧ 法律法规规定的其他违法发包行为。"

6.3.2 建筑工程承包

1. 建筑工程承包的概念

建筑工程的承包，是指具有从事建筑活动从业资格的单位，通过投标或其他承揽方式，承揽建筑工程任务，并按建设工程合同约定取得报酬的行为。

建筑工程承包单位，即承揽建筑工程的勘察、设计、施工等任务的单位，包括对建筑工程总承包单位和分包单位。承包单位的资质是评价承包单位是否有能力和法律资格承担工程项目的重要条件，承包单位的资质水平对建设项目是否顺利完成具有重要作用。

《建筑法》第二十六条规定："承包建筑工程的单位应当持有依法取得的资质证书，并在其资质等级许可的业务范围内承揽工程；禁止建筑施工企业超越本企业资质等级许可的业务范围或者以任何形式用其他建筑施工企业的名义承揽工程；禁止建筑施工企业以任何形式允许其他单位或者个人使用本企业的资质证书、营业执照，以本企业的名义承揽工程。"

2. 建筑工程承包的方式

建筑工程承包方式可以分为以下几种：

（1）工程总承包

工程总承包方式是指发包人将工程项目的设计、施工、材料和设备采购等任务全部或部分发包给一个具备总承包资质的总承包企业，由其负责工程的设计、施工和采购的全部或部分工作，最后向发包人交出一个达到使用条件的工程项目的承包方式。

我国目前提倡的工程总承包主要有如下方式：

① 设计采购施工总承包

设计采购施工总承包（EPC）是指工程总承包企业按照合同约定，从项目可行性研究开始，承担工程项目的勘察、设计、采购、施工、试运行服务等工作，并对承包工程的质量、安全、工期、造价全面负责，这样的工程俗称"交钥匙工程"。

② 设计—施工总承包

设计—施工总承包（DB）是指工程总承包企业按照合同约定，承担工程项目勘察、设计和施工，对承包工程的质量、安全、工期、造价全面负责。

③ 施工总承包

施工总承包即对工程施工全过程进行总承包。

（2）专业承包

专业承包是指具备某种专业承包资质的企业向工程发包人直接承包专业工程。专业承包单位直接与发包人签订合同，在工程实施过程中接受发包人或发包人委托的监理公司的协调和监督。

（3）联合体承包

建筑工程联合共同承包（也称为联营承包），是指由两个以上的承包单位共同组成非法人的联合体，以该联合体的名义承包某项建筑工程的承包模式。联合体承包方式是在国际上比较受欢迎的一种方式，也是大型工程项目的承包中经常采用的一种方式。采用联合体承包方式，可以集中联合体各成员的技术、资金、管理和经验等方面的优势，增强了竞争能力和抗风险能力。在联合体承包形式中，由联合体作为一个单一的承包主体，与发包单位签订承包合同，共同履行合同的全部义务，承担合同的全部责任。在联合体内部，则由参加联合体的各方以共同投标协议方式，约定各方拟承担的权利、义务。

《建筑法》第二十七条规定："大型建筑工程或者结构复杂的建筑工程，可以由两个以上的承包单位联合共同承包。共同承包的各方对承包合同的履行承担连带责任。

两个以上不同资质等级的单位实行联合共同承包的，应当按照资质等级低的单位的业务许可范围承揽工程。"

由多家单位组成联合体共同承包这类建筑工程，可以集中参加联合体的各方的经济、技术力量，发挥各自的优势，大大增强投标竞争的实力；对发包单位而言，也有利于提高投资效益，保证建筑工程质量。

（4）分包

分包方式分为专业分包和劳务分包方式。

专业分包是指具备某种专业承包资质的企业向工程总承包单位承包专业工程，它是相对于总包单位与发包人之间的总承包而言的。

劳务分包是指具备相应资质的劳务分包企业向总承包单位或专业承包单位承接劳务任务，提供劳务服务。

《建筑法》第二十九条规定："建筑工程总承包单位可以将承包工程中的部分工程发包给具有相应资质条件的分包单位；但是，除总承包合同中约定的分包外，必须经建设单位认可。施工总承包的，建筑工程主体结构的施工必须由总承包单位自行完成。

建筑工程总承包单位按照总承包合同的约定对建设单位负责；分包单位按照分包合同的约定对总承包单位负责。总承包单位和分包单位就分包工程对建设单位承担连带责任。

禁止总承包单位将工程分包给不具备相应资质条件的单位。禁止分包单位将其承包的工程再分包。"

3. 建筑工程承包的有关规定

（1）工程承包人的资质的规定

《建筑法》第二十六条规定："承包建筑工程的单位应当持有依法取得的资质证书，并在其资质等级许可的业务范围内承揽工程。

禁止建筑施工企业超越本企业资质等级许可的业务范围或者以任何形式用其他建筑施工企业的名义承揽工程。"

（2）禁止建筑工程转包的规定

《建设工程质量管理条例》第七十八条对建筑工程转包的定义是："指承包单位承包建设工程后，不履行合同约定的责任和义务，将其承包的全部建设工程转给他人或者将其承包的全部建设工程肢解以后以分包的名义分别转给其他单位承包的行为。"

承包单位擅自将其承包的建筑工程转包，从合同法律关系上说，转包行为属于合同主体变更的行为，转包后，建筑工程承包合同的承包单位由原承包单位变更为接受转包的新承包单位，原承包单位名义上与建筑工程发包单位存在合同关系但其实际上对其合同的约定内容将不会再承担责任。

《建筑法》第二十八条规定："禁止承包单位将其承包的全部建筑工程转包给他人，禁止承包单位将其承包的全部建筑工程肢解以后以分包的名义分别转包给他人。"

《建筑工程施工转包违法分包等违法行为认定查处管理办法（试行）》第六条规定："本办法所称转包，是指施工单位承包工程后，不履行合同约定的责任和义务，将其承包的全部工程或者将其承包的全部工程肢解后以分包的名义分别转给其他单位或个人施工的行为。"

《建筑工程施工转包违法分包等违法行为认定查处管理办法（试行）》第七条规定："存在下列情形之一的，属于转包：

① 施工单位将其承包的全部工程转给其他单位或个人施工的；

② 施工总承包单位或专业承包单位将其承包的全部工程肢解以后，以分包的名义分别转给其他单位或个人施工的；

③ 施工总承包单位或专业承包单位未在施工现场设立项目管理机构或未派驻项目负责人、技术负责人、质量管理负责人、安全管理负责人等主要管理人员，不履行管理义务，未对该工程的施工活动进行组织管理的；

④ 施工总承包单位或专业承包单位不履行管理义务，只向实际施工单位收取费用，主要建筑材料、构配件及工程设备的采购由其他单位或个人实施的；

⑤ 劳务分包单位承包的范围是施工总承包单位或专业承包单位承包的全部工程，劳务分包单位计取的是除上缴给施工总承包单位或专业承包单位"管理费"之外的全部工程

价款的；

⑥ 施工总承包单位或专业承包单位通过采取合作、联营、个人承包等形式或名义，直接或变相的将其承包的全部工程转给其他单位或个人施工的；

⑦ 法律法规规定的其他转包行为。"

（3）禁止建筑工程违法分包的规定

违法分包，是指分包工程发包人将专业工程或者劳务作业分包给不具备相应资质条件的分包人，或分包单位未经建设单位认可，分包人将承包工程中的部分专业工程再分包给他人的行为。

除《建筑法》第二十九条第三款有明确的禁止性规定外，《建设工程质量管理条例》第78条对建筑工程的违法分包行为进行了明确界定："①总承包单位将建设工程分包给不具备相应资质条件的单位的；②建设工程总承包合同中未有约定，又未经建设单位同意，承包单位将其承包的部分建设工程交由其他单位完成的；③施工总承包单位将建设工程主体结构的施工分包给其他单位的；④分包单位将其承包的建设工程再分包的。"

《建筑工程施工转包违法分包等违法行为认定查处管理办法（试行）》第八条规定："本办法所称违法分包，是指施工单位承包工程后违反法律法规规定或者施工合同关于工程分包的约定，把单位工程或分部分项工程分包给其他单位或个人施工的行为。"

《建筑工程施工转包违法分包等违法行为认定查处管理办法（试行）》第九条规定："存在下列情形之一的，属于违法分包：

① 施工单位将工程分包给个人的；

② 施工单位将工程分包给不具备相应资质或安全生产许可的单位的；

③ 施工合同中没有约定，又未经建设单位认可，施工单位将其承包的部分工程交由其他单位施工的；

④ 施工总承包单位将房屋建筑工程的主体结构的施工分包给其他单位的，钢结构工程除外；

⑤ 专业分包单位将其承包的专业工程中非劳务作业部分再分包的；

⑥ 劳务分包单位将其承包的劳务再分包的；

⑦ 劳务分包单位除计取劳务作业费用外，还计取主要建筑材料款、周转材料款和大中型施工机械设备费用的；

⑧ 法律法规规定的其他违法分包行为。"

（4）禁止工程挂靠的规定

《建筑工程施工转包违法分包等违法行为认定查处管理办法（试行）》第十条规定："本办法所称挂靠，是指单位或个人以其他有资质的施工单位的名义，承揽工程的行为。"

《建筑工程施工转包违法分包等违法行为认定查处管理办法（试行）》第十一条规定："存在下列情形之一的，属于挂靠：

① 没有资质的单位或个人借用其他施工单位的资质承揽工程的；

② 有资质的施工单位相互借用资质承揽工程的，包括资质等级低的借用资质等级高的，资质等级高的借用资质等级低的，相同资质等级相互借用的；

③ 专业分包的发包单位不是该工程的施工总承包或专业承包单位的，但建设单位依约作为发包单位的除外；

④ 劳务分包的发包单位不是该工程的施工总承包、专业承包单位或专业分包单位的；

⑤ 施工单位在施工现场派驻的项目负责人、技术负责人、质量管理负责人、安全管理负责人中一人以上与施工单位没有订立劳动合同，或没有建立劳动工资或社会养老保险关系的；

⑥ 实际施工总承包单位或专业承包单位与建设单位之间没有工程款收付关系，或者工程款支付凭证上载明的单位与施工合同中载明的承包单位不一致，又不能进行合理解释并提供材料证明的；

⑦ 合同约定由施工总承包单位或专业承包单位负责采购或租赁的主要建筑材料、构配件及工程设备或租赁的施工机械设备，由其他单位或个人采购、租赁，或者施工单位不能提供有关采购、租赁合同及发票等证明，又不能进行合理解释并提供材料证明的；

⑧ 法律法规规定的其他挂靠行为。"

【例题 1】 甲建设单位发包某大型工程项目，乙是总承包单位，丙是具有相应专业承包资质的施工单位，丁是具有劳务分包资质的施工单位。下列关于该项目发包、分包的说法中，正确的有（   ）。

A. 乙可以将专业工程分包给丙　　　　B. 丙可以将劳务作业分包给丁

C. 乙可以将劳务作业分包给丁　　　　D. 甲可以将专业工程发包给丙

E. 甲可以将劳务作业分包给丁

【答案】 ABCD。甲已是发包单位，不可再将其劳务作业分包给丁。

【例题 2】 在施工承包合同中约定由施工单位采购建筑材料。施工期间，建设单位要求施工单位购买某采石场的石料，理由是该石料物美价廉。对此，下面说法正确的是（   ）。

A. 施工单位可以不接受

B. 建设单位的要求施工单位必须接受

C. 建设单位通过监理单位提出此要求，施工单位才必须接受

D. 建设单位以书面形式提出要求，施工单位就必须接受

【答案】 A。

【例题 3】 下列行为中不属于违法分包的是（   ）。

A. 承包单位将其承包的工程肢解以后以分包的名义分别转给其他单位承包

B. 总承包单位将建设工程主体结构中的混凝土浇筑任务分包给某公司

C. 分包单位将部分工程分包给某公司

D. 分包商不具备相应资质条件而以他人名义承接分包工程

【答案】 B。违法分包的情形包括：（1）总承包单位将建设工程分包给不具备相应资质条件的单位的；（2）建设工程总承包合同中未有约定，又未经建设单位认可，承包单位将其承包的部分建设工程交由其他单位完成的；（3）施工总承包单位将建设工程主体结构的施工分包给其他单位的；（4）分包单位将其承包的建设工程再分包的。

6.4　建筑工程监理

我国工程监理始于 1983 年利用世界银行贷款建设的鲁布革水电站引水工程。《建筑

法》第 30 条第 1 款规定："国家推行建筑工程监理制度"。

《建筑法》以法律形式正式确立了工程监理制度。国务院《建设工程质量管理条例》、《建设工程安全生产管理条例》则进一步规定了工程监理单位的质量责任、安全责任。

工程监理单位应当根据建设单位的委托，客观、公正地执行监理业务。建设单位和工程监理单位之间是一种委托代理关系，适用《民法通则》有关代理的法律规定。

6.4.1 建设工程监理的范围

《建设工程质量管理条例》第十二条规定了必须实行监理的建设工程范围，《建设工程监理范围和规模标准规定》则对必须实行监理的建设工程作出更具体的规定。

《建设工程监理范围和规模标准规定》第二条规定："下列建设工程必须实行监理：

(1) 国家重点建设工程；

(2) 大中型公用事业工程；

(3) 成片开发建设的住宅小区工程；

(4) 利用外国政府或者国际组织贷款、援助资金的工程；

(5) 国家规定必须实行监理的其他工程。"

1. 国家重点建设工程

《建设工程监理范围和规模标准规定》第三条规定："国家重点建设工程，是指依据《国家重点建设项目管理办法》所确定的对国民经济和社会发展有重大影响的骨干项目。"

2. 大中型公用事业工程

《建设工程监理范围和规模标准规定》第四条规定："大中型公用事业工程，是指项目总投资额在 3000 万元以上的下列工程项目：

(1) 供水、供电、供气、供热等市政工程项目；

(2) 科技、教育、文化等项目；

(3) 体育、旅游、商业等项目；

(4) 卫生、社会福利等项目；

(5) 其他公用事业项目。"

3. 成片开发建设的住宅小区工程

《建设工程监理范围和规模标准规定》第五条规定："成片开发建设的住宅小区工程，其建筑面积在 5 万 m^2 以上的，必须实行监理；5 万 m^2 以下的住宅建设工程，可以实行监理；具体范围和规模标准，由省、自治区、直辖市人民政府建设行政主管部门规定。为了保证住宅质量，对高层住宅及地基、结构复杂的多层住宅应当实行监理。"

4. 利用外国政府或者国际组织贷款、援助资金的工程

《建设工程监理范围和规模标准规定》第六条规定："利用外国政府或者国际组织贷款、援助资金的工程范围包括：

(1) 使用世界银行、亚洲开发银行等国际组织贷款资金的项目；

(2) 使用国外政府及其机构贷款资金的项目；

(3) 使用国际组织或者国外政府援助资金的项目。"

5. 国家规定必须实行监理的其他工程

《建设工程监理范围和规模标准规定》第七条规定："国家规定必须实行监理的其他工程是指：

（1）项目总投资额在 3000 万元以上关系社会公共利益、公众安全的下列基础设施项目；

① 煤炭、石油、化工、天然气、电力、新能源等项目；

② 铁路、公路、管道、水运、民航以及其他交通运输业等项目；

③ 邮政、电信枢纽、通信、信息网络等项目；

④ 防洪、灌溉、排涝、发电、引（供）水、滩涂治理、水资源保护、水土保持等水利建设项目；

⑤ 道路、桥梁、地铁和轻轨交通、污水排放及处理、垃圾处理、地下管道、公共停车场等城市基础设施项目；

⑥ 生态环境保护项目；

⑦ 其他基础设施项目。

（2）学校、影剧院、体育场馆项目。"

6.4.2 监理依据、内容和权限

1. 建筑工程监理的依据

《建筑法》第三十二条第一款规定："建筑工程监理应当依照法律、行政法规及有关的技术标准、设计文件和建筑工程承包合同，对承包单位在施工质量、建设工期和建设资金使用等方面，代表建设单位实施监督。"依据《建筑法》本款规定，建筑工程监理的主要依据有：

（1）法律、行政法规及有关的技术标准

法律、行政法规既包括直接约束监理单位及从业人员监理行为的下述法律法规：

1988 年 7 月 25 日建设部颁布的《关于开展建设监理工作的通知》；

1988 年 10 月建设部颁布的《关于开展建设监理工作试点工作的若干意见》；

1989 年 7 月 28 日建设部颁布的《建设监理试行规定》；

1992 年 1 月 18 日建设部颁布的《工程建设监理单位资质管理试行办法》；

1992 年 6 月 4 日建设部颁布的《监理工程师资格考试和注册实行办法》；

1992 年 9 月建设部、国家物价局联合印发的《关于发布工程建设监理费有关规定的通知》；

1995 年 10 月建设部、国家工商行政管理局联合印发的《工程建设监理合同（示范文本）》；

1995 年 12 月 15 日建设部、国家计委联合颁布的《工程建设监理规定》；

1997 年 11 月 1 日第八届全国人民代表大会常委会第二十八次会议通过的《中华人民共和国建筑法》；

2000 年 1 月 30 日国务院颁布的《建设工程质量管理条例》；

2000 年 2 月 17 日建设部、国家工商行政管理局印发的《建设工程委托监理合同（示范文本）》GF 2000—0202；

2000 年 12 月 7 日国家技术监督局和建设部联合颁布的《建设工程监理规范》GB 50319—2000；

2001 年 1 月 17 日建设部颁布的《建设工程监理范围和规模标准规定》；

2002 年 7 月 27 日建设部颁布的《房屋建筑工程施工旁站监理管理办法（试行）》；

2003 年 11 月 24 日国务院颁布的《建设工程安全生产管理条例》；

2005 年 12 月 31 日建设部颁布的《注册监理工程师管理规定》；

2006 年 12 月 11 日建设部颁布的《工程监理企业资质管理规定》等。

法律、行政法规也包括间接约束建设单位及从业人员行为的法律法规，如《中华人民共和国合同法》《中华人民共和国招标投标法》《工程建设标准强制性条文》等法律法规。

技术标准分为强制性标准和推荐性标准。强制性标准是各参建单位都必须执行的标准，而推荐性标准则是可以自主决定是否采用的标准。通常情况下，建设单位如要求采用推荐性标准，应当与设计单位或施工单位在合同中予以明确约定。

（2）设计文件

设计文件是施工的依据，同时也是监理的依据。监理单位应按照设计文件对施工活动进行监督管理。

（3）建筑工程承包合同

工程监理企业应当根据建设单位与承包单位签订的建设工程合同进行监理，以便监督施工单位是否按照合同约定履行义务。

2. 工程监理的内容

工程监理的主要内容可以概括为："三控制、三管理、一协调"。"三控制"是指建设工程监理对建设工程的投资、工期和质量进行控制；"三管理"是指建设工程监理对建设工程进行的安全管理、合同管理、信息管理；"一协调"是指建设工程监理单位要协调好与业主单位、施工单位、设计单位等有关单位的工作关系。

由于工程监理单位和建设单位之间属委托代理关系，工程监理单位的监理工作内容、监理权限还将取决于双方合同的具体约定，并且该约定要向被监理的承包单位披露。《建筑法》第三十三条规定："实施建筑工程监理前，建设单位应当将委托的工程监理单位、监理的内容及监理权限，书面通知被监理的建筑施工企业。"

3. 工程监理人员的权限

《建筑法》第三十二条第二、三款，分别规定了工程监理人员的监理权限和义务："工程监理人员认为工程施工不符合工程设计要求、施工技术标准和合同约定的，有权要求建筑施工企业改正。

工程监理人员发现工程设计不符合建筑工程质量标准或者合同约定的质量要求的，应当报告建设单位要求设计单位改正。"

《建设工程质量管理条例》第三十七条第二款规定："未经监理工程师签字，建筑材料、建筑构配件和设备不得在工程上使用或者安装，施工单位不得进行下一道工序的施工。未经总监理工程师签字，建设单位不拨付工程款，不进行竣工验收。"

6.4.3　建设工程监理的相关规定

1. 工程监理单位资质等级许可制度的规定

我国对工程监理单位实行资质等级许可制度。《建筑法》第三十一条规定："实行监理的建筑工程，由建设单位委托具有相应资质条件的工程监理单位监理。"

《建设工程质量管理条例》第三十四条第一款进一步规定："工程监理单位应当依法取得相应资质等级的证书，并在其资质等级许可的范围内承担工程监理业务。"

目前，对有关工程监理企业的资质等级、业务范围等作出统一规定的是《工程监理企业资质管理规定》（建设部令第 158 号）。

2. 禁止工程监理单位实施的违法行为

《建筑法》第三十四条规定："工程监理单位应当在其资质等级许可的监理范围内，承担工程监理业务。

工程监理单位应当根据建设单位的委托，客观、公正地执行监理任务。

工程监理单位与被监理工程的承包单位以及建筑材料、建筑构配件和设备供应单位不得有隶属关系或者其他利害关系。

工程监理单位不得转让工程监理业务。"

《建筑法》第三十五条规定："工程监理单位不按照委托监理合同的约定履行监理义务，对应当监督检查的项目不检查或者不按照规定检查，给建设单位造成损失的，应当承担相应的赔偿责任。

工程监理单位与承包单位串通，为承包单位谋取非法利益，给建设单位造成损失的，应当与承包单位承担连带赔偿责任。"

6.5　建筑工程安全法律制度

6.5.1　建筑工程安全管理的方针

《建筑法》第三十六条规定："建筑工程安全生产管理必须坚持安全第一、预防为主的方针，建立健全安全生产的责任制度和群防群治制度。"

6.5.2　建筑施工企业的安全责任

《建筑法》第三十八条规定："建筑施工企业在编制施工组织设计时，应当根据建筑工程的特点制定相应的安全技术措施；对专业性较强的工程项目，应当编制专项安全施工组织设计，并采取安全技术措施。"

《建筑法》第三十九条规定："建筑施工企业应当在施工现场采取维护安全、防范危险、预防火灾等措施；有条件的，应当对施工现场实行封闭管理。施工现场对毗邻的建筑物、构筑物和特殊作业环境可能造成损害的，建筑施工企业应当采取安全防护措施。"

《建筑法》第四十一条规定："建筑施工企业应当遵守有关环境保护和安全生产的法律、法规的规定，采取控制和处理施工现场的各种粉尘、废气、废水、固体废物以及噪声、振动对环境的污染和危害的措施。"

《建筑法》第四十四条规定："建筑施工企业必须依法加强对建筑安全生产的管理，执行安全生产责任制度，采取有效措施，防止伤亡和其他安全生产事故的发生。

建筑施工企业的法定代表人对本企业的安全生产负责。"

《建筑法》第四十五条规定："施工现场安全由建筑施工企业负责。实行施工总承包的，由总承包单位负责。分包单位向总承包单位负责，服从总承包单位对施工现场的安全生产管理。"

《建筑法》第四十六条规定："建筑施工企业应当建立健全劳动安全生产教育培训制度，加强对职工安全生产的教育培训；未经安全生产教育培训的人员，不得上岗作业"。

《建筑法》第四十七条规定："建筑施工企业和作业人员在施工过程中，应当遵守有关安全生产的法律、法规和建筑行业安全规章、规程，不得违章指挥或者违章作业。作业人员有权对影响人身健康的作业程序和作业条件提出改进意见，有权获得安全生产所需的防护用品。作业人员对危及生命安全和人身健康的行为有权提出批评、检举和控告。"

《建筑法》第四十八条规定："建筑施工企业应当依法为职工参加工伤保险缴纳工伤保险费。鼓励企业为从事危险作业的职工办理意外伤害保险，支付保险费。"该规定为2011年修订的条款。根据国务院2010年12月20日颁布的《关于修改〈工伤保险条例〉的决定第二条规定》："中华人民共和国境内的企业、事业单位、社会团体、民办非企业单位、基金会、律师事务所、会计师事务所等组织和有雇工的个体工商户（以下称用人单位）应当依照本条例规定参加工伤保险，为本单位全部职工或者雇工（以下称职工）缴纳工伤保险费。中华人民共和国境内的企业、事业单位、社会团体、民办非企业单位、基金会、律师事务所、会计师事务所等组织的职工和个体工商户的雇工，均有依照本条例的规定享受工伤保险待遇的权利。"

《建筑法》第五十条规定："房屋拆除应当由具备保证安全条件的建筑施工单位承担，由建筑施工单位负责人对安全负责。"

《建筑法》第五十一条规定："施工中发生事故时，建筑施工企业应当采取紧急措施减少人员伤亡和事故损失，并按照国家有关规定及时向有关部门报告。"2007年4月9日，国务院颁布《生产安全事故报告和调查处理条例》，对生产安全事故等级划分、安全事故报告、事故调查处理及生产安全事故责任追究制度等方面进行了明确的规定。

6.5.3　建设单位的安全责任

《建筑法》第四十条规定："建设单位应当向建筑施工企业提供与施工现场相关的地下管线资料，建筑施工企业应当采取措施加以保护。"

《建筑法》第四十二条规定："有下列情形之一的，建设单位应当按照国家有关规定办理申请批准手续：

（一）需要临时占用规划批准范围以外场地的；

（二）可能损坏道路、管线、电力、邮电通讯等公共设施的；

（三）需要临时停水、停电、中断道路交通的；

（四）需要进行爆破作业的；

（五）法律、法规规定需要办理报批手续的其他情形。"

《建筑法》第四十九条规定："涉及建筑主体和承重结构变动的装修工程，建设单位应当在施工前委托原设计单位或者具有相应资质条件的设计单位提出设计方案；没有设计方案的，不得施工。"

6.6　建筑工程质量管理制度

6.6.1　建筑工程勘察、设计单位的质量责任

《建筑法》第五十二条规定："建筑工程勘察、设计、施工的质量必须符合国家有关建筑工程安全标准的要求，具体管理办法由国务院规定。"

《建筑法》第五十六条规定："建筑工程的勘察、设计单位必须对其勘察、设计的质量负责。勘察、设计文件应当符合有关法律、行政法规的规定和建筑工程质量、安全标准、

建筑工程勘察、设计技术规范以及合同的约定。设计文件选用的建筑材料、建筑构配件和设备，应当注明其规格、型号、性能等技术指标，其质量要求必须符合国家规定的标准。"

《建筑法》第五十七条规定："建筑设计单位对设计文件选用的建筑材料、建筑构配件和设备，不得指定生产厂、供应商。"

6.6.2 建筑工程建设单位的质量责任

《建筑法》第五十四条规定："建设单位不得以任何理由，要求建筑设计单位或者建筑施工企业在工程设计或者施工作业中，违反法律、行政法规和建筑工程质量、安全标准，降低工程质量。

建筑设计单位和建筑施工企业对建设单位违反前款规定提出的降低工程质量的要求，应当予以拒绝。"

6.6.3 建筑工程施工单位的质量责任

《建筑法》第五十五条规定："建筑工程实行总承包的，工程质量由工程总承包单位负责，总承包单位将建筑工程分包给其他单位的，应当对分包工程的质量与分包单位承担连带责任。分包单位应当接受总承包单位的质量管理。"

《建筑法》第五十八条规定："建筑施工企业对工程的施工质量负责。"
建筑施工企业必须按照工程设计图纸和施工技术标准施工，不得偷工减料。工程设计的修改由原设计单位负责，建筑施工企业不得擅自修改工程设计。

《建筑法》第五十九条规定："建筑施工企业必须按照工程设计要求、施工技术标准和合同的约定，对建筑材料、建筑构配件和设备进行检验，不合格的不得使用。"

6.6.4 建筑工程保修的规定

《建筑法》第六十条规定："建筑物在合理使用寿命内，必须确保地基基础工程和主体结构的质量。

建筑工程竣工时，屋顶、墙面不得留有渗漏、开裂等质量缺陷；对已发现的质量缺陷，建筑施工企业应当修复。"

《建筑法》第六十一条规定："交付竣工验收的建筑工程，必须符合规定的建筑工程质量标准，有完整的工程技术经济资料和经签署的工程保修书，并具备国家规定的其他竣工条件。

建筑工程竣工经验收合格后，方可交付使用；未经验收或者验收不合格的，不得交付使用。"

《建筑法》第六十二条规定："建筑工程实行质量保修制度。

建筑工程的保修范围应当包括地基基础工程、主体结构工程、屋面防水工程和其他土建工程，以及电气管线、上下水管线的安装工程，供热、供冷系统工程等项目；保修的期限应当按照保证建筑物合理寿命年限内正常使用，维护使用者合法权益的原则确定。具体的保修范围和最低保修期限由国务院规定。"关于工程保修的具体规定见第 8 章。

6.7 法 律 责 任

6.7.1 建设单位的法律责任
1. 违反建筑许可制度的法律责任

《建筑法》第六十四条规定："未取得施工许可证或者开工报告未经批准擅自施工的，责令改正，对不符合开工条件的责令停止施工，可以处以罚款。"

2. 违反建筑发包制度的法律责任

《建筑法》第六十五条规定："发包单位将工程发包给不具有相应资质条件的承包单位的，或者违反本法规定将建筑工程肢解发包的，责令改正，处以罚款。

超越本单位资质等级承揽工程的，责令停止违法行为，处以罚款，可以责令停业整顿，降低资质等级；情节严重的，吊销资质证书；有违法所得的，予以没收。

未取得资质证书承揽工程的，予以取缔，并处罚款；有违法所得的，予以没收。

以欺骗手段取得资质证书的，吊销资质证书，处以罚款；构成犯罪的，依法追究刑事责任。"

《建筑法》第六十八条规定："在工程发包与承包中索贿、受贿、行贿，构成犯罪的，依法追究刑事责任；不构成犯罪的，分别处以罚款，没收贿赂的财物，对直接负责的主管人员和其他直接责任人员给予处分。"

3. 违反建筑工程质量、安全标准，降低工程质量的法律责任

《建筑法》第七十二条规定："建设单位违反本法规定，要求建筑设计单位或者建筑施工企业违反，责令改正，可以处以罚款；构成犯罪的，依法追究刑事责任。"

6.7.2 施工单位的法律责任

1. 违反资质管理制度的法律责任

《建筑法》第六十六条规定："建筑施工企业转让、出借资质证书或者以其他方式允许他人以本企业的名义承揽工程的，责令改正，没收违法所得，并处罚款，可以责令停业整顿，降低资质等级；情节严重的，吊销资质证书。对因该项承揽工程不符合规定的质量标准造成的损失，建筑施工企业与使用本企业名义的单位或者个人承担连带赔偿责任。"

2. 违法转包、分包的法律责任

《建筑法》六十七条规定："承包单位将承包的工程转包的，或者违反本法规定进行分包的，责令改正，没收违法所得，并处罚款，可以责令停业整顿，降低资质等级；情节严重的，吊销资质证书。

承包单位有前款规定的违法行为的，对因转包工程或者违法分包的工程不符合规定的质量标准造成的损失，与接受转包或者分包的单位承担连带赔偿责任。"

3. 违反安全生产、质量管理制度的法律责任

《建筑法》七十一条规定："建筑施工企业违反本法规定，对建筑安全事故隐患不采取措施予以消除的，责令改正，可以处以罚款；情节严重的，责令停业整顿，降低资质等级或者吊销资质证书；构成犯罪的，依法追究刑事责任。

建筑施工企业的管理人员违章指挥、强令职工冒险作业，因而发生重大伤亡事故或者造成其他严重后果的，依法追究刑事责任。"

《建筑法》第七十四条规定："建筑施工企业在施工中偷工减料的，使用不合格的建筑材料、建筑构配件和设备的，或者有其他不按照工程设计图纸或者施工技术标准施工的行为的，责令改正，处以罚款；情节严重的，责令停业整顿，降低资质等级或者吊销资质证书；造成建筑工程质量不符合规定质量标准的，负责返工、修理，并赔偿因此造成的损失；构成犯罪的，依法追究刑事责任。"

《建筑法》第七十五条规定："建筑施工企业不履行保修义务或者拖延履行保修义务的，责令改正，可以处以罚款，并对在保修期内因屋顶、墙面渗漏、开裂等质量缺陷造成的损失，承担赔偿责任。"

6.7.3 设计单位的法律责任

《建筑法》第七十三条规定："建筑设计单位不按照建筑工程质量、安全标准进行设计的，责令改正，处以罚款；造成工程质量事故的，责令停业整顿，降低资质等级或者吊销资质证书，没收违法所得，并处罚款；造成损失的，承担赔偿责任；构成犯罪的，依法追究刑事责任。"

6.7.4 监理单位的法律责任

《建筑法》第六十九条规定："工程监理单位与建设单位或者建筑施工企业串通，弄虚作假、降低工程质量的，责令改正，处以罚款，降低资质等级或者吊销资质证书；有违法所得的，予以没收；造成损失的，承担连带赔偿责任；构成犯罪的，依法追究刑事责任。"

【例题】 监理工程师王某在对某工程施工的监理过程中，发现该工程设计存在瑕疵，则王某（ ）。

A. 可以要求施工单位修改设计

B. 应当报告建设单位要求施工单位修改设计

C. 应当报告建设单位要求设计单位修改设计

D. 应当要求设计单位修改设计

【答案】 C. 工程监理人员发现工程设计不符合建筑工程质量标准或者合同约定的质量要求的，应当报告建设单位要求设计单位改正。

6.8 建筑法法律制度案例

案例1 越级承包案例

【案情介绍】

原告：建新建设工程公司

被告：某市丽都大酒店

2001年7月，原告、被告双方签订建设工程合同，原告负责施工被告发包的丽都大酒店工程。合同签订后，原告交付被告质量保证金50万。工程自2001年9月开工，2002年5月正式完工并交付使用，工程经验收为合格工程，原告向被告讨要工程款多次，被告均以种种理由拒绝。2002年9月，原告将被告起诉至某市地方法院，要求其支付所欠工程款人民币1205万，利息5万，并退还保证金50万。

原告辩称：双方签订建设工程承包合同，原告已按合同约定履行了自己的义务，而被告严重违反合同规定，迟迟不支付工程款，要求法院判令被告支付工程款及质保金。

被告辩称：原告提出的工程款无异议，但原告在建设合同签订时，没有相应资质且没有向被告说明实情，并且造成工程延期，原告行为属欺诈行为，被告请求法院确认双方合同无效，所欠工程款抵作赔偿金。另外，被告还提出反诉，要求原告对欺诈行为所造成的工程延期承担民事赔偿责任。

【审理结果】：法院经审理查明，原告资质为施工总承包三级的建筑企业，只能承担

14 层以下的工程项目，丽都大酒店工程应由施工总承包二级以上的建筑企业承包，违反了《建筑法》的规定，其所签合同因违反法律的强制性规定应当确认为无效。合同确认无效后原告负主要责任，被告审查不严负次要责任，但原告为该工程已付出了代价，本着公平原则对原告所建工程完工部分委托评估机构核定价格，由被告向原告支付。

判决如下：（1）原被告所签《建设工程施工合同》无效；（2）被告在本判决书生效后一个月内，支付原告工程款 1850 万，利息不予支付；（3）被告在本判决书生效后一个月内，退还原告质保金 50 万，利息不予支付；（4）驳回原被告其他诉讼请求。本案诉讼费 21 万，评估鉴定费 5 万均由原被告各半承担。

案例 2　工程转包案例

原告：甲电讯公司

第一被告：丙建筑设计院

第二被告：乙建筑承包公司[1]

一、基本案情

甲电信公司因建办公楼与乙建筑承包公司签订了工程总承包合同。其后，经甲同意，乙分别与丙建筑设计院和丁建筑工程公司签订了工程勘察设计合同和工程施工合同。勘察设计合同约定由丙对甲的办公楼及其附属工程提供设计服务，并按勘察设计合同的约定交付有关的设计文件和资料。施工合同约定由丁根据丙提供的设计图纸进行施工，工程竣工时依据国家有关验收规定及设计图纸进行质量验收。合同签订后，丙按时将设计文件和有关资料交付给丁，丁依据设计图纸进行施工。工程竣工后，甲会同有关质量监督部门对工程进行验收，发现工程存在严重质量问题，是由于设计不符合规范所致。原来，丙未对现场进行仔细勘察即自行进行设计导致设计不合理，给甲带来了重大损失。丙以与甲没有合同关系为由拒绝承担责任，乙又以自己不是设计人为由推卸责任，甲遂以丙为被告向法院起诉。

二、案例审理

法院受理后，追加乙为共同被告，判决乙与丙对工程建设质量问题承担连带责任。

三、案例评析

本案中，甲是发包人，乙是总承包人，丙和丁是分包人。《建筑法》第二十九条规定："建筑工程总承包单位可以将承包工程的部分工程发包给具有相应资质条件的分包单位；但是，除总承包合同约定的分包外，必须经建设单位认可。施工总承包的，建筑工程主体结构的施工必须由总承包单位自行完成。建筑工程总承包单位按照总承包合同的约定对建设单位负责；分包单位按照分包合同的约定对总承包单位负责。总承包单位和分包单位就分包工程对建设单位承担连带责任。禁止总承包单位将工程分包给不具备相应资质条件的单位。禁止分包单位将其承包的工程再分包。"

对工程质量问题，乙作为总承包人应承担责任，而丙和丁也应该依法分别向发包人甲承担责任。总承包人以不是自己勘察设计和建筑安装的理由企图不对发包人承担责任，以及分包人以与发包人没有合同关系为由不向发包人承担责任，都是没有法律依据的。所

---

[1]　案例来源：中华人民共和国建设部人事教育司和政策法规司组织编写．建设法规教程．北京：中国建筑工业出版社，2002 年，第 125～126 页。

以，本案判决乙和丙共同承担连带责任是正确的。

本案必须说明的是，《建筑法》第二十八条规定："禁止承包单位将其承包的全部建筑工程转包给他人，禁止承包单位将其承包的全部建筑工程肢解以后以分包的名义分别转包给他人。"本案中，乙作为总承包人不进行施工，而将工程全部转包他人，虽经发包人同意，但违反法律禁止性规定，其与丙和丁所签订的两个分包合同均是无效合同。建设行政主管部门应依照《建筑法》和《建设工程质量管理条例》的有关规定，对其进行行政处罚。

案例3　施工单位无资质导致事故案例

【案情简介】　2003年3月，被告人顾某（个体建筑工匠）在没有资质承建工业厂房的情况下，超越承建范围，与桐乡某搪瓷制品有限公司法定代表人胡某签订协议，承建该公司的球磨车间。在施工过程中，被告人顾某违反规章制度，没有按照规定要求的施工图施工，且没有采取有效的安全防范措施，冒险作业，留下事故隐患。

2003年4月16日15时许，施工人员砌筑完球磨车间西墙后，在墙身顶部浇天沟时，由于墙身全部采用五斗一盖砌筑，且中间没有立柱或砖墩加固，天沟模板没有落地支撑，致使墙身失稳倒塌，造成高某被墙体压住而死亡、沈某等3人轻伤、韩某轻微伤的重大伤亡事故。××法院审理认为，被告人顾某在无建筑资质的情况下承建工业厂房，超越承建范围，且在施工过程中违章作业，造成一起1人死亡、4人受伤的重大伤亡事故，其行为已构成重大责任事故罪。法院同时考虑到被告人顾某在案发后认罪态度较好，且已对各受害人的经济损失作了赔偿，确有悔罪表现等情节，依法作出如下判决：被告人顾某犯重大责任事故罪，判处有期徒刑1年，缓刑1年。

【案例评析】

我国《刑法》第一百三十四条规定："工厂、矿山、林场、建筑企业或者其他企业、事业单位的职工，由于不服管理、违反规章制度，或者强令工人违章冒险作业，因而发生重大伤亡事故或者造成其他严重后果的，处3年以下有期徒刑或者拘役；情节特别恶劣的，处3年以上7年以下有期徒刑。"重大责任事故罪的成立以行为人在生产、作业过程中违反规章制度或者强令工人违章冒险作业，发生了"重大伤亡事故"或者造成了"其他严重后果"为必备条件。

本案中，被告人顾某在无建筑资质的情况下承建工业厂房，超越承建范围，且在施工过程中违章作业（以上行为违反的《建筑法》的第十二条、第十三条及第四十七条），造成一起1人死亡4人受伤的重大伤亡事故，其行为已构成重大责任事故罪，依法应受到刑事追究。

同时，本案也警示人们，在农村个人建房以及个体工商业主建厂房时，无资质、超越承建范围、违章施工建房的现象仍时有发生，但愿本案血的教训能够引起建房户的关注，杜绝和远离无资质建房，避免因一时贪图小利造成无可挽回的损失。同时，有关部门要重视安全生产，加大对这方面的管理力度，从源头上遏制这类事故的发生。

案例4　未办理工程施工许可证案例

【基本情况】　某房产开发有限公司投资建设的住宅楼、商业用房桩基工程项目在未取得施工许可证的情况下擅自开工建设，违反了《中华人民共和国建筑法》第七条第一款和《建设工程质量管理条例》第十三条的规定，被××市住房和城乡建设局城市建设监察大队发现查处。2014年2月26日，大队发现该房产开发有限公司投资建设的住宅楼、商业用房桩基工程项目涉嫌未取得施工许可擅自施工，于 2014 年 3 月 3 日立案调查。经调查，该工程于 2014 年 1 月 10 日开始施工，目前桩基部分已经完成，施工单位为某某建设集团有限公司（地基与基础工程专业承包二级），施工图纸由某建筑设计有限公司设计，已审核，工程未办理质监手续、安监手续。

【案例分析】 违法事实的认定：经查，该房产开发有限公司投资建设的住宅楼、商业用房桩基工程项目工程，工程合同造价为 456 万元。2014 年 1 月 10 日，该公司在未取得施工许可证、未办理质监手续和安监手续的情况下进行项目建设，调查时桩基部分已经完工，其行为违反了《中华人民共和国建筑法》第七条第一款和《建设工程质量管理条例》第十三条的规定。违法事实认定的依据主要有：发包人和承包人签订的施工协议、现场检查笔录及照片、询问笔录等。

处理结果：根据《建设工程质量管理条例》第五十七条的规定，以及××市住房和城乡建设局有关行政处罚自由裁量权实施细则，××市住房和城乡建设局对该房产开发有限公司无施工许可证擅自施工的行为，责令停止施工，限期改正，并处工程合同价款 456 万元的 1.49%（68000 元）的罚款。

复习思考题

一、单项选择题

1. 某建设项目工期为 2 年，工程合同价为 500 万元人民币。根据《建筑工程施工许可管理办法》的规定，申请施工许可证时其到位资金不得少于（　　）人民币。

    A. 500 万元   B. 250 万元   C. 150 万元   D. 100 万元

2. 甲建筑公司承揽的是批准开工报告的工程项目，合同约定于 2007 年 3 月 1 日开工，但是由于征地问题没有解决而不能按期开工，则如果开工日期超过（　　），则应当重新办理开工报告的批准手续。

    A. 2007 年 3 月 15 日   B. 2007 年 6 月 1 日

    C. 2007 年 9 月 1 日   D. 2008 年 3 月 1 日

3. 2006 年 6 月 1 日，某在建工程因故中止施工，如果（　　）之后恢复，建设单位应当报发证机关核验施工许可证。

    A. 2006 年 7 月 1 日   B. 2007 年 6 月 1 日

    C. 2006 年 12 月 1 日   D. 2008 年 6 月 1 日

4. 根据我国《建筑法》的规定，下列建筑工程中，（　　）在开工前依法可以不办理施工许可证。

    A. 投资 45 万元的厂房   B. 造价为 60 万元的管道安装工程

    C. 建筑面积为 $250m^2$ 的装修工程   D. 建筑面积为 $350m^2$ 的修缮工程

5. 某建设工程于 2005 年 9 月 1 日开工，由于设计图纸的变更，工程于 2005 年 9 月 18 日中止施工。根据我国《建筑法》的规定，建设单位最迟应当于（　　）向施工许可证的发证机关报告。

    A. 2005 年 10 月 1 日   B. 2005 年 10 月 18 日

    C. 2005 年 12 月 1 日   D. 2005 年 12 月 18 日

6. 某政府投资工程预计于 2008 年 1 月 1 日开工，该工程的开工报告于 2007 年 12 月 20 日被批准。根据我国《建筑法》的规定，建设单位最迟应当于（　　）前开工。

    A. 2008 年 3 月 20 日　　　　　　　　　　B. 2008 年 4 月 1 日

    C. 2008 年 6 月 20 日　　　　　　　　　　D. 2008 年 7 月 1 日

7. 根据我国《建筑法》的规定，（　　）建筑工程在施工前必须办理施工许可证。

    A. 投资 200 万元的古建筑修缮　　　　　　B. 造价为 600 万元的抢险救灾

    C. 总投资 5000 万元的军用房屋建筑　　　　D. 建筑面积为 8000m² 的市政广场建设

8. 某建设单位 2006 年 9 月 1 日领取了施工许可证。由于特殊原因不能按期开工，故向发证机关申请延期。根据我国《建筑法》的规定，下列关于延期的说法正确的是（　　）。

    A. 领取施工许可证不能延期

    B. 可以延期，但只能延期一次

    C. 延期以两次为限，每次不超过 2 个月

    D. 超过延期期限的，施工许可证自行废止

9. 同专业的 A、B、C 三家施工单位通过合同约定实行联合承包。该三个施工单位的资质等级依次为施工总承包特级、一级和二级。根据我国《建筑法》的规定，该联合体应当按照（　　）的资质等级许可范围承揽工程。

    A. A　　　　　　　　　　　　　　　　　B. B

    C. C　　　　　　　　　　　　　　　　　D. 三家施工单位约定

10. A、B 两家施工单位以联合承包方式承揽某建设工程施工任务。下列说法不符合我国《建筑法》的规定的是（　　）。

    A. 双方应签订联合承包的协议

    B. 按照资质等级低的单位的业务范围承揽建设工程

    C. A 与 B 就承揽工程向建设单位承担连带责任

    D. A 与 B 根据联合承包协议的约定的比例对建设单位承担责任

11. 总承包单位与乙分包单位依法签订了"幕墙工程分包协议"，在建设单位组织竣工验收时发现幕墙工程质量不合格。下列表述正确的是（　　）。

    A. 乙分包单位就全部工程对建设单位承担法律责任

    B. 甲施工总包单位就分包工程对建设单位承担全部法律责任

    C. 甲施工总包单位和乙分包单位就分包工程对建设单位承担连带责任

    D. 甲施工总包单位和乙分包单位根据分包协议的约定对建设单位承担连带责任

12. 甲总承包单位将部分非主体工程分包给具有相应资质条件的乙分包公司，且已征得建设单位同意。下列关于分包行为的说法正确的是（　　）。

    A. 甲总承包单位必须上报主管部门批准备案

    B. 建设单位必须与乙分包公司重新签订分包合同

    C. 乙分包公司应按照分包合同的约定对甲总承包单位负责

    D. 建设单位必须重新为乙分包工程办理施工许可证

13. 根据《建设工程监理范围和规模标准规定》，（　　）必须实行监理。

    A. 投资额为 2500 万元的市政工程项目

B. 投资额为 3500 万元的生态环境保护项目

C. 建筑面积为 3 万 m² 的商品住宅建设项目

D. 投资额为 2000 万元的信息网络建设项目

二、多项选择题

1. 总承包单位甲公司将部分非主体工程分包给具有相应资质条件的乙公司，且已征得建设单位同意。下列关于该分包行为的说法正确的是（　　　）。

A. 甲公司必须报上级主管部门批准备案

B. 建设单位必须与乙公司重新签订分包合同

C. 乙公司应按照分包合同的约定对甲公司负责

D. 建设单位必须重新为分包工程办理施工许可证

E. 甲公司就分包工程质量和安全对建设单位承担连带责任

2.《建设工程质量管理条例》将违法分包的情形界定为（　　　）。

A. 总承包单位将建设工程分包给不具备相应资质条件的单位的

B. 建设工程总承包合同中未有约定，又未有经建设单位认可，承包单位将其承包的部分建设工程交由其他单位完成的

C. 施工总承包单位将建设工程主体结构的施工分包给其他单位的

D. 分包单位将其承包的建设工程再分包的

E. 建设单位承担的责任超过其应当承担份额的

3. 建设单位申请领取施工许可证时，应当具备一系列的前提条件有（　　　）。

A. 已经办理该建设工程用地批准手续

B. 在城市规划的建筑工程已经取得规划许可证

C. 需要拆迁的，其拆迁进度符合施工要求

D. 已经批准办理施工手续

E. 已经确定建筑施工企业

4. 建筑工程发包方式主要有（　　　）。

A. 招标发包
B. 投标发包

C. 招标直接发包
D. 招标投标

E. 直接发包

5.《建筑法》对违反资质许可制度的行为做出的规定有（　　　）。

A. 禁止建筑施工企业超越本企业资质等级许可的业务范围承揽工程

B. 禁止分包工程发包人没有将其承包的工程进行分包

C. 禁止两个以上不同资质等级的单位实行联合共同承包

D. 禁止以任何形式用其他建筑施工企业的名义承揽工程

E. 禁止建筑施工企业以任何形式允许其他单位或个人使用本企业的资质证书、营业执照，以本企业的名义承揽工程。

三、简答题

1.《建筑法》的立法目的、调整对象、适用主体范围是什么？

2. 建筑工程发包、承包的方式有哪些？

3. 转包与分包的区别是什么？

4. 实施强制建筑工程监理的建筑工程项目的范围是什么？为什么必须对这些工程实施强制建筑工程监理？

四、案例分析题

某建筑工程公司法定代表人李某与个体经营者张某是老乡。张某要求能以该公司的名义承接一些工程施工业务，双方便签订了一份承包合同，约定张某可使用该公司的资质证书、营业执照等承接工程每年上交承包费20万元，如不能按时如数上交承包费，该公司有权解除合同。合同签订后，张某利用该公司的资质证书，营业执照等多次承揽工程施工业务，但年底只向该公司上交了8万元的承包费。为此，该公司与张某发生激烈争执，并起诉至法院。

问题：

1. 该建筑公司与张某存在哪些违法行为？

2. 该建筑公司的违法行为应当受到什么处罚？

7 建设工程招标投标法律法规

7.1 建设工程招标投标法概述

7.1.1 招标投标的概念及其在我国的发展历程

1. 建设工程招标投标的概念

招标投标是指在市场经济条件下,当进行工程项目的承发包、货物买卖、中介服务购买与提供等经济活动时,交易双方所采取的一种竞争手段和交易方式。这种方式不同于一般买卖行为,其独特性在于由多个卖方提出自己的条件,由购买者在同一时间内比选确定条件最优者作为最终的提供方。

建设工程招标是指招标人提出工程的条件和要求,发布招标广告吸引或直接邀请多个投标人参加投标,让他们按招标人规定条件提出实施计划和价格,然后按照公开规定的程序和条件,通过评审比选出信誉可靠、技术能力强、管理水平高、报价合理的单位(如勘察设计单位、监理单位、施工单位等单位),以合同的形式委托其完成工程建设任务的行为。

建设工程投标是指各投标人依据自身资格、能力和管理水平,按照招标文件规定的具体要求,在指定期限内完成投标文件的编制并递交投标文件,争取获得工程建设任务的行为。

一个完整的招标投标过程,包括招标、投标、开标、评标和定标五个环节。

2. 招标投标在我国的发展

我国招标投标经历了试行——推广——成熟的发展历程。

20 世纪 80 年代,招标管理机构在全国各地相继成立,有关招标投标方面的法规建设开始起步。1983 年 6 月 7 日,建设部印发了《建筑安装工程招标投标试行办法》,规定"凡经国家和省、市、自治区批准的建筑安装工程,均可按本办法的规定通过招标,择优选定施工单位,持有营业执照的国营建筑企业和集体所有制施工单位,均可通过投标,承揽任务"这是建设工程招标投标的第一个部门规章,也是我国第一个对招标投标做出较详尽规定的办法,它的颁布为我国推行招标投标制奠定了基础。在这个时期,工程招标方式主要以议标为主,这种招标方式在很大程度上还流于形式,工程招标的过程大多为私下交易,暗箱操作,招标的公正性得不到有效监督。

20 世纪 90 年代,全国各地普遍加强对建设工程招标投标活动的监管工作,招标方式逐渐从议标为主转变为以邀请招标为主,全国的建设工程招标投标管理体系基本形成,为完善我国的招标投标制度打下了坚实的基础。1992 年 12 月 30 日,建设部发布了《工程建设施工招标投标办法》,规定"凡政府和公有制企、事业单位投资的新建、改建、扩建和技术改造工程项目的施工,除某些不适宜招标投标的特殊工程外,均应按照本办法,实行招标投标"这个规定对规范招标投标各方行为起了积极作用，极大地推动了全国建设工程招标投标工作的开展。

2000年1月1日，《中华人民共和国招标投标法》正式施行，我国的招标投标进入了一个新的发展阶段，招标投标体系不断完善，招标投标制度在各地方得到了进一步的推广。目前全国所有省、自治区、直辖市人大颁发了《建筑市场管理条例》；大部分省、自治区、直辖市颁发了《建设工程招标投标管理条例》。这些地方性法规出台后，不少地方还制定与之配套的规章和规范性文件，包括报建、招标代理、招标申报、招标文件及标底管理审查，开标、评标、定标、百分制评标等方面的管理规定，规范招标投标管理。

随着我国社会主义市场经济体制的建立和完善，市场竞争日趋激烈，招标投标的运用范畴不断延伸。

7.1.2　招标投标的性质及调整对象

1. 招标投标的性质

招标投标具有民事行为性质。民事行为是与行政行为相对应的，在《中华人民共和国招标投标法》颁布实施前，招标投标被人们视为行政行为，把招标投标管理视为政府的事情。

从行为性质看，由于招标缺少合同成立的重要条件——价格，所以，招标不构成建设工程合同订立程序中的要约，而只是一种要约邀请。但这并不意味着招标人可以不受其招标行为的约束，根据《中华人民共和国合同法》的规定，招标人一旦进入招标程序，就应承担缔约责任；同时，他还要受建筑市场管理的相关法规的约束。

投标符合要约的所有条件：它具有缔结合同的主观目的；一旦中标，投标人将受投标书的拘束；投标书的内容具有足以使合同成立的主要条件，而招标人向中标的投标人发出的中标通知书，则是招标人同意接受中标的投标人的投标条件，即招标人同意接受该投标人的要约的意思表示，属于承诺。

2. 招标投标调整的对象

《中华人民共和国招标投标法》调整的对象，是指招标投标活动中所涉及的法律关系。招标投标活动中所涉及的法律关系主要是指行政法律关系和民事法律关系。

（1）招标投标中的行政法律关系

《中华人民共和国招标投标法》第七条规定："招标投标活动及其当事人应当接受依法实施的监督。有关行政监督部门依法对招标投标活动实施监督，依法查处招标投标活动中的违法行为。对招标投标活动的行政监督及有关部门的具体职权划分，由国务院规定。"有关行政管理部门在招标投标活动中依法具有监督管理的职能，由此将产生相应的行政关系。这种行政关系主要发生在行政管理部门与招标人、投标人之间，也可能发生在行政管理部门与招标代理人、评标委员会之间。如果各民事主体违反《中华人民共和国招标投标法》的规定，行政管理部门有权进行行政处罚，如没收财产、罚款、取消资格等。

（2）招标投标中的民事法律关系

在招标投标活动中，作为平等主体的各方，无疑会产生相应的民事法律关系，这是《招标投标法》最主要的调整对象。招标投标中的民事法律关系主要发生在招标人与投标人之间，也会在招标人与招标代理人、招标人与评标委员会、投标人与投标人之间发生，对这些民事关系，招标投标法都要进行调整。在这些民事关系中，如果一方违反招标投标法的规定，给对方造成损失的，应当承担相应的民事赔偿责任。

7.1.3 招标投标的法律体系

近年来，为创造公平竞争环境，规范招标投标活动，保护国家、社会公共利益和招标投标活动当事人的合法权益，保证项目质量，国家的各级相关部门十分重视建设工程招标投标的立法工作。目前，我国现行的与建设工程招标投标有关的法律法规主要有：

《中华人民共和国招标投标法》，第九届全国人民代表大会常务委员会第十一次会议1999年8月30日通过，自2000年1月1日起施行；

《工程建设项目招标范围和规模标准规定》，国家计委第三号令，2000年5月1日施行；

《房屋建筑和市政基础设施工程施工招标投标管理办法》，建设部第八十九号令，2001年6月1日施行；

《评标委员会和评标方法暂行规定》，国家发展计划委员会等七部委第十二号令，2001年7月5日施行；

《工程建设项目施工招标投标办法》，国家发展计划委员会等七部委第三十号令，2003年5月1日施行；

《工程建设项目勘察设计招标投标办法》，国家发展计划委员会等七部委第二号令，2003年8月1日施行；

《房屋建筑和市政基础设施工程施工分包管理办法》，建设部第一百二十四号令，2004年4月1日施行；

《工程建设项目货物招标投标办法》，国家发展和改革委员会等七部委第二十七号令，2005年3月1日施行；

《工程建设项目招标代理机构资格认定办法》，建设部第一百五十四号令，2007年3月1日施行等；

《标准施工招标资格预审文件》和《标准施工招标文件》试行规定，国家发展和改革委员会等九部委第56号令，2008年5月1日起施行；

《建筑工程方案设计招标投标管理办法》，住房和城乡建设部2008年3月21日发布，2008年5月1日起实施。

7.2 建设工程招标

建设工程项目招标是招标投标活动的第一个环节，是建设工程的投资人或委托的中介服务机构，通过法定的程序，运用竞争机制招引潜在的工程承包人的法律行为。

7.2.1 招标的条件

依法必须进行施工招标的工程建设项目，按工程建设项目审批管理规定，凡应报送项目审批部门审批的，招标人必须在报送的可行性研究报告中将招标范围、招标方式、招标组织形式等有关招标内容报送项目审批部门核准。《中华人民共和国招标投标法》第九条规定："招标项目按照国家有关规定需要履行项目审批手续的，应当先履行审批手续，取得批准。招标人应当有进行招标项目的相应资金或者资金来源已经落实，并应当在招标文件中如实载明。"

1. 施工招标应具备的条件

根据《工程建设项目施工招标投标办法》第八条规定，依法必须招标的工程建设项目，应当具备下列条件才能进行施工招标：

（1）招标人已经依法成立；

（2）初步设计及概算应当履行审批手续的，已经批准；

（3）招标范围、招标方式和招标组织形式等应当履行核准手续的，已经核准；

（4）有相应资金或资金来源已经落实；

（5）有招标所需的设计图纸及技术资料。

2. 勘察设计招标应具备的条件

《工程建设项目勘察设计招标投标办法》第九条规定，依法必须进行勘察设计招标的工程建设项目，在招标时应当具备下列条件：

（1）按照国家有关规定需要履行项目审批手续的，已履行审批手续，取得批准；

（2）勘察设计所需资金已经落实；

（3）所必需的勘察设计基础资料已经收集完成；

（4）法律法规规定的其他条件。

建设工程项目具备必要的条件后，招标人可向当地行政主管部门或其招标办事机构提出招标申请，经审查批准后，方可开展招标活动。

7.2.2 招标的项目范围

1. 必须招标的项目

根据《中华人民共和国招标投标法》第三条规定"凡在中华人民共和国境内进行工程建设项目包括项目的勘察、设计、施工、监理以及与工程建设有关的重要设备、材料等的采购，必须进行招标：

（1）大型基础设施、公用事业等关系社会公共利益、公共安全的项目；

（2）全部或者部分使用国有资金投资或国家融资的项目；

（3）使用国际组织或者外国政府贷款、援助资金的项目。

前款所列项目的具体范围和规模标准，由国务院发展计划部门会同国务院有关部门制订，报国务院批准。"

为了确定必须进行招标的工程建设项目的具体范围和规模标准，规范招标投标活动，2000年5月1日国家发展计划委员会发布《工程建设项目招标范围和规模标准规定》，将强制招标的范围进一步界定：

（1）关系社会公共利益、公众安全的基础设施项目的范围包括：

① 煤炭、石油、天然气、电力、新能源等能源项目；

② 铁路、公路、管道、水运、航空以及其他交通运输业等交通运输项目；

③ 邮政、电信枢纽、通信、信息网络等邮电通信项目；

④ 防洪、灌溉、排涝、引（供）水、滩涂治理、水土保持、水利枢纽等水利项目；

⑤ 道路、桥梁、地铁和轻轨交通、污水排放及处理、垃圾处理、地下管道、公共停车场等城市设施项目；

⑥ 生态环境保护项目；

⑦ 其他基础设施项目。

（2）关系社会公共利益、公众安全的公用事业项目的范围包括：

① 供水、供电、供气、供热等市政工程项目；

② 科技、教育、文化等项目；

③ 体育、旅游等项目；

④ 卫生、社会福利等项目；

⑤ 商品住宅，包括经济适用住房；

⑥ 其他公用事业项目。

（3）使用国有资金投资项目的范围包括：

① 使用各级财政预算资金的项目；

② 使用纳入财政管理的各种政府性专项建设基金的项目；

③ 使用国有企业事业单位自有资金，并且国有资产投资者实际拥有控制权的项目。

（4）国家融资项目的范围包括：

① 使用国家发行债券所筹资金的项目；

② 使用国家对外借款或者担保所筹资金的项目；

③ 使用国家政策性贷款的项目；

④ 国家授权投资主体融资的项目；

⑤ 国家特许的融资项目。

（5）使用国际组织或者外国政府资金的项目范围包括：

① 使用世界银行、亚洲开发银行等国际组织贷款资金的项目；

② 使用外国政府及其机构贷款资金的项目；

③ 使用国际组织或者外国政府援助资金的项目。

上述规定范围内的各类工程建设项目，包括项目的勘察、设计、施工、监理，以及与工程建设有关的重要设备、材料等的采购，达到下列标准之一的，必须进行招标：

① 施工单项合同估算价在 200 万元人民币以上的；

② 重要设备、材料等货物的采购，单项合同估算价在 100 万元人民币以上的；

③ 勘察、设计、监理等服务的采购，单项合同估算价在 50 万元人民币以上的；

④ 单项合同估算价低于以上标准，但项目总投资额在 3000 万元人民币以上的。

2. 可以不招标的项目

根据《工程建设项目施工招标投标办法》的规定，需要审批的工程建设项目，有下列情形之一的，经有关审批部门批准，可以不进行施工招标：

（1）涉及国家安全、国家秘密或者抢险救灾而不适宜招标的；

（2）属于利用扶贫资金实行以工代赈需要使用农民工的；

（3）施工主要技术采用特定的专利或者专有技术的；

（4）施工企业自建自用的工程，且该施工企业资质等级符合工程要求的；

（5）在建工程追加的附属小型工程或者主体加层工程，原中标人仍具备承包能力的；

（6）法律、行政法规规定的其他情形。

不需要审批但依法必须招标的工程建设项目，有以上规定情形之一的，可以不进行施工招标。

使用国际组织或者外国政府贷款、援助资金的项目进行招标，贷款方、资金提供方对招标投标的具体条件和程序有不同规定的，可以适用其规定，但违背中华人民共和国的社会公共利益的除外。

7.2.3 招标的方式

1. 招标的方式

根据《中华人民共和国招标投标法》第十条规定"招标分为公开招标和邀请招标。"

（1）公开招标

公开招标又叫竞争性招标，指招标人以招标公告的方式邀请不特定的法人或者其他组织投标。当招标人采用公开招标方式时，应当发布招标公告。招标公告，应当通过国家指定的报刊、信息网络或者其他媒介发布。按照竞争程度，公开招标可分为国际竞争性招标和国内竞争性招标。工程建设项目一般应采用公开招标方式。

公开招标的优点是更多的投标人参与竞争，招标人可在众多的投标人中择优选择，有助于实现公平竞争；其缺点是由于参与的投标人较多，组织工作复杂，评标工作量大，费用高。

（2）邀请招标

指招标人以投标邀请书的方式邀请特定的法人或者其他组织投标。招标人采用邀请招标方式的，应当向三个以上具备承担招标项目能力的、资信良好的特定的法人或者其他组织发出投标邀请书。

根据《工程建设项目施工招标投标办法》第十一条的规定：

依法必须进行公开招标的项目，有下列情形之一的，可以邀请招标：

（一）项目技术复杂或有特殊要求，或者受自然地域环境限制，只有少量潜在投标人可供选择；

（二）涉及国家安全、国家秘密或者抢险救灾，适宜招标但不宜公开招标；

（三）采用公开招标方式的费用占项目合同金额的比例过大。

国家重点建设项目的邀请招标，应当经国务院发展计划部门批准；地方重点建设项目的邀请招标，应当经各省、自治区、直辖市人民政府批准。全部使用国有资金投资或者国有资金投资占控股或者主导地位的并需要审批的工程建设项目的邀请招标，应当经项目审批部门批准，但项目审批部门只审批立项的，由有关行政监督部门审批。

邀请招标的优点是参与竞争的投标人数量少，目标集中，招标的组织工作较容易，评标工作量较小；其缺点是由于参加投标的单位较少，竞争性较差，可能会失去有竞争力的潜在的投标人。

凡按照规定应该招标的工程不进行招标，应该公开招标的工程不公开招标的，招标单位所确定的承包单位一律无效。建设行政主管部门按照《中华人民共和国建筑法》的规定，不予颁发施工许可证；对于违反规定擅自施工的，依据《中华人民共和国建筑法》的规定，追究其法律责任。

2. 公开招标和邀请招标的区别

两种招标方式的区别主要体现在以下几个方面：

（1）信息发布的方式不同

公开招标采用在国家或行业指定的报刊、电子网络或其他媒体上发布招标公告；邀请招标采用直接发送投标邀请书的方式发布招标信息。

（2）选择的范围不同

公开招标使用招标公告的形式，针对的是一切潜在的对招标项目感兴趣的法人或者其他组织，招标人事先不能掌握投标人的数量；邀请招标针对已经了解的法人或者其他组织，且事先已经知道投标人的数量，招标人拥有绝对的选择余地。

（3）竞争的程度不同

公开招标是面向社会的，公开招标使所有符合条件的法人或者其他组织都有机会参加投标，其竞争性体现得最为充分，容易获得最佳招标效果；邀请招标针对的对象是事先已了解的法人或其他组织，被邀请的投标人数目为3～10个，由于投标人相对较少，其竞争性是不完全充分的，招标人的选择范围相对较小，可能漏掉在技术上或报价上更有竞争力的承包商或供应商。因此，邀请招标的竞争范围没有公开招标大，竞争程度也明显不如公开招标强。

（4）公开的程度不同

公开招标中，所有活动都必须严格按照预先指定并为大家所知的程序及标准公开进行，大大减少作弊的可能性；而邀请招标的公开程度就相对逊色一些，产生不法行为的机会也就多一些。

（5）时间和费用不同

由于公开招标程序比较复杂，投标人的数量没有限定，所以其招标准备时间、评标时间和评标费用都相对较多，但是由于竞争充分，比较容易获得最优报价；邀请招标只在有限的投标人中进行，所以其招标准备时间和评标时间可大大缩短，另外还可以省去发布招标公告费用，故邀请招标的时间和费用比公开招标有所减少；但是，竞争不充分，不易获得最优报价。

总之，从上述区别看，公开招标和邀请招标各有利弊。但是，邀请招标的投标人数量有限，公开性和竞争性都远不如公开招标，容易产生违规操作和内幕交易。所以，在法律法规没有特别规定的情况下，招标人虽然可以自行选择招标方式，但是应优先选择公开招标。

7.2.4 招标的种类

1. 建设工程项目总承包招标

建设工程项目总承包招标又叫建设项目全过程招标，在国外称之为"交钥匙"承包方式。它是指从项目建议书开始，包括可行性研究报告、勘察设计、设备材料询价与采购、工程施工、生产准备、投料试车，直到竣工投产、交付使用全面实行招标。工程总承包企业根据建设单位提出的工程使用要求，对项目建议书、可行性研究、勘察设计、设备询价与选购、材料订货、工程施工、职工培训、试生产、竣工投产等实行全面投标报价。

2. 建设工程勘察招标

建设工程勘察招标是指招标人就拟建工程的勘察任务发布通告，以法定方式吸引勘察单位参加竞争，经招标人审查获得投标资格的勘察单位，按照招标文件的要求，在规定的时间内向招标人填报投标书，招标人从中选择条件优越者完成勘察任务。

3. 建设工程设计招标

建设工程设计招标是指招标人就拟建工程的设计任务发布通告，以吸引设计单位参加竞争，经招标人审查获得投标资格的设计单位按照招标文件的要求，在规定的时间内向招标人填报投标书，招标人从中择优确定中标单位来完成工程设计任务。工程设计招标通常只对设计方案进行招标，并把设计阶段划分为方案设计阶段、初步设计阶段和施工图设计阶段。一些大型复杂工程，甚至只进行概念设计招标，但为了保证设计思想能够顺利贯彻于设计的各个阶段，一般由中标单位实施技术设计或施工图设计，而不进行另外的招标。

4. 建设工程施工招标

建设工程施工招标，是指招标人就拟建的工程发布公告或者邀请，以法定方式吸引建筑施工企业参加竞争，招标人从中选择条件优越者完成工程建设任务的法律行为。

5. 建设工程监理招标

建设工程监理招标，是指招标人为了完成监理任务，以法定方式吸引监理单位参加竞争，招标人从中选择条件优越者的法律行为。监理招标的标的是"监理服务"，与工程项目建设中其他各类招标的最大区别表现为监理单位不承担物质生产任务，只是受招标人委托对生产建设过程提供监督、管理、协调和咨询等服务。由于监理招标标的具有特殊性，招标人选择中标人主要基于能力的选择，而不是仅考虑报价的高低。

6. 建设工程材料设备招标

建设工程材料设备招标，是指招标人就拟购买的材料设备发布公告或者邀请，以法定方式吸引建设工程材料设备供应商参加竞争，招标人从中选择条件优越者购买其材料设备的法律行为。

7.2.5 招标的办法

根据《中华人民共和国招标投标法》第十二条规定，工程招标有两种办法：自行招标和委托招标。

1. 自行招标

招标人具有编制招标文件和组织评标能力的，可以自行办理招标事宜。任何单位和个人不得强制其委托招标代理机构办理招标事宜。国家计委颁发的《工程建设项目自行招标试行办法》第四条规定："招标人自行办理招标事宜，应当具有编制招标文件和组织评标的能力，具体包括：

（1）具有项目法人资格或法人资格；

（2）有与招标工程相适应的工程技术、概预算、财务和工程管理等方面的专业技术力量；

（3）有从事同类工程建设项目招标的经验；

（4）设有专门的招标机构或拥有 3 名以上专职招标业务人员；

（5）熟悉和掌握《招标投标法》及有关法规规章。"

具备上述条件的招标人，应当在向国家计委报送项目可行性研究报告时，一并报送申请自行招标的书面材料。《工程建设项目自行招标试行办法》第六条规定："国家计委审查招标人报送的书面材料，核准招标人符合本办法规定的自行招标条件的，招标人可以自行办理招标事宜。任何单位和个人不得限制其自行办理招标事宜，也不得拒绝办理工程建设有关手续。"

依法必须招标的项目，招标人自行招标的，应当向建设行政主管部门备案。

2. 委托招标

招标人不具备自行招标条件的，应当委托招标代理机构代为办理招标事宜。《中华人民共和国招标投标法》第十二条规定"招标人有权自行选择招标代理机构，委托其办理招标事宜。任何单位和个人不得以任何方式为招标人指定招标代理机构。"

（1）招标代理机构的概念

招标代理机构是指依法设立、从事招标代理业务并提供相关服务的社会中介组织。成立于 1984 年的中国技术进出口总公司国际招标公司（后改为中技国际招标公司）是我国第一家招标代理机构。目前，全国专门从事招标代理业务的机构已有数百家。

（2）招标代理机构必须具备的条件

根据《中华人民共和国招标投标法》第十三条规定：招标代理机构必须具备下列条件：

① 有从事招标代理业务的营业场所和相应资金

营业场所是提供代理服务的固定地点，注册资金是从事招标活动的基础，根据我国现行法律的规定，甲、乙两级招标代理机构的注册资金分别不得少于 100 万元和 50 万元。

② 具有编制招标文件和组织评标的专业力量

招标文件是联系沟通招标、投标双方的桥梁，招标文件的准确性、严谨性将直接影响招标质量，也是招标成败的关键。评标水平的高低，将直接影响招标的效果，也将决定招标的公正性。因此，具有编制招标文件和组织评标的业务能力是招标代理机构必须具备的基本条件。

③ 有符合法律规定，可以作为评标委员会成员人选的技术、经济等方面的专家库

为保证评标的公正性和权威性，《中华人民共和国招标投标法》第三十七条规定："评标委员会必须有技术、经济、法律等方面的专家参加，且其人数不少于评标委员会总人数三分之二。"参加评标的专家采取随机抽取的方式从专家库中产生。因此，招标代理机构必须具有符合法律规定的专家库。关于专家库的建立，有以下要求：专家库的人选要求是从事相关领域工作满 8 年并具有高级职称或具有同等专业水平的技术、经济等方面的人员；专家的专业范围必须能涵盖本行业或专业招标所需的各个方面；专家库人员的数量应能满足建库的要求。

（3）招标代理机构的从业资格

为保证招标代理机构的业务素质和专业水平，《中华人民共和国招标投标法》第十四条规定："从事工程建设项目招标代理业务的招标代理机构，其资格由国务院或者省、自治区、直辖市人民政府的建设行政主管部门认定。具体办法由国务院建设行政主管部门会同国务院有关部门制定。从事其他招标代理业务的招标代理机构，其资格认定的主管部门由国务院规定。招标代理机构与行政机关和其他国家机关不得存在隶属关系或者其他利益关系。"我国的招标代理机构的资格分为甲、乙两级。

7.2.6　招标投标的程序

虽然各类招标投标的内容有差异，但招标投标程序通常都是类似的，一般需经过三个阶段，即招标准备阶段、招标阶段和定标成交阶段。

1. 招标准备阶段

招标准备阶段是从办理招标申请开始到发出招标公告或邀请招标函为止的时间段，这一阶段的主要工作包括招标人组建招标机构、选择招标方式、办理招标审批手续及编制与招标有关的各种文件。

（1）组建招标机构

招标人根据项目情况及自身能力，按照国家相关法律法规的规定，组建招标机构或委托招标代理机构。

（2）选择招标方式

招标人按照国家相关法律及项目的情况，选择公开招标或邀请招标方式。

（3）招标人办理招标审批手续

建设工程项目具备必要的条件后，招标人可向当地建设行政主管部门或其招标办事机构提出招标申请，申请文件应说明：招标工作的范围、招标方式、计划工期、对投标人的资质要求、招标项目的前期准备工作的完成情况、自行招标还是委托招标等内容，上述内容经有关机构审查批准后，招标人方可开展招标活动。

（4）编制与招标有关的各种文件

招标准备阶段应编制好招标过程中可能涉及的有关文件，保证招标活动的正常进行。这些文件主要包括：招标公告或投标邀请书、资格预审文件、招标文件、合同协议书及评标方法。

① 招标公告

招标人采用公开招标方式的，应当发布招标公告。《工程建设项目施工招标投标办法》第十四条规定："招标公告或者投标邀请书应当至少载明下列内容：

1）招标人的名称和地址；

2）招标项目的内容、规模、资金来源；

3）招标项目的实施地点和工期；

4）获取招标文件或者资格预审文件的地点和时间；

5）对招标文件或者资格预审文件收取的费用；

6）对投标人的资质等级的要求。"

为了规范招标公告发布行为，保证潜在投标人平等、便捷、准确地获取招标信息，原国家发展计划委员会发布了《招标公告发布暂行办法》，自 2000 年 7 月 1 日起执行。

拟发布的招标公告文本有下列情形之一的，有关媒介可以要求招标人或其委托的招标代理机构及时予以改正、补充或调整：

1）字迹潦草、模糊，无法辨认的；

2）载明的事项不符合规定的；

3）没有招标人或其委托的招标代理机构主要负责人签名并加盖公章的；

4）在两家以上媒介发布的同一招标公告的内容不一致的。

指定媒介发布的招标公告的内容与招标人或其委托的招标代理机构提供的招标公告文本不一致，并造成不良影响的，应当及时纠正重新发布。

② 投标邀请书

采用邀请招标方式的，应当发出投标邀请书，其内容与上述招标公告的内容基本一致。在邀请招标中，招标人有可能故意邀请一些不符合条件的法人作为内定中标人的陪衬，搞假招标。为了防止这种现象的发生，《中华人民共和国招标投标法》对邀请招标的对象所应具备的条件做出限制，即投标邀请书应当向 3 个以上具备承担招标项目能力、资信良好的特定的法人发出。

③ 招标文件

2007 年 11 月 1 日，国家发展和改革委员会、财政部、建设部、铁道部、交通部、信息产业部、水利部、民用航空总局、广播电影电视总局联合发布了《标准施工招标文件》，自 2008 年 5 月 1 日起在政府投资项目中试行。《标准施工招标文件》包括了四卷：第一卷的内容有招标公告（未进行资格预审）、投标邀请书、投标人须知、评标办法、合同条款及格式、工程量清单；第二卷的内容是图纸；第三卷的内容是技术标准和要求；第四卷的内容是投标文件格式。

《工程建设项目施工招标投标办法》第二十四条规定："招标人根据施工招标项目的特点和需要编制招标文件。招标文件一般包括下列内容：

1）投标邀请书；

2）投标人须知；

3）合同主要条款；

4）投标文件格式；

5）采用工程量清单招标的，应当提供工程量清单；

6）技术条款；

7）设计图纸；

8）评标标准和方法；

9）投标辅助材料。

招标人应当在招标文件中规定实质性要求和条件，并用醒目的方式标明。"

④ 标底

设有标底的招标项目，招标人应当编制标底。标底是指由招标单位自行编制或委托具有编制标底资格和能力的代理机构代理编制的招标人对工程的预期价格。《工程建设项目施工招标投标办法》第二十二条规定："招标人可根据项目特点决定是否编制标底。编制标底的，标底编制过程和标底必须保密。招标项目编制标底的，应根据批准的初步设计、投资概算，依据有关计价办法，参照有关工程定额，结合市场供求状况，综合考虑投资、工期和质量等方面的因素合理确定。标底由招标人自行编制或委托中介机构编制。一个工程只能编制一个标底。任何单位和个人不得强制招标人编制或报审标底，或干预其确定标招标项目可以不设标底，进行无标底招标。"工程施工标底价格应在投标截止日期后、开标之前按规定报招标管理机构审查，招标管理机构在规定时间内完成标底的审定工作，未经审查的标底一律无效。标底一般由下列内容组成：

1）标底的综合编制说明；

2）标底价格审定书、标底价格计算书、带有价格的工程量清单、现场因素、各种施工措施费的测算明细以及采用固定价格工程的风险系数测算明细等；

3）主要材料用量；

4）标底附件：如各项交底纪要、各种材料和设备的价格来源、现场的地质、水文、地上情况的有关资料、编制标底价格所依据的施工方案或施工组织设计等。

常用的编制标底的方法主要有两种：工料单价法和综合单价法。

2. 招标阶段

招标阶段，也是投标人的投标阶段，即从发布招标公告之日起到投标截止之日的时间段。这一阶段的主要工作包括资格审查、发售招标文件、组织踏勘现场、投标前的答疑及招标文件的澄清与修改等工作。

（1）资格审查

一般来说，资格审查可分为资格预审和资格后审。资格预审是在投标前对潜在投标人进行的资格审查；资格后审是在投标后（一般是在开标后）对投标人进行的资格审查。进行资格预审的，一般不再进行资格后审，但招标文件另有规定的除外。采用资格审查程序，可以缩减招标人评审和比较投标文件的数量。如果越过这道程序，直接对投标文件进行比较，不仅费用要高得多，也更加耗费时间。

《工程建设项目施工招标投标办法》第二十条规定：资格审查应主要审查潜在投标人或者投标人是否符合下列条件：

1）具有独立订立合同的权利；

2）具有履行合同的能力，包括专业、技术资格和能力，资金、设备和其他物质设施状况，管理能力，经验、信誉和相应的从业人员；

3）没有处于被责令停业，投标资格被取消，财产被接管、冻结，破产状态；

4）在最近三年内没有骗取中标和严重违约及重大工程质量问题；

5）法律、行政法规规定的其他资格条件。

资格审查时，招标人不得以不合理的条件限制、排斥潜在投标人或者投标人，不得对潜在投标人或者投标人实行歧视待遇。任何单位和个人不得以行政手段或者其他不合理方式限制投标人的数量。

经资格预审后，招标人应当向资格预审合格的潜在投标人发出资格预审合格通知书，告知获取招标文件的时间、地点和方法，并同时向资格预审不合格的潜在投标人告知资格预审结果。资格预审不合格的潜在投标人不得参加投标。经资格后审不合格的投标人的投标应作废标处理。

（2）招标文件的发售

招标文件一般按照套数发售。向投标人供应招标文件套数的多少可以根据招标项目的复杂程度等来确定，一般都是一个投标人一套。对于大型或者结构复杂的建设工程，招标文件篇幅较大，招标人根据文件的不同性质，可分为若干卷次。

《工程建设项目勘察设计招标投标办法》第十二条规定：招标人应当按招标公告或者投标邀请书规定的时间、地点出售招标文件，自招标文件出售之日起至停止出售之日止，最短不得少于 5 个工作日。

《工程建设项目施工招标投标办法》第十五条规定："对招标文件或者资格预审文件收费应当合理，不得以营利为目的。对于所附的设计文件，招标人可以向投标人酌收押金；对于开标后投标人退还设计文件的，招标人应当向投标人退还押金。招标文件或者资格预审文件售出后，不予退还，招标人在发布招标公告、发出投标邀请书后或者售出招标文件或资格预审文件后不得擅自终止招标。"

（3）招标人组织踏勘现场

《中华人民共和国招标投标法》第二十一条规定，招标人根据招标项目的具体情况，可以组织潜在投标人踏勘项目现场。

建设工程现场踏勘主要包括以下内容：

① 自然地理条件

主要有工程所在地的地理位置、地形地貌、用地范围、气象、水文情况（如气温、湿度、风力、降雨）、地质情况等。

② 施工条件

施工场地四周的情况，布置临时设施、生活营地的可能性；供水排水、供电、通信、道路交通条件；附近现有建筑物情况；所在地段环境保护情况，有无噪声标准、限时施工等规定；材料运输、对方场地情况等；工程在现场中的位置与布置情况；临时用地、临时设施搭建等。

③ 市场环境

建筑及装饰材料、施工机械设备、燃料动力和生活用品供应情况以及价格水平；劳务市场情况，包括工人的技术水平、工资水平，有关劳动保险和福利待遇的规定等。

投标人对招标文件或者在现场踏勘中如果有疑问或不清楚的问题，可以而且应当用书面的形式要求招标人予以解答。招标人收到投标人提出的疑问或不清楚的问题后，应当给予解释和答复。

（4）召开标前会议

标前会议，也称投标预备会或答疑会。对于潜在投标人在阅读招标文件和现场踏勘中提出的疑问，招标人可以书面形式或召开投标预备会的方式解答，并以书面形式通知所有购买招标文件的投标人，该书面文件为招标文件的组成部分。

标前会议应在招标管理机构监督下，由招标人或其委托的招标代理机构组织并主持召开，参加会议的人员包括招标人、投标人、招标代理人员、招标文件的编制人员等。

（5）招标文件的澄清和修改

《中华人民共和国招标投标法》第二十三条规定："招标人对已发出的招标文件进行必要的澄清或者修改的，应当在招标文件要求提交投标文件截止时间至少十五日前，以书面形式通知所有招标文件收受人。该澄清或者修改的内容为招标文件的组成部分。"

3．定标成交阶段

定标成交阶段，即从开标之日起到与中标人签订承包合同为止的时间段。这一阶段的主要工作包括开标、评标和授标，该阶段的具体内容详见本章第四节。

7.2.7　关于招标的其他法律规定

为了维护投标人之间的公平竞争，《中华人民共和国招标投标法》作了一些约束招标人行为的规定，主要有：

（1）第十八条规定："招标人不得以不合理的条件限制或排斥潜在投标人，不得对投标的潜在投标人实行歧视性待遇。"本条规定主要为防止一些利用不合理的评标标准、设置多个标底等手段限制或排斥潜在投标人的违法行为。

（2）第二十条规定："招标文件不得要求或者表明特定的生产供应者以及含有倾向或排斥潜在投标人的其他内容。"

（3）第二十二条规定："招标人不得向他人透漏已获取招标文件的潜在投标人的名称、

数量以及可能影响公平竞争的有关招标投标的其他情况。招标人设有标底的，标底必须保密。"

（4）第二十四条规定："招标人应当确定投标人编制投标文件所需要的合理时间；但是，依法必须进行招标的项目，自招标文件开始发出之日起至投标提交投标文件截止之日止，最短不得少于二十日。"

（5）第三十一条规定："招标人不得强制投标人组成联合体投标，不得限制投标人之间的竞争。"

7.3 建设工程投标

7.3.1 投标人应具备的条件

投标是指投标人从填写资格预审调查开始到将正式投标文件送交业主到最后中标签订承包合同为止所进行的全部工作。

《中华人民共和国招标投标法》第二十五条规定："依法招标的科研项目允许个人参加投标的，投标的个人适用本法有关投标人的规定。"

《工程建设项目施工招标投标办法》第三十五条规定："投标人是指响应投标，参加投标竞争的人。招标人的任何不具备独立法人资格的附属机构和附属单位，或为招标项目的前期准备或监理工作提供设计、咨询服务的任何法人及其任何附属机构和附属单位，都不允许参加该施工项目招标的投标。"

《中华人民共和国招标投标法》第二十六条规定："投标人应当具备承担招标项目的能力；国家有关规定对投标人资格条件或者招标文件对投标人资格条件有规定的，投标人应当具备规定的资格条件。"

7.3.2 投标程序

1. 投标准备

在正式投标前，投标人应做好大量的准备工作，这些准备工作包括以下几个方面：

（1）投标项目宏观环境的调查

① 政策法律

投标人需了解项目所在地的政治形势、国家政策、风俗习惯、宗教信仰、工会活动情况以及当地的治安状况等。

② 自然条件

投标人需了解项目所在地的自然条件，包括项目所在地的年平均气温、年最高气温和年最低气温，风向图、最大风速和风压值，日照，年平均降雨（雪）量和最大降雨（雪）量，年平均湿度、最高和最低湿度，其中尤其要分析全年不能和不宜施工的天数；地震、洪水及其他灾害情况；水文、地质、地形、地貌、气温、湿度、主导风向、年降水量等，以及洪水、台风等自然灾害状况。

③ 市场情况

调查的内容主要包括：建筑材料、施工机械设备、燃料、动力、水和生活用品的供应情况及价格水平；劳务市场情况如工人工资水平、有关劳动保护和福利待遇的规定等。

（2）投标项目微观环境调查

① 投标项目情况

项目的情况包括：工程类型、规模、发包范围；工程现场邻近建筑物与招标工程的间距、结构形式、基础埋深、新旧程度、高度；地上或地下障碍物情况；工程材料选用的特点及当地建材的供应能力、工程施工的重难点；工程总工期要求及工期控制的重点；施工现场的地形特点、地下水位情况、地基是否有大孔土、膨胀土、冬季冻土层厚度、"三通一平"情况；工程资金来源及到位情况、本工程各项审批手续是否齐全；设计工程师和监理工程师的资历等。

② 业主情况

业主情况包括：业主的资信情况、履约情况、业主以往对其他工程的资金付款情况、对本工程需求情况等。

③ 竞争对手情况

投标人需了解参与项目竞争的其他投标人的情况，包括技术特长、管理水平、经营状况等，并与竞争对手进行优劣势对比分析，为制定合理的投标竞争策略奠定基础。

2. 投标文件的编制

投标文件是投标人根据招标人在招标文件中的要求并结合自身的情况而编制以提供给招标人的一系列文件。《中华人民共和国招标投标法》第二十七条规定："投标人应当按照招标文件的要求编制投标文件。投标文件应当对招标文件提出的实质性要求和条件作出响应。招标项目属于建设施工的，投标文件的内容应当包括拟派出的项目负责人与主要技术人员的简历、业绩和拟用于完成招标项目的机械设备等。"

《房屋建筑与市政基础设施工程施工招标投标管理办法》第二十五条规定："招标文件允许投标人提供备选标的，投标人可以按照招标文件的要求提交替代方案，并做出相应报价作备选标。"

《建筑工程设计招标投标管理办法》第十三条规定："投标人应当按照招标文件、建筑方案设计文件编制深度规定的要求编制投标文件；进行概念设计招标的，应当按照招标文件要求编制投标文件。投标文件应当由具有相应资格的注册建筑师签章，加盖单位公章。"

《工程建设项目施工招标投标办法》第三十六条规定："投标人应当按照招标文件的要求编制投标文件。投标文件应当对招标文件提出的实质性要求和条件做出响应。投标文件一般包括下列内容：

（1）投标函；

（2）投标报价；

（3）施工组织设计；

（4）商务和技术偏差表。

投标人根据招标文件载明的项目实际情况，拟在中标后将中标项目的部分非主体、非关键性工作进行分包的，应当在投标文件中载明。"

投标文件是衡量一个施工企业的资历、质量和技术水平、管理水平的综合文件，也是审标和决标的主要依据。投标人做出投标决策之后，就应着手按照招标文件的要求编制标书，对招标文件提出的实质性要求和条件作出响应。

在编制投标文件时，应注意做好校核工程量、编制施工规划以及报价计算等工作。

3. 投标文件的送达

投标人应当将投标文件的正本和每份副本分别密封在内层包封，再密封在一个外层包封中，并在内包封上正确标明"投标文件正本"或"投标文件副本"。

《中华人民共和国招标投标法》第二十八条规定："投标人应当在招标文件要求提交投标文件的截止时间前，将投标文件送达投标地点。招标人收到投标文件后，应当签收保存，不得开启。投标人少于三个的，招标人应当依照本法重新招标。在招标文件要求提交投标文件的截止时间后送达的投标文件，招标人应当拒收。"

《工程建设项目施工招标投标办法》第三十八条规定："投标人应当在招标文件要求提交投标文件的截止时间前，将投标文件密封送达投标地点。招标人收到投标文件后，应当向投标人出具标明签收人和签收时间的凭证，在开标前任何单位和个人不得开启投标文件。在招标文件要求提交投标文件的截止时间后送达的投标文件，为无效的投标文件，招标人应当拒收。提交投标文件的投标人少于三个的，招标人应当依法重新招标。重新招标后投标人仍少于三个的，属于必须审批的工程建设项目，报经原审批部门批准后可以不再进行招标；其他工程建设项目，招标人可自行决定不再进行招标。"

4. 投标文件的补充、修改或者撤回

《中华人民共和国招标投标法》第二十九条规定："投标人在招标文件要求提交投标文件的截止时间前，可以补充、修改、替代或者撤回已提交的投标文件，并书面通知招标人。补充、修改的内容为投标文件的组成部分。"

《工程建设项目施工招标投标办法》第四十条规定："在提交投标文件截止时间后到招标文件规定的投标有效期终止之前，投标人不得补充、修改、替代或者撤回其投标文件。投标人补充、修改、替代投标文件的，招标人不予接受；投标人撤回投标文件的，其投标保证金将被没收。"投标有效期是指从招标文件规定的提交投标文件截止之日起到招标文件规定的截止日期止，在此期限内投标文件对投标人具有法律约束力，投标有效期用来保证招标人有足够时间，完成评标和与中标人签订合同等工作。

【例题】 某施工项目招标，招标文件开始出售的时间为 3 月 20 日，停止出售的时间为 3 月 30 日，提交投标文件的截止时间为 4 月 25 日，评标结束的时间为 4 月 30 日，则投标有效期开始的时间为（   ）。

A. 3 月 20 日   B. 3 月 30 日   C. 4 月 25 日   D. 4 月 30 日

【答案】 C。

7.3.3 投标担保

1. 投标担保的概念

投标担保，是指为了防止投标人不谨慎进行投标活动而设定的一种担保形式。招标人不希望投标人在投标有效期内随意撤回标书或中标后不能提交履约保证金和签署合同。

2. 投标担保的形式及金额

《工程建设项目施工招标投标办法》第三十七条规定："招标人可以在招标文件中要求投标人提交投标保证金。投标保证金除现金外，可以是银行出具的银行保函、保兑支票、银行汇票或现金支票。

投标保证金一般不得超过投标总价的百分之二，但最高不得超过八十万元人民币。投标保证金有效期应当超出投标有效期三十天。

投标人应当按照招标文件要求的方式和金额，将投标保证金随投标文件提交给招标人。

投标人不按招标文件要求提交投标保证金的，该投标文件将被拒绝，作废标处理。"

7.3.4 联合体投标

1. 联合体投标的概念

联合体投标是招标投标活动中一种特殊的投标人形式，常见于一些大型复杂的项目，这些项目仅靠单一投标人的能力不可能独立完成，投标人通常组成联合体参与投标，以增强投标竞争力。尤其是在国际工程承包中，联合投标是实现不同投标人优势互补，跨地区和国家市场屏蔽的有效方式。但是，联合投标应当是潜在投标人的自愿行为，也只有以自愿为基础，才能发挥联合体的优势。

（1）联合体的法律地位。联合体是由多个法人或经济组织组成，但它在投标时是作为一个独立的投标人出现的，具有独立的民事权利能力和民事行为能力。

（2）联合体的资格。《中华人民共和国招标投标法》第三十一条规定：组成联合体各方均应具备相应的投标资格；由同一专业的单位组成的联合体，按照资质等级较低的单位确定资质等级。

（3）联合体各方的法律责任。联合体各方应签订共同投标协议，明确约定各方在拟承包的工程中所承担的义务和责任，并将共同投标协议连同投标文件提交招标人。联合体各方对中标的项目承担连带责任。联合体中的某一方违反合同，招标人都有权要求其中的任何一方承担全部责任。

（4）投标人的意思自治。投标时，投标人是否与他人组成联合体，与谁组成联合体，都由投标人自行决定，任何人都不得干涉。

2. 关于联合体投标的相关法律规定

《中华人民共和国招标投标法》第三十一条规定："两个以上法人或者其他组织可以组成一个联合体，以一个投标人的身份共同投标。

联合体各方均应当具备承担招标项目的相应能力；国家有关规定或者招标文件对投标人资格条件有规定的，联合体各方均应当具备规定的相应资格条件。由同一专业的单位组成的联合体，按照资质等级较低的单位确定资质等级。

联合体各方应当签订共同投标协议，明确约定各方拟承担的工作和责任，并将共同投标协议连同投标文件一并提交招标人。联合体中标的，联合体各方应当共同与招标人签订合同，就中标项目向招标人承担连带责任。

招标人不得强制投标人组成联合体共同投标，不得限制投标人之间的竞争。"

《工程建设项目施工招标投标办法》第四十二条规定："两个以上法人或者其他组织可以组成一个联合体，以一个投标人的身份共同投标。

联合体各方签订共同投标协议后，不得再以自己名义单独投标，也不得组成新的联合体或参加其他联合体在同一项目中投标。"

《工程建设项目施工招标投标办法》第四十三条规定："联合体参加资格预审并获通过的，其组成的任何变化都必须在提交投标文件截止之日前征得招标人的同意。如果变化后的联合体削弱了竞争，含有事先未经过资格预审或者资格预审不合格的法人或者其他组织，或者使联合体的资质降到资格预审文件中规定的最低标准以下，招标人有权拒绝。"

《工程建设项目施工招标投标办法》第四十四条规定："联合体各方必须指定牵头人，

授权其代表所有联合体成员负责投标和合同实施阶段的主办、协调工作，并应当向招标人提交由所有联合体成员法定代表人签署的授权书。"

《工程建设项目施工招标投标办法》第四十五条规定："联合体投标的，应当以联合体各方或者联合体中牵头人的名义提交投标保证金。以联合体中牵头人名义提交的投标保证金，对联合体各成员具有约束力。"

7.3.5 关于工程投标的其他法律规定

《中华人民共和国招标投标法》第三十二条规定："投标人不得相互串通投标报价，不得排挤其他投标人的公平竞争，损害招标人或者其他投标人的合法权益。

投标人不得与招标人串通投标，损害国家利益、社会公共利益或者他人的合法权益。

禁止投标人以向招标人或者评标委员会成员行贿的手段谋取中标。"

《中华人民共和国招标投标法》第三十三条规定："投标人不得以低于成本的报价竞标，也不得以他人名义投标或者以其他方式弄虚作假，骗取中标。"

《工程建设项目施工招标投标办法》第四十六条规定："下列行为均属投标人串通投标报价：

（1）投标人之间相互约定抬高或压低投标报价；

（2）投标人之间相互约定，在招标项目中分别以高、中、低价位报价；

（3）投标人之间先进行内部竞价，内定中标人，然后再参加投标；

（4）投标人之间其他串通投标报价的行为。"

《工程建设项目施工招标投标办法》第四十七条规定："下列行为均属招标人与投标人串通投标：

（1）招标人在开标前开启投标文件，并将投标情况告知其他投标人，或者协助投标人撤换投标文件，更改报价；

（2）招标人向投标人泄露标底；

（3）招标人与投标人商定，投标时压低或抬高标价，中标后再给投标人或招标人额外补偿；

（4）招标人预先内定中标人；

（5）其他串通投标行为。"

《工程建设项目施工招标投标办法》第四十八条规定："投标人不得以他人名义投标。

前款所称以他人名义投标，指投标人挂靠其他施工单位，或从其他单位通过转让或租借的方式获取资格或资质证书，或者由其他单位及其法定代表人在自己编制的投标文件上加盖印章和签字等行为。"

7.4　建设工程开标、评标和中标

7.4.1 开标

开标，指投标截止后，招标人按招标文件所规定的时间和地点，开启投标人提交的投标文件，公开宣布投标人的名称、投标价格及投标文件中的其他主要内容的活动。

开标应当公开进行，即应当向所有投标人公开投标文件，其行为完全是在投标人及有关机构的监督下进行的，从而体现招标投标活动的公平、公正、公开和诚实信用的原则。

1. 开标的时间和地点

《中华人民共和国招标投标法》第三十四条规定："开标应当在招标文件确定的提交招标文件截止时间的同一时间公开进行，开标地点应当为招标文件中预先确定的地点。"

提交投标文件截止时间即是开标时间，它一般精确至某年某月某时某分。这样规定能避免开标与投标截止时间之间产生时间间隔，从而防止泄露投标内容等一些不正当行为的发生。

开标地点应当为招标文件中预先确定的地点。招标人应当在招标文件中对开标地点做出明确、具体的规定，以便投标人及有关方面按照招标文件规定的开标时间到达开标地点。

2. 开标的主持人和参加人

《中华人民共和国招标投标法》第三十五条规定："开标由招标人主持，邀请所有投标人参加。"投标人或者他们的代表则不论是否被邀请，都有权参加开标，不能因为投标人或者其代表没有参加开标而宣布其投标文件为废标。邀请所有投标人参加，是为了保证招投标的公正，使他们了解开标的过程和其他投标人的投标情况，从而对评标结果是否合理有一判断，这对招标可起到一定的监督作用。开标时，还可邀请招标主管部门、评标委员会、公证部门的有关人员参加。

3. 开标程序

《中华人民共和国招标投标法》第三十六条规定："开标时，由投标人或者其推选的代表检查投标文件的密封情况，也可以由招标人委托的公证机构检查并公证；经确认无误后，由工作人员当众拆封，宣读投标人名称、投标价格和投标文件的其他主要内容。

招标人在招标文件要求提交投标文件的截止时间前收到的所有投标文件，开标时都应当当众予以拆封、宣读。开标过程应当记录，并存档备查。"根据该规定，开标可分为以下几个程序：

（1）投标文件密封情况的检查

主持人应请由投标人或者其推选的代表当众检查所有已经接收的投标文件密封情况，并签字确认。招标人也可委托公证机构检查所有已经接收的投标文件密封情况，并当众宣布检查结果。

（2）投标文件的拆封

由招标人或招标代理机构的工作人员当众拆封所有符合密封要求的投标文件。

（3）唱标

唱标人应按照招标文件中规定的唱标内容和要求，宣读投标人名称、投标价格、质量目标、工期和投标文件的其他主要内容，所有在投标致函中提出的附加条件、补充声明、优惠条件、替代方案等均应宣读。如果设有标底，也应同时公布。

如投标文件没有密封，或有被开启的痕迹，应被认定为投标无效，其内容不予宣读。

（4）开标过程记录和保存

在宣读投标人名称、投标价格和投标文件的其他主要内容时，招标主持人对公开开标所读的每一项，按照开标时间的先后顺序进行记录，由主持人和其他工作人员签字确认后，存档备查。开标记录的内容包括：项目名称、招标号、刊登招标公告的日期、发售招标文件的日期、购买招标文件的单位名称、投标人的名称及报价、截标后收到投标文件的处理情况等。

4. 投标文件无效的几种情形

《工程建设项目施工招标投标办法》第五十二条规定："投标文件有下列情形之一的，招标人不予受理：

（1）逾期送达的或者未送达指定地点的。

（2）未按招标文件要求密封的。

投标文件有下列情形之一的，由评标委员会初审后按废标处理：

（1）无单位盖章并无法定代表人或法定代表人授权的代理人签字或盖章的；

（2）未按规定的格式填写，内容不全或关键字迹模糊、无法辨认的；

（3）投标人递交两份或多份内容不同的投标文件，或在一份投标文件中对同一招标项目报有两个或多个报价，且未声明哪一个有效，按招标文件规定提交备选投标方案的除外；

（4）投标人名称或组织结构与资格预审时不一致的；

（5）未按招标文件要求提交投标保证金的；

（6）联合体投标未附联合体各方共同投标协议的。"

《房屋建筑与市政基础设施工程施工招标投标管理办法》第三十五条的规定："在开标时，投标文件出现下列情形之一的，应当作为无效投标文件，不得进入评标：

（1）投标文件未按照招标文件的要求予以密封的；

（2）投标文件中的投标函未加盖投标人的企业及企业法定代表人印章的，或者企业法定代表人委托代理人没有合法、有效的委托书（原件）及委托代理人印章的；

（3）投标文件的关键内容字迹模糊、无法辨认的；

（4）投标人未按照招标文件的要求提供投标保函或者投标保证金的；

（5）组成联合体投标的，投标文件未附联合体各方共同投标协议的。"

【例题1】 某投标人在提交投标文件时，夹带了一封修改投标报价的函件，但开标时该函件没有当众拆封宣读。只宣读了修改前的报价单上填报的投标价格。该投标人当时没有异议。这份修改投标报价的函件应视为（   ）。

A. 有效　　　　　　　　　　　　　　　B. 无效

C. 经澄清说明后有效　　　　　　　　　D. 在招标人同意接受的情况下有效

【答案】 C。该函件是有效的，招标人在招标文件要求提交投标文件的截止时间前收到的所有投标文件，在开标时都应当当众予以拆封、宣读。该文件开标时未宣读，所以，投标人应当向评标委员会澄清，澄清后该函件有效。

【例题2】 某建设项目递交投标文件的截止时间为 2010 年 3 月 1 日上午 9 时，某投标人由于交通拥堵于 2010 年 3 月 1 日上午 9 时 5 分将投标文件送达，开标当时的正确做法是（   ）。

A. 招标人不予受理，该投标文件作为无效标书处理

B. 经招标办审查批准后，该投标有效，可以进入开标程序

C. 经其他全部投标人过半数同意，该投标可以进入开标程序

D. 由评标委员会按废标处理

【答案】 A。

7.4.2　评标

评标，是指依据招标文件的规定和要求，对投标文件所进行的审查、评审和比较，最终确定中标人的过程，评标由招标人组建的评标委员会负责。

为了规范评标活动，保证评标的公平、公正，2001年7月，国家计委、国家经贸委、建设部、铁道部、交通部、信息产业部、水利部联合制定了《评标委员会和评标方法暂行规定》（简称《评标规定》）。2003年2月22日，国家计委又发布了《评标专家和评标专家库管理暂行办法》。

1. 评标委员会和评标专家

（1）评标委员会和评标专家

评标委员会由招标人负责组建，负责评标活动，向招标人推荐中标候选人或者根据招标人的授权直接确定中标人。

《中华人民共和国招标投标法》第三十七条第一款规定："评标由招标人依法组建的评标委员会负责。依法必须进行招标的项目，其评标委员会由招标人的代表和有关技术、经济、法律等方面的专家组成，人数应在五人以上并为单数，其中技术、经济、法律等方面的专家不得少于成员总数的三分之二。"

（2）评标专家库

评标专家库由省级（含省级）以上人民政府有关部门或者依法成立的招标代理机构依照《中华人民共和国招标投标法》的规定自主组建。《中华人民共和国招标投标法》第三十七条第二款规定："前款专家应当从事相关领域工作满八年并具有高级职称或者具有同等专业水平，由招标人从国务院有关部门或者省、自治区、直辖市人民政府有关部门提供的专家名册或者招标代理机构的专家库内的相关专业的专家名单中确定；一般招标项目可以采取随机抽取方式，特殊招标项目可以由招标人直接确定。

与投标人有利害关系的人不得进入相关项目的评标委员会；已经进入的应当更换。

评标委员会成员的名单在中标结果确定前应当保密。"

2. 评标方法

《评标规定》第二十九条规定："评标方法包括经评审的最低投标价法、综合评估法或者法律、行政法规允许的其他评标方法。"

（1）经评审的最低投标价法

《评标规定》第三十条规定："经评审的最低投标价法一般适用于具有通用技术、性能标准或者招标人对其技术、性能没有特殊要求的招标项目。"

《评标规定》第三十一条规定："根据经评审的最低投标价法，能够满足招标文件的实质性要求，并且经评审的最低投标价的投标，应当推荐为中标候选人。"

《评标规定》第三十二条规定："采用经评审的最低投标价法的，评标委员会应当根据招标文件中规定的评标价格调整方法，对所有投标人的投标报价以及投标文件的商务部分作必要的价格调整。

采用经评审的最低投标价法的，中标人的投标应当符合招标文件规定的技术要求和标准，但评标委员会无需对投标文件的技术部分进行价格折算。"

《评标规定》第三十三条规定：根据经评审的最低投标价法完成详细评审后，评标委员会应当拟定一份"标价比较表"，连同书面评标报告提交招标人。"标价比较表"应当载明投标人的投标报价、对商务偏差的价格调整和说明以及经评审的最终投标价。

经评审的最低投标价法的优点主要在于操作简单、目标明了，一些政府招标项目就采取这样的办法；一旦招标文件对标书技术参数表述不全，或评标专家对技术细节察看得不细，就容易导致投标方以低价中标，然后通过降标准、换材料等方式将风险最终转嫁到业主身上。

（2）综合评估法

《评标规定》第三十四条规定："不宜采用经评审的最低投标价法的招标项目，一般应当采取综合评估法进行评审。"

《评标规定》第三十五条规定："根据综合评估法，最大限度地满足招标文件中规定的各项综合评价标准的投标，应当推荐为中标候选人。

衡量投标文件是否最大限度地满足招标文件中规定的各项评价标准，可以采取折算为货币的方法、打分的方法或者其他方法。需量化的因素及其权重应当在招标文件中明确规定。"

《评标规定》第三十六条规定："评标委员会对各个评审因素进行量化时，应当将量化指标建立在同一基础或者同一标准上，使各投标文件具有可比性。

对技术部分和商务部分进行量化后，评标委员会应当对这两部分的量化结果进行加权，计算出每一投标的综合评估价或者综合评估分。"

《评标规定》第三十七条规定："根据综合评估法完成评标后，评标委员会应当拟定一份'综合评估比较表'，连同书面评标报告提交招标人。'综合评估比较表'应当载明投标人的投标报价、所作的任何修正、对商务偏差的调整、对技术偏差的调整、对各评审因素的评估以及对每一投标的最终评审结果。"

综合评估法是指将评审内容分类后分别赋予不同权重，评标委员依据评分标准对各类内容细分的小项进行打分，根据预先设定好的权重，计算出每一投标的综合评估价或者综合评估分。总得分反映投标人的综合水平，按照得分高低来确定排名顺序和中标候选人。

这种评标方法的优点就是定标过程所参照的因素比较综合，评标结果量化，说服力比较强；其缺点就是评标过程组织起来相对复杂一些。

3. 评标程序

小型招标项目的评标可以采用"即开、即评、即定"的方法，简化评标程序；对于大型、复杂工程项目的评标因评审内容复杂，通常分为初步评审和详细评审两个步骤。

（1）初步评审

初步评审的内容包括对投标文件的符合性评审、技术性评审和商务性评审。

① 符合性评审

投标文件的符合性评审包括商务符合性和技术符合性鉴定，投标文件应实质上响应招标文件的所有条款、条件，无显著的差异或保留。评标委员会应当根据招标文件，审查并逐项列出投标文件的全部投标偏差。投标偏差分为重大偏差和细微偏差。

1）重大偏差

未作实质性响应的重大偏差主要包括：没有按照招标文件要求提供投标担保或者提供的投标担保有瑕疵；没有按照招标文件要求由投标人授权代表签字并加盖公章；投标文件记载的招标项目完成期限超过招标文件规定的完成期限；明显不符合技术规格、技术标准要求；投标附有招标人不能接收的条件；不符合招标文件中规定的其他实质性要求。

2）细微偏差

细微偏差指投标文件在实质上响应招标文件要求，但在个别地方存在漏项或者提供了不完整的技术信息和数据等情况，并且补正这些遗漏或者不完整不会对其他投标人造成不公平的结果。

所有存在重大偏差的投标文件都属于初评中应淘汰的标书。对于存在细微偏差的投标文件，经过修正后，可作为有效标书。属于细微偏差的标书，评标委员会可以要求投标人予以书面澄清、说明或者补正，但不得超出投标文件的范围或者改变投标文件的实质性内容。

《工程建设项目施工招标投标办法》第五十条规定："投标文件有下列情形之一的，招标人不予受理：

a. 逾期送达的或者未送达指定地点的；

b. 未按招标文件要求密封的。

投标文件有下列情形之一的，由评标委员会初审后按废标处理：

a. 无单位盖章并无法定代表人或法定代表人授权的代理人签字或盖章的；

b. 未按规定的格式填写，内容不全或关键字迹模糊、无法辨认的；

c. 投标人递交两份或多份内容不同的投标文件，或在一份投标文件中对同一招标项目报有两个或多个报价，且未声明哪一个有效，按招标文件规定提交备选投标方案的除外；

d. 投标人名称或组织结构与资格预审时不一致的；

e. 未按招标文件要求提交投标保证金的；

f. 联合体投标未附联合体各方共同投标协议的。"

② 投标文件的技术性评审

投标文件的技术性评审包括：施工方案可行性评估和关键工序评估；劳务、材料、机械设备、质量控制措施评估、施工工期计划的合理性评估，以及对施工现场周围环境污染的保护措施的评估。

③ 投标文件的商务性评审

投标文件的商务性评审包括：投标报价校核；审查全部报价数据计算的正确性，分析报价构成的合理性，并与标底价格进行对比分析。

《工程建设项目施工招标投标办法》第五十一条规定："评标委员会可以书面方式要求投标人对投标文件中含义不明确、对同类问题表述不一致或者有明显文字和计算错误的内容作必要的澄清、说明或补正。评标委员会不得向投标人提出带有暗示性或诱导性的问题，或向其明确投标文件中的遗漏和错误。"

《工程建设项目施工招标投标办法》第五十二条规定："投标文件不响应招标文件的实质性要求和条件的，招标人应当拒绝，并不允许投标人通过修正或撤销其不符合要求的差异或保留，使之成为具有响应性的投标。"

《工程建设项目施工招标投标办法》第五十三条规定："评标委员会在对实质上响应招标文件要求的投标进行报价评估时，除招标文件另有约定外，应当按下述原则进行修正：

1）用数字表示的数额与用文字表示的数额不一致时，以文字数额为准；

2）单价与工程量的乘积与总价之间不一致时，以单价为准。若单价有明显的小数点错位，应以总价为准，并修改单价。

按前款规定调整后的报价经投标人确认后产生约束力。

投标文件中没有列入的价格和优惠条件在评标时不予考虑。"

（2）详细评审

经初步评审合格的投标文件，评标委员会应当根据招标文件确定的评标标准和方法，对其技术部分和商务部分作进一步评审、比较。

商务部分评审的目的在于从经济分析角度确定投标报价的合理性和可靠性，并估量授标给各投标人后的不同经济效果。技术部分评审的目的在于确认备选的中标人完成本招标项目的技术能力以及所提方案的可靠性。

设有标底的招标项目，评标委员会在评标时应当参考标底。评标委员会完成评标后，应当向招标人提出书面评标报告，并推荐合格的中标候选人。招标人根据评标委员会提出的书面评标报告和推荐的中标候选人确定中标人；招标人也可以授权评标委员会直接确定中标人。评标只对有效投标进行评审。

【例题3】 某项目的评标委员会组成如下：招标人代表2人，建设行政监督部门代表2人，技术、经济方面专家4人，招标人直接指定的技术专家1人。下列关于此评标委员会人员组成的说法正确的有（　　　）。

A. 不应该包括建设行政监督部门代表　　　B. 不应该包括招标人代表

C. 技术、经济方面的专家所占比例偏低　　　D. 招标人代表所占比例偏低

E. 招标人可以直接指定专家

【答案】 AC。评标委员会由招标人代表和有关技术、经济等方面的专家组成，一般招标项目可以采取随机抽取方式确定评标委员会，技术特别复杂、专业性要求特别高或者国家有特殊要求的招标项目，采取随机抽取方式确定的专家难以胜任的，可以由招标人直接确定。

【例题4】 下列人员均在相关领域工作满8年。其中可以作为评标委员会专家成员的有（　　　）。

A. 甲某，高等院校副教授

B. 乙某，投标人的独立董事

C. 丙某，高级会计师，已通过建造师执业资格考试，但尚未注册

D. 丁某，高级工程师，曾因交通肇事罪受到过刑事处罚

E. 戊某，某中介公司高级经济师

【答案】 DE。

7.4.3　中标

《工程建设项目施工招标投标办法》第五十六条规定："评标委员会完成评标后，应向招标人提出书面评标报告。评标报告由评标委员会全体成员签字。

评标委员会提出书面评标报告后，招标人一般应当在十五日内确定中标人，但最迟应当在投标有效期结束日三十个工作日前确定。

中标通知书由招标人发出。评标委员会提出书面评标报告后，招标人一般应当在十五日内确定中标人，但最迟应当在投标有效期结束日三十个工作日前确定。中标通知书由招标人发出。"

1. 中标需符合的条件

《中华人民共和国招标投标法》第四十一条规定："中标人的投标应当符合下列条件之一：

（1）能够最大限度地满足招标文件中规定的各项综合评价标准。

（2）能够满足招标文件的实质性要求，并且经评审的投标价格最低；但是，投标价格低于成本的除外。"

2. 中标的程序

（1）发出中标通知书

《中华人民共和国招标投标法》第四十五条规定："中标人确定后，招标人应向中标人发出中标通知书，并同时将中标结果通知所有未中标的投标人。中标通知书对招标人和中标人具有法律效力。中标通知书发出后，招标人改变中标结果的，或者中标人放弃中标项目的，应当依法承担法律责任。"

（2）签订承包合同

《中华人民共和国招标投标法》第四十六条规定："招标人和中标人应当自中标通知书发出之日起三十日内，按照招标文件和中标人的投标文件订立书面合同。招标人和中标人不得再行订立背离合同实质性内容的其他协议。招标文件要求中标人提交履约保证金的，中标人应当提交。"

《工程建设项目施工招标投标办法》第六十二条规定："招标人和中标人应当自中标通知书发出之日起三十日内，按照招标文件和中标人的投标文件订立书面合同。招标人和中标人不得再行订立背离合同实质性内容的其他协议。

招标文件要求中标人提交履约保证金或者其他形式履约担保的，中标人应当提交；拒绝提交的，视为放弃中标项目。招标人要求中标人提供履约保证金或其他形式履约担保的，招标人应当同时向中标人提供工程款支付担保。招标人不得擅自提高履约保证金，不得强制要求中标人垫付中标项目建设资金。"

在签订合同前，中标人应按招标文件有关规定的金额、担保形式和招标文件规定的履约担保格式，向招标人提交履约担保。履约担保金额一般为中标价的10％。中标人不能按要求提交履约担保的，视为放弃中标，其投标保证金不予退还，给招标人造成的损失超过投标保证金数额的，中标人还应当对超过部分予以赔偿。

（3）提交招标投标报告

《工程建设项目施工招标投标办法》第六十五条规定："依法必须进行施工招标的项目，招标人应当自发出中标通知书之日起十五日内，向有关行政监督部门提交招标投标情况的书面报告。

前款所称书面报告至少应包括下列内容：

① 招标范围。

② 招标方式和发布招标公告的媒介。

③ 招标文件中投标人须知、技术条款、评标标准和方法、合同主要条款等内容。

④ 评标委员会的组成和评标报告。

⑤ 中标结果。"

7.5 法 律 责 任

招标投标活动必须依法实施，任何违法行为都要承担相应法律后果责任。由于篇幅所限，本节仅列出《中华人民共和国招标投标法》中规定的违法行为应承担的违法责任。

7.5.1 招标人的法律责任

（1）第四十九条："违反本法规定，必须进行招标的项目而不招标的，将必须进行招标的项目化整为零或者以其他任何方式规避招标的，责令限期改正，可以处项目合同金额千分之五以上千分之十以下的罚款；对全部或者部分使用国有资金的项目，可以暂停项目执行或者暂停资金拨付；对单位直接负责的主管人员和其他直接责任人员依法给予处分。"

（2）第五十一条："招标人以不合理的条件限制或者排斥潜在投标人的，对潜在投标人实行歧视待遇的，强制要求投标人组成联合体共同投标的，或者限制投标人之间竞争的，责令改正，可以处一万元以上五万元以下的罚款。"

（3）第五十二条："依法必须进行招标的项目的招标人向他人透露已获取招标文件的潜在投标人的名称、数量或者可能影响公平竞争的有关招标投标的其他情况的，或者泄露标底的，给予警告，可以并处一万元以上十万元以下的罚款；对单位直接负责的主管人员和其他直接责任人员依法给予处分；构成犯罪的，依法追究刑事责任。若该行为影响中标结果的，中标无效。"

（4）第五十五条："依法必须进行招标的项目，招标人违反《招标投标法》规定，与投标人就投标价格、投标方案等实质性内容进行谈判的，给予警告，对单位直接负责的主管人员和其他直接责任人员依法给予处分。若该行为影响中标结果的，中标无效。"

（5）第五十七条："招标人在评标委员会依法推荐的中标候选人以外确定中标人的，依法必须进行招标的项目在所有投标被评标委员会否决后自行确定中标人的，中标无效。责令改正，可以处中标项目金额千分之五以上千分之十以下的罚款；对单位直接负责的主管人员和其他直接责任人员依法给予处分。"

（6）第五十九条："招标人与中标人不按照招标文件和中标人的投标文件订立合同的，或者招标人、中标人订立背离合同实质性内容的协议的，责令改正；可以处中标项目金额千分之五以上千分之十以下的罚款。"

7.5.2 投标人的法律责任

（1）第五十三条："投标人相互串通投标或者与招标人串通投标的，投标人以向招标人或者评标委员会成员行贿的手段谋取中标的，中标无效，处中标项目金额千分之五以上千分之十以下的罚款，对单位直接负责的主管人员和其他直接责任人员处单位罚款数额百分之五以上百分之十以下的罚款；有违法所得的，并处没收违法所得；情节严重的，取消其一至二年内参加依法必须进行招标的项目的投标资格并予以公告，直至由工商行政管理机关吊销营业执照；构成犯罪的，依法追究刑事责任。给他人造成损失的，依法承担赔偿责任。"

（2）第五十四条："投标人以他人名义投标或者以其他方式弄虚作假，骗取中标的，中标无效，给招标人造成损失的，依法承担赔偿责任；构成犯罪的，依法追究刑事责任。依法必须进行招标项目的投标人有前款所列行为尚未构成犯罪的，有关行政监督部门处中标项目金额千分之五以上千分之十以下的罚款，对单位直接负责的主管人员和其他直接责任人员处单位罚款数额百分之五以上百分之十以下的罚款；有违法所得的，并处没收违法所得；情节严重的，取消其一至三年投标资格，并予以公告，直至由工商行政管理机关吊销营业执照。"

（3）第五十八条："中标人将中标项目转让给他人，将中标项目肢解后分别转让给他人，将中标项目的部分主体、关键性工作分包给他人，或分包人再次分包的，转让、分包无效，处转让、分包项目金额千分之五以上千分之十以下的罚款；有违法所得的，并处没收违法所得；可以责令停业整顿；情节严重的，由工商行政管理机关吊销营业执照。"

（4）第六十条："中标人不履行与招标人订立的合同的，履约保证金不予退还，给招标人造成的损失超过履约保证金数额的，还应当对超过部分予以赔偿；没有提交履约保证金的，应当对招标人的损失承担赔偿责任。中标人不按照与招标人订立的合同履行义务，情节严重的，取消其二至五年内参加依法必须进行招标的项目的投标资格并予以公告，直至由工商行政管理机关吊销营业执照。"

7.5.3　其他相关人的法律责任

（1）第五十六条："评标委员会成员接受投标人的财物或其他好处，评委或参加评标的有关工作人员向他人透露对招标文件的评审和比较、中标候选人的推荐以及与评标有关的其他情况的，给予警告，没收收受的财物，可以并处三千元以上五万元以下的罚款；对有上述违法行为的评标委员会成员取消担任评标委员的资格，不得再参加任何依法必须进行招标项目的评标；构成犯罪的，依法追究刑事责任。"

（2）第五十条："招标代理机构违反本法规定，招标代理机构泄露应当保密的与招标投标活动有关情况和资料的，或者与招标人、投标人串通损害国家利益、社会公共利益或他人合法权益的，处以五万元以上二十五万元以下的罚款；对单位直接负责的主管人员或其他直接责任人员处单位罚款数额百分之五以上百分之十以下的罚款；有违法所得的，并处没收违法所得；情节严重的，暂停直至取消招标代理资格；构成犯罪的，依法追究刑事责任。如果影响中标结果时，中标无效。"

（3）第六十二条："任何单位限制或排斥本地区、本系统以外的法人或其他组织投标，为招标人指定招标代理机构，强制招标人委托招标代理机构办理招标事宜，或以其他方式干涉招标投标活动的，对单位直接负责的主管人员和其他直接责任人员依法给予警告、记过、记大过的处分。情节较重的，依法给予降级、撤职、开除的处分。个人利用职权进行上述违法行为的，依照上述规定追究责任。"

（4）第六十三条："对招标投标活动依法负有行政监督职责的国家机关工作人员徇私舞弊、滥用职权或玩忽职守，构成犯罪的，依法追究刑事责任；不构成犯罪的，依法给予行政处分。"

（5）第六十四条："依法必须进行招标的项目违反本法规定，中标无效的，应当依据中标条件从其余投标人中重新确定中标人或重新进行招标。"

（6）第六十五条："投标人和其他利害关系人认为招标投标活动不符合本法有关规定的，有权向招标人提出异议或者依法向有关行政监督部门投诉。"

7.6 建设工程招标投标法案例

案例 1 关于招标的案例

*【背景】 某市越江隧道工程全部由政府投资。该项目为该市建设规划的重要项目之一，且已列入地方固定资产投资计划，概算已经主管部门批准，施工图及有关技术资料齐全。根据《国务院关于投资体制改革的决定》，该项目拟采用 BOT 方式建设，市政府正与有意向的 BOT 项目公司洽谈。为赶工期政府决定对该项目进行施工招标。因估计除本市施工企业参加投标外，还可以有外省市施工企业参加投标，故招标人委托咨询单位编制了两个标底准备分别用于对本市和外省市施工企业投标价的评定。招标人对投标人就招标文件所提出的所有问题统一做出了书面答复，并以备忘录的形式分发给各投标单位，为简明起见，采用表格形式（见表 7-1）。

答疑备忘录　　　　　　　　　　　　　　　　　表 7-1

序号	问题	提问单位	提问时间	答复
1				
...				
n				

在书面答复投标单位的提问后，招标人组织各投标单位进行了施工现场踏勘。在投标截止日期前 10 日，招标人书面通知各投标人，由于市政府有关部门已从当天开始取消所有市内交通项目的收费，决定将收费站工程从原招标范围内删除。

问题：

1. 该项目施工招标在哪些方面存在问题或不当之处？请逐一说明。

2. 如果在评标过程中才决定删除收费站工程，该如何处理？

【案例分析】

本案例主要涉及招标阶段的招标条件、招标程序及招标范围变更等内容。

【参考答案】

问题 1：

该项目施工招标存在以下不妥，分述如下：

（1）"为赶工期政府决定对该项目进行施工招标"不妥，因本项目尚处于与 BOT 公司谈判阶段，项目的实际投资、运营管理方式尚未确定，说明资金尚未落实，因而不具备施工招标的必要条件，尚不能进行施工招标。

（2）"招标人委托咨询单位编制了两个标底"不妥，因为一个工程只能编制一个标底。

（3）"两个标底分别用于对本市和外省市施工企业投标价的评定"不妥，因为招标人不得对投标人实行歧视待遇，不得以不合理的条件限制或排斥潜在投标人，不能对不同的投标单位采用不同的标底进行评标。

---

* 案例来源：全国造价工程师执业资格考试培训教材编审组编. 工程造价案例分析（2009 年版）. 北京：中国城市出版社，2009. 第 118-120 页。

（4）"招标人将对所有问题的书面答复以备忘录的形式分发给各投标人"不妥，因为招标人对投标人的提问只能针对具体问题作出明确答复，但不应提及具体的提问单位（投标人）。按《招标投标法》规定，招标人不得向他人透露已获取招标文件的潜在投标人的名称、数量以及可能影响公平竞争的有关招标投标的其他情况，而从该备忘录中可知投标人（可能不是全部）的名称。

（5）"在书面答复投标人的提问后，招标人组织各投标人进行了施工现场踏勘"不妥，因为施工现场踏勘应安排在书面答复投标单位提问之前，投标人对施工现场条件也可能提出问题。

（6）"在投标截止日期前 10 天，招标人书面通知各投标人将收费站工程从原招标范围内删除"不妥，因为若招标人需改变招标范围或变更招标文件，应在投标截止日期前至少 15 天（而不是 10 天）以书面形式通知所有招标文件收受人。若迟于这一时限发出变更招标文件的通知，则应将原定的投标截止日期适当延长，以便投标单位有足够的时间充分考虑这种变更对报价的影响，并将其在投标文件中反映出来。本案例背景资料未说明投标截止日期已相应延长。

问题 2：

如果在评标过程中才决定删除收费站工程，则在对投标报价的评审中，应在征得各投标人书面同意后，将各投标人的总报价减去其收费站工程的报价后再按原定的评标方法和标准进行评标；而在对技术标等其他评审中，应将所有与收费站工程相关因素的评分去除后再进行评审。

如果部分投标人要求撤回投标文件，招标人应予许可，并退还其投标保证金，赔偿其相应损失。

如果所有投标人均要求撤回投标文件，则招标人应宣告招标无效。并依法重新招标，给投标人造成的损失应予赔偿。

案例 2 关于开标、评标和定标的案例

* *【背景】 某办公楼的招标人于 2000 年 10 月 11 日向具备承担该项目能力的 A、B、C、D、E 五家投标单位发出投标邀请书。其中说明，10 月 17～18 日 9～16 时在该招标人总工程师室领取招标文件，11 月 8 日 14 时为投标截止时间。该五家投标单位均接受邀请，并按规定时间提交了投标文件。但投标单位 A 在送出投标文件后发现报价估算有较严重的失误，遂赶在投标截止时间前 10 分钟递交了一份书面声明，撤回已提交的投标文件。

开标时，由招标人委托的市公证人员检查文件的密封情况，确认无误后，由工作人员当众拆封。由于投标单位 A 已撤回投标文件，故招标人宣布有 B、C、D、E 四家投标单位投标，并宣读该四家投标单位的投标价格，工期和其他主要内容。

评标委员会委员由招标人直接确定，共由 7 人组成，其中招标人代表 2 人，本系统技术专家 2 人，经济专家 1 人，外系统技术专家 1 人，经济专家 1 人。

在评标过程中，评标委员会要求 B、D 两投标人分别对其施工方案作详细说明，并对

* * 案例来源：全国造价工程师执业资格考试培训教材编审组编. 工程造价案例分析（2009 年版）. 北京：中国城市出版社，2009. 第 116-118 页。

若干技术要点和难点提出问题，要求其提出具体、可靠的实施措施。作为评标委员的招标人代表希望投标单位 B 再适当考虑一下降低报价的可能性。

按照招标文件中确定的综合评标标准，4 个投标人综合得分从高到低的依次顺序为 B、D、C、E，评标委员会确定投标单位 B 为中标人。由于投标单位 B 为外地企业，招标人于 11 月 10 日将中标通知书以挂号方式寄出，投标单位 B 于 11 月 14 日收到中标通知书。

由于从报价情况来看，4 个投标人的报价从低到高的依次顺序为 D、C、B、E，因此，从 11 月 16 日至 12 月 11 日招标人又与投标单位 B 就合同价格进行了多次谈判。结果投标单位 B 将价格降到略低于投标单位 C 的报价水平，最终双方于 12 月 12 日签订了书面合同。

问题：

从所介绍的背景资料来看，在该项目的招标投标程序中在哪些方面不符合《招标投标法》的有关规定？请逐一说明。

【案例分析】

本案例考核招标投标程序从发出投标邀请书到中标之间的若干问题，主要涉及招标投标的性质、投标文件的递交和撤回、投标文件的拆封和宣读、评标委员会的组成及其确定、在评标过程中评标委员的行为、中标人的确定、中标通知书的生效时间、中标通知书发出后招标人的行为以及招标人和投标人订立书面合同的时间等。

【参考答案】

在该项目招标投标程序中有以下不妥之处，分述如下：

（1）"招标人宣布 B、C、D、E 四家承包商参加投标"不妥，因为 A 承包商虽然已撤回投标文件，但仍应作为投标人加以宣布。

（2）"评标委员会委员由招标人直接确定"不妥因为办公楼属于一般项目，招标人可选派 2 名相当专家资质人员参加，但另 5 名专家应采取（从专家库中）随机抽取方式确定评标委员会委员。

（3）"评标委员会要求投标人提出具体、可靠的实施措施"不妥，因为按规定，评标委员会可以要求投标人对投标文件中含义不明确的内容作必要的澄清或者说明，但是澄清或者说明不得超出投标文件的范围或者改变投标文件的实质性内容，因此，不能要求投标人就实质性内容进行补充。

（4）"作为评标委员的招标人代表希望承包商 B 再适当考虑一下降低报价的可能性"不妥。因为在确定中标人前，招标人不得与投标人就投标价格、投标方案的实质性内容进行谈判。

（5）对"评标委员会确定承包商 B 为中标人"要进行分析。如果招标人授权评标委员会直接确定中标人，由评标委员会定标是对的；否则，就是错误的。

（6）发出中标通知书的时间不妥，因为在确定中标人之后，招标人应在 15 日内向有关政府部门提交招标投标情况的报告，建设主管部门自收到招标人提交的招标投标情况的书面报告之日起 5 日内未通知招标人在招标投标活动中有违法行为的，招标人方可向中标人发出中标通知书。

（7）"中标通知书发出后招标人与中标人就合同价格进行谈判"不妥，因为招标人和中标人应按照招标文件和投标文件订立书面合同，不得再行订立背离合同实质性内容的其他协议。

（8）订立书面合同的时间不妥，因为招标人和中标人应当自中标通知书发出之日（不是中标人收到中标通知书之日）起30日内订立书面合同，而本案例为32日。

案例3 关于招投标保证金的案例

【背景】 某投资公司建设一幢办公楼，采用公开招标方式选择施工单位，投标保证金有效期时间同投标有效期。提交投标文件截止时间为2003年5月30日。该公司于2003年3月6日发出招标公告，后有A、B、C、D、E五家建筑施工单位参加了投标，E单位由于工作人员疏忽于6月2日提交投标保证金。

开标会于6月3日由该省建委主持，D单位在开标前向投资公司要求撤回投标文件。经过综合评选，最终确定B单位中标。双方按规定签订了施工承包合同。

问题：

1. E单位的投标文件按要求如何处理？为什么？

2. 对D单位撤回投标文件的要求应当如何处理？为什么？

3. 上述招标投标程序中，有哪些不妥之处？请说明理由。

【参考答案】

（1）E单位的投标文件应当被认为是无效投标而拒绝。因为招标文件规定的投标保证金是投标文件的组成部分，因此，对于未能按照要求提交投标保证金的投标（包括）期限，招标单位将视为不响应招标而予以拒绝。

（2）对D单位撤回投标文件的要求，应当没收其投标保证金。因为，投标行为是一种要约，在投标有效期内撤回其投标文件，应视为违约行为。

（3）上述招标程序中，不妥之处包括：

1）提交投标文件的截止时间，举行开标会的时间不是同一时间。按照《招标投标法》的规定，开标应当在招标文件确定的提交投标文件截止时间的同一时间公开进行。

2）开标应当由招标人或者招标代理人主持，省建委作为行政管理机关只能监督招投标的活动，不能作为开标会的主持人。

复习思考题

1. 什么是建设工程招标？它的程序是什么？

2. 招标人自行招标必须具备的条件有哪些？

3. 我国强制性进行招标投标的建设工程项目有哪些？

4. 招标方式有哪几种？它们之间的主要区别是什么？

5. 《中华人民共和国招标投标法》对招标活动都作了哪些限制性规定？

6. 投标人应具备什么条件？

7. 何谓投标联合体？联合体的资格和责任方面都有哪些规定？

8. 何谓开标？开标时间、地点、参加人及开标过程都有哪些规定？

9. 何谓评标？评标委员会组成方面有哪些规定？

10. 中标的条件是什么？

11. 中标通知书在法律上的性质是什么？

12. 案例分析。

某工程项目批准立项后进行公开招标。经招标工作领导小组研究决定了招标工作程序，招标工作中出现了以下问题：

（1）招标工作主要程序确定为：①成立招标工作小组；②发布招标公告和资格预审通告；③编制招标文件；④编制标底；⑤发放招标文件；⑥组织现场踏勘和招标答疑；⑦接受投标文件；⑧投标单位资格审查；⑨开标；⑩确定中标单位；⑩评标；⑥签订承包合同；⑩发出中标通知书。

（2）招标文件规定本地区单位参加投标不需要垫资，外地区单位参加投标的需垫资1000万元。市招标办指定华宇公司为其代理招标事务，并负责主持投标预备会议与开标会议。五家单位参加投标，其中华诚公司、金星公司为长期合作伙伴，作为不同的法人单位参加多次投标都采取你高我低的合作方法争取中标取得较明显效果。中天公司在投标截止日期时间之前报送的新报价方案（1月10日10：00）在原方案报价的同时提出报价降低的新技术施工方案，经项目经理签字后递送投标书，招标方以"一标一段"为理由拒绝该公司报送的新方案。

（3）实创公司在1月9日从邮局寄回投标文件，招标人于1月11日10时收到，招标方认为此投标文件为无效投标文件。

（4）由于时间关系，甲方直接邀请了7位技术经济专家参加评标。由于只有四家单位投标，故在评标前未进行资格预审。评标时发现有两家报价较低且相同，评委会决定对其中资质较好的一个单位提出建议降低标价，结果该公司中标。

问题：

1. 该项目的招标工作程序是否妥当？

2. 按照目前国内招标投标管理的有关规定，哪些做法违反了规定要求？

8 建设工程质量管理法规

8.1 建设工程质量管理体系

8.1.1 建设工程质量的概念

建设工程质量管理是建设工程管理的重点，是建设项目成败的关键。由于建设工程本身的特性、周期长、外界环境等因素的影响，它的建设牵扯到国家和社会的方方面面，政府、建设单位、勘察设计单位、监理单位、施工单位和材料设备供应单位等都与建设工程质量有着很大的利益关系，各建设行为主体也必须十分重视和加强建设工程的质量管理。

建设工程质量也有广义和狭义之分。从狭义上说，建设工程质量仅指工程实体质量。它是指在国家现行的有关法律、法规、技术标准、设计文件和合同中，对工程的安全、适用、经济美观等特性的综合要求。广义上的建设工程质量还包括工程建设参与者的服务质量和工作质量。它反映在他们的服务是否及时、主动，态度是否诚恳、守信，管理水平是否先进，工作效率是否很高等方面。应该说，工程实体质量的好坏是决策、计划、勘察、设计、施工等单位各方面各环节工作质量的综合反映。但本书中的建设工程质量主要还是指工程本身的质量，即狭义上的建设工程质量。

影响建设工程质量的因素很多，不仅受工程项目决策、勘察设计、工程施工的影响，还要受到材料、机械、设备的影响。对工程所在地的政治、经济、社会环境以及地形、地质、水文、气象等影响也不能忽视。但总的来说，可分为五大方面，即通常所说4M1E：人（Man）、机械（Machine）、材料（Material）、方法（Method）和环境（Environment）。在工程建设全过程中严格控制好这五大因素，是保证建设工程质量的关键。

8.1.2 建设工程质量的管理体系

建设工程质量的优劣直接关系国民经济的发展和人民生命的安全，因此，加强建设工程质量的管理，是一个十分重要的问题。我国已经建立起了对建设工程质量进行管理的体系。它包括纵向管理和横向管理两个方面。

纵向管理是国家对建设工程质量所进行的监督管理，它具体由建设行政主管部门及其授权实施，这种管理贯穿在工程建设的全过程和各个环节之中，它既对工程建设从计划、规划、土地管理、环保、消防等方面进行监督管理，又对工程建设的主体从资质认定审查，成果质量检测、验证和奖惩等方面进行监督管理，还对工程建设中各种活动如工程建设招投标，工程施工、验收、维修等进行监督管理。

横向管理又包括两个方面：一是工程承包单位，如勘察单位、设计单位、施工单位自己对所承担工作的质量管理。它们要按要求建立专门质检机构，配备相应的质检人员，建立相应的质量保证制度，如审核校对制、培训上岗制、质量抽检制、各级质量责任制和部门领导质量责任制等等；二是建设单位对所建工程的管理，它可成立相应的机构和人员，对所建工程的质量进行监督管理，也可委托社会监理单位对工程建设的质量进行监理。

8.1.3 建设工程质量管理条例

2017 年建设工程质量管理条例包括第一章总则、第二章建设单位的质量责任和义务、第三章勘察、设计单位的质量责任和义务、第四章施工单位的质量责任和义务、第五章工程监理单位的质量责任和义务、第六章建设工程质量保修、第七章监督管理、第八章罚则、第九章附则，该条例于 2017 年 10 月 7 日修订并实施。

8.1.4 质量管理体系认证标准

1987 年 3 月，国际标准化组织（ISO）正式发布《质量管理和质量保证》ISO 9000 系列标准，受到世界各国欢迎，已为各国广泛采用。1987 年 ISO/TC 176 发布了举世瞩目的 ISO 9000 系列标准，我国于 1988 年发布了与之相应的 GB/T 10300 系列标准，并"等效采用"。为了更好地与国际接轨，又于 1992 年 10 月发布了 GB/T 19000 系列标准，并"等同采用 ISO 9000 族标准"。1994 年，国际标准化组织发布了修订后的 ISO 9000 族标准后，我国及时将其等同转化为国家标准。

ISO 9000：2000 族标准的主要特点

（1）标准的结构与内容更好地适应于所有产品类别，不同规模和各种类型的组织。

（2）采用"过程方法"的结构，同时体现了组织管理的一般原理，有助于组织结合自身的生产和经营活动采用标准来建立质量管理体系，并重视有效性的改进与效率的提高。

（3）提出了质量管理八项原则并在标准中得到了充分体现。

（4）对标准要求的适应性进行了更加科学与明确的规定，在满足标准要求的途径与方法方面，提倡组织在确保有效性的前提下，可以根据自身经营管理的特点做出不同的选择，给予组织更多的灵活度。

（5）更加强调管理者的作用，最高管理者通过确定质量目标，制定质量方针，进行质量评审以及确保资源的获得和加强内部沟通等活动，对其建立、实施质量管理体系并持续改进其有效性的承诺提供证据，并确保顾客的要求得到满足，旨在增强顾客满意。

（6）突出了"持续改进"是提高质量管理体系有效性和效率的重要手段。

（7）强调质量管理体系的有效性和效率，引导组织以顾客为中心并关注相关方的利益，关注产品与过程而不仅仅是程序文件与记录。

（8）对文件化的要求更加灵活，强调文件应能够为过程带来增值，记录只是证据的一种形式。

（9）将顾客和其他相关方满意或不满意的信息作为评价质量管理体系运行状况的一种重要手段。

（10）概念明确，语言通俗，易于理解、翻译和使用，术语用概念图形式表达术语间的逻辑关系。

（11）强调了 ISO 9001 作为要求性的标准，ISO 9004 作为指南性的标准的协调一致性，有利于组织的业绩的持续改进。

增强了与环境管理体系标准等其他管理体系标准的相容性，从而为建立一体化的管理体系创造了有利条件。

8.1.5 GB/T 19000 族标准质量管理体系

1. GB/T 19000 族标准质量管理原则

GB/T 19000 族标准为了成功地领导和运作一个组织，针对所有相关方的需求，实施并保持持续改进其业绩的管理体系，做好质量管理工作。为了确保质量目标的实现，明确了以下八项质量管理原则：

（1）以顾客为关注焦点

组织依存于其顾客，因此，组织应理解顾客当前的和未来的需求，满足顾客要求并争取超越顾客期望。

顾客是组织存在的基础，顾客的要求应放在组织的第一位。最终的顾客是使用产品的群体，对产品质量感受最深，其期望和需求对于组织意义重大。对潜在的顾客亦不容忽视，如果条件成熟，他们会成为组织的一大批现实的顾客。

实施本原则时一般要采取的主要措施包括：全面了解顾客的需求和期望，确保顾客的需求和期望在整个组织中得到沟通，确保组织的各项目标；有计划地、系统地测量顾客满意程度并针对测量结果采取改进措施；在重点关注顾客的前提下，确保兼顾其他相关方的利益，使组织得到全面、持续的发展。

（2）领导作用

一个组织的领导者，即最高管理者是："在最高层指挥和控制组织的一个人或一组人"。领导者要想指挥好和控制好一个组织，必须做好确定方向、策划未来、激励员工、协调活动和营造一个良好的内部环境等工作。

实施本原则时一般要采取的措施包括：全面考虑所有相关方的需求，做好发展规划，为组织勾画一个清晰的远景，设定富有挑战性的目标，并实施为达到目标所需的发展战略；在一定范围内给予员工自主权，激发、鼓励并承认员工的贡献，提倡公开和诚恳的交流和沟通，建立宽松、和谐的工作环境，创造并坚持一种共同的价值观，形成企业的精神和企业文化。

（3）全员参与

各级人员是组织之本，只有他们的充分参与，才能使他们的才干为组织带来收益。实施本原则可使全体员工动员起来，积极参与，努力工作，实现承诺，树立起工作责任心和事业心，为实现组织的方针和战略做出贡献。实施本原则一般要采取的主要措施包括：对员工进行职业道德的教育，教育员工要识别影响他们工作的制约条件；在本职工作中，让员工有一定的自主权，并承担解决问题的责任。把组织的总目标分解到职能部门和层次，激励员工为实现目标而努力，并评价员工的业绩；启发员工积极提高自身素质；在组织内部提倡自由地分享知识和经验，使先进的知识和经验成为共同的财富。

（4）过程方法

将活动和相关的资源作为过程进行管理，可以更高效地得到期望的结果。过程方法或PDCA（P—策划，D—实施，C—检查，A—处置）模式适用于对每一个过程的管理，这是公认的现代管理方法。过程方法的目的是获得持续改进的动态循环并使组织的总体业绩得到显著的提高。其通过识别组织内的关键过程，随后加以实施和管理并不断进行持续改进来达到顾客满意。实施本原则一般要采取的措施包括：识别质量管理体系所需要的过程；确定每个过程的关键活动，并明确其职责和义务；确定对过程的运行实施有效控制的准则和方法，实施对过程的监视和测量，并对其结果进行数据分析，发现改进的机会并采取措施。

（5）管理的系统方法

质量管理的系统方法，就是要把质量管理体系作为一个大系统，对组成质量管理体系的各个过程加以识别、理解和管理，以达到实现质量方针和质量目标。系统方法可包括系统分析、系统工程和系统管理三大环节。实施本原则时一般要采取的措施包括：建立一个以过程方法为主体的质量管理体系；明确质量管理过程的顺序和相互作用，使这些过程相互协调；控制并协调质量管理体系的各过程的运行，并规定其运行的方法和程序；通过对质量管理体系的测量和评审，采取措施以持续改进体系，提高组织的业绩。

（6）持续改进

进行质量管理的目的就是保持和提高产品质量，没有改进就不可能提高。持续改进是增强满足要求能力的循环活动，通过不断寻求改进机会，采取适当的改进方式，重点改进产品的特性和管理体系的有效性。改进的途径可以是日常渐进的改进活动也可以是突破性的改进项目。实施本原则时一般要采取的措施包括：使持续改进成为一种制度；对员工提供关于持续改进的方法和工具的培训，使产品、过程和体系的持续改进成为组织内每个员工的目标；为跟踪持续改进规定指导和测量的目标，承认改进的结果。

（7）基于事实的决策方法

对数据和信息的逻辑分析或直觉判断是有效决策的基础。以事实为依据做决策，可以防止决策失误。实施本原则可增强通过实际来验证过去决策的正确性的能力，可增强对各种意见和决策进行评审、质疑和更改的能力，发扬民主决策的作风，使决策更切合实际。实施本原则时一般要采取的措施包括：收集与目标有关的数据和信息，并规定收集信息的种类渠道和职责；通过鉴别，确保数据和信息的准确性和可靠性；采取各种有效方法，对数据和信息进行分析，确保数据和信息能为使用者得到和利用；根据对事实的分析，过去的经验和直觉判断做出决策并采取行动。

（8）与供方互利的关系

供方提供的产品将对组织向顾客提供满意的产品产生重要影响，能否处理好与供方的关系，影响到组织能否持续稳定地向顾客提供满意的产品。实施本原则时一般要采取的措施包括：识别并选择重要供方，考虑眼前和长远的利益；创造一个通畅和公开的沟通渠道，及时解决问题，联合改进活动；与重要供方共享专门技术、信息和资源，激发、鼓励和承认供方的改进及其成果。

2. 质量管理体系的基础

GB/T 19000 标准的第二章"质量管理体系基础"中列出了十二条，包括两大部分内容。一部分是八项质量管理原则具体应用于质量管理体系的说明，另一部分是对其他问题的说明。因此，这十二条基础既体现了八项原则，又对质量管理体系的某些方面作了指导性说明，起着"承上启下"的作用。

（1）质量管理体系的理论说明

这条是整个质量管理体系基础的总纲。首先说明了质量管理体系的目的就是要帮助组织增进顾客满意，并且以顾客满意程度作为衡量一个质量管理体系有效性的总指标。

（2）质量管理体系要求与产品要求

GB/T 19000 族标准，主要根据质量体系和产品两种要求的不同性质，把质量体系要求与产品要求加以区分。GB/T 19001 标准是对质量管理体系的要求。这种要求具有通用性，适用于各种行业或经济部门，提供各种类别的产品，包括硬件、软件、服务和流程性材料的各种规模（大型、中型、小型）的组织。因此，每个组织要根据自己的具体情况建立质量管理体系。GB/T 19000 标准对产品并没有提出任何具体的要求。对每一个组织来说，产品要求与质量管理体系要求缺一不可，不能互相取代，只能相辅相成。

（3）质量方针和质量目标

建立质量方针和质量目标为引导组织提供了关注的焦点。两者确定了预期的结果，并帮助组织利用其资源达到这些结果。质量方针为建立和评审质量目标提供了框架。质量目标需要与质量方针和持续改进的承诺相一致，并且它们的实现需要是可测量的。质量目标的实现对产品质量、作业有效性和财务业绩都有积极性的影响，因此对相关方的满意和信任也产生积极影响。

（4）质量管理体系方法

建立和实施质量管理体系的方法如下：

① 确定顾客和相关方的需求和期望；

② 建立组织的质量方针和质量目标；

③ 确定达到质量目标必需的过程和职责；

④ 确定和提供实现质量目标必需的资源；

⑤ 规定测量每个过程的有效性和效率的方法；

⑥ 应用这些测量方法确定每个过程的有效性和效率；

⑦ 确定防止不合格并消除产生原因的措施；

⑧ 建立和应用持续改进质量管理体系的过程。

（5）最高管理者在质量管理体系中的作用

最高管理者通过其领导作用和采取的措施可以创造一个员工充分参与的环境，质量管理体系能够在这种环境中有效运行。最高管理者可将质量管理原则作为发挥其作用的依据。其作用是：①建立组织的质量方针和质量目标；②确保整个组织关注顾客要求；③确保实施适宜的过程以满足顾客要求并实现质量目标；④确保建立、实施和保持一个有效的质量管理体系以实现这些目标；⑤确保获得必要资源；⑥将达到的结果与规定的质量目标进行比较；⑦决定有关质量方针和质量目标的措施；⑧决定改进的措施。

【例题】 ISO 9000 族标准中最高管理者在质量管理体系中的作用是（　　）。（多选题）

A. 建立组织的质量方针和质量目标　　　　B. 确保整个组织关注顾客要求

C. 确保获得必要资源　　　　　　　　　　D. 确定顾客和相关方的需求和期望

E. 决定有关质量方针和质量目标的措施

答案：ABCE。

（6）过程方法

任何得到输入并将其转化为输出的活动均可视为过程。为了使组织有效运行，必须识别和管理许多内部相互联系的过程。通常，一个过程的输出将直接形成下一过程的输入。系统识别和管理组织内所使用的过程，特别是这些过程之间的相互作用，称之为"过程方法"。GB/T 19000 族标准鼓励采用过程方法管理组织。

（7）文件

文件是指"信息及其承载媒体"。

① 文件的价值

文件的价值在于传递信息、沟通意图、统一行动，其具体用途是：①满足顾客要求和质量改进；②提供适宜的培训；③重复性（或再现性）和可追溯性；④提供客观证据；⑤评价质量管理体系的有效性和持续适宜性。

② 质量管理体系中使用的文件类型

质量管理体系中使用的文件类型主要有质量手册、质量计划、规范、指南、程序、记录等。

（8）质量管理体系评价

① 质量管理体系过程的评价

由于质量管理体系是由许多相互关联和相互作用的过程构成的，所以对各个过程的评价是体系评价的基础。在评价质量管理体系时，应对每一个被评价的过程，提出如下四个基本问题：①过程是否已被识别并确定相互关系？②职责是否被分配？③程序是否得到实施和保持？④在实现所要求的结果方面，过程是否有效？前两个问题，一般可以通过文件审核得到答案，而后两个问题则必须通过现场审核和综合评价才能得到结论。对上述四个问题的综合回答可以确定评价的结果。

② 质量管理体系审核

审核用于评价对质量管理体系要求的符合性和满足质量方针和目标方面的有效性。审查的结果可用于识别改进的机会。第一方审核用于内部目的，由组织自己或以组织的名义进行，可作为组织自我合格声明的基础。第二方审核由组织的顾客或由其他人以顾客的名义进行。第三方审核由外部独立的审核服务组织进行。这类组织通常是经认可的提供符合（如 ISO 9001）要求的认证或注册。ISO 19011 提供了审核指南。

③ 质量管理体系评审

最高管理者的一项任务是对质量管理体系关于质量方针和目标的适宜性、充分性、有效性和效率进行定期的、系统的评价。这种评审可包括考虑修改质量方针和目标的需求以响应相关方需求和期望的变化。评审包括确定采取措施的需求。在各种信息源中，审核报告用于质量管理体系的评审。

④ 自我评定

组织的自我评定是一种参照质量管理体系或优秀模式对组织的活动和结果所进行的全面、系统和定期的评审。使用自我评定方法可提供一种对组织业绩和质量管理体系的成熟程度总的看法，它还能帮助组织识别需要改进的领域并确定优先开展的事项。

【例题】 在 GB/T 19000 标准的"质量管理体系基础"中将由组织的顾客或由其他人以顾客的名义对质量管理体系所进行的审核称为（   ）审核。（单选题）

A. 第一方　　　B. 第二方　　　　　C. 顾客　　　D. 第三方

答案：B。

（9）持续改进

改进是指为改善产品的特征及特性和（或）提高用于生产和交付产品的过程有效性和效率所开展的活动，它包括：①确定、测量和分析现状；②建立改进目标；③寻找可能的解决办法；④评价这些解决办法；⑤实施选定的解决办法；⑥测量、验证和分析实施的结果；⑦将更改纳入文件。

【例题】 持续改进工作包括（　　）。（多选题）

A. 确定、测量、分析现状及建立改进目标

B. 寻找可能的解决办法，评价、实施这些办法

C. 确定防止不合格并消除产生原因的措施

D. 测量、验证和分析实施结果

E. 将更改纳入文件

答案：ABDE。

（10）统计技术的作用

使用统计技术可帮助组织了解变化，从而有助于组织解决问题并提高效率。这些技术也有助于更好地利用所获得的数据进行决策。ISO/T 10017 给出了统计技术应用的细节。

（11）质量管理体系与其他管理体系的关注点

质量管理体系是组织的管理体系的一部分，它致力于使与质量目标有关的输出（结果）适当地满足相关方的需求、期望和要求。

（12）质量管理体系与优秀模式之间的关系

ISO 9000 族标准的质量管理体系方法和组织优秀模式之间的共同之处在于两者所依据的原则相同，而不同之处主要是它们的应用范围不同，如 ISO 9000 族标准提出了对质量管理体系的要求（ISO 9001）和业绩改进指南（ISO 9004），通过体系评价可确定这些要求是否得到满足，而优秀模式则适用于组织的全部活动和所有相关方。

8.2　政府对建设工程质量的监督管理

8.2.1　建设工程主体的监督管理制度

建设工程主体是指建设工程的参与者，它包括建设单位、勘察设计单位、监理单位和构配件生产单位及施工单位等单位及其相关人员。政府对建设工程主体的监督管理主要有：

1. 对建设单位的资格和能力进行审查

主要审查其是否具备与发包工程项目相适应的资格、施工技术、经济管理能力、编制招标文件及组织开标、评标、定标的能力。如其不具备上述能力，则要求它委托招标代理机构代为办理招标事宜。

2. 对勘察设计单位，施工、构配件生产、房地产开发单位等实行资格（质）等级认证，生产许可证和业务范围的监督管理

上述单位必须按规定申请并取得相应资质证书后，方能从事其资格（质）等级允许范围内的业务活动。各级建设行政主管部门将严格监督其建设活动。

3. 对相关人员，实行注册执业工程师的制度

目前，我国法规规定从事建筑设计、结构设计、工程监理的工程技术人员，必须经过考试取得资格证书并经注册后才能获得相应执业资格，才能从事相应的职业。各级建设行政主管部门将负责考试、注册及执业活动的监督管理以保证执业资格制度的严肃与有

效性。

8.2.2　建设工程质量监督制度

根据建设部发布的《房屋建筑和市政基础设施工程质量监督管理规定》，凡新建、扩建、改建的工业、交通和民用、市政公用工程（含实施监理的工程）及构配件生产，均应接受建设工程质量监督机构的监督。

1. 建设工程质量监督机构

建设工程质量监督工作的主管部门，在国家为住房和城乡建设部，在地方为各级人民政府的建设主管部门。国务院铁路、交通、水利等有关部门负责有关专业建设工程项目的质量监督管理工作。国务院发展计划部门按国务院规定的职责，组织稽查特派员，对国家出资的重大建设项目实施监督检查。国务院经济贸易主管部门按国务院规定的职责对国家重大技术改造项目实施监督检查。市、县建设工程质量监督站和国务院各工业、交通部门所设的专业建设工程质量监督站（简称为监督站）为建设工程质量监督的实施机构。监督站的主要职责是：检查受监工程的勘察、设计、施工单位和建筑构件厂是否严格执行技术标准，检查其工程（产品）质量；检查工程的质量等级和建筑构件质量，参与评定本地区、本部门的优质工程；参与重大工程质量事故的处理；总结质量监督工作经验，掌握工程质量状况，定期向主管部门汇报。

2. 建设工程质量监督的工作程序

建设单位在开工前一个月，应到监督站办理监督手续，提交勘察设计资料等有关文件。监督站在接到文件、资料后两周内，应确定该工程的监督员，并通知建设、勘察、设计、施工单位，同时应提出监督计划，工程开工前，监督员应对受监工程的勘察、设计和施工单位的资质等级及营业范围进行核查，凡不符合规定要求的不许开工；监督员还要对施工图中的建筑结构、安全、防火和卫生等方面进行审查，使其符合相应标准的要求。

工程施工中，监督员将按监督计划对工程质量进行抽查。房屋建筑和构筑物工程的抽查重点是地基基础、主体结构和决定使用功能、安全性能的重要部位；其他工程的监督重点视工程性质决定，工程完工后，监督站在施工单位验收的基础上对工程质量等级进行核验。

建筑构件质量的监督，重点是核查生产单位的生产许可证、检测手段和构件质量。

3. 监督站的权限与责任

监督站的权限有：

（1）对不按技术标准和有关文件要求设计和施工的单位，可给予警告或通报批评。

（2）对发生严重工程质量问题的单位可令其及时妥善处理，对情节严重的，可按有关规定进行罚款，如为在施工工程，则应令其停工整顿。

（3）对于核验不合格的工程，可作出返修加固的决定，直至达到合格方准交付使用。

（4）对造成重大质量事故的单位，可参加有关部门组成的调查组，提出调查处理意见。

（5）对工程质量优良的单位，可提请当地建设主管部门给予奖励。

（6）因监督人员失误、失职、渎职而使建设工程出现重大质量事故或在核验中弄虚作假的，主管部门将视情节轻重，对其给予批评、警告、记过直至撤职的处分，触及刑律的将由司法机关追究刑事责任。

8.2.3　建设工程质量检测制度

建设工程质量检测工作是对建设工程质量进行监督管理的重要手段之一。建设工程质量检测机构需经省级以上人民政府建设行政主管部门，国务院工业、交通行政主管部门或其授权的机构考核合格后，方可承担建筑工程质量的检测任务。它是对建设工程、建筑构件、制品及建筑材料和设备的质量进行检测的法定单位。它所出具的检测报告具有法定效力。国家级检测机构出具的检测报告，在国内为最终裁定；在国外具有代表国家的性质。

1. 建设工程质量检测机构的性质和资质分类

检测机构是具有独立法人资格的技术鉴证类中介机构。

检测机构从事规定的质量检测业务，应当依据《建设工程质量检测管理办法》取得相应的资质证书。检测机构资质按照其承担的检测业务内容分为专项检测机构资质和见证取样检测机构资质。检测机构可取得一项或多项专项检测资质，也可同时取得专项检测资质和见证取样检测资质。

检测机构未取得相应的资质证书，不得承担相应规定的质量检测业务。为企业内部质量控制设立的企业内部试验室除外。

2. 建设工程质量检测机构的任务

建设工程质量检测机构，分为国家、省、市（地区）、县四级。

建设工程质量国家检测中心是国家级的建设工程质量检测机构。其主要任务有：

（1）承担重大建设工程质量的检测和试验任务；

（2）负责建设工程所用的构件、制品及有关材料、设备的质量认证和仲裁检测工作；

（3）负责对结构安全、建筑功能的鉴定，参加重大工程质量事故的处理和仲裁检测工作等。

各省、自治区、直辖市的建设工程质量检测中心和市（地区）、县级的建设工程质量检测站则主要是承担本地区建设工程和建筑构件、制品以及建设现场所用材料质量的检测工作和参加本地区工程质量事故的处理和仲裁检测工作。此外，还可参与本地区建筑新结构、新技术、新产品的科技成果鉴定等工作。

3. 建设工程质量检测机构的资质申请与资质审批、审查

申请检测资质的机构应当向资质审批机构提交下列申请材料：

（1）《检测机构申请表》一式三份；

（2）工商营业执照原件及复印件；

（3）与所申请检测资质范围相对应的计量认证证书原件及复印件；

（4）主要检测仪器、设备清单；

（5）技术人员的职称证书、身份证和劳动合同的原件及复印件；

（6）检测机构管理制度及质量控制措施。

资质审批机关在收到申请人的申请材料后，应当及时做出是否受理的决定，并向申请人出具书面凭证；申请材料不齐全或者不符合法定形式的，应当在 5 日内一次性告知申请人需要补正的全部内容。逾期不告知的，自收到申请材料之日起即为受理。

资质审批机关受理资质申请后，应当对申报材料进行审查，自受理之日起 20 个工作日内审批完毕并做出书面决定。对符合标准的，自做出决定之日起 10 个工作日内颁发《检测机构资质证书》，并向国务院建设主管部门备案。

《检测机构资质证书》应注明检测业务范围，分为正本和副本，正本、副本具有同等法律效率。检测机构资质证书有效期为 3 年。资质证书有效期满需要延期的，检测机构应当在资质证书有效期满 30 个工作日前办理延续手续。

检测机构在资质证书有效期内没有下列行为的，资质证书有效期届满时，经原审批机关同意，不再审查，资质证书有效期延期 3 年，由原审批机关在其资质证书副本上加盖延期专用章；检测机构在资质证书有效期内有下列行为之一的，原审批机关不予延期，并依法办理注销手续：

（1）超出资质范围从事检测活动的；

（2）转包检测业务的；

（3）涂改、出租、出借、转让资质证书的；

（4）未按照国家有关工程建设强制性标准进行检测，造成质量安全事故或致使事故损失扩大的；

（5）伪造检测数据，出具虚假检测报告或者鉴定结论的。

检测机构变更名称、地址、法定代表人、技术负责人等，应当在三个月内到原资质审批机关办理变更手续。任何单位和个人不得涂改、倒卖、出租、出借、转让资质证书。

4. 建设工程质量检测机构的监督检查

县级以上地方人民政府建设主管部门和交通、水利等有关部门应当加强对检测机构的监督检查，主要检查下列内容：

（1）是否符合本办法规定的资质标准；

（2）是否超出资质范围从事质量检测活动；

（3）是否有涂改、倒卖、出租、出借、转让资质证书的行为；

（4）是否按规定在检测报告上签字盖章，检测报告是否真实；

（5）监测机构是否按有关技术标准和规定进行检测；

（6）仪器设备及环境条件是否符合计量认证要求；

（7）法律、法规规定的其他事项。（以上技术性检查中可委托相关专业机构）

建设主管部门和铁路、交通、水利等有关部门实施监督检查时，有权采取下列措施：

（1）要求检测机构或委托方提供相关的文件和资料；

（2）进入检测机构的工作场地（包括施工现场）进行抽查；

（3）组织进行比对试验（验证）以验证检测机构的检测能力；

（4）发现有不符合国家有关法律、法规和工程建设标准要求的检测行为时，责令改正。

建设主管部门和铁路、交通、水利等有关部门在监督检查中为收集证据的需要，可以对有关试样和检测资料采取抽样取证的方法；在证据可能灭失或者以后难以取得的情况下，经部门负责人批准，可以先行登记保存有关试样和检测资料，并应当在 7 日内及时做出处理决定，在此期间，当事人或者有关人员不得销毁或者转移有关试样和检测资料。

5. 建设工程质量检测机构的权限

国家级检测机构受国务院建设行政主管部门的委托，有权对指定的国家重点工程进行检测复核，并向国务院建设行政主管部门提出检测复核报告和建议。各地检测机构有权对本地区正在施工的建设工程所用的建筑材料、混凝土、砂浆和建筑构件等进行随机抽样检测，并向本地建设工程质量主管部门和质量监督部门提出抽检报告和建议。

受国家建设主管部门和国家标准部门委托，国家级检测机构有权对建筑构件、制品及有关的材料、设备等产品进行抽样检验。省、市（地区）、县级检测机构，受同级建设主管部门和标准部门委托，有权对本省、市、县的建筑构件、制品进行抽样检测。对违反技术标准、失去质量控制的产品，检测单位有权请主管部门作出责令其停止生产，不合格产品不准出厂，已出厂的不得使用的决定。

8.2.4 建设工程质量的验评与奖励制度

1. 建设工程质量验评制度

建设工程质量应按现行的国家标准、行业标准进行验评。现行的建设工程质量分为优良与合格、不合格三级，先由施工单位自行检验评定等级，再由监督站进行核验。

国家还实行建设工程竣工验收制度。交付验收的建设工程，应当符合下列要求：

（1）完成建设工程设计和合同中约定的各项内容，具备国家规定的竣工条件；

（2）工程质量经有关质量监督机构核定符合要求；

（3）具有完整的工程技术经济资料；

（4）工程所用的主要建筑材料、建筑构配件和设备具有出厂检验合格证明和技术标准规定的必要的进场试验报告；

（5）已签署工程保证书。

建设工程竣工经验收合格后，方可交付使用。

根据有关规定，工程的竣工验收，依工程规模大小和复杂程度，分别由国家计委或工程项目主管部门，或地方政府部门组织验收委员会或验收组进行。验收委员会或验收组由银行、物资、环保、劳动、统计、消防及其他有关部门组成，建设单位、接管（物业管理）单位、施工单位、勘察设计单位参加验收工作。验收时，除听取各有关单位工作报告外，还要审阅工程档案资料，并实地查验建设工程和设备安装情况，并对工程设计、施工和设备质量等方面作出全面的评价。不合格的工程不予验收；对遗留问题提出具体解决意见，限期落实完成。

2. 建设工程质量奖励制度

（1）中国建筑设计国家奖——"梁思成奖"

为鼓励建筑企业加强管理，搞好工程质量，争创国际先进水平，促进全行业工程质量的提高，我国还实行优秀工程奖励制度，以梁思成先生命名的中国建筑设计国家奖——"梁思成奖"已经设立。自 2000 年起，"梁思成奖"每年颁发一次。这是我国目前唯一的建筑设计国家奖。首届"梁思成奖"将授予建国 50 年来在建筑设计创作中对我国建筑设计的发展中做出突出贡献的十名建筑师。自 2001 年起，每年授予一名建筑师。每位"梁思成奖"获得者将从"梁思成奖励基金"中获得 10 万元人民币的奖励。首届"梁思成奖"获得者应当具备以下条件：

① 有中华人民共和国国籍；

② 代表作品应是 1999 年 10 月 1 日以前完成设计并已建成的建筑工程项目；

③ 代表作品对同一时期的建筑设计或建筑理论的发展起到一定引导和推动作用，并在社会上有广泛影响，一般应在国内或国际上获得过重要奖项。

首届"梁思成奖"的产生，采取由个人申报、专家委员会评选推荐、政府审定的办法，由"梁思成奖"提名委员会对申报者进行评议，并通过无记名投票产生 10 名获奖者建议名单，报建设部"梁思成奖"审定委员会。"梁思成奖"提名委员会由具有广泛代表性和公正性的、在建筑界具有一定知名度的资深建筑师（13 名）、中国建筑学会（1 名）和建设部勘察设计司（1 名）组成。"梁思成奖"审定委员会审定首届"梁思成奖"获奖者名单。"梁思成奖"审定委员会由建设部分管副部长、有关司局和建筑学会负责人及建筑界代表组成。

（2）我国土木工程界最高的工程荣誉奖——詹天佑大奖

经科技部、建设部核准的詹天佑大奖，是我国土木工程界最高的工程荣誉奖。由中国土木工程学会和詹天佑土木工程科技发展基金管委会颁发。该奖每年评选一次，旨在奖励在科技创新与科技应用方面做出显著成绩的工程项目，鼓励设计、施工、科研单位为提高我国土木工程科技水平做出贡献。评选中充分体现"创新性"、"先进性"、"权威性"。评选范围覆盖建筑、铁道、交通、水利系统以及航天、海洋、核电等特种工程。评奖是近两年内竣工投产的工程建设项目，有特殊原因的，可放宽至五年内。

（3）建设工程鲁班奖

鲁班奖的全称为"建筑工程鲁班奖"。建筑工程鲁班奖是 1987 年由中国建筑业联合会设立的。主要目的是为了鼓励建筑施工企业加强管理，搞好工程质量，争创一流工程，推动我国工程质量水平的普遍提高。该奖是行业性荣誉奖，属于民间性质。当时每年数额 20 个，有严格的评选办法和申报、评审程序，并有严格的评审纪律。评审由评审委员会负责，协会只负责受理申报、组织初审和工程复查，不得干预评审工作。评委由各地区和国务院有关部门的专家组成，以无记名投票方式选定。1996 年 7 月，根据建设部的决定，将 1981 年政府设立并组织实施的国家优质工程奖与建筑工程鲁班奖合并，奖名定为中国建筑工程鲁班奖（国家优质工程）。每年评选一次，奖励数额为每年 45 个。

鲁班奖是于 1987 年由原中国建筑业联合会设立的一项优质工程奖。1993 年随联合会的撤销转入中国建筑业协会。1996 年根据建设部关于"两奖合一"的决定，将国家优质工程奖和建筑工程鲁班奖合并，奖名定为中国建筑工程鲁班奖（国家优质工程）。该奖是我国建筑行业工程质量方面的最高荣誉奖（国家级工程质量奖），由建设部、中国建筑业协会颁发。

8.2.5　建材使用许可制度

为保证建设工程中使用的建筑材料性能能符合规定标准，从而确保建设工程质量，我国规定建材使用许可制。这一制度包括建材生产许可证制、建材产品质量认证制、建材产品推荐使用制及建材进场检验制等制度。

1. 建材生产许可证制

国家规定对于一些非常重要的建材产品，如水泥、钢材等，实行生产许可证制。生产这些建材产品的生产企业必须具备相应的生产条件、技术装备、技术人员和质量保证体系，经有关部门审核批准取得相应资质等级并获得生产许可证后，才能进行这些建材产品的生产。其生产销售的建材产品或产品包装上，除应标有产品质量检验合格证明外，还应标明生产许可证的编号、批准日期和有效日期。未获生产许可证的任何其他企业，都不得生产这类建材。

2. 建材产品质量认证制

国家有关部门规定，对重要的建筑材料和设备，推行产品质量认证制度经认证合格的由认证机构颁发质量认证证书，准许企业在产品或其包装上使用质量认证标志。使用单位经检验发现认证的产品质量不合格，有权向产品质量认证机构投诉。同时规定，销售已通过质量认证的建材产品，在产品或其包装上除标有产品质量检验合格证明外，还应标明质量认证的编号、批准日期和有效期限。

3. 建材产品推荐使用制

建设部规定，对尚未经过产品质量认证的建筑材料，各省、自治区、直辖市建设行政主管部门可以推荐使用。为此，各省、自治区、直辖市都颁布了一些地方性规章，对建材产品质量认证和推荐作了相应规定。为解决屋面渗漏这一房屋建筑中十分突出的质量问题，建设部还规定，各省、自治区、直辖市的建设行政主管部门应按地区选定 1～2 个检测单位，对进入本地区市场的石油沥青、油毡等主要防水材料质量进行使用认证抽样检验，并将检验结果及时提供给本地区有建设单位和施工单位的，防止不合格的材料使用到工程中。建设部选定全国防水材料质量使用认证检测中心负责防水材料质量抽检工作，对尚没有国家标准或行业标准的防水材料，组织制订暂行检测标准，并定期向全国公布防水材料质量的抽检结果。

4. 建筑材料进场检验制

为保证建筑的结构安全及其质量，建设部还规定，建筑施工企业必须加强对进场的建筑材料、构配件及设备的质量检查、检测。各类建筑材料、构配件等都必须按规定进行检查或复试。凡影响结构安全的主要建筑材料、构配件及设备的采购与使必经同级技术负责人同意。质量不合格的建筑材料、构配件及设备，不得使用在工程上。并进一步规定，对进入施工现场的屋面防水材料，不仅要有出厂合格证，还必须要有进场试验报告，确保其符合标准和设计要求。未经检验而直接使用了质量不合格要求的建材、设备及构配件的施工企业，将承担相应责任。

8.3　建设行为主体的质量责任与义务

8.3.1　建设单位的质量责任与义务

建设单位投资于建设工程，对工程项目享有所有权的主体。在我国，工程建设的投资者主要是国家部门或一些开发商，代表建设单位直接参与工程管理的人并不是工程最后的所有人和使用者，因此建设工程质的好坏与参与工程直接管理者自身利益并没有密切的关系，也就是说他们享有建设单位的权利，但并不承担工程质量劣质的后果。

同时，我国建筑行业竞争十分强烈，基本上处于僧多粥少的局面，承包方与建设单位处于不平等的地位，建设单位一味地要求压低造价、缩短工期等，使工程建设中建设单位的行为受不到来自施工方的约束，其主观随意性很大。许多工程就是在建设单位意愿干涉下，以违背正常建设规律的方式建成，也造成了建设工程质量事故层出不穷。

鉴于此，国务院于 2000 年 1 月 30 日颁发的《建设工程质量管理条例》特别严肃对建设单位的质量责任和义务做出了明确规定，它们主要有：

1. 依法发包工程的责任

通过工程发包，选取具有技术和经济实力、享有良好信誉的承包商来进行工程建设，是确保工程质量的重要环节。但不少建设单位不遵守有关法律及规定，将工程发包变成了谋取团体利益和私人利益的手段。为此，《建设工程质量管理条例》规定："建设单位应当将工程发包给具有相应资质等级的单位。""建设单位不得将工程肢解发包。"同时，还进一步规定，对于应当招标的工程项目，建设单位应依法招标。发包单位及其工作人员在建设工程发包中不得收受贿赂、回扣或索取其他好处。

2. 委托监理的责任

建设单位对工程建设应进行必要的监督、管理，对于国家规定强制实行监理的工程，建设单位应委托具有相应资质等级的工程监理单位进行监理，也可以委托具有工程监理相应资质等级并与被监理工程的施工承包单位没有隶属关系或其他利害关系的该工程的设计单位进行监理。

下列建设工程必须实行监理：

（1）国家重点建设工程；

（2）大中型公用事业工程；

（3）成片开发建设的住宅小区工程；

（4）利用外国政府或者国际组织贷款、援助资金的工程；

（5）国家规定必须实行监理的其他工程。

3. 依法报批并接受政府监督的责任

建设单位在工程设计完成后，应将施工图设计文件报县级以上人民政府建设行政主管部门或其他有关部门审查，未经审查批准的施工图设计文件不得使用。建设单位在领取施工许可证或开工报告前，应按国家有关规定办理工程质量监督手续。

4. 遵守国家规定及技术标准的责任

建立工程建设的技术标准及相关规定，是保证建设工程质量的重要措施，任何单位和个人都须严格遵守工作。工程建设过程中，建设单位不得明示和暗示设计单位或施工设计单位违反工程建设强制性标准，降低工程质量。建设单位也不得明示和暗示施工单位使用不合格的建筑材料、建筑构件和设备。按合同约定由建设单位提供的建筑材料、建筑构配件和设备，也必须保证其符合设计文件和合同的要求。在进行涉及建筑主体和承重结构变动的装修时，应委托原设计单位或有相应资质等级的设计单位进行设计，没有设计方出具的设计图纸，不得强行施工。

5. 提供资料并组织验收的责任

在工程建设的各个阶段，建设单位都负有向有关的勘察、设计、施工、工程监理等单位提供工程有关的原始资料，并保证其真实、准确、齐全的责任。在收到工程竣工报告后，建设单位应负责组织设计、施工、工程监理等有关单位对工程进行验收，并应按国家有关档案管理规定，及时收集、整理建设项目各环节的文件资料，在工程验收后，负责及时地向建设行政主管部门或其他有关部门移交建设项目档案。

如建设单位未尽上述责任，将分别受到限期改正、责令停工、处以罚款等处罚；构成犯罪的，还将追究单位、直接责任人及直接负责的主管人的刑事责任；建设单位如是房屋建设开发公司，除承担一般建设单位有关责任、义务外，还应建立健全质量保证体系，加强对开发工程的质量管理；其开发经营的工程质量应符合国家现行的有关法律、法规、技术标准设计文件的要求；其出售的房屋，应符合使用要求，并应提供有关使用、保养和维修的说明，如发生的质量问题，应在保修期内负责保修。房屋建设开发公司如违反上述规定，将依其情节轻重，处以降低资质等级、吊销资质证书和罚款处罚。

8.3.2 工程勘察设计单位的质量责任与义务

1. 遵守执业资质等级制度的责任

勘察设计单位必须在其资质等级允许范围内承揽工程勘察设计任务，不得擅自超越资质等级或以其他勘察、设计单位的名义承揽工程，也不得允许其他单位或个人以本单位的名义承揽工程，还不得转包或违法分包自己承揽的工程。

2. 建立质量保证体系的责任

勘察设计单位应建立健全质量保证体系，工程勘察项目负责人应组织有关人员做好现场踏勘、调查，按要求编写《勘察纲要》，并对勘察过程中各项作业资料验收和签字工程勘察工作的原始记录应在勘察工程中及时整理、核对确保取样、记录的真实性和准确性，严禁离开现场后再追记和补记。工程勘察企业的法定代表人、项目负责人、审核人、审定人等相关人员应在勘察文件上签字或盖章，并对勘察质量负责，其相关责任分别为：企业法定代表人对勘察质量负全面责任；项目负责人对项目的勘察文件负主要质量责任；项目审核人、审定人对其审核、审定项目的勘察文件负审核、审定的质量责任。设计单位应加强设计过程的质量控制，健全设计文件的审核会签制度。注册建筑师、注册结构工程师等执业人员应在设计文件上签字，对设计文件的质量负责。

3. 遵守国家工程建设强制性标准及有关规定的责任

勘察设计单位必须按照工程建设强制性标准及有关规定进行勘察设计。工程勘察文件要反映工程地质、地形地貌、水文地质状况，其勘察成果必须真实准确、评价应准确可靠。勘察文件应符合国家规定的勘察深度要求。设计单位要根据勘察成果文件进行设计，设计文件的深度，应符合国家规定，满足相应设计阶段的技术要求，并注明工程合同使用年限。所完成的施工图应配套，细部节点应交代清楚，标注说明应清晰、完整。凡设计所选用的建筑材料、建筑构配件和设备，应注明规格、型号、性能等技术指标，其质量必须符合国家规定的标准；除有特殊要求的建筑材料、专用设备、工艺生产线等外，设计单位不得指定生产厂家或供应商。

4. 施工验槽、技术交底和事故处理责任

工程勘察单位应当参与施工验槽，及时解决工程设计和施工中与勘察工作有关的问题。设计单位应根据审查合格施工图向施工单位做出详细的说明，做好设计文件的技术交底工作，对大中型建设工程、超高层建筑以及采用新技术、新结构的工程，设计单位还应向施工现场派设计代表。当其设计的工程发生质量事故时，设计单位应参与质量事故分析，并对因设计造成的质量事故提出相应的技术处理方案。

勘察设计单位应对本单位编制的勘察设计文件的质量负责。当其违反国家的法律、法规及相关规定，没有尽到上述质量责任时，根据情节轻重，将会受到责令改正、没收违法所得、罚款、责令停业整顿、降低资质等级、吊销资质证书等处罚。造成损失的，依法承担赔偿责任。注册建筑师、注册结构工程师等注册执业人员因过错造成质量事故的，责令停止执业1年；造成重大事故的，吊销执业资格证书，5年内不予注册；情节特别恶劣的，终身不予注册。勘察设计单位违反国家规定，降低工程质量标准，造成重大安全事故、构成犯罪的，要依法追究直接责任人员的刑事责任。

8.3.3 工程建设监理单位的质量责任与义务

1. 遵守执业资质等级制度的责任

工程监理单位应在其资质等级许可的范围内承担工程监理业务，不得超越本单位资质等级许可的范围或以其他工程监理单位的名义承担工程监理业务。禁止工程监理单位允许其他单位或个人以本单位的名义承担工程监理业务。工程监理单位也不得将自己承担的工程监理业务进行转让。

2. 回避责任

工程监理单位与被监理工程的施工承包单位以及建筑材料、建筑构配件和设备供应单位有隶属关系或其他利害关系的，不得承担该项建设工程的监理业务，以保证监理活动的公平、公正。

3. 坚持质量标准、依法进行现场监理的责任

工程监理单位应选派具有相应资格的总监理工程师进驻施工现场。监理工程师应依据有关技术标准、设计文件和建设工程承包合同及工程监理规范的要求，采取旁站、巡视和平行检验等形式，对建设工程实施监理，对违反有关规范及技术标准的行为进行制止，责令改正；对工程使用的建筑材料、建筑构配件和设备的质量进行检验，不合格者，不得准许使用。工程监理单位不得与建设单位或施工单位串通一气，弄虚作假，降低工程质量。

工程监理单位未尽上述责任影响工程质量的，将根据其违法行为的严重程度，给予责令改正、没收非法所得、罚款、降低资质等级、吊销资质证书等处罚。造成重大安全事故、构成犯罪的，要追究直接责任人员的刑事责任。

8.3.4 施工单位的质量责任与义务

1. 遵守执业资质等级制度的责任

施工单位要遵守执业资质等级许可的范围内承揽工程施工任务，不得超越本单位资质等级许可的业务范围或者以其他施工单位的名义承揽工程。禁止施工单位允许其他单位或个人以本单位的名义承揽工程。施工单位也不得将自己承包的工程再进行转包或非法分包。

2. 建立质量保证体系的责任

施工单位应当建立健全质量保证体系，要明确确定工程项目的项目经理、技术负责人和管理负责人，使质量责任制度落实到人。因此施工单位必须建立、健全并落实质量责任制度，严格工序管理，做好隐蔽工程的质量检查和记录。隐蔽工程在掩埋前，应通知建设单位和建设工程质量监督机构进行检验。施工单位还应当建立、健全教育培训制度，加强对职工的教育培训，未能教育培训或考核不合格的人员，不得上岗作业。施工单位还应加强计量、检测等基础工作。

3. 遵守技术标准、严格按图施工的责任

施工单位必须按照工程设计图纸和施工技术标准进行施工，不得擅自修改工程设计，不得偷工减料。施工过程中如发现设计文件和图纸的差错，要及时向设计单位提出意见和建议，不得擅自处理。施工单位必须对建筑材料、建筑构配件、设备及商品混凝土进行检验，并做好书面记录，由专人签字，未经检验或检验不合格的上述物品，不得使用。施工单位对施工中出现质量问题的建设工程或竣工验收不合格的工程，应负责返修。

4. 总包单位与分包单位之间的质量责任

对于建设工程进行总承包的工程，总承包单位应对全部建设工程质量负责；如果实行勘察、设计、施工、设备采购的一项或多项总承包的工程，总承包单位应对其承包单位或采购设备的质量负责。总承包单位依法进行分包的，分包单位应按分包合同的约定对其分包工程的质量向总承包单位负责，总承包单位与分包单位对分包工程的质量承担连带责任。

施工单位未尽上述质量责任时，根据其违法行为的严重程度，将受到责令改正、罚款、降低资质等级、责令停业整顿、吊销资质证书等处罚。对不符合质量标准的工程，要负责返工、修理，并赔偿因此造成的损失。对降低工程质量标准造成重大安全事故的工程，构成犯罪的，要追究直接责任人的刑事责任。

8.3.5 材料、设备供应单位的质量责任与义务

建筑材料、构配件生产及设备供应单位必须具备相应的生产条件、技术装备和质量保证体系，具备必要的检测人员和设备，并应把好产品看样、订货、存储、运输和核验的质量关，其供应的建筑材料、构配件和设备质量应符合国家或行业现行有关技术标准规定的合格标准和设计要求，并应符合以其产品说明、实物样品等方式表明的质量状况。其产品或其包装上的标识则应符合下述要求：

（1）有产品质量检验合格证明；

（2）有中文标明的产品名称、生产厂厂名和厂址；

（3）产品包装和商标样式符合国家有关规定和标准要求；

（4）设备应有产品详细的使用说明书，电器设备还应附有线路图；

（5）实施生产许可证或使用产品质量认证标志的产品，应有生产许可证或质量认证的编号、批准日期和有效期限。

建筑材料、构配件及设备的供需双方均应签订购销合同，并按合同条款进行质量验收。建筑材料、构配件生产及设备供应单位对其生产或供应的产品质量负责。

8.4 建设工程质量返修及损害赔偿

房屋建筑工程质量保修，是指对房屋建筑工程竣工验收后在保修期限内出现的房屋建筑工程的质量不符合工程建设强制性标准以及合同的约定的质量缺陷，应当由施工承包单位负责维修、返工或更换，由责任单位负责赔偿损失。建设工程实行质量保修制度是落实工程质量责任的重要措施。

8.4.1 保修期限的规定

建设工程承包单位在向建设单位提交竣工验收报告时，应当向建设单位出具质量保修书。在工程质量保修书中应当明确保修范围、保修期限和保修责任等。在正常使用下，房屋建筑工程的最低保修期限为：

（1）基础工程和主体结构工程，为设计文件规定的该工程的合理使用年限；

（2）防水工程、有防水要求的卫生间、房间和外墙面的防渗漏为 5 年；

（3）采暖与供冷系统为 2 个采暖期、供冷期；

（4）管线、给排水管道、设备安装为 2 年；

（5）装饰装修工程为 2 年。

其他项目的保修期限由建设单位和施工单位约定。房屋建筑工程保修期从工程竣工验收合格之日起计算。因使用不当或者第三方造成的质量缺陷，以及不可抗力造成的质量缺陷，不属于法律规定的保修范围。

8.4.2 保修程序

房屋建筑工程在保修期限内出现质量缺陷，建设单位或者房屋建筑所有人应当向施工单位发出保修通知。

施工单位接到保修通知后，应当到现场核查情况，在保修书约定的时间内予以保修。发生涉及结构安全或者严重影响使用功能的紧急抢修事故，施工单位接到保修通知后，应当立即到达现场抢修。发生涉及结构安全的质量缺陷，建设单位或者房屋建筑所有人应当立即向当地建设行政主管部门报告，采取安全防范措施；由原设计单位或者具有相应资质等级的设计单位提出保修方案，施工单位实施保修，原工程质量监督机构负责监督。保修完成后，由建设单位或者房屋建筑所有人组织验收。涉及结构安全的，应当报当地建设行政主管部门备案。

施工单位不按工程质量保修书约定保修的，建设单位可以另行委托其他单位保修，由原施工单位承担相应责任。保修费用由质量缺陷的责任方承担。

8.4.3 保修的经济责任

（1）因施工单位未按国家有关规范、标准和设计要求施工而造成的质量缺陷，由施工单位负责返修并承担经济责任；

（2）因设计原因造成的质量缺陷，由设计单位承担经济责任，由施工单位负责维修，其费用按有关规定通过建设单位向设计单位索赔，不足部分由建设单位负责；

（3）因建筑材料、构配件和设备质量不合格引起的质量缺陷，属于施工单位采购的或经其验收同意的，由施工单位承担经济责任，属于建设单位采购的，由建设单位承担经济责任；

（4）因使用单位使用不当造成的质量问题，由使用单位自行负责；

（5）因地震、洪水、台风等不可抗力造成的质量问题，施工单位、设计单位不承担经济责任。

8.4.4 损害赔偿

《消费者权益保护法》规定：使用商品者及接受服务者受到人身、财产损害的，享有依法获得赔偿的权利。《建设工程质量管理办法》也规定：因建设工程质量缺陷造成人身、缺陷工程以外的其他财产损害的，侵害人应按有关规定，给予受害人赔偿。

根据《民法通则》和《产品质量法》的精神，因建设工程质量缺陷造成受害人人身伤害的，侵害人应当赔偿医疗费、因误工减少的收入、残废者生活补助费等费用；造成受害人死亡的，并应支付丧葬费、抚恤费、死者生前抚养的人必要的生活费用等。因建设工程质量缺陷造成受害人财产损失的，侵害人除承担返修责任外，对其他财产损失，应予赔偿。

因建设工程质量存在缺陷造成损害，要求赔偿的诉讼时效期限为一年，自当事人知道或应当知道其权益受到损害时起计算。

8.5 建设工程质量管理案例

案例1

甲电信公司因建办公楼与乙建筑承包公司签订了工程总承包合同。其后，经甲同意，乙分别与丙建筑设计院和丁建筑工程公司签订了工程勘察设计合同和工程施工合同。勘察设计合同约定：由丙对甲的办公楼及其附属工程提供设计服务，并按勘察设计合同的约定交付有关的设计文件和资料。施工合同约定：由丁根据丙提供的设计图纸进行施工，工程竣工时依据国家有关验收规定及设计图纸进行质量验收。合同签订后，丙按时将设计文件和有关资料交付给丁，丁依据设计图纸进行施工。工程竣工后，甲会同有关质量监督部门对工程进行验收，发现工程存在严重质量问题，是由于设计不符合规范所致。原来丙未对现场进行仔细勘察即自行进行设计，导致设计不合理，给甲带来了重大损失。丙以与甲没有合同关系为由拒绝承担责任，乙又以自己不是设计人为由推卸责任，甲遂以丙为被告向法院起诉。

法院受理后，追加乙为共同被告，判决乙与丙对工程建设质量问题承担连带责任。

【问题】

1. 本案中的法律主体及相互关系是什么？

2. 对出现的质量问题，以上法律主体将如何承担责任？

3. 本案中的法律主体及相互关系是什么？

1. 本案中，甲是发包人，乙是总承包人，丙和丁是分包人，《建筑法》第二十九条规定："建筑工程总承包单位可以将承包工程中的部分工程发包给具有相应资质条件的分包单位；但是，除总承包合同中约定的分包外，必须经建设单位认可。施工总承包的，建筑工程主体结构的施工必须由总承包单位自行完成。建筑工程总承包单位按照总承包合同的约定对建设单位负责；分包单位按照分包合同的约定对总承包单位负责。总承包单位和分包单位就分包工程对建设单位承担连带责任。禁止总承包单位将工程分包给不具备相应资质条件的单位。禁止分包单位将其承包的工程再分包。"

2. 对出现的质量问题，以上法律主体将如何承担责任？

对工程质量问题，乙作为总承包人应承担责任，而丙和丁也应该依法分别向发包人甲承担责任。总承包人以不是自己勘察设计和建筑安装的理由企图不对发包人承担责任，以及分包人以与发包人没有合同关系为由不向发包人承担责任不合法。

3. 本案必须说明的是，《建筑法》第二十八条规定："禁止承包单位将其承包的全部建筑工程转包给他人，禁止承包单位将其承包的全部建筑工程肢解以后以分包的名义分别转包给他人。"本案中，乙作为总承包人不自行施工，而将工程全部转包他人，虽经发包人同意，但违反法律禁止性规定，其与丙和丁所签订的两个分包合同均是无效合同。建设行政主管部门应依照《建筑法》和《建设工程质量管理条例》的有关规定，对其进行行政处罚。

案例2

某大型商业建筑工程项目，主体建筑物10层。在主体工程进行到第二层时，该层的100根钢筋混凝土柱已浇注完成并拆模后，监理人员发现混凝土外观质量不良，表面疏松，怀疑其混凝土强度不够，设计要求混凝土抗压强度达到 C18 的等级，于是要求承包商出示有关混凝土质量的检验与试验资料和其他证明材料。承包商向监理单位出示其对 9 根柱施工时混凝土抽样检验和试验结果，表明混凝土抗压强度值（28d 强度）全部达到或超过 C18 的设计要求，其中最大值达到了 C30 即 30MPa。

【问题】

1. 你作为监理工程师应如何判断承包商这批混凝土结构施工质量是否达到了要求？

2. 如果监理方组织复核性检验结果证明该批混凝土全部未达到 C18 的设计要求，其中最小值仅有 8MPa 即仅达到 C8，应采取什么处理决定？

3. 如果承包商承认他所提交的混凝土检验和试验结果不是按照混凝土检验和试验规程及规定在现场抽取试样进行试验的，而是在试验室内，按照设计提出的最优配合比进行配制和制取试件后进行试验的结果。对于这起质量事故，监理单位应承担什么责任？承包方应承担什么责任？

4. 如果查明发生的混凝土质量事故主要是由于业主提供的水泥质量问题导致混凝土强度不足，而且在业主采购及向承包商提供这批水泥时，均未向监理方咨询和提供有关信息，协助监理方掌握材料质量和信息。虽然监理方与承包商都按规定对业主提供的材料进行了进货抽样检验，并根据检验结果确认其合格而接受。试问在这种情况下，业主及监理单位应当承担什么责任？

【参考答案】

1. 作为监理工程师为了准确判断混凝土的质量是否合格，应当在有承包方在场的情况下组织自身检验力量或聘请有权威性的第三方检测机构，或是承包商在监理方的监督下，对第二层主体结构的钢筋混凝土柱，用钻取混凝土芯的方法，钻取试件再分别进行抗压强度试验，取得混凝土强度的数据，进行分析鉴定。

2. 采取全部返工重做的处理决定，以保证主体结构的质量。承包方应承担为此所付出的全部费用。

3. 承包方不按合同标准规范与设计要求进行施工和质量检验与试验，应承担工程质量责任，承担返工处理的一切有关费用和工期损失责任。监理单位未能按照建设部有关规定实行见证取样，认真、严格地对承包方的混凝土施工和检验工作进行监督、控制，使施工单位的施工质量得不到严格的、及时的控制和发现，以致出现严重的质量问题，造成重大经济损失和工期拖延，属于严重失误，监理单位应承担不可推卸的间接责任，并应按合同的约定课以罚金。

4. 业主向承包商提供了质量不合格的水泥，导致出现严重的混凝土质量问题，业主应承担其质量责任，承担质量处理的一切费用并给承包商延长工期。监理单位及施工单位都按规定对水泥等材料质量和施工质量进行了抽样检验和试验，不承担质量责任。

案例 3

某建筑工程建筑面积 205000m²，混凝土现浇结构，筏形基础，地下 3 层，地上 12 层，基础埋深 12.4m，该项工程位于繁华市区，施工场地狭小。

工程所在地区地势北高南低，地下水流从北向南。施工单位的降水方案计划在基坑南边布置单排轻型井点。

基坑开挖到设计标高后，施工单位和监理单位对基坑进行验槽，并对基底进行了钎探，发现地基东南角有约 350m² 的软土区，监理工程师随即指令施工单位进行换填处理。

工程主体结构施工时，二层现浇钢筋混凝土阳台在拆模时沿阳台根部发生断裂，经检查发现是由于施工人员将受力主筋位置布置错误所造成的。事故发生后，业主立即组织了质量大检查，发现一层大厅梁柱节点处有露筋；已绑扎完成的楼板钢筋位置与设计图纸不符；施工人员对钢筋绑扎规范要求不清楚。

工程进入外墙面装修阶段后，施工单位按原设计完成了 965m² 的外墙贴面砖工作，业主认为原设计贴面砖与周边环境不协调，要求更换为大理石贴面，施工单位按业主要求进行了更换。

【问题】

1. 该工程基坑开挖降水方案是否可靠？说明理由。

2. 施工单位和监理单位两家单位共同进行工程验槽的做法是否妥当？说明理由。

3. 发现基坑基底软土后应按什么工作程序进行基底处理？

4. 工程质量事故和业主检查出的问题反映出施工单位质量管理中存在哪些主要问题？

5. 就该项工程背景资料中所发生的情况而言，施工单位可索赔的内容有哪些？

【参考答案】

1. 该工程基坑开挖降水方案采用基坑南边布置单排轻型号井点不可行。因为轻型井点应根据基坑平面的大小与深度、土质、地下水位流向、降水深度要求等条件采用单排、双排、环形等方式布置。单排轻型井点适用于基坑或沟槽宽度小于 6m，且降水深度不大于 5m 的基坑，同时，在采用单排轻型号井点方案时也应将井点管布置在上游，即北边。因该工程基坑面积大，基础埋深达 12.4m，所以不能采用轻型井点降水方案，可采用喷射井点、管井井点或深井井点的降水方案。

2. 当基坑开挖到设计标高后，由施工单位和监理单位两家共同进行验槽的做法不妥。正确的做法是在基坑开挖到基底设计标高并清理好后，施工单位还必须会同勘察、设计单位和建设单位共同进行验槽，合格后方能进行基础工程施工。

3. 当发现基坑基底有软土区后，施工单位不得擅自处理，应及时向监理单位和建设单位汇报，由勘察设计单位组织进行地基补充勘探，在探明基底情况后，勘察设计单位进行处理方案设计，方案设计完成后须由建设单位、设计单位、监理单位和施工单位在设计变更单上会签。施工单位再依据设计变更进行基底处理，监理单位对处理过程进行监控，并对处理结果检查验收。

4. 根据发生的工程质量事故和业主检查出的问题反映了施工单位在质量管理中存在如下问题：施工技术交底不清；自检、互检和交接检验制度不健全，隐蔽工程检查不严格，检查验收制度不落实；质量控制体系不健全，各级施工管理人员管理职责不落实、责任不到位，施工过程控制不严格；施工队伍素质差，施工人员教育培训不够。

5. 施工单位可以索赔的内容包括：地基基底处理发生的费用和工期；更换大理石贴面砖所发生的费用和工期。

案例 4

某工程，施工总承包单位（以下简称"乙方"）按《建设工程施工合同（示范文本）》（GF—1999—0201）与建设单位（以下简称"甲方"）签订了施工总承包合同。合同中约定开工日期 2016 年 3 月 1 日，乙方每月 25 日向甲方提交已完工程量报告，工程进度款支付时间为次月 8 日。甲方依据合同推荐某电梯安装单位（以下简称"丙方"）作为本项目电梯安装施工单位，丙方与乙方签订了分包合同。甲方委托监理公司对工程实施施工监理。

乙方项目经理开工前对本项目今后的工作作了如下安排：

（1）由项目经理负责组织编制"项目施工管理实施规划"；

（2）由项目总工程师负责建立项目质量管理体系，由项目生产经理负责建立安全管理体系并组织实施；

（3）由项目行政管理人员负责对所有安全施工的技术要求进行交底；

（4）由项目商务经理负责与劳务作业层、各协作单位、发包人、分包人的组织协调工作，解决项目中出现的各种问题；

（5）由项目经理负责组织有关单位进行单位工程竣工验收。

2016 年 5 月 15 日，项目经理和项目商务经理一起向甲方催要 4 月份工程进度款。甲方说："监理单位正在对四月份的工程量进行核对，工程进度款还要等一等"。项目经理立即停止施工，以催要工程进度款。

电梯安装施工过程中，因甲方采购的一部电梯导轨型号到货错误，需要退换。丙方向项目监理机构提出了申请，要求补偿因退换导轨造成的费用损失。监理说："此事应先找乙方"。丙方找到乙方，乙方项目经理回答："你们是甲方推荐的，费用直接找甲方要，此事与我们没有关系"。

【问题】

1. 逐项指出乙方项目经理开工前的工作安排是否妥当？对于不妥之项说明正确做法。

2. 指出乙方停止施工以催要 4 月份工程进度款的做法和甲方的答复各有何不妥之处。

3. 丙方向项目监理机构提出费用损失补偿申请是否恰当？说明理由。

4. 乙方项目经理对于丙方提出索赔的回答是否恰当？说明理由。

【参考答案】

1.（1）妥当；

（2）不妥。正确做法：应由项目经理负责；

（3）不妥。正确做法：由负责项目管理的技术人员负责；

（4）不妥。正确做法：由项目经理负责；

（5）不妥。正确做法：由建设单位负责组织。

2. 乙方不妥之处：未发出要求付款书面通知就停工。

甲方不妥之处：在 5 月 15 日还在核对工程量，已超过 7 天内确认计量的约定时限，应视为已确认，甲方应支付乙方所报的工程进度款。

3. 不恰当。因丙方与监理没有合同关系，丙方索赔的对象不正确。

4. 不恰当。丙方与甲方没有合同关系，丙方与乙方有合同关系；因此，丙方不能越过乙方直接找甲方索赔费用。

复习思考题

一、单项选择题

1. 在 GB/T 19000 族标准的"质量管理体系基础"中将由组织的顾客或由其他人以

顾客的名义对质量管理体系所进行的审核，称为（　　）审核。

    A. 第一方   B. 第二方   C. 顾客   D. 第三方

    2. 按 GB/T 19000 族标准的要求，系统识别和管理组织内使用的过程，特别是这些过程之间的相互作用，其目的是（　　）。

    A. 实现质量管理体系的持续改进，并使组织的总体业绩得到显著的提高

    B. 评价质量管理体系的运行状况

    C. 加强管理者在质量管理体系中的作用

    D. 实现对质量管理的全员参与

    3. 依据《建设工程质量管理条例》，（　　）在建设工程竣工验收后，应及时向建设行政主管部门或者其他有关部门移交建设项目档案。

    A. 设计单位   B. 施工单位   C. 监理单位   D. 建设单位

    4.《建设工程质量管理条例》规定，未经（　　）签字，建筑材料、建筑构配件和设备不得在工程上使用和安装，施工单位不得进行下一道工序的施工。

    A. 监理单位   B. 业主   C. 监理工程师   D. 总监理工程师

    5.《建设工程质量管理条例》规定，施工人员对涉及结构安全的试块、试件以及有关材料，应当在（　　）监督下现场取样，并送具有相应资质等级的质量检测单位进行检验。

    A. 施工单位质检人员   B. 建设单位或监理单位

    C. 监理单位和施工单位   D. 工程质量监理机构

    6.《建设工程质量管理条例》规定，在正常使用条件下，电气管线、给水排水管道、设备安装和装修工程的最低保修期限为（　　）。

    A. 1 年   B. 2 年   C. 3 年   D. 5 年

二、多项选择题（每题的备选项中，有 2 个或 2 个以上符合题意）

    1.《建设工程质量管理条例》规定，建设工程承包单位的质量保修书中应当明确建设工程的保修（　　）等。

    A. 主体   B. 范围   C. 内容   D. 期限   E. 责任

    2. 下列关于建设工程质量目标全过程控制的表述中，正确的是（　　）。

    A. 对建设工程质量目标的所有内容进行控制

    B. 建设工程各阶段关于质量控制的侧重点不同

    C. 要避免不断提高质量目标的倾向

    D. 重点是设计阶段和施工阶段的质量控制

    E. 对建设工程所有内容的质量进行控制

    3. 建设工程质量的系统控制应当考虑（　　）。

    A. 实现建设工程的共性和个性质量目标

    B. 确保建设工程安全可靠、质量合格

    C. 确保实现建设工程预定的功能

    D. 对影响建设工程质量目标的所有因素进行控制

    E. 避免不断提高质量目标的倾向

    4.《建设工程质量管理条例》关于施工单位对建筑材料、建筑构配件、设备和商品混

凝土进行检验的具体规定有（　　　）。

A. 检验必须按照工程设计要求、施工技术标准和合同约定进行

B. 检验结果未经监理工程师签字，不得使用

C. 检验结果未经施工单位质量负责人签字，不得使用

D. 未经检验或者检验不合格的，不得使用

E. 检验应当有书面记录和专人签字

三、简答题

1. 建设工程质量的概念是什么？

2. 简述我国建设工程质量管理体系。

3. 工程勘察设计单位的质量责任有哪些？

4. 什么是建材生产许可证制度和建材产品推荐使用制度？

5. 工程建设监理单位和材料设备供应单位对工程质量都要承担哪些责任？

6. 建设工程的保修期限从何时算起？我国现行规定的保修期限是多长？

9 建设工程安全生产管理法规

9.1 建设工程安全生产管理法规概述

9.1.1 建设工程安全生产管理的概述

1. 建设工程安全生产管理

安全问题历来是建设工程生产过程中的核心的问题，也是我国建设行业面临的非常严重的问题。建设工程一旦出现安全问题，轻则项目损失，重则人员伤亡。项目的全部管理目标都会化为泡影，同时还会对社会造成严重的负面影响。因此，我国向来重视建设工程的安全的管理，国家通过立法及各种行政手段来管理各建设主体的行为，以保证建设工程的生产安全。

建设工程，是指土木工程、建筑工程、线路管道和设备安装工程及装修工程。建设工程施工具有人员流动性大，露天高处作业多，施工环境和作业条件较差，不安全因素较多等特点，决定了建设工程施工安全事故的多发性和易发性。随着我国建设工程和科学技术的发展，新技术、新工艺、新材料、新设备被广泛应用，国家鼓励建设工程安全生产的科学技术研究和先进技术的推广应用，推进建设工程安全生产的科学管理。

建设工程安全生产管理是指在新建、改建、扩建和拆除等基本建设活动中，运用各种有效资源，通过计划、组织、协调和控制等手段，控制物的不安全因素和人的不安全行为，防止和减少安全事故，实现安全生产的各项管理活动。

2. 建设工程安全管理方针

《建筑法》第三十六条与《建设工程安全生产管理条例》第三条都明确规定建设工程安全生产管理，坚持"安全第一、预防为主"的基本方针。2011年11月颁布的《国务院关于坚持科学发展安全发展促进安全生产形势持续稳定好转的意见》（国发〔2011〕40号）进一步明确，自觉坚持"安全第一，预防为主，综合治理"方针。

"安全第一"突出了安全生产在建设工程活动中的首要位置和重要性，就是要在建设工程施工过程中把安全放在第一重要的位置，贯彻以人为本的科学发展观，切实保护劳动者的生命安全和身体健康；"预防为主"是针对建设工程的施工特点，建立健全工程项目预警机制，通过相关管理措施，有效控制不安全因素和不安全行为，把安全事故消灭于萌芽状态；综合治理，则是要自觉遵守施工安全生产规律，把握施工安全生产工作中的主要矛盾和重要环节，综合运用经济、法律、行政等手段，充分发挥社会、职工、舆论的监督作用，有效解决建设工程施工安全生产的问题。

"安全第一，预防为主，综合治理"方针是一个有机整体。如果没有安全第一的指导思想，预防为主就失去了思想支撑，综合治理将失去整治依据；预防为主是实现安全第一的根本途径，只有把施工安全生产的重点放在建立和落实事故隐患预防体系上，才能有效减少施工伤亡事故的发生；综合治理则是落实安全第一、预防为主的基本手段和方法。

9.1.2 建设工程安全生产管理法规的概念

建设工程安全生产管理法规，是指由国家权力机关或其他授权机构制定的，规范建设工程安全生产活动，保证建设工程的安全性能，防止和减少建设工程生产安全事故，指导和调控建设工程安全生产健康发展的有关法律、行政法规、部门规章的总称。目前，规范建设工程安全生产管理的法规主要有：

1997年11月1日，中华人民共和国主席令第91号公布，自1998年3月1日起施行的《中华人民共和国建筑法》（简称《建筑法》）是监督建筑活动、维护建筑市场秩序的基本大法。其中"第五章建筑安全生产管理"对建筑工程安全生产管理的方针、管理制度、技术措施等作了规定。

2001年4月21日，国务院颁布《国务院关于特大安全事故行政责任追究的规定》，对特大安全事故的行政责任作了严肃规定。

2002年6月29日中华人民共和国主席令第70号公布，自2002年11月1日起施行的《中华人民共和国安全生产法》（简称《安全生产法》），进一步加强包括建筑工程安全生产在内的安全生产监督管理。

2003年11月12日，国务院颁布《建设工程安全生产管理条例》对《建筑法》中建筑工程安全生产管理的内容进行了完善、扩充，责任划分更加明晰，具有较强的指导性与操作性。

2004年1月13日，国务院颁布《安全生产许可证条例》；2004年7月5日，原建设部颁布《建筑施工企业安全生产许可证管理规定》进一步严格规范安全生产条件，加强安全生产监督管理，防止和减少生产安全事故。

2007年4月9日，国务院颁布《生产安全事故报告和调查处理条例》，进一步规范生产安全事故的报告和调查处理，落实生产安全事故责任追究制度，防止和减少生产安全事故。

2008年5月13日，住房和城乡建设部修订了原建设部颁布的《建筑施工企业安全生产管理机构设置及专职安全生产管理人员配备办法》，原文件同时废止。

2008年6月30日，住房和城乡建设部颁布《建筑施工企业安全生产许可证动态监管暂行办法》，强化了建筑施工企业安全生产许可证动态监管。

2008年12月22日，国家宗教事务局、住房和城乡建设部、国家安全生产监督管理总局颁布《关于加强宗教活动场所建设工程安全监管工作的通知》，要求各地区针对宗教活动场所建设工程施工安全存在的突出问题和薄弱环节，认真开展联合监督检查，排查整治事故隐患，强化整改落实工作，切实加强对宗教活动场所建设工程安全监管和指导。

2011年4月20日，工业和信息化部发布《关于进一步加强通信建设工程安全生产工作的通知》进一步加强通信建设工程安全管理，有效防范和坚决遏制安全生产事故的发生，提出了相关要求。

2015年11月16日，工业和信息化部发布《通信建设工程安全生产管理规定》为加强通信建设工程安全生产监督管理，保障通信工程安全生产和人民群众生命财产安全，明确安全生产责任，防止和减少生产安全事故做出了具体规定。

9.2　建设工程安全生产责任体系

建设工程安全生产的重点是施工现场，主要责任单位是施工单位，但与施工活动密切相关的单位也都影响着施工安全。因此，建设单位、勘察单位、设计单位、施工单位、工程监理单位及其他与建设工程安全生产有关的单位，必须遵守安全生产法律、法规的规定，保证建设工程安全生产，依法承担建设工程安全生产责任。

9.2.1　建设单位的安全责任

1. 向施工单位提供相关资料

建设单位应当向施工单位提供与工程建设有关的施工现场条件、地下管线、水文、气象、地质等资料，并保证资料的真实性、准确性与完整性。需要向有关部门查询的，由建设单位负责查询。

《建筑法》第四十条规定："建设单位应当向建筑施工企业提供与施工现场相关的地下管线资料，建筑施工企业应当采取措施加以保护。"

《建设工程安全生产管理条例》第六条第一款规定："建设单位应当向施工单位提供施工现场及毗邻区域内供水、排水、供电、供气、供热、通信、广播电视等地下管线资料，气象和水文观测资料，相邻建筑物和构筑物、地下工程的有关资料，并保证资料的真实、准确、完整。"

2. 依法办理有关批准手续

根据《建筑法》规定，有下列情形之一的，建设单位应当按照国家有关规定办理申请批准手续：

（1）需要临时占用规划批准范围以外场地的；

（2）可能损坏道路、管线、电力、邮电通讯等公共设施的；

（3）需要临时停水、停电、中断道路交通的；

（4）需要进行爆破作业的；

（5）法律、法规规定需要办理报批手续的其他情形。

《建设工程安全生产管理条例》第十条规定："建设单位在申请领取施工许可证时，应当提供建设工程有关安全施工措施的资料。

依法批准开工报告的建设工程，建设单位应当自开工报告批准之日起 15 日内，将保证安全施工的措施报送建设工程所在地的县级以上地方人民政府建设行政主管部门或者其他有关部门备案。"

3. 不得向相关单位提出违反建设工程安全生产法规的要求

《建设工程安全生产管理条例》第七条规定："建设单位不得对勘察、设计、施工、工程监理等单位提出不符合建设工程安全生产法律、法规和强制性标准规定的要求，不得压缩合同约定的工期。"合理工期是指，在正常建设条件下，采取科学合理的施工工艺和管理方法，以现行国家颁布的工期定额为基础，结合项目建设的具体情况而确定的使投资方与参建单位均能获得满意的经济效益的工期。建设单位不能为了早日发挥投资效益，迫使施工单位增加人力、物力，简化施工程序，随意压缩合同约定的工期。

《建设工程安全生产管理条例》第九条规定："建设单位不得明示或者暗示施工单位购

买、租赁、使用不符合安全施工要求的安全防护用具、机械设备、施工机具及配件、消防设施和器材。"

4. 编制工程概算时应保证安全生产管理的合理费用

忽略安全投入成本，淡化安全经济观念往往是导致安全生产事故的重要原因之一。工程概算是指在初步设计阶段，根据初步设计图纸、概算定额或者概算指标及其他有关文件，计算的拟建工程费用。

《建设工程安全生产管理条例》第八条规定："建设单位在编制工程概算时，应当确定建设工程安全作业环境及安全施工措施所需费用。"

5. 应将拆除工程发包给符合资质要求的单位

根据《建设工程安全生产管理条例》规定，建设单位应当将拆除工程发包给具有相应资质等级的施工单位。

建设单位应当在拆除工程施工 15 日前，将下列资料报送建设工程所在地的县级以上地方人民政府建设行政主管部门或者其他有关部门备案：

（1）施工单位资质等级证明；

（2）拟拆除建筑物、构筑物及可能危及毗邻建筑的说明；

（3）拆除施工组织方案；

（4）堆放、清除废弃物的措施。

实施爆破作业的，应当遵守国家有关民用爆炸物品管理的规定。

9.2.2 勘察、设计单位的安全责任

1. 勘察单位的安全责任

工程勘察成果是建设工程项目规划、选址、设计的重要依据，也是保证施工安全的重要因素和前提条件。因此，勘察单位必须确保勘察文件真实、准确。勘察单位在作业时，也容易发生安全事故，必须严格执行操作规程，保证勘察作业人员的安全。

《建设工程安全生产管理条例》第十二条规定："勘察单位应当按照法律、法规和工程建设强制性标准进行勘察，提供的勘察文件应当真实、准确，满足建设工程安全生产的需要。

勘察单位在勘察作业时，应当严格执行操作规程，采取措施保证各类管线、设施和周边建筑物、构筑物的安全。"

2. 设计单位的安全责任

同时，设计单位还应当结合工程特点，根据施工安全作业和安全防护的需要，为施工单位制定安全防护措施提供技术保障。如果由于设计责任造成事故，设计单位要承担法律责任，对造成的损失进行赔偿。

《建设工程安全生产管理条例》第十三条规定："设计单位应当按照法律、法规和工程建设强制性标准进行设计，防止因设计不合理导致生产安全事故的发生。

设计单位应当考虑施工安全操作和防护的需要，对涉及施工安全的重点部位和环节在设计文件中注明，并对防范生产安全事故提出指导意见。

采用新结构、新材料、新工艺的建设工程和特殊结构的建设工程，设计单位应当在设计中提出保障施工作业人员安全和预防生产安全事故的措施建议。

设计单位和注册建筑师等注册执业人员应当对其设计负责。"

9.2.3　工程监理单位的安全责任

工程监理是指监理单位受建设单位（项目法人）的委托，依据国家批准的工程项目建设文件、有关工程建设的法律、法规和工程建设监理合同及其他工程建设合同，代替建设单位对承建单位的工程建设实施监控的专业活动。安全控制是监理活动的重要内容之一。

1. 审查安全技术措施或专项施工方案

《建设工程安全生产管理条例》第十四条第一款规定："工程监理单位应当审查施工组织设计中的安全技术措施或者专项施工方案是否符合工程建设强制性标准。"

2. 依法处理安全事故隐患

《建设工程安全生产管理条例》第十四条第二款规定："工程监理单位在实施监理过程中，发现存在安全事故隐患的，应当要求施工单位整改；情况严重的，应当要求施工单位暂时停止施工，并及时报告建设单位。施工单位拒不整改或者不停止施工的，工程监理单位应当及时向有关主管部门报告。"

监理单位受建设单位委托，有权要求施工单位对存在的安全隐患进行整改，有权要求施工单位暂时停止施工，并依法向建设单位和有关管理部门报告。

3. 对建设工程安全生产承担监理责任

《建设工程安全生产管理条例》第十四条第三款规定："工程监理单位和监理工程师应当按照法律、法规和工程建设强制性标准实施监理，并对建设工程安全生产承担监理责任。"

9.2.4　其他有关单位的安全责任

1. 机械设备、物资供应单位的安全责任

《建设工程安全生产管理条例》第十五条规定："为建设工程提供机械设备和配件的单位，应当按照安全施工的要求配备齐全有效的保险、限位等安全设施和装置。"

《建设工程安全生产管理条例》第十六条规定："出租的机械设备和施工机具及配件，应当具有生产（制造）许可证、产品合格证。出租单位应当对出租的机械设备和施工机具及配件的安全性能进行检测，在签订租赁协议时，应当出具检测合格证明。禁止出租检测不合格的机械设备和施工机具及配件。"

2. 特殊机械设施安装及检测单位的安全责任

施工起重机械、自升式架设设施等特殊机械设备的安装、拆卸，必须由相应资质的单位承担，装卸完毕后再移交施工单位。施工单位在使用前应当组织有关单位进行验收，验收合格方可使用。

《建设工程安全生产管理条例》第十七条规定："在施工现场安装、拆卸施工起重机械和整体提升脚手架、模板等自升式架设设施，必须由具有相应资质的单位承担。

安装、拆卸施工起重机械和整体提升脚手架、模板等自升式架设设施，应当编制拆装方案、制定安全施工措施，并由专业技术人员现场监督。

施工起重机械和整体提升脚手架、模板等自升式架设设施安装完毕后，安装单位应当自检，出具自检合格证明，并向施工单位进行安全使用说明，办理验收手续并签字。"

以上设施达到国家规定的检验期限，必须经具有专业资质的检验检测机构检测。经检测合格的，应当出具安全合格证明文件；检测不合格的，不得继续使用。

9.2.5 施工单位的安全责任

建筑施工企业，是指从事土木工程、建筑工程、线路管道和设备安装工程及装修工程的新建、扩建、改建和拆除等有关活动的企业。施工单位是进行建设工程安全生产管理活动的主体，同时也是实行建设工程安全生产管理法律制度的主体。读者可结合本章第二节内容以便全面理解施工单位的安全责任。施工单位是否按规定履行安全管理的职责对建设工程安全管理具有重大意义。

1. 依法在资质等级许可范围内承揽工程

《建设工程安全生产管理条例》第二十条规定："施工单位从事建设工程的新建、扩建、改建和拆除等活动，应当具备国家规定的注册资本、专业技术人员、技术装备和安全生产等条件，依法取得相应等级的资质证书，并在其资质等级许可的范围内承揽工程。"

2. 落实安全生产制度，保证安全生产投入

施工单位应建立健全各项安全生产制度，并定期开展检查，抓好落实。保证安全生产条件所需的资金，并做到专款专用。

《建设工程安全生产管理条例》第二十一条规定："施工单位应当建立健全安全生产责任制度和安全生产教育培训制度，制定安全生产规章制度和操作规程，保证本单位安全生产条件所需资金的投入，对所承担的建设工程进行定期和专项安全检查，并做好安全检查记录。"

《建设工程安全生产管理条例》第二十二条规定："施工单位对列入建设工程概算的安全作业环境及安全施工措施所需费用，应当用于施工安全防护用具及设施的采购和更新、安全施工措施的落实、安全生产条件的改善，不得挪作他用。"

3. 健全安全机构及人员配置，强化安全教育培训及考核

（1）设立安全生产管理机构，配备专职安全生产管理人员

《建设工程安全生产管理条例》第二十三条规定："施工单位应当设立安全生产管理机构，配备专职安全生产管理人员。

专职安全生产管理人员负责对安全生产进行现场监督检查。发现安全事故隐患，应当及时向项目负责人和安全生产管理机构报告；对违章指挥、违章操作的，应当立即制止。

专职安全生产管理人员的配备办法由国务院建设行政主管部门会同国务院其他有关部门制定。"

（2）特种作业人员须持证上岗

《建设工程安全生产管理条例》第二十五条规定："垂直运输机械作业人员、安装拆卸工、爆破作业人员、起重信号工、登高架设作业人员等特种作业人员，必须按照国家有关规定经过专门的安全作业培训，并取得特种作业操作资格证书后，方可上岗作业。"

（3）安全教育培训考核上岗

安全教育制度是建设工程施工活动应贯彻的法定基本制度之一。施工单位应建立健全安全生产教育培训制度，制定安全生产规章制度和操作规程，并按照规定对管理人员和作业人员定期进行教育培训，作业人员进入新岗位或新的施工现场前还应进行岗前培训。教育培训考核的结果应与上岗资格挂钩，考核不合格人员不得上岗。施工单位的主要负责人、项目负责人、专职安全生产管理人员应当经建设行政主管部门或者其他有关部门考核

合格后方可任职。

4. 实行总承包单位安全生产总负责制

《建筑法》第四十五条规定："施工现场安全由建筑施工企业负责。实行施工总承包的，由总承包单位负责。分包单位向总承包单位负责，服从总承包单位对施工现场的安全生产管理。"

《建设工程安全生产管理条例》第二十四条规定："建设工程实行施工总承包的，由总承包单位对施工现场的安全生产负总责。

总承包单位应当自行完成建设工程主体结构的施工。

总承包单位依法将建设工程分包给其他单位的，分包合同中应当明确各自的安全生产方面的权利、义务。总承包单位和分包单位对分包工程的安全生产承担连带责任。

分包单位应当服从总承包单位的安全生产管理，分包单位不服从管理导致生产安全事故的，由分包单位承担主要责任。"

5. 制定专项施工方案及安全技术措施及时安全技术交底

对于危险性较大的分部分项工程编制专项施工方案，《建筑法》与《建设工程安全生产管理条例》中均有规定。建筑施工企业在编制施工组织设计时，应当根据建筑工程的特点制定相应的安全技术措施；对专业性较强的工程项目，应当编制专项安全施工组织设计，并采取安全技术措施。建设工程施工前，由施工单位负责项目管理的技术人员对有关安全施工的技术要求向施工作业班组、作业人员进行安全技术交底。

6. 设置安全警示标志

《建设工程安全生产管理条例》第二十九条规定："在施工现场，危险部位要设置明显的安全警示标志，消防器材要按照规定的位置、数量摆放，并设置明显的标志。"

《建设工程安全生产管理条例》第二十八条第一款规定："施工单位应当在施工现场入口处、施工起重机械、临时用电设施、脚手架、出入通道口、楼梯口、电梯井口、孔洞口、桥梁口、隧道口、基坑边沿、爆破物及有害危险气体和液体存放处等危险部位，设置明显的安全警示标志。安全警示标志必须符合国家标准。"

《建设工程安全生产管理条例》第三十一条规定：施工单位应当在施工现场建立消防安全责任制度，确定消防安全责任人，制定用火、用电、使用易燃易爆材料等各项消防安全管理制度和操作规程，设置消防通道、消防水源，配备消防设施和灭火器材，并在施工现场入口处设置明显标志。

7. 安全防护

施工单位应当遵守有关环境保护法律、法规的规定，对施工现场周边实行专项防护，尽量减少对周边建筑物和环境的影响。施工单位应当向作业人员提供安全防护用具和安全防护服装，并书面告知危险岗位的操作规程和违章操作的危害。

8. 依法办理意外伤害保险

意外伤害保险属于法定的强制性保险，是由施工单位作为投保人直接与保险公司签订合同，施工单位应在工程项目开工前办理完投保手续。由于工程施工中工作调动频繁，人员流动大，因此投保实行不记名和不计人数的方式。保险费应当列入建筑安装工程费用，由施工单位支付。《建筑法》第四十八条规定："建筑施工企业必须为从事危险作业的职工办理意外伤害保险，支付保险费。"施工现场从事危险作业的人员，指在施工现场从事如高空作业、深基坑作业、爆破作业等危险性较大的岗位的作业人员。

《建设工程安全生产管理条例》第三十八条进一步规定："施工单位应当为施工现场从事危险作业的人员办理意外伤害保险。意外伤害保险费由施工单位支付。实行施工总承包的，由总承包单位支付意外伤害保险费。意外伤害保险期限自建设工程开工之日起至竣工验收合格止。"

2003年，建设部颁布的《关于加强建筑意外伤害保险工作的指导意见》中指出，建筑施工企业应当为施工现场从事施工作业和管理的人员，在施工活动过程中发生的人身意外伤亡事故提供保障，办理建筑意外伤害保险，支付保险费。

9.2.6　建设工程安全生产的行政监督管理

建设工程安全生产的行政监督实行国务院建设行政主管部门与县级以上地方人民政府分级管理的管理体制。

1. 国务院建设行政主管部门的职责

《建设工程安全生产管理条例》第三十九条第一款规定："国务院负责安全生产监督管理的部门依照《中华人民共和国安全生产法》的规定，对全国建设工程安全生产工作实施综合监督管理。"

《建设工程安全生产管理条例》第四十条第一款规定：国务院建设行政主管部门对全国的建设工程安全生产实施监督管理。国务院铁路、交通、水利等有关部门按照国务院规定的职责分工，负责有关专业建设工程安全生产的监督管理。

由国务院建设行政主管部门会同国务院其他有关部门制定并公布严重危及施工安全的工艺、设备、材料的目录。

2. 县级以上地方人民政府建设行政主管部门的职责

《建设工程安全生产管理条例》第三十九条第二款规定："县级以上地方人民政府负责安全生产监督管理的部门依照《中华人民共和国安全生产法》的规定，对本行政区域内建设工程安全生产工作实施综合监督管理。"

《建设工程安全生产管理条例》第四十条第二款规定：县级以上地方人民政府建设行政主管部门对本行政区域内的建设工程安全生产实施监督管理。县级以上地方人民政府交通、水利等有关部门在各自的职责范围内，负责本行政区域内的专业建设工程安全生产的监督管理。

《建设工程安全生产管理条例》第四十四条规定："县级以上人民政府建设行政主管部门和其他有关部门应当及时受理对建设工程生产安全事故及安全事故隐患的检举、控告和投诉。"

3. 核发安全许可证时对安全施工措施进行审查

《建设工程安全生产管理条例》第四十二条规定："建设行政主管部门在审核发放施工许可证时，应当对建设工程是否有安全施工措施进行审查，对没有安全施工措施的，不得颁发施工许可证。

建设行政主管部门或者其他有关部门对建设工程是否有安全施工措施进行审查时，不得收取费用。"

4. 履行安全监督检查职责时采取的措施

县级以上人民政府负有建设工程安全生产监督管理职责的部门在各自的职责范围内履

行安全监督检查职责时，有权采取下列措施：

（1）要求被检查单位提供有关建设工程安全生产的文件和资料；

（2）进入被检查单位施工现场进行检查；

（3）纠正施工中违反安全生产要求的行为；

（4）对检查中发现的安全事故隐患，责令立即排除；重大安全事故隐患排除前或者排除过程中无法保证安全的，责令从危险区域内撤出作业人员或者暂时停止施工。

9.3 建设工程安全管理制度

9.3.1 施工安全生产许可证制度

建筑施工企业在进行建筑施工活动前，应当依法申请领取安全生产许可证。《安全生产许可证条例》第二条规定："国家对矿山企业、建筑施工企业和危险化学品、烟花爆竹、民用爆破器材生产企业实行安全生产许可制度。企业未取得安全生产许可证的，不得从事生产活动。"《建筑施工企业安全生产许可证管理规定》中详细规定了建筑施工企业取得安全生产许可证应具备的安全生产条件。

中央管理的建筑施工企业由国务院建设主管部门颁发和管理安全生产许可证。其他建筑施工企业由企业注册所在地的省、自治区、直辖市人民政府建设主管部门颁发和管理安全生产许可证，并接受国务院建设主管部门的指导和监督。

建筑施工企业向安全生产许可证颁发管理机关申请领取安全生产许可证，应提供建筑施工企业安全生产许可证申请表、企业法人营业执照、建筑施工企业资质等级证书副本和各级安全生产责任制、安全生产规章制度、操作规程目录等具备规定要求的安全生产条件的文件、材料。

安全生产许可证的有效期为 3 年。安全生产许可证有效期满需要延期的，企业应当于期满前 3 个月向原安全生产许可证颁发管理机关办理延期手续。企业在安全生产许可证有效期内，严格遵守有关安全生产的法律法规，未发生死亡事故的，安全生产许可证有效期届满时，经原安全生产许可证颁发管理机关同意，不再审查，安全生产许可证有效期延期 3 年。

9.3.2 安全生产责任制度和群防群治制度

安全生产责任制是根据我国的安全生产方针和安全生产法规建立的各级领导、职能部门、工程技术人员、岗位操作人员在劳动生产过程中对安全生产层层负责的制度。安全生产责任制是建筑企业中最基本的一项安全制度，也是企业安全生产管理的核心和中心环节。

建筑施工企业安全生产责任制一般由以下内容组成：第一责任人，即法定代表人，项目管理责任人，即项目经理，具体岗位责任人等的责任目标；岗位职责的范围和内容；责任评价体系和考核办法；问责与奖惩措施；责任档案等。

群防群治制度是在安全生产中，充分发挥广大职工的积极性，加强群众性监督检查工作，预防和治理生产中的伤亡事故。要求施工现场管理人员和作业人员严格按规范、操作规程开展有序的施工作业，加强检查，及时消除检查出的安全隐患。施工现场一旦发生事故，在场人员应立即展开科学有序的施救，并及时上报。

《建筑法》第三十六条规定："建筑工程安全生产管理应建立健全安全生产的责任制度和群防群治制度。"

《建筑法》第四十四条规定："建筑施工企业必须依法加强对建筑安全生产的管理，执行安全生产责任制度，采取有效措施，防止伤亡和其他安全生产事故的发生。建筑施工企业的法定代表人对本企业的安全生产负责。"《建设工程安全生产管理条例》第二十一条规定："施工单位主要负责人依法对本单位的安全生产工作全面负责。施工单位的项目负责人应当由取得相应执业资格的人员担任，对建设工程项目的安全施工负责，落实安全生产责任制度、安全生产规章制度和操作规程，确保安全生产费用的有效使用，并根据工程的特点组织制定安全施工措施，消除安全事故隐患，及时、如实报告生产安全事故。"

9.3.3 安全生产教育培训制度

安全生产教育培训制度，是指对管理人员和作业人员进行安全生产的教育和安全生产技能的培训，并将这种教育和培训制度化、规范化，以提高从业人员的安全素质，防范伤亡事故，减轻职业危害。《建筑法》第四十六条规定："建筑施工企业应当建立健全劳动安全生产教育培训制度，加强对职工安全生产的教育培训；未经安全生产教育培训的人员，不得上岗作业。"

1. 施工单位对管理人员的考核

《建设工程安全生产管理条例》第三十六条第一款规定："施工单位的主要负责人、项目负责人、专职安全生产管理人员应当经建设行政主管部门或者其他有关部门考核合格后方可任职。"根据安全生产责任制度，施工单位的主要负责人、项目负责人、专职安全生产管理人员的知识水平和管理能力直接关系到单位和项目的安全生产管理水平，因此考核合格后方可任职。

2. 定期进行全员安全生产教育培训

《建设工程安全生产管理条例》第三十六条第二款规定："施工单位应当对管理人员和作业人员每年至少进行一次安全生产教育培训，其教育培训情况记入个人工作档案。安全生产教育培训考核不合格的人员，不得上岗。"

施工单位可以根据实际情况，针对不同岗位、工种，因人、因材施教，

3. 岗前安全生产教育培训

《建设工程安全生产管理条例》第三十七条规定："作业人员进入新的岗位或者新的施工现场前，应当接受安全生产教育培训。未经教育培训或者教育培训考核不合格的人员，不得上岗作业。施工单位在采用新技术、新工艺、新设备、新材料时，应当对作业人员进行相应的安全生产教育培训。"

随着越来越多新技术、新工艺、新设备、新材料在建设工程中的应用，对施工作业人员的素质提出了更高要求，如果施工单位对其安全技术性能的了解不足，没有采取安全措施，很可能导致安全事故。因此，必须对作业人员进行专门的安全生产教育培训。

4. 特种作业人员安全生产教育培训

《建设工程安全生产管理条例》第三十七条规定："垂直运输机械作业人员、安装拆卸工、爆破作业人员、起重信号工、登高架设作业人员等特种作业人员，必须按照国家有关规定经过专门的安全作业培训，并取得特种作业操作资格证书后，方可上岗作业。"

9.3.4　施工现场安全防护制度

1. 编制安全技术措施、专项施工方案

根据《建设工程安全生产管理条例》第二十六条的规定，施工单位应当在施工组织设计中编制安全技术措施和施工现场临时用电方案，对达到一定规模的危险性较大的分部分项工程还要编制专项施工方案。

安全技术措施是指，在建设工程施工中，针对工程特点、施工环境、施工方法、劳务组织、机械设备、变配电设施、架设工具以及各项安全防护设施等制定的确保施工安全的措施。安全技术措施通常可以分为防止事故发生的安全技术措施和减少事故损失的安全技术措施。

编制施工现场临时用电方案，是为了规范施工现场工作人员的用电行为，防止人员触电和电器火灾、爆炸的发生。《施工现场临时用电安全技术规范》JGJ 46—2005 规定，施工现场临时用电设备在 5 台及以上或设备总容量在 50kW 及以上者，应编制临时用电方案。

危险性较大的分部分项工程通常指基坑支护与降水工程，土方开挖工程，模板工程，起重吊装工程，脚手架工程，拆除、爆破工程以及国务院建设行政主管部门或者其他有关部门规定的其他危险性较大的工程。

2. 安全技术交底

建设工程施工前，施工单位负责项目管理的技术人员应当对有关安全施工的技术要求向施工作业班组、作业人员进行安全技术交底。这有助于作业班组和人员尽快了解工程概况、施工方法、安全技术措施，及时掌握操作方法和注意事项。《建设工程安全生产管理条例》第二十七条规定："建设工程施工前，施工单位负责项目管理的技术人员应当对有关安全施工的技术要求向施工作业班组、作业人员作出详细说明，并由双方签字确认。"

3. 施工现场的安全防护

《建筑法》第三十九条规定："建筑施工企业应当在施工现场采取维护安全、防范危险、预防火灾等措施；有条件的，应当对施工现场实行封闭管理。施工现场对毗邻的建筑物、构筑物和特殊作业环境可能造成损害的，建筑施工企业应当采取安全防护措施。"

（1）施工现场临时设施等应符合卫生要求

施工单位在进行施工场地布置时，办公、生活区要与作业区分离，临时建筑的搭设也要符合要求。《建设工程安全生产管理条例》第二十九条规定："施工单位应当将施工现场的办公、生活区与作业区分开设置，并保持安全距离；办公、生活区的选址应当符合安全性要求。职工的膳食、饮水、休息场所等应当符合卫生标准。施工单位不得在尚未竣工的建筑物内设置员工集体宿舍。施工现场临时搭建的建筑物应当符合安全使用要求。施工现场使用的装配式活动房屋应当具有产品合格证。"

（2）对施工现场周边实行专项防护

《建设工程安全生产管理条例》第三十条规定："施工单位对因建设工程施工可能造成损害的毗邻建筑物、构筑物和地下管线等，应当采取专项防护措施。

施工单位应当遵守有关环境保护法律、法规的规定，在施工现场采取措施，防止或者减少粉尘、废气、废水、固体废物、噪声、振动和施工照明对人和环境的危害和污染。

在城市市区内的建设工程，施工单位应当对施工现场实行封闭围挡。"

（3）施工现场危险作业人员管理

《建设工程安全生产管理条例》第三十二条规定："施工单位应当向作业人员提供安全防护用具和安全防护服装，并书面告知危险岗位的操作规程和违章操作的危害。

作业人员有权对施工现场的作业条件、作业程序和作业方式中存在的安全问题提出批评、检举和控告，有权拒绝违章指挥和强令冒险作业。

在施工中发生危及人身安全的紧急情况时，作业人员有权立即停止作业或者在采取必要的应急措施后撤离危险区域。"

（4）安全防护设备、机械设备等的安全管理

施工单位自购、租赁的安全防护用具、机械设备、施工机具及配件，应当具有生产（制造）许可证、产品合格证，并在进入施工现场前进行查验。入场后必须由专人管理，定期检查、维修和保养。作业人员应当遵守安全施工的强制性标准、规章制度和操作规程，正确使用安全防护用具、机械设备等。

9.3.5　施工安全事故责任追究制度

贯彻落实安全生产责任制度，严肃生产安全事故责任追究制度，明确了事故发生的责任主体，有利于规范生产安全事故的报告和调查处理，防止和减少生产安全事故。

1. 生产安全事故等级划分

根据生产安全事故造成的人员伤亡或者直接经济损失，《生产安全事故报告和调查处理条例》将事故一般分为以下等级：

（1）特别重大事故，是指造成 30 人以上死亡，或者 100 人以上重伤（包括急性工业中毒，下同），或者 1 亿元以上直接经济损失的事故；

（2）重大事故，是指造成 10 人以上 30 人以下死亡，或者 50 人以上 100 人以下重伤，或者 5000 万元以上 1 亿元以下直接经济损失的事故；

（3）较大事故，是指造成 3 人以上 10 人以下死亡，或者 10 人以上 50 人以下重伤，或者 1000 万元以上 5000 万元以下直接经济损失的事故；

（4）一般事故，是指造成 3 人以下死亡，或者 10 人以下重伤，或者 1000 万元以下直接经济损失的事故。

2. 施工安全事故法律责任

《生产安全事故报告和调查处理条例》中规定，对事故发生单位的主要负责人，如有不立即组织事故抢救，迟报或者漏报事故，在事故调查处理期间擅离职守等行为根据情节轻重处以罚款或处分；构成犯罪的，依法追究刑事责任。

事故发生单位及其有关人员，如有谎报或者瞒报事故，伪造或者故意破坏事故现场，转移、隐匿资金、财产，或者销毁有关证据、资料等行为之一的，对事故发生单位及主要负责人、直接负责的主管人员和其他直接责任人员根据情节轻重处以罚款或处分；构成违反治安管理行为的，由公安机关依法给予治安管理处罚；构成犯罪的，依法追究刑事责任。

有关地方人民政府、安全生产监督管理部门和负有安全生产监督管理职责的有关部门，如有不立即组织事故抢救，迟报、漏报、谎报或者瞒报事故，阻碍、干涉事故调查工作，在事故调查中作伪证或者指使他人作伪证等行为之一的，对直接负责的主管人员和其他直接责任人员依法给予处分；构成犯罪的，依法追究刑事责任。

3. 特大安全事故行政责任的追究

《国务院关于特大安全事故行政责任追究的规定》规定，地方人民政府主要领导人和政府有关部门正职负责人对特大建筑质量安全事故的防范、发生，依照法律、行政法规和本规定的规定有失职、渎职情形或者负有领导责任的，依照本规定给予行政处分；构成玩忽职守罪或者其他罪的，依法追究刑事责任。

9.4 建设工程安全事故处理

施工现场一旦发生生产安全事故，应当立即进行抢险救援，防止事故进一步扩大，并依法向有关单位报告。事故调查处理应当坚持实事求是、尊重科学的原则，及时、准确地查清事故经过、事故原因和事故损失，查明事故性质，认定事故责任，总结事故教训，提出整改措施，并对事故责任者依法追究责任。

9.4.1 安全事故的应急救援

《建设工程安全生产管理条例》第四十八条规定："施工单位应当制定本单位生产安全事故应急救援预案，建立应急救援组织或者配备应急救援人员，配备必要的应急救援器材、设备，并定期组织演练。"

第四十九条规定："施工单位应当根据建设工程施工的特点、范围，对施工现场易发生重大事故的部位、环节进行监控，制定施工现场生产安全事故应急救援预案。实行施工总承包的，由总承包单位统一组织编制建设工程生产安全事故应急救援预案，工程总承包单位和分包单位按照应急救援预案，各自建立应急救援组织或者配备应急救援人员，配备救援器材、设备，并定期组织演练。"

1. 应急预案的编制与评审

建设工程安全事故具有突发性、紧迫性的特点，如果事先做好充分的准备工作，就可以在最短时间内组织有效抢救，防止事故扩大，减少人员伤亡和财产损失。

施工生产安全事故应急预案，是指施工单位根据本单位的实际情况，针对可能发生的安全事故类别、性质、特点和范围等，制定的一系列管理、技术和应急措施，旨在降低事故发生的可能性，一旦事故发生，有完整的应急处理的程序和方法、抢险和抢救方式，快速处理事故，减少损失。施工生产安全事故应急预案分为施工单位的生产安全事故应急预案和施工现场生产安全事故应急预案两大类。

根据国家安全生产监督管理总局颁布的《生产安全事故应急预案管理办法》规定，生产经营单位应当根据有关法律、法规和《生产经营单位安全生产事故应急预案编制导则》AQ/T 9002—2006，结合本单位的危险源状况、危险性分析情况和可能发生的事故特点，制定相应的应急预案。

应急预案编制完成后施工单位应组织专家进行评审，评审应当形成书面纪要并附有专家名单。评审要注重应急预案的实用性、基本要素的完整性、预防措施的针对性、组织体系的科学性等内容。

2. 应急预案的培训与演练

施工单位应当采取多种形式开展应急预案的宣传教育，普及生产安全事故预防、避险、自救和互救知识，提供作业人员的安全意识和应急处置技能。制定本单位的应急预案演练计划，根据本单位事故预防的重点，定期组织综合应急预案演练、专项应急预案演练和现场处置方案演练。

9.4.2 安全事故的报告

《建筑法》第五十一条规定："施工中发生事故时，建筑施工企业应当采取紧急措施减少人员伤亡和事故损失，并按照国家有关规定及时向有关部门报告。"

《建设工程安全生产管理条例》第五十条规定："施工单位发生生产安全事故，应当按照国家有关伤亡事故报告和调查处理的规定，及时、如实地向负责安全生产监督管理的部门、建设行政主管部门或者其他有关部门报告；特种设备发生事故的，还应当同时向特种设备安全监督管理部门报告。接到报告的部门应当按照国家有关规定，如实上报。实行施工总承包的建设工程，由总承包单位负责上报事故。"

1. 事故报告的时间要求

《生产安全事故报告和调查处理条例》第九条规定："事故发生后，事故现场有关人员应当立即向本单位负责人报告；单位负责人接到报告后，应当于1小时内向事故发生地县级以上人民政府安全生产监督管理部门和负有安全生产监督管理职责的有关部门报告。

情况紧急时，事故现场有关人员可以直接向事故发生地县级以上人民政府安全生产监督管理部门和负有安全生产监督管理职责的有关部门报告。"

一般情况下，事故现场有关人员向单位负责人报告，符合企业的内部管理流程，也有利于企业应急救援工作的快速启动。在紧急情况下，允许事故现场有关人员直接向安全生产监督部门和负有安全生产监督管理职责的有关部门直接报告。安全生产监督管理部门和负有安全生产监督管理职责的有关部门逐级上报事故情况，每级上报的时间不得超过2小时。

事故报告应当及时、准确、完整，任何单位和个人对事故不得迟报、漏报、谎报或者瞒报。

2. 事故报告的内容

事故报告应当包括下列内容：

（1）事故发生单位概况。单位概况叙述应全面、简洁，包括单位的全称、地理位置、所有制形式和隶属关系、生产经营的范围和规模、单位负责人基本情况和生产经营情况等内容。

（2）事故发生的时间、地点以及事故现场情况。事故发生的时间应具体，地点应准确，包括事故发生的中心地点和波及的区域，事故现场的情况要全面，包括事故现场的总体情况、人员伤亡情况和设备损毁情况。还应报告事故发生前的情况，便于对比分析事故发生原因。

（3）事故的简要经过。

（4）事故已经造成或者可能造成的伤亡人数（包括下落不明的人数）和初步估计的直接经济损失。对伤亡人数的报告应实事求是，不作无根据猜测，更不能隐瞒和谎报。直接经济损失指由事故造成的建筑物毁损、生产设备和仪器仪表损坏等。

（5）已经采取的措施。指事故现场有关人员、单位负责人以及安全生产管理部门采取的应急救援与现场保护等措施。

（6）其他应当报告的情况。

事故报告后出现新情况的，应当及时补报。自事故发生之日起 30 日内，事故造成的伤亡人数发生变化的，应当及时补报。

3. 事故发生后采取的措施

（1）组织紧急救援减少损失

《生产安全事故报告和调查处理条例》第十四条规定："事故发生单位负责人接到事故报告后，应当立即启动事故相应应急预案，或者采取有效措施，组织抢救，防止事故扩大，减少人员伤亡和财产损失。"

《生产安全事故报告和调查处理条例》第十五条规定："事故发生地有关地方人民政府、安全生产监督管理部门和负有安全生产监督管理职责的有关部门接到事故报告后，其负责人应当立即赶赴事故现场，组织事故救援。"

（2）妥善保护事故现场

《生产安全事故报告和调查处理条例》第十六条规定："事故发生后，有关单位和人员应当妥善保护事故现场以及相关证据，任何单位和个人不得破坏事故现场、毁灭相关证据。

因抢救人员、防止事故扩大以及疏通交通等原因，需要移动事故现场物件的，应当做出标志，绘制现场简图并做出书面记录，妥善保存现场重要痕迹、物证。"

9.4.3 安全事故的调查与处理

1. 安全事故的调查

《安全生产法》第七十三条规定："事故调查处理应当按照实事求是、尊重科学的原则，及时、准确地查清事故原因，查明事故性质和责任，总结事故教训，提出整改措施，并对事故责任者提出处理意见。"

（1）事故调查的权责划分

《生产安全事故报告和调查处理条例》第十九条规定："特别重大事故由国务院或者国务院授权有关部门组织事故调查组进行调查。

重大事故、较大事故、一般事故分别由事故发生地省级人民政府、设区的市级人民政府、县级人民政府负责调查。省级人民政府、设区的市级人民政府、县级人民政府可以直接组织事故调查组进行调查，也可以授权或者委托有关部门组织事故调查组进行调查。

未造成人员伤亡的一般事故，县级人民政府也可以委托事故发生单位组织事故调查组进行调查。"

（2）事故调查组的职责

根据事故的具体情况，事故调查组由有关人民政府、安全生产监督管理部门、负有安全生产监督管理职责的有关部门、监察机关、公安机关以及工会派人组成，并应当邀请人民检察院派人参加。事故调查组可以聘请有关专家参与调查。

根据《生产安全事故报告和调查处理条例》的规定，事故调查组履行下列职责：

① 查明事故发生的经过、原因、人员伤亡情况及直接经济损失；

② 认定事故的性质和事故责任；

③ 提出对事故责任者的处理建议；

④ 总结事故教训，提出防范和整改措施；

⑤ 提交事故调查报告。

事故调查报告应当包括下列内容：

① 事故发生单位概况；

② 事故发生经过和事故救援情况；

③ 事故造成的人员伤亡和直接经济损失；

④ 事故发生的原因和事故性质；

⑤ 事故责任的认定以及对事故责任者的处理建议；

⑥ 事故防范和整改措施。

事故调查报告应当附具有关证据材料。事故调查组成员应当在事故调查报告上签名。

2. 事故的处理

（1）事故处理的时限

根据《生产安全事故报告和调查处理条例》规定，重大事故、较大事故、一般事故，负责事故调查的人民政府应当自收到事故调查报告之日起 15 日内做出批复；特别重大事故，30 日内做出批复，特殊情况下，批复时间可以适当延长，但延长的时间最长不超过 30 日。

（2）事故处理的原则

安全事故处理必须坚持"四不放过"原则，即：事故原因不清楚不放过，事故责任人没有受到处理不放过，事故责任人和相关群众没有受到教育不放过，事故发生后没有制定防范措施不放过。

（3）对事故调查报告批复的落实

有关机关应当按照人民政府的批复，依照法律、行政法规规定的权限和程序，对事故发生单位和有关人员进行行政处罚，对负有事故责任的国家工作人员进行处分。

事故发生单位应当按照负责事故调查的人民政府的批复，对本单位负有事故责任的人员进行处理。负有事故责任的人员涉嫌犯罪的，依法追究刑事责任。

（4）事故发生单位落实防范和整改措施

《生产安全事故报告和调查处理条例》第三十三条规定："事故发生单位应当认真吸取事故教训，落实防范和整改措施，防止事故再次发生。防范和整改措施的落实情况应当接受工会和职工的监督。安全生产监督管理部门和负有安全生产监督管理职责的有关部门应当对事故发生单位落实防范和整改措施的情况进行监督检查。"

（5）事故处理结果公布

《生产安全事故报告和调查处理条例》第三十四条规定："事故处理的情况由负责事故调查的人民政府或者其授权的有关部门、机构向社会公布，依法应当保密的除外。"

9.5 建设工程安全管理法规案例

案例 1 施工单位违法行为案例

【案情介绍】 某高层建筑，总建筑面积约 15 万平方米，地下 2 层，地上 22 层。业主与施工单位签订了施工总承包合同，并委托监理单位进行监理。开工前，施工单位进行了三级安全教育。在地下桩基施工中，由于是深基坑工程，项目经理部按照设计文件和施工技术标准编制了基坑支护及降水工程专项施工组织方案，经项目经理签字后组织施工。同时，项目经理安排负责质量检查的人员兼任安全工作。当土方开挖至坑底设计标高时，监理工程师发现基坑四周地表出现大量裂纹，坑边部分土石有滑落现象，即向现场作业人员发出口头通知，要求停止施工，撤离相关作业人员。但施工作业人员担心拖延施工进度，对监理通知不予理睬，继续施工。随后，基坑发生大面积坍塌，基坑下 6 名作业人员被埋，造成 3 人死亡，2 人重伤，1 人轻伤。事故发生后，经查施工单位未办理意外伤害保险。

问题：本案例中，施工单位存在哪些违法行为？

【案例评析】 本案例中，施工单位存在如下违法行为。

（1）专项施工方案审批程序错误。《建设工程安全生产管理条例》第二十六条规定："施工单位应当在施工组织设计中编制安全技术措施和施工现场临时用电方案，对下列达到一定规模的危险性较大的分部分项工程编制专项施工方案，并附具安全验算结果，经施工单位技术负责人、总监理工程师签字后实施。"本案例中的基坑支护和降水工程专项施工方案仅由项目经理签字后即组织施工，是违法的。

（2）安全生产管理环节严重缺失。《建设工程安全生产管理条例》第二十三条规定："施工单位应当设立安全生产管理机构，配备专职安全生产管理人员。"第二十六条也规定，对分部分项工程专项施工方案的实施，"由专职安全生产管理人员进行现场监督"。本案例中，项目经理安排质量检查人员兼任安全管理人员，违反了上述规定。

（3）施工作业人员安全生产自我保护意识不强。《建设工程安全生产管理条例》第三十二条规定："施工单位应当向作业人员提供安全防护用具和安全防护服装，并书面告知危险岗位的操作规程和违章操作的危害。作业人员有权对施工现场的作业条件、作业程序和作业方式中存在的安全问题提出批评、检举和控告，有权拒绝违章指挥和强令冒险作业。在施工中发生危及人身安全的紧急情况时，作业人员有权立即停止作业或者在采取必要的应急措施后撤离危险区域。"本案例中，施工作业人员迫于施工进度压力冒险作业，也是造成安全事故的重要原因。

（4）施工单位未办理意外伤害保险。《建筑法》第四十八条规定："建筑施工企业必须为从事危险作业的职工办理意外伤害保险，支付保险费。"《建设工程安全生产管理条例》第三十八条也做了相应规定。意外伤害保险属于强制性保险，必须依法办理。

案例 2 施工现场安全管理案例

*【案情介绍】 2009 年 8 月，某建筑公司按合同约定对其施工并已完工的路面进行维修，路面经铲挖后形成凹凸和小沟，路边堆有砂石料，但在施工路面和路两头均未设置任何提示过往行人及车辆注意安全的警示标志。2009 年 8 月 16 日，张某骑摩托车经过此路段时，因不明路况，摩托车碰到路面上的施工材料而翻倒，造成十级伤残。张某受伤后多次要求该建筑公司赔偿，但建筑公司认为张某受伤与己方无关。张某将建筑公司起诉至人民法院。

思考问题：

（1）本案例中的建筑公司是否存在违法施工行为？

（2）该建筑公司是否应承担赔偿的民事法律责任？

---

　　* 案例来源：全国一级建造师执业资格考试用书编写委员会编写. 建设工程法规及相关知识. 北京：中国建筑工业出版社，2011 年，第 225～226，234 页。

【案例评析】

（1）《建设工程安全生产管理条例》第二十八条第一款规定："施工单位应当在施工现场入口处、施工起重机械、临时用电设施、脚手架、出入通道口、楼梯口、电梯井口、孔洞口、桥梁口、隧道口、基坑边沿、爆破物及有害危险气体和液体存放处等危险部位，设置明显的安全警示标志。安全警示标志必须符合国家标准。"本案例中，某建筑公司在施工时未设置任何提示过往行人及车辆注意安全的警示标志，违反了上述规定。

（2）经法院审理，某建筑公司在进行路面维修时，致使路面凹凸不平，并未设置明显警示标志和采取安全措施，造成原告伤残。按照《民法通则》第一百二十五条规定："在公共场所、道旁或者通道上挖坑、修缮、安装地下设施等，没有设置明显标志和采取安全措施造成他人损害的，施工人应当承担民事责任。"判决建筑公司作为施工方应当承担民事赔偿责任。

案例3　建设单位违法行为

＊＊【案情介绍】　某县招待所决定对2层砖混结构住宿楼进行局部拆除改建和重新装修，并将拆改和装修工程包给一无资质的劳务队。该工程未经有资质的单位设计，也没有办理相关手续。仅由劳务队队长口述了自己的施工方案，便开始组织施工。该劳务队队长在现场指挥4人在2楼干活，安排2人在1楼干活。当一名工人在修凿砖柱（剩余墙体）时，突然发生坍塌，导致屋面梁和整个屋面板全部倒塌，施工人员被埋压。

问题

（1）本案中，建设单位有何违法行为？

（2）建设单位应当承担哪些法律责任？

【案例评析】

（1）本案中的建设单位主要有3项违法行为：①未依法委托设计。《建筑法》第49条规定："涉及建筑主体和承重结构变动的装修工程，建设单位应当在施工前委托原设计单位或者具有相应资质条件的设计单位提出设计方案，没有设计方案的，不得施工。"②将拆除工程发包给无施工资质的劳务队。《建设工程安全生产管理条例》第11条第1款规定："建设单位应当将拆除工程发包给具有相应资质等级的施工单位"。③未依法办理拆除工程施工前的备案手续。《建设工程安全生产管理条例》第11条第2款规定："建设单位应当在拆除工程施工15日前，将下列资料报送建设工程所在地的县级以上地方人民政府建设行政主管部门或者其他有关部门备案：（一）施工单位资质等级证明；（二）拟拆除建筑物，构筑物及可能危及毗邻建筑的说明；（三）拆除施工组织方案；（四）堆放、清除废弃物的措施。"

（2）《建筑法》第70条规定："涉及建筑主体或者承重结构变动的装修工程擅自施工的，责令改正，处以罚款；造成损失的，承担赔偿责任；构成犯罪的，依法追究刑事责任。"《建设工程安全生产管理条例》第54条第2款规定："建设单位未将保证安全施工的措施或者拆除工程的有关资料报送有关部门备案的。责令限期改正，给予警告"。第55条规定："建设单位有下列行为之一的，责令限期改正，处20万元以上50万元以下的罚款。

＊＊　案例来源：全国一级建造师执业资格考试用书编写委员会编写. 建设工程法规及相关知识. 北京：中国建筑工业出版社，2014年，第261页。

造成重大安全事故，构成犯罪的，对直接责任人员，依照刑法有关规定追究刑事责任；造成损失的，依法承担赔偿责任…（3）将拆除工程发包给不具有相应资质等级的施工单位的。"据此对建设单位应当责令改正，处以罚款。并依据事故等级和所造成损失依法追究直接责任人员的刑事责任，依法承担赔偿责任。

复习思考题

一、单项选择题

1. 某建筑企业在安全生产许可证有效期内，未发生死亡事故的，则安全生产许可证届满时（   ）。

A. 必须再次审查，审查合格延期 3 年

B. 按照初始条件重新申请办理

C. 不再审查，有效期直至发生死亡事故时终止

D. 经原安全生产许可证颁发管理机关同意，不再审查，有效期延期 3 年

2. 某建筑施工企业，一年内发生两起安全生产事故，则企业（   ）应对企业安全生产全面负责。

A. 法定代表人　　　　　　　　B. 法律顾问

C. 项目负责人　　　　　　　　D. 主要负责人

3. 在建设工程施工活动中，施工单位最基本的管理制度以及施工单位安全生产的核心和中心环节是（   ）。

A. 安全生产教育培训制度　　　B. 安全生产责任制

C. 安全责任追究制　　　　　　D. 群防群治制度

4. 在建设工程施工前，应由（   ）将工程概况、施工方法、安全技术措施等向作业班组、作业人员进行交底。

A. 项目负责人　　　　　　　　B. 安全生产管理机构

C. 安全生产管理员　　　　　　D. 负责项目管理的技术人员

5. 某建筑工程深基坑施工过程中，基坑支护专项方案由土方分包单位组织编制完成，则该专项方案应由（   ）来组织专家论证。

A. 建设单位　　　　　　　　　B. 总承包单位

C. 土方分包单位　　　　　　　D. 监理单位

6. 某建设工程项目，其中消防工程经建设单位同意后总承包单位将其分包给某分包单位，则该分包作业人员的意外伤害保险费应由（   ）支付。

A. 总承包单位　　　　　　　　B. 分包单位

C. 建设单位　　　　　　　　　D. 总承包单位和分包单位共同

7. 某高层建筑在地下桩基施工过程中，基坑发生坍塌，造成 10 人死亡，直接经济损失 300 余万元，本次事故属于（   ）。

A. 重大事故　　　　　　　　　B. 特别重大事故

C. 较大事故　　　　　　　　　D. 一般事故

8. 某工地发生火灾事故，总承包单位及时报告后发现伤亡人数又有增加，则（   ）。

A. 应自事故发生之日起 15 日内补报

B. 应自事故发生之日起 30 日内补报

C. 应自事故发生之日起 14 日内补报

D. 应自事故发生之日起 7 日内补报

二、多项选择题

1. 施工单位的项目负责人的安全责任包括（　　）。

A. 落实安全生产责任制度、安全生产规章制度和操作规程

B. 制定资金使用计划，保证安全生产所需资金的投入和使用

C. 编制并适时更新安全生产管理制度并监督实施

D. 及时、如实报告生产安全事故

E. 组织制定安全施工措施，消除安全事故隐患

2. 施工单位应当对（　　）进行安全生产教育培训。

A. 现场的作业人员　　　　　　　　B. 新录用的作业人员

C. 使用新设备的作业人员　　　　　D. 使用新材料的作业人员

E. 重要岗位的作业人员

3. 施工单位中必须经建设主管部门或者其他有关部门考核合格方可任职的人员有（　　）。

A. 主要负责人　　　　　　　　　　B. 安全管理人员

C. 生产管理人员　　　　　　　　　C. 项目负责人

E. 生产作业人员

4. 在我国建设工程领域，属于强制性保险的有（　　）。

A. 工伤保险　　　　　　　　　　　B. 工程设计责任险

C. 建筑工程一切险　　　　　　　　C. 建筑意外伤害险

E. 工程监理责任险

5. 施工现场发生安全事故后应当及时报告，对于报告内容应注意（　　）。

A. 事故发生的地点要准确，除事故发生的中心地点外，还应当报告事故所波及的区域。

B. 应当报告事故发生后的现场情况，无须报告事故发生前的现场情况

C. 报告事故发生的时间应当具体

D. 对于人员伤亡情况的报告不作无根据的猜测，可酌情少报

E. 应当报告已经采取的措施

三、简答题

1. 什么是建设工程安全生产管理？

2. 安全教育培训制度包含哪些内容？

3. 建设单位的安全责任有哪些？

4. 总承包单位与分包单位的安全责任是如何划分的？

5. 事故调查报告应包含哪些内容？

10 城市房地产管理法规

10.1 城市房地产开发用地

10.1.1 国有土地使用权转让

1. 国有土地使用权出让的概念和特征

（1）国有土地使用权出让的概念

根据《城镇国有土地使用权出让和转让暂行条例》第八条以及《城市房地产管理法》第八条的规定，土地使用权出让是指国家以土地所有者的身份将土地使用权在一定年限内出让给土地使用者，并由土地使用者向国家支付土地使用权出让金的行为。

土地使用权出让与土地使用权转让不同，表现在：

① 土地使用权出让属于土地一级市场，土地使用权转让属于土地二级市场。

② 土地使用权出让是土地使用权从国家土地所有权分离而成为一项独立的民事权利，而土地使用权转让则是土地使用权成为独立的民事权利之后，使用权人再依法将它转移给其他公民或法人的行为。

③ 土地使用权出让反映的是土地所有者与土地使用者之间的关系，土地使用权转让不仅反映土地所有者与土地使用者之间的关系，而且反映土地使用者与土地使用者之间的关系。

土地使用权出让与土地使用权出租也不同，表现在：

① 土地使用权出让是土地一级市场的行为，而土地使用权出租则是土地二级市场的行为。

② 土地使用权出让是处分行为，是土地使用权与土地所有权分离而成为独立的财产权利，出让一方永远只能是土地所有权人，即国家；土地使用权出租则是负担行为，是在保留土地使用权的前提下将土地有偿交给承租人使用。

③ 土地使用权出让的结果是土地使用权从土地所有权中分离为一种独立的他物权，而土地使用权出租的结果是出租人将其权利租给承租人使用一定年限，出租人仍保有土地使用权，而承租方享有的只是一种债权，土地使用权出让合同中的权利义务并不随土地使用权出租而转移给土地使用权承租人。

（2）国有土地使用权出让的法律特征

① 土地使用权出让是一种民事法律行为

出让人为国家，即国有土地的所有权人，是民法上的特殊民事主体，受让人为自然人和法人。双方当事人法律地位平等，双方均应遵循平等、自愿原则。出让行为采取协议、招标、拍卖、挂牌等方式，均是典型的民事法律行为方式，是民法上债的发生形式。出让标的是土地使用权，而土地使用权是他物权，属于民事权利的一种。出让合同所规定的权利义务具有对等性，一方支付土地使用权出让金，另一方需提供出让的土地。

② 土地使用权出让是一种设权行为

设权行为是指民事主体设立新的物权的行为。土地使用权出让是土地所有者（即国家）为土地使用者设定他物权即土地使用权的行为。土地所有权人为土地使用权人设定土地使用权，土地使用权人因而就取得了土地使用权。通过出让方式创设土地使用权，一般必须具备两个条件：国有土地并且经政府批准。土地使用权人可依照法律规定占有、使用土地并获得收益，同时可作一定限度的处分，并可排除他人的妨害。土地使用权人享有物上请求权，对于无权占有或侵夺其土地的，可以请求返还土地；对于侵害其行使土地使用权的，可以请求停止侵害；对于有妨害其行使土地使用权可能的，可以请求防止妨害。

③ 土地使用权出让是一种有偿行为

土地使用权出让是出让财产的民事法律行为，而财产作为民事法律行为须贯彻等价有偿原则，所以土地使用者以出让方式取得土地使用权须以向国家（即土地所有者）支付土地使用权出让金为代价。

④ 土地使用权的出让附随特殊义务

1）权利的有期性。土地使用权出让皆附有期限，可由出让合同具体约定，但最高出让年限不得违反法律的规定。

2）土地使用权属物权。依据物权法定主义原则，土地使用权的设定，其权利义务内容皆由法律规定，当事人不得自行约定。土地使用者应在法定限度内行使权利内容，并对土地负有管理、保护和合理利用的义务。

3）权利客体的特定性。土地使用权出让是转让一定期限的土地使用权，而不是土地，土地使用权的客体仅及于土地。矿藏、埋藏物不是土地使用权的客体。

2. 国有土地使用权出让的范围

土地使用权出让范围包括以下两个层次的内容：

（1）土地使用权出让的土地仅限于国有土地，而且是城镇国有土地。城市规划区内集体所有的土地，经依法征用转为国有土地后，该幅国有土地使用权方可有偿出让，所以集体土地依法征用转为国有土地之前不得出让。

（2）土地使用权出让的土地一般是具有商业性利益的土地（在国外视为"私益"），即具有房地产交易性质的土地。土地使用权的取得有出让和划拨两种方式。

3. 国有土地使用权出让的批准权限

《土地管理法》第五十三条规定："经批准的建设项目需要使用国有建设用地的，建设单位应当持法律、行政法规规定的有关文件，向有批准权的县级以上人民政府土地行政主管部门提出建设用地申请，经土地行政主管部门审查，报本级人民政府批准。"《城市房地产管理法》第十二条第一款规定："土地使用权出让，由市、县人民政府有计划、有步骤地进行。出让的每幅地块、用途、年限和其他条件，由市、县人民政府土地管理部门会同城市规划、建设、房产管理部门共同拟定方案，按照国务院规定，报经有批准权的人民政府批准后，由市、县人民政府土地管理部门实施。"根据以上规定可知，国家对建设用地实行年度建设用地控制和总量控制，土地使用权出让的批准权属于国务院及各级地方人民政府。

4. 国有土地使用权出让方式

《城市房地产管理法》第十三条规定："土地使用权的出让，可以采取拍卖、招标或者双方协议的方式。商业、旅游、娱乐和豪华住宅用地，有条件的，必须采取拍卖、招标方式；没有条件，不能采取拍卖、招标方式的，可以采取双方协议的方式。"国土资源部 2002 年 4 月 3 日颁布的《招标拍卖挂牌出让国有土地使用权规定》（2002 年 7 月 1 日起施行）不仅规范了招标拍卖方式的操作流程，而且提出了一种新的公开出让方式——挂牌出让方式。

（1）协议出让

协议出让是指出让方和受让方经过协商，就土地使用权出让条件以及双方的权利义务达成一致而出让土地使用权的民事法律行为。具体而言，它是由土地使用者向政府提出用地申请。经批准后，再由出让方与受让方协商地价、用地年限、付款方式和时间以及用地的其他条件并达成一致而出让土地使用权。相对于其他出让形式，协议出让缺乏公开性和竞争性，人为因素影响较大。

协议出让的国有土地的范围包括：

① 供应商业、旅游、娱乐和商品住宅等各类经营性用地以外用途的土地，其供地计划公布后同一宗地只有一个意向用地者的。

② 原划拨、承租土地使用权人申请办理协议出让，经依法批准的。

③ 划拨土地使用权转让申请办理协议出让，经依法批准的。

④ 出让土地使用权人申请续期，经审查批准的。

⑤ 法律、法规规定可以协议出让的其他情形。

一般而言，土地使用权协议出让仍应遵循一定的程序，具体如下：

① 申请阶段。协议出让首先由意向受让人根据生产经营的需要向土地所有者的代表提出使用土地的申请，并提交用地意向书、项目初步布置图等文件。

② 协商阶段。亦即出让方和受让方就土地使用权出让条件及双方权利义务进行协商，讨价还价并达成一致意见的过程。协商过程应贯彻平等、自愿原则，禁止强迫行为。

③ 签约阶段。出让方与受让方就土地使用权出让条件及双方权利义务达成一致意见后，以书面形式将其一致意见固定下来的阶段，亦即合同成立。

④ 履约阶段。受让方按合同的约定支付土地使用权出让金。出让方按合同约定提供出让的土地使用权，并办理登记。合同虽已订立但未办理土地使用权出让登记的，不发生土地使用权出让的效力，因为登记是土地使用权出让合同生效的公示要件。

（2）招标出让

招标出让土地使用权，是指通过招标、投标和定标的竞争程序出让土地使用权的民事法律行为。招标出让方式引入了竞争机制，主要适用于大型或关键性的投资项目，但获得土地使用权的并不一定是出价最高者，而是综合考虑投标规划设计方案和企业资信等各种因素。

根据《物权法》第一百三十七条的规定：工业、商业、旅游、娱乐和商品住宅等经营性用地以及同一土地有两个以上意向用地者的，应当采取招标、拍卖等公开竞价的方式出让。

5. 国有土地使用权的出让年限

土地使用权出让年限，是指国家许可受让人在获得的国有土地上使用土地的期限，具体包括四方面的内容：

（1）土地使用权出让的最高年限

土地使用权出让最高年限，是指国家法律和法规规定的土地使用者得以使用土地的最长期限。

《城市房地产管理法》第十四条规定："土地使用权出让最高年限由国务院规定。"根据国务院 1990 年 5 月 19 日发布的《城镇国有土地使用权出让和转让暂行条例》第十二条规定，土地使用权出让最高年限按用途确定为：居住用地 70 年；工业用地 50 年；教育、科技、文化、卫生、体育用地 50 年；商业、旅游、娱乐用地 40 年；综合或者其他用地 50 年。

（2）合同约定的出让年限

合同约定的出让年限，是指出让方与受让方在出让合同中具体约定的受让方得以使用土地的期限。合同约定的土地使用权出让年限不得超过法律规定的土地使用权出让的最高年限。在法律规定的土地使用权出让的最高年限内，出让方和受让方可自由约定土地使用权出让的年限。

（3）土地使用权出让年限的计算

一般而言，土地使用权出让年限以领取土地使用证之日为期限的起算点；划拨土地使用权补办出让合同的出让年限，按出让合同双方当事人约定的时间计算；通过转让方式取得的土地使用权，其使用年限为土地使用权出让合同约定的使用年限减去原土地使用者已使用年限后的剩余年限。

（4）土地使用权出让年限届满与续展

土地使用权出让是一种附终期的民事法律行为，在期限未届满前，其效果效力不终止，而在期限届满时则效果效力终止。

土地使用权的续展是指土地使用权出让年限的延续。《城市房地产管理法》第二十二条规定，"土地使用权出让合同约定的使用年限届满，土地使用者需要继续使用土地的，应当至迟于届满前一年申请续期，除根据社会公共利益需要收回该幅土地的，应当予以批准。经批准准予续期的，应当重新签订土地使用权出让合同，依照规定支付土地使用权出让金。"

《物权法》第一百四十八条规定，"建设用地使用权期间届满前，因公共利益需要提前收回该土地的，应当依照本法第四十二条的规定对该土地上的房屋及其他不动产给予补偿，并退还相应的出让金。"按照《物权法》的规定，补偿包括两种情况：

一是征收集体所有的土地，应当依法足额支付土地补偿费、安置补助费、地上附着物和青苗补偿费等费用，安排被征地农民的社会保障费用，保障被征地农民的生活，维护被征地农民的合法权益。二是征收单位、个人的房屋及其他不动产，应当依法给予拆迁补偿，维护被征收人的合法权益；征收个人住宅的，还应当保障被征收人的居住条件。任何单位和个人不得贪污、挪用、私分、截留、拖欠征收补偿费等费用。

对于住宅建设用地使用权期满的情况，《物权法》第一百四十九条规定"住宅建设用地使用权期间届满的，自动续期。非住宅建设用地使用权期间届满后的续期，依照法律规定办理。该土地上的房屋及其他不动产的归属，有约定的，按照约定；没有约定或和转让者约定不明确的，依照法律、行政法规的规定办理。"

10.1.2 国有土地使用权划拨

1. 土地使用权划拨的概念和特征

土地使用权划拨，是指县级以上人民政府依法批准，在土地使用者缴纳补偿安置等费用后将该幅土地交付其使用，或者将国有土地使用权无偿交付给土地使用者使用的行为。

与出让土地使用权相比，划拨土地使用权具有以下法律特征：

① 划拨土地使用权的标的限于国有土地。根据我国《土地管理法》第五十四条和《城市房地产管理法》第二十三条第一款的规定，土地使用权划拨只针对国有土地而言，集体土地不适用划拨方式，集体土地只有在被征收为国有土地之后才可以划拨。

② 划拨土地使用权的取得具有行政性。土地使用权的划拨实质是行政划拨，其内容只包括占有、使用和部分收益权。国家对土地使用权进行划拨时，行使的是行政权力。

③ 划拨土地使用权的取得具有无偿性。这是划拨土地使用权与出让土地使用权最关键的不同之处，土地使用权出让都是有偿的。

④ 划拨土地使用权的取得具有无期性。《城市房地产管理法》第二十三条第二款规定"依照本法规定以划拨方式取得土地使用权的，除法律、行政法规另有规定外，没有使用期限的限制。"

⑤ 划拨土地的用途具有特定性。根据《土地管理法》第五十四条规定，下列建设用地，经县级以上人民政府依法批准，可以以划拨方式取得：国家机关用地和军事用地；城市基础设施用地和公益事业用地；国家重点扶持的能源、交通、水利等基础设施用地；法律、行政法规规定的其他用地。

2. 划拨土地使用权的性质

根据划拨土地使用人的不同，对于划拨土地使用权的性质，应当区分两种不同情况：

① 国家机关、军事机关等公法人享有的划拨土地使用权。由于这些机关属于国家机构的组成部分，其本身即是国家的代表，其使用划拨土地的目的是为了实现国家的公法职能。

② 公司、企业、事业单位等私法人、自然人或其他组织享有的划拨土地使用权。这种划拨土地使用权是与土地所有权分离的一项独立的他物权，即地上权，是一种不完全物权。

3. 划拨土地使用权的内容

（1）占有权

占有权是划拨土地使用权人对国有土地直接控制并支配的权利，划拨土地使用权人为实现其使用、收益的目的，必须对划拨土地实行占有。

（2）使用权

使用权是划拨土地使用权人在不损毁土地或改变其性质的情况下，对国有土地按其属性、用途进行利用，以满足生产生活需要的权利。使用划拨土地不得违反土地管理和城市规划的要求，不得随意变更划拨土地时确定的土地用途。如确需变更原土地用途的，应当取得划拨方和市、县人民政府城市规划行政主管部门的同意。

（3）收益权

收益权是划拨土地使用权人通过对土地的利用获取土地收益的权利。划拨土地使用权人一般只能在自己使用土地时，才能拥有对土地的收益。如果将划拨土地使用权转让于他人，则应当办理土地使用权出让手续并按照国家有关规定缴纳土地使用权出让金，或经批准不办理土地使用权出让手续，而将土地收益上缴国家或作其他处理。如果划拨土地使用权人将房屋连同该房屋占用范围内的划拨土地使用权一同抵押，则依法拍卖该房地产后，应当先从拍卖所得的价款中缴纳相当于应缴纳的土地使用权出让金的款额，抵押权人方可优先受偿。如果房屋所有人以营利为目的，将以划拨方式取得使用权的国有土地上建成的房屋出租于他人使用，则其中的土地收益必须上缴国家。

（4）处分权

一般来讲，划拨土地使用权人取得划拨土地使用权是无偿的，其对划拨土地使用权没有转让权。根据《城市房地产管理法》第四十条的规定，划拨土地使用权只有在经过有批准权的人民政府审批，办理土地使用权出让手续并按照国家有关规定缴纳土地使用权或出让金，或经批准不办理土地使用权出让手续，而将土地收益上缴国家或作其他处理的情况下，才可以转让。但是，根据《城市房地产管理法》第四十八条的规定，划拨土地使用权人可以将划拨土地上的房屋连同该房屋占用范围内的划拨土地使用权一起设定抵押，而不需要事先经政府批准，只是应将拍卖抵押房地产所得的价款先缴纳土地使用权出让金。根据《城市房地产管理法》第五十六条的规定，房屋所有人还可以将以划拨方式取得使用权的国有土地上建成的房屋出租于他人，这也不需要政府批准。当房屋出租时，由于房屋与土地的不可分性，划拨土地使用权自然也一同出租，只是应将租金中所含有的土地收益上缴国家而已。可见，划拨土地使用权人划拨土地使用权有抵押、出租的权利。

4. 土地使用权划拨的范围

土地使用权划拨的范围，是指国家对何种建设用地在何种条件下，可以采取土地使用权划拨的方式提供建设用地的土地使用权。土地使用权划拨因其是政府行为、无偿行为，故需具备一定的条件方可划拨土地使用权。《城市房地产管理法》第二十四条规定，下列建设用地的土地使用权，确属必需的，可以由县级以上人民政府依法批准划拨：（一）国家机关用地和军事用地；（二）城市基础设施用地和公益事业用地；（三）国家重点扶持的能源、交通、水利等项目用地；（四）法律、行政法规规定的其他用地。1999 年 1 月 1 日起施行的《土地管理法》也作了类似规定，并将上述第三项改为"国家重点扶持的能源、交通、水利等基础设施用地"，进一步限定了划拨土地的范围。

5. 土地使用权划拨的批准权限和程度

根据《土地管理法》及其实施条例的规定，具体建设项目规划确定的城市建设用地范围内的国有建设用地的，其取得划拨土地使用权需经以下程序：

① 预审。用地申请前，在进行建设项目可行性研究论证时，应由土地行政主管部门对建设项目用地有关事项进行审查，提出建设项目用地预审报告；可行性研究报告报批时，必须附有土地行政主管部门出具的建设项目用地预审报告。

② 申请。具体建设项目需要使用土地的，由建设单位持建设项目的有关批准文件，向市、县人民政府土地行政主管部门提出建设用地申请。建设单位应当根据建设项目的总体设计一次申请，办理建设用地审批手续；分期建设的项目，可以根据可行性研究报告确定的方案分期申请建设用地，分期办理建设用地有关审批手续。

③ 审查。建设单位的用地申请由市、县人民政府土地行政主管部门审查，拟定供地方案，报市、县人民政府批准；需要上级人民政府批准的，应当报上级人民政府批准。

④ 批准。由县级以上地方人民政府土地管理部门按规定权限报县级以上人民政府批准。供地方案等经批准后，由市、县人民政府向建设单位颁发建设用地批准书。

⑤ 划拨。划拨使用国有土地的，由市、县人民政府土地行政主管部门向土地使用者核发国有土地划拨决定书。由用地所在地的县级以上地方人民政府土地管理部门根据批准用地文件所确定的用地面积和范围，到实地划拨建设用地。

⑥ 登记。用地申请批准后，建设单位应当依法向市、县人民政府土地行政主管部门申请土地登记，并由市、县人民政府颁发《国有土地使用证》。土地登记是划拨土地使用权的公示方法，《国有土地使用证》是取得划拨土地使用权的唯一证明。

完成以上程序后，土地使用者即可取得划拨土地使用权。

具体建设项目需要使用土地的，必须依法申请使用土地利用总体规划确定的城市建设用地范围内的国有建设用地。

6. 划拨土地使用权的终止

在下列情况下，划拨土地使用权终止：

① 国家征收。国家为了公共利益需要使用土地或者为了实施城市规划进行旧城区改建而需要调整使用土地的，由有关人民政府土地行政主管部门报经原批准用地的人民政府或者有批准权的人民政府批准，可以收回划拨土地使用权。这里的"收回划拨土地使用权"实为国家征收。

② 使用人不再需要。因用地单位撤销、迁移等原因，停止使用原划拨的国有土地，或者由有关人民政府土地行政主管部门报经原批准地的人民政府，或者有批准权的人民政府批准，可以收回划拨土地使用权。

③ 特定项目终止。《土地管理法》第五十八条第一款第四项规定："使用划拨土地的公路、铁路、机场、矿场等经核准报废的，由有关人民政府土地行政主管部门报经原批准用地的人民政府或者有批准权的人民政府批准，可以收回划拨土地使用权。"

④ 土地灭失。土地灭失，是指土地因自然原因（如地震、洪水、泥石流、山崩等）或人为因素（如爆破、放水等）而在物质形态上灭失。

10.2　房地产开发

1. 房地产开发的概念

房地产开发是指在取得土地使用权的国有土地上，按照规划控制条件及要求，进行基础设施和房屋建设的行为。这一概念的含义如下：

（1）房地产开发的前提是取得国有土地使用权

取得国有土地使用权是房地产开发的前提。农村集体土地不能直接用于房地产开发，只有由国家通过征用转为国有土地后，才能成为房地产开发用地。

（2）房地产开发应符合城市规划

房地产开发应符合城市规划、土地利用总体规划和近期建设规划要求，坚持统一规划、合理布局、因地制宜、综合开发、配套建设的原则。

（3）房地产开发包括基础设施建设和房屋建设

房地产开发是以土地利用和房屋建设为投资对象而进行的生产活动。前者称为土地开发，后者称为房屋开发。土地开发，也称"三通一平"或"七通一平"。"三通一平"就是将开发区域以外的道路、给水排水管线、供电线路等引入施工现场，对施工现场的土地进行平整。"七通一平"包括道路通，上下水通，雨污排水通，电力通，通信通，煤气通，热力通和平整场地。土地开发就是通过"三通一平"或"七通一平"，将自然状态的土地变为可供建造房屋和各类设施的建筑用地。房屋开发就是通过开发或再开发，在具备建设条件的城市土地上建筑各类房屋，包括住宅、工业厂房、商业楼宇、办公用房和其他专门用房。因此，房屋开发是在具备设施条件的土地上新建各类房屋，或为提高现有房屋的使用功能和利用效率，在不拆除现有房屋的前提下，对现有房屋进行较大规模的改建和扩建，以及拆除使用效率严重下降的旧有房屋并重新建造房屋的活动。

综上所述可以看出，房地产开发并非仅限于房屋建设或者商品房屋的开发，而是包括土地开发在内的商品开发活动。

2. 房地产开发的分类

（1）按照开发方式的不同分

按照开发方式的不同，房地产开发可以分为新建开发和再开发。新建开发是在已开发的土地上直接进行房屋建设的房地产开发，这是目前我国主要的房地产开发方式。再开发包括对已有房屋的改建、扩建和对旧房拆迁后的重建。对已有房屋的改建、扩建是在保留现有房屋的基础上，为提高房屋的使用功能或利用效益进行的房地产开发活动。应注意，只有改建、扩建达到一定的规模和程度，才能成为房地产的再开发。

（2）按照开发主体的不同分

按照开发主体的不同，房地产开发可以分为政府开发和民间开发。政府开发是指由政府负责土地开发和房地产开发；民间开发主要指房地产开发公司进行的房地产开发，是房地产开发的最主要方式。

（3）按照开发目的的不同分

按照开发目的的不同，房地产开发可以分为以经营为目的的房地产开发和以自用为目的的房地产开发。以经营为目的的房地产开发是以营利为目的的商业行为，由专业化的房地产开发企业进行，通过房地产投资开发，将开发的房屋作为商品在房地产市场进行转让，实现利益最大化。以自用为目的的房地产开发是为自己使用而进行的地产开发，开发者即使用者，开发的房屋不进入房地产市场流通，只是满足开发者进行其生产、经营或者消费使用。我国大多数房地产开发都是以经营为目的的。

（4）按照开发规模的不同分

按照房地产开发的规模不同，房地产开发可以分为单项开发、小区开发和成片开发。单项开发规模较小、占地少、项目功能单一、配套设施简单。小区开发有两种：一是指新城区开发中的一个小区综合开发，要求在开发区范围内做到基础设施和配套项目齐全，功能完善；二是指在旧城区更新改造中的局部改建，即某个相对独立的街区的更新改造。成片开发一般指范围广阔、项目众多、投入资金巨大、建设周期长的综合性开发，成片开发的规模大到可以接近开辟一个新的城区。

3. 房地产开发企业的概念和分类

（1）房地产开发企业的概念

房地产开发企业是指以营利为目的，从事房产开发和经营的企业。房地产开发企业是进行房地产开发的专业服务企业，服务于房地产开发的决策、组织、经营、销售等各个环节。

房地产开发企业的含义有以下几点：房地产开发企业是以营利为目的的经济组织；房

地产开发企业是具有法人资格的经济组织；房地产开发企业的业务活动范围主要是对房地产进行开发与经营。

（2）房地产开发企业的分类

房地产开发企业按照不同的标准，可以分为以下几类：

① 按照产权归属划分，可以将房地产开发企业分为：国家所有大的房地产开发公司，集体所有的房地产开发公司，中外合资的房地产开发公司，中外合作的房地产开发公司，外商独资的房地产开发公司，私营房地产开发公司。

② 按照经营性质不同，可以将房地产开发企业分成房地产开发专营公司、兼营公司和项目公司。

4. 房地产开发企业的设立

（1）房地产开发企业的设计条件

房地产开发企业是房屋开发的主体，其设立应符合我国《城市房地产管理法》《城市房地产开发经营管理条例》《房地产开发企业资质管理规定》及《公司法》等法律法规的规定。具体而言，设立房地产开发企业须同时具备以下条件：

① 有自己的名称和组织机构；

② 有固定的经营场所；

③ 有符合国务院规定的注册资本；

④ 有足够的专业人员；

⑤ 法律、法规规定的其他条件。这是指除《城市房地产管理法》等专门性法规规定的条件外，设立房地产开发企业还应满足其他相关法律、法规规定的条件。

（2）房地产开发企业设立的程序

设立房地产开发企业需要申请登记和备案两道程序。

① 申请登记

设立房地产开发企业，首先应向县级以上人民政府工商行政部门申请，申请人应如实登记报送有关证明材料，如验资报告、可行性研究报告、专业技术人员等。工商行政管理部门经审核对符合设立条件的，将在收到申请之日起 30 天内予以登记，对不符合条件的不予以登记并说明理由。工商行政管理部门在对设立房地产开发企业申请登记进行审查时，应听取同级房地产开发主管部门的意见。

② 申请备案

房地产开发企业应当自领取营业执照之日起 30 日起，持营业执照副本、企业章程、验资证明、企业法定代表人的身份证明、专业技术人员的资格证书和聘用合同以及房地产开发主管部门认定应当出示的其他证件，到登记机关所在地的房地产开发主管部门备案。

10.3　城市房屋征收

10.3.1　城市房屋拆迁管理概述

1. 城市房屋拆迁的概念

城市房屋拆迁是指取得房屋拆迁许可证的拆迁人，拆除城市规划区内国有土地上的房屋及其附属物，并对被拆迁房屋的所有人进行补偿或安置的行为。《城市房屋拆迁管理条例》（国务院令第 305 号，以下简称《拆迁条例》）的适用范围是在城市规划区内国有土地上实施房屋拆迁，并需要对被拆迁人补偿、安置的活动。城市规划区外国有土地上实施房屋拆迁并需要对被拆迁人补偿、安置的，可参照执行集体土地上的拆迁行为，按照土地管理法等有关法律、法规执行。不需要对被拆迁人进行补偿、安置的房屋拆迁行为，如自拆自建行为，不属于《拆迁条例》所调整的行为，不需要申领房屋拆迁许可证。

拆迁人是指取得房屋拆迁许可证的单位。被拆迁人是指被拆迁房屋的所有人，不包括被拆迁房屋的使用人。但对使用人的利益要予以依法保护。

拆迁人应当依照规定对被拆迁人给予补偿、安置。被拆迁人应当在搬迁期限内完成搬迁。搬迁期限不同于拆迁期限。拆迁期限是拆迁许可证上写明的拆迁人完成拆迁事宜的期限。搬迁期限从属于拆迁期限，搬迁期限不能超出拆迁期限。

城市房屋拆迁必须符合城市规划，有利于城市旧区改造和生态环境改善，保护文物古迹。

2. 城市房屋拆迁的管理体制

城市房屋拆迁管理体制是指由各级房屋拆迁管理部门及其管理职责、管理程序、相互关系等组成的有机整体。《拆迁条例》规定的房屋拆迁管理，由国家和地方政府根据职权实施管理。

国家一级的城市房屋拆迁管理部门是指国务院建设行政主管部门，其管理职责是负责全国城市房屋拆迁工作的监督管理。根据国务院批准的建设部"三定"方案的规定，"拟定房屋拆迁的规章制度并监督执行"是建设部的具体职责之一。

地方一级的房屋拆迁管理部门是指县级以上地方人民政府负责管理房屋拆迁工作的部门，其管理职责是对本行政区域内的城市房屋拆迁工作实施监督管理。根据《拆迁条例》的规定，房屋拆迁管理部门的监督管理职责包括房屋拆迁许可证的审批、延期拆迁的审批、拆迁委托合同的备案管理、暂停办理有关手续通知书的发放、延长暂停期限的审批、拆迁裁决、受理强制拆迁的申请、建设项目转让的管理、拆迁补偿安置资金使用的监督、拆迁产权不明确房屋的补偿安置方案的审核、对拆迁违法行为的查处以及对接受委托拆迁的单位的资格认定等内容。

县级以上地方人民政府有关部门，如工商行政主管部门、公安行政主管部门、规划行政主管部门、司法行政主管部门、文化行政主管部门、环境行政主管部门等，是拆迁协管部门，其在拆迁管理中的职责是依照《拆迁条例》的规定互相配合，保证房屋拆迁管理工作的顺利进行。

县级以上人民政府土地行政主管部门（包括国务院土地行政主管部门）应当依照有关法律、行政法规的规定，负责与城市房屋拆迁有关的土地管理工作。

3. 城市房屋拆迁工作程序

① 房屋拆迁申请的提出

房屋拆迁是许多建设项目的前期工作。为了防止建设项目的实施者利用拆迁具有的强制性，损害被拆迁人的合法权益，同时也是为了保护拆迁人的合法权益，保障建设项目的顺利进行，国家对房屋拆迁实行行政许可制度。

《拆迁条例》规定，申请领取房屋拆迁许可证的，应当向房屋所在地的市、县人民政府房屋拆迁管理部门提交下列资料：

（1）建设项目批准文件；

（2）建设用地规划许可证；

（3）国有土地使用权批准文件；

（4）拆迁计划和拆迁方案；

（5）办理存款业务的金融机构出具的拆迁补偿安置资金证明。

拆迁计划和拆迁方案是拆迁申请的组成部分，其内容必须确切地说明下列内容：拆迁的范围、拆迁的对象、拆迁的实施步骤，对拆迁范围内被拆迁的居民、机关、团体、企事业单位的补偿安置方案，安置房和临时安置周转房的房源情况，涉及拆迁的各项补偿费、补助费的预算情况，以及拆迁期限、具体时间安排等。

② 拆迁审批和《房屋拆迁许可证》的取得

房屋拆迁管理部门收到拆迁申请和规定提交的批准文件后，应对申请内容进行审查，并对拆迁范围进行现场调查，审查内容主要是：申请人提供的批准文件是否齐全、有效，拆迁范围内是否有受保护不允许拆除的建筑，拆迁范围内的房屋产权是否明确或有争议，对被拆迁人的补偿安置是否符合政策规定，补偿安置方案是否可行，拆迁期限是否合理等。

经审查符合条件的，由房屋拆迁管理部门发给拆迁申请人《房屋拆迁许可证》。《房屋拆迁许可证》是房屋拆迁的法律凭证。获得许可证后，拆迁申请人就成为合法的拆迁人，其拆迁行为受法律保护。

房屋拆迁管理部门在发放《房屋拆迁许可证》的同时，应当依照《拆迁条例》的规定，将《房屋拆迁许可证》中载明的拆迁人、拆迁范围、拆迁期限等事项，以房屋拆迁公告的形式予以公布，房屋拆迁管理部门和拆迁人有责任向被拆迁人做好拆迁宣传及政策解释工作。拆迁范围确定后，拆迁范围内的单位和个人不得新建、扩建、改建房屋，不得改变房屋和土地用途，不得租赁房屋。

③ 拆迁补偿安置资金的监管

为了避免拆迁单位出具虚假证明、抽逃拆迁补偿安置资金，造成被拆迁人长期在外过渡，政府必须加强对拆迁补偿安置资金的监督管理。因此《拆迁条例》规定，申请领取房屋拆迁许可证的，应当向房屋所在地的市、县人民政府房屋拆迁管理部门提交办理存款业务的金融机构出具的拆迁补偿安置资金证明，并规定了"拆迁人实施房屋拆迁的补偿安置资金应当全部用于房屋拆迁的补偿安置，不得挪作他用。""县级以上地方人民政府房屋拆迁管理部门应当加强对拆迁补偿安置资金使用的监督。"监督的具体办法《拆迁条例》没有明确，各地可以根据实际情况作出规定，确保拆迁补偿安置资金不被挪作他用。

10.3.2 城市房屋拆迁补偿与安置

1. 补偿对象

房屋拆迁补偿关系到拆迁当事人的经济利益，我国《宪法》规定："公民的合法的私有财产不受侵犯。国家依照法律规定保护公民的私有财产权和继承权。国家为了公共利益的需要，可以依照法律规定对公民私有财产实行征收或者征用并给予补偿。"为保证被拆除房屋的所有人的合法权益，拆迁人应当对被拆除房屋所有人给予补偿。应该明确的是，补偿的对象是被拆除房屋的所有人，而不是使用人。所有人既包括公民，也包括法人。

2. 补偿方式

房屋拆迁补偿有两种方式，即货币补偿和房屋产权调换。

货币补偿是指拆迁人将被拆除房屋的价值以货币结算方式补偿给被拆迁房屋的所有人。货币补偿的金额，按照被拆除房屋的区位、用途、建筑面积等，以房地产市场评估价格确定。

房屋产权调换是指拆迁人用自己建造或购买的产权房屋与被拆迁房屋进行调换产权，并按拆迁房屋的评估价与调换房屋的市场价进行结算调换差价的行为。也就是说，以易地或原地再建的房屋与被拆除房屋进行产权交换，被拆迁人失去了被拆迁房屋的产权，调换之后拥有了调换房屋的产权。

但拆除非公益事业房屋的附属物，不作产权调换，由拆迁人给予货币补偿。

3. 补偿标准

《拆迁条例》规定的拆迁货币补偿的基本原则是等价有偿，采取的办法是根据被拆迁房屋的区位、用途、建筑面积等因素，用房地产市场评估的办法确定。

我国房地产市场评估经过多年的发展，已经形成比较科学、完善的体系，评估能够准确地确定被拆迁房屋的市场价值。通过评估确定被拆迁房屋的价值，是利用市场手段，确保被拆迁人的实际损失能够准确、合理得到补偿的最好办法。

补偿标准由以"人"为主转变为以"物"（房屋）为主，充分体现了等价有偿原则。"人"是动态的，由于户口的迁移、生育等因素造成拆迁安置人口发生变化，而"物"则是相对稳定的。过去，由于过多地考虑了"人"的因素，造成拆除同一标的物，因居住人口不一，导致补偿标准不一。要求拆迁人承担本不应由其承担的社会责任，替政府进行社会保障，违背了民事法律关系的一般原则。从理论上讲，社会保障属于政府的责任，社会保障资金的支付应当通过公共财政来解决。在公共财政解决有困难的地区，拆迁中考虑"人"的因素，只能作为暂时性的措施。此外，拆迁中考虑"人"的因素，往往会导致被拆迁人在拆迁公告之前大量迁入户口，这加重了拆迁人的负担，也加重了投资成本，增加了旧城改造的难度。《拆迁条例》将补偿安置与户口分离，淡化人口因素，以房屋价值作为补偿安置的标准，既符合法理要求也便于操作。

按照重置价结合成新原则确定原房屋的价值量，被拆迁人得到的仅是房屋的残存价值，未真实反映该房屋的价值量。《拆迁条例》规定，以房地产市场评估价确定被拆迁房屋的价值量，符合市场经济的客观要求，从法律制度上体现了对被拆迁人财产权的保护。

"区位"是指某一房屋的地理位置，主要包括在城市或区域中的地位，与其他地方往来的便捷性，与重要场所（如市中心、机场、港口、车站、政府机关）的距离，周围环境、景观等。区位对房地产价值的决定作用是极其重要的，两宗实物和权益状况相同的房地产，如果区位不同，其价值可能有很大的差别。

"用途"是指被拆迁房屋所有权证书上标明的用途。所有权证书未标明用途的，以产权档案中记录的用途为准。产权档案未记录用途的，以实际用途为准。实际用途的界定以是否依法征得规划等部门同意、是否取得合法手续为依据，如原设计用途为经营性用房的，以取得营业执照作为确认其为营业性用房的依据；如原设计为住宅改为营业性用房的，不但要有营业执照，还应当有规划部门同意变更的依据。拆迁人与被拆迁人对被拆迁房屋性质协商一致的，可以按照协商结果评估。

"等因素"应当包含被拆迁房屋成新程度、权益状况、建筑结构形式、使用率、楼层、朝向等。对于区位、用途、建筑面积、成新程度、权益状况、建筑结构形式、使用率等，都应在评估时考虑，对楼层、朝向可以采用房改中的系数或确定统一的系数。对于房屋内部装修，因每户装修的标准和年代各不相同，如果在评估时考虑装修，可能会大大加大评估成本、延长评估时间，不利于拆迁工作的进行。对装修进行补偿，主要应当由拆迁人和被拆迁人在签订协议时协商确定。

房地产价格评估是指房地产估价人员，根据估价目的，遵循估价原则，选择适宜的估价方法，并在综合分析影响房地产价格因素的基础上，对房地产估价时点的价格或价值进行估算和判定的活动。

房地产是实物、权益和区位三者的结合物。实物是其中具体的部分，如建筑物的结构、外观、质量、功能和土地的形状等。权益是其中无形的部分，如房屋的所有权（占有、使用、收益和处分的权利）、使用权、地役权、相邻关系等。对房地产而言，其实物和权益在价值决定中都很重要。一幢房屋，其价值既受建筑结构、区位等影响，又受产权状况的影响。例如，房屋的产权是完全产权还是部分产权、占用的土地是划拨土地还是出让土地，都会使房地产价值有很大的差异。两宗实物状况相同的房地产，如果权益不同，其价值可能有所不同；反之，两宗权益状况相同的房地产，如果实物状况不同，其价值也可能有所不同。这些都需要在评估时充分考虑。

评估时，不但要考虑房屋本身及占用的土地，还要考虑被拆迁人拥有的院落及附属设施。如一个四合院的价值，与没有院落但具有同样建筑面积的房屋的补偿是不一样的；一个有停车位的宾馆，与一个有相同建筑面积但没有停车位的宾馆价值是不相同的。这些都应当在评估时予以充分考虑。

4. 产权调换房屋差价的结算

《拆迁条例》注重的是房屋的价值量。尽管以实物形式体现，实质上是按等价交换的原则，由拆迁人按被拆除房屋的评估价对被拆迁人进行补偿，再由被拆迁人按市场价购买拆迁人提供的产权调换房屋，以被拆迁房屋的评估价与产权调换房屋的市场价进行差价结算，多退少补。无论实行货币补偿还是产权调换，有一个基本原则必须明确，即等价原则。所以，从价值量来衡量，产权调换与货币补偿是等价的。

5. 拆迁安置

对于拆除租赁房屋，《拆迁条例》规定了解除租赁协议的处理方式。即由拆迁人对房屋所有人进行补偿，由所有人对承租人进行安置。拆迁补偿前，已经解除了租赁协议或出租人已对承租人进行了安置的，实质上相当于非租赁房屋的补偿、安置，根据《拆迁条例》的规定，对所有人进行补偿、安置；对于出租人与承租人达不成协议的，为了保障承租人的权益不受损害，《拆迁条例》规定实行产权调换，被拆迁人与原房屋承租人就新调换房屋重新签订租赁协议。

6. 安置房屋的质量要求

拆迁安置房屋的质量和安全性能的好坏，直接关系到被拆除房屋使用人的切身利益。长期以来，部分拆迁人为了节约成本，提供的安置用房质量、功能、环境等方面都比较差，有的甚至严重违反国家有关设计和工程建设的规定，给房屋使用人的生活带来极大的不便，有的甚至存在严重的质量隐患。所以，《拆迁条例》增加了相关内容，明确了安置用房的质量安全标准。明确要求相关的管理部门要按各自的职责分头把关，确保安置房符合城市规划，符合有关勘察设计、建筑施工、建筑材料与构配件等的国家、行业标准或规范，并经竣工验收，取得工程质量合格证书；属住宅小区内的商品房，还须通过有关部门进行的综合验收。

10.4 房地产交易

10.4.1 房地产转让

1. 房地产转让的概述

（1）房地产转让的概念

根据《城市房地产管理法》第三十七条的规定，房地产转让是指房地产权利人通过买卖、赠与或者其他合法方式将房地产转移给他人的行为。房地产转让的实质是房地产权属发生转移变更。此概念可做如下理解：

① 房地产转让的主体是房地产权利人，包括房地产所有人及土地使用权人。非房地产权利人不能成为房地产转让法律关系的主体。

② 房地产转让的客体是城市中被转让房屋的所有权以及该房屋所占用范围内的土地使用权。由于房屋和土地在物质形态上的不可分性，城市房地产转让时，房屋所有权和该房屋所占用范围的土地使用权同时转让。

③ 房地产转让：必然发生房屋所有权和土地使用权的转移，导致房地产权利主体的变更。这也是房地产转让区别于房地产租赁、房地产抵押等其他交易方式的本质特征。

④ 房地产转让的形式主要是买卖、赠与，也包括其他合法的转让方式。

1）房地产买卖：是指从国家手中取得土地使用权的买方，将经过一定程度开发的土地或者具有土地使用权的地上建筑物、设施出卖给他人，并由此将该土地使用权转移给他人的行为。房地产买卖不同于一般商品买卖之处还在于，房地产买卖不是房地产商品位置的移动，而是房地产权利的转移，即房地产权属证书上产权人的更换。

2）房地产赠与：是指房地产权利人自愿将自己拥有的土地使用权或房屋所有权无偿转移给他人的行为。在房地产赠与中，土地使用权的赠与及房屋所有权的赠与均不涉及土地所有权转移问题，土地所有权仍属于国家。

3）房地产转让的其他合法方式：

以房地产作价入股、与他人成立企业法人，房地产权属发生变更的。

一方提供土地使用权，另一方或者多方提供资金，合资、合作开发经营房地产，而使房地产权属发生变更的。

因企业被收购、兼并或规定的其他情形，如因交换、继承、遗赠等使房地产权属转移的。

（2）房地产转让的条件

房地产转让是房地产交易的主要形式，在房地产交易中占据重要地位。《城市房地产管理法》《城市房地产转让管理规定》《城市国有土地使用权出让转让暂行条例》等法律、法规都对房地产转让的条件做出了界定。主要条件有：

① 房地产转让、受让双方必须具有合法资格

房地产转让属于民事法律行为，转让、受让双方当事人必须具有相应的主体资格和行为能力。

② 房地产转让的客体必须符合法定要求

1）以出让方式取得土地使用权的，转让房地产时应符合下列条件：

a. 按照出让合同的约定已经支付全部土地使用权出让金，并取得土地使用权证书。

b. 按照出让合同的约定，进行投资开发，属于房屋建设工程的，应完成开发投资总额的 25% 以上；属于成片开发土地的，依照规划对土地进行开发建设，完成供排水、供电、供热、道路交通、通信等市政基础设施、公用设施的建设，达到场地平整，形成工业用地或者其他建设用地条件。

c. 转让房地产时房屋已经建成的，还应当持有房屋所有权证书。

2）以划拨方式取得土地使用权的，转让房地产时应符合以下条件：

a. 按照国务院的规定报有批准权的人民政府审批。

b. 经人民政府批准转让的，应依法办理土地使用权出让手续，并依照国家有关规定缴纳土地使用权出让金。有批准权的人民政府依法决定可以不办理土地使用权出让手续的，转让方应按照有关规定转让房地产所获收益中的土地收益上缴国家或者做其他处理。

3）《城市房地产管理法》规定的房地产转让的禁止情形：

a. 司法机关和行政机关依裁定决定查封或者以其他形式限制房地产权利的。

b. 已被依法收回土地使用权的。

c. 共有房地产，未经其他共有人书面同意的。

d. 未依法登记领取权属证书的。

e. 权属不明、有争议的。

f. 法律、行政法规禁止转让的其他情形。

（3）房地产转让须符合法定的形式要件

根据《城市房地产管理法》第四十一条的规定，房地产转让应当签订书面转让合同。可见房地产转让属于要式法律行为，转让、受让双方应签订书面合同，明确载明土地使用权取得方式，双方的权利、义务以及其他必须条款。合同签订后，当事人应于一定时间内到房地产管理机关办理登记手续，房地产自记载于房地产登记簿时发生效力。房地产登记簿是房地产归属和内容的根据。根据《物权法》的规定，当事人签订买卖房屋或者其他不动产物权的协议，为保障将来实现物权，按照约定可以向登记机构申请预告登记。预告登记后，未经预告登记的权利人同意处分该不动产的，不发生物权效力。预告登记后，债权消灭或者自能够进行不动产登记之日起 3 个月内未申请登记的，预告登记失效。

（4）房地产转让的程序

房地产转让的程序，即房地产转让的步骤。根据建设部《城市房地产转让管理规定》，房地产转让应按照下列程序办理：

① 房地产转让当事人签订书面转让合同。

② 当事人在房地产转让合同签订后 90 日内持房地产权属证书、当事人的合法证明、转让合同等有关文件，向房地产所在地的房地产管理部门提出申请，并申报成交价格。

③ 房地产管理部门对提供的有关文件进行审查，并在 7 日内做出是否受理申请的书面答复；7 日内未作出书面答复的，视为同意受理。

④ 房地产管理部门核实申报的成交价格，并根据需要对转让的房地产进行现场查勘和评估。

⑤ 房地产转让当事人按照规定缴纳有关税费。

2. 土地使用权转让

（1）土地使用权转让的概念

《城市房地产管理法》第九条规定："城市规划区内的集体所有的土地，经依法征用转为国有土地后，该幅国有土地的使用权方可有偿出让。"因此，所谓"土地使用权转让"，在没有特别指明的情况下即为国有土地使用权转让，即土地使用权人将其拥有的土地使用权再转移给他人的行为。土地使用权转让是以主体的变更为界定标准的。

（2）土地使用权转让的特点

① 权利义务一同转移

这里的权利义务，是指土地使用权从土地所有权分离时，出让合同所载明的权利义务及其未行使和未履行的部分。

土地使用权的年限，应以出让合同设定的年限减去转让时已经使用的年限，其得数视为出让合同尚未履行的权利义务，在转让土地使用权时随同转让。

② 产权一致

产权一致，即土地使用权与地上建筑物、附着物一同转移，亦即所谓的"房随地定，地随房走"，是指土地使用权与其地上建筑物所有权的权利人要一致。土地使用权转让时，其地上建筑物、其他附着物所有权亦随之转移。地上建筑物、其他附着物所有权转让时，其使用范围内的土地使用权亦随之转移。产权一致的目的在于简化法律关系，减少房地产纠纷。

③ 土地使用权的转让须办理变更登记

根据《城市房地产管理法》的规定，国家实行土地使用权和房屋所有权登记发证制度。房地产转让或变更时，要进行权属变更登记。《物权法》也规定了物权变动采取登记要件主义。

由于土地使用权的转让登记不属于政府的行政审批行为，未办理转让登记的，虽然土地使用权不发生移转，但并不影响转让合同的效力。除非合同另有约定，土地使用权转让合同经双方当事人签署之后即具有法律效力。未能办理转让登记的，承担办理登记义务的一方应向另一方负违约责任。

3. 商品房买卖

房屋买卖是不动产买卖的最主要类型。随着我国经济的发展，人民生活水平的提高，我国出现了"房地产热"，商品房买卖成为房屋买卖的主要形式。商品房的买卖又分为商品房预售和商品房现售。当事人之间的私房买卖，也是房屋买卖的重要形式。随着住房制度的改革，原有的公有住房在一定条件下也可进行买卖，即公房买卖。

（1）商品房买卖的概念和条件

商品房买卖是指房地产开发企业将竣工验收合格的商品房出售给买受人，并由买受人支付房价款的行为。

依据《商品房销售管理办法》的规定，商品房现售应符合以下条件：

① 现售商品房的房地产开发企业，应当具有企业法人营业执照和房地产开发企业资

质证书。

②取得土地使用权证书或者使用土地的批准文件。

③持有建设工程规划许可证和施工许可证。

④已通过竣工验收。

⑤拆迁安置已经落实。

⑥供水、供电、供热、燃气、通信等配套基础设施具备交付使用条件，其他配套基础设施和公共设施具备交付使用条件或者已经确定施工进度和交付日期。

⑦物业管理方案已经落实。

（2）商品房买卖合同的主要内容

商品房买卖合同是在商品房出卖人与买受人之间达成的买卖商品房的协议。它是明确买卖双方当事人权利义务的主要依据，也是确定违约责任的依据。由于商品房买卖合同的标的物价值较大，因此商品房买卖合同比一般的动产买卖合同的条款内容要详尽得多。一般来说，商品房买卖合同应具备如下主要内容：

①当事人条款

合同应对买卖双方的基本情况予以明确。

②所售商品房的基本情况

该部分应明确商品房的基本情况，包括具体位置、楼层、朝向、建筑面积及套内建筑面积等。

③价款及其支付方式

商品房的买卖价格由当事人协商确定，国家另有规定的除外。《商品房销售管理办法》第十八条规定，商品房销售可以按套（单元）计价，也可以按套内建筑面积或者建筑面积计价。按套（单元）计价或者按套内建筑面积计价的，商品房买卖合同中应当注明建筑面积和分摊的共有建筑面积。该《办法》第十九条规定："按套（单元）计价的现售房屋，当事人对现售房屋实地勘察后可以在合同中直接约定总价款。"实践中，各地的商品房买卖价款通常是采取按照建筑面积或套内面积计价的方式，但也允许当事人选择以按套（单元）计价的方式。采取按套（单元）计价的商品房，出售人交付的房屋面积应当以合同载明为准。

④商品房交付使用方式及条件

商品房买卖合同应明确商品房的交付时间与程序。

买受人接受商品房交付时，应按合同约定的交付使用条件对商品房进行验收。

主要是对有关验收文件与商品房现状的查验，如建筑工程质量验收、消防验收等。如果买受人在未查验相关验收合格文件的情况下便接受商品房，则买受人将难以追究出卖人逾期交付使用的违约责任。

⑤公共配套设施设备条款

由于商品房的正常使用有赖于各种公共配套条件的完善，因此合同对该部分应予明确。如所售商品房的供水、供电、供热、燃气、通信等基础设施应与商品房同时支付使用，而小区绿化、道路、会所等公共设施的交付使用时期及其标准同样应予明确。

⑥面积差异的处理

商品房的出卖人交付的房屋面积与约定面积不符的，处理方式按合同约定；如果合同未做约定，根据《商品房销售管理办法》第二十条和《最高人民法院关于审理商品房买卖合同纠纷案件适用法律若干问题的解释》（以下称《解释》）第十四条的规定处理：

1）面积误差比绝对值在3％以内（含3％），按照合同约定的价格据实结算，买受人请求解除合同的，不予支持。

2）面积误差比绝对值超出3％，买受人请求解除合同、返还已付购房款及利息的，应予支持。买受人同意继续履行合同，房屋实际面积大于合同约定面积的，面积误差比在3％以内（含3％）部分的房价款由买受人按照约定的价格补足，面积误差比超出3％部分的房价款由出卖人承担，所有权归买受人；房屋实际面积小于合同约定面积的，面积误差比在3％以内（含3％）部分的房价款及利息由出卖人返还买受人，面积误差比超过3％部分的房价款由出卖人双倍返还买受人。

⑦ 权属登记的约定

由于我国不动产物权的变动以登记为要件，因此在商品房交付使用后应办理将房屋所有权及相应的土地使用权转移至买受人名下的登记手续，合同对此应做明确约定。《城市房地产开发经营管理条例》第三十三条规定："预售商品房的购买人应当自商品房交付使用之日起90日内，办理土地使用权变更和房屋所有权登记手续；现售商品房的购买人应当自销售合同签订之日起90日内，办理土地使用权变更和房屋所有权登记手续。房地产开发企业应当协助商品房购买人办理土地使用权变更和房屋所有权登记手续，并提供必要的证明文件。"如果由于出卖人的原因导致不能按时办理，则出卖人应承担违约责任，严重的则买受人可以解除合同。《解释》第十八条规定："由于出卖人的原因，买受人在下列期限届满未能取得房屋权属证书的，除当事人有特殊约定外，出卖人应当承担违约责任：（一）商品房买卖合同约定的办理房屋所有权登记的期限；（二）商品房买卖合同的标的物为尚未建成房屋的，自房屋交付使用之日起90日；（三）商品房买卖合同的标的物为已竣工房屋的，自合同订立之日起90日。"《解释》第十九条规定"商品房买卖合同约定或者《城市房地产开发经营管理条例》第十三条规定的办理房屋所有权登记的期限届满后超过1年，由于出卖人的原因，导致买受人无法办理房屋所有权登记，买受人请求解除合同和赔偿损失的，应予支持。"

⑧ 违约责任

出卖人的主要义务是提供合格的商品房屋，故出卖人的违约情形主要是未能按照合同约定的日期和标准交付商品房，其承担违约责任的主要方式为实际履行、赔偿损失、修理或更换、解除合同。买受人的主要义务是付款接受合同约定的商品房屋，故买受人的违约情形主要是未能按照合同约定的日期支付购房款。因此，买受人承担违约责任的主要方式为实际履行、赔偿损失和解除合同。此外，双方还有其他的协助义务，如通知、提供必要的法律文件等。如果有一方不履行，同样应承担违约责任。

4. 城镇私房买卖

城镇私房（也称城市私有房屋）是在我国特定历史背景下形成的与公有房屋相对的称谓，包括个人所有、数人共有的自用或出租的住宅和非住宅用房。从权属意义上讲，城镇私房就是指自然人拥有产权的房屋。

（1）城镇私房的种类

① 自建城镇私房：包括经过房屋所在地规划管理部门批准新建、翻建和扩建的私

有房屋，这种房屋所有权的取得方式为原始取得。

② 继受取得的城镇私房：包括购买私房、受赠私房、交换私房、继承私房和分拆家产等方式取得的城镇私房。

③ 购买的商品房或公房：商品房所有权移转过户给购房人后，该房屋就属于购房人的私号；公房的原使用权人获得公房的所有权后，该房屋即属于私房。

（2）城镇私房买卖的程序

① 订立买卖合同。

② 接受房地产交易管理部门的审查。房产交易双方向房产所在地房地产交易管理部门办理申请手续后，管理部门要查验有关的证件，审查产权，必要时要做现场调查，并由估价人员对交易的房产进行估价。

③ 立契并缴纳税费。房地产交易管理部门根据产权性质和购买对象，按审批权限申报有关负责人审核批准后，经办人将通知买卖双方办理立契手续。买卖双方在契约上签名盖章，并向房地产交易管理部门缴纳手续费和有关税费。

④ 办理产权转移过户手续。房屋买卖双方所在地房地产产权管理部门审核批准后，买方应持房地产交易所发给的房产买卖契约，办理房屋产权和土地使用权转移登记，换取新的房产证。

5. 法律禁止房屋转让的情形

根据《城市房地产转让管理规定》第六条以及我国其他相关法律的规定，以下几种情形的房屋买卖是禁止或受限制的：

① 房屋所占用的土地为出让方式取得土地使用权，但未支付全部土地使用权出让金，未取得土地使用权证书。

② 司法机关和行政机关依法裁定，决定查封或者以其他形式限制房地产权利的。

③ 依法收回土地使用权的。

④ 共有房地产，未经其他共有人书面同意的。

⑤ 权属有争议的。

⑥ 未依法登记领取权属证书的。

⑦ 城镇职工以成本价、标准价购买的住房，一般在住用 5 年后方可依法进入市场交易。

⑧ 法律、行政法规规定禁止转让的其他情形。

10.4.2　房地产按揭

1. 房地产按揭的概念及特征

（1）房地产按揭的概念

房地产按揭是指购房人将欲购的房地产抵押给按揭银行，按揭银行将一定数额的款项贷给购房人，并以购房人名义将款项交卖房人所有的一种经济行为。从法律关系上看，房地产按揭是不同主体（购房人、卖房人、银行）形成的买卖合同关系、借款合同关系、担保合同关系的统一体，是市场经济发展到一定程度，消费者、开发商、融资机构高度一体化的产物。

《最高人民法院关于适用〈担保法〉若干问题的解释》第四十七条规定："以依法获准尚未建造的或者正在建造中的房屋或者其他建筑物抵押，当事人办理了抵押物登记，人民法院可以认定抵押有效。"此规定明确支持了在建房屋设定抵押的效力，解决了法律与实践脱节的问题。《担保法》若干问题的解释中使用了"以担保贷款方式付款"的提法，也就是购房人在购买商品房（主要是期房）时的贷款抵押，即购房人在支付首期房款后，由贷款银行支付其余房款，并将所购的商品房抵押给贷款银行作还贷履行担保。

（2）房地产按揭法律关系的特点

① 房地产按揭涉及多个合同和多方当事人，法律关系较为复杂。

② 房地产按揭环节多，发生纠纷的概率和商业风险大。

③ 房地产按揭是房地产业与金融保险业高度融合的产物，代表了经济发展的一种趋势。

2. 房地产按揭合同的主要内容

按揭合同的主要内容有：

（1）按揭合同当事人

按揭合同中的按揭人必须是购房合同中的购房人和借款合同中的借款人。按揭人、购房人和借款人三位一体，是按揭法律关系最显著的特征之一。在购房按揭合同的法律关系中，购房合同、借款合同和按揭合同互相交织，三种法律关系互相依存、互为补充。按揭人是唯一参加三种法律关系的当事人，反映出三种法律关系的确立均以按揭人的利益为核心，并以按揭人完成购房行为为目的。

（2）按揭的标的

按揭标的，在未取得房地产权证之前，是按揭人依购房合同所产生的权益；在取得房地产权证之后，是按揭人对所购房屋的所有权和房屋共用土地的使用权。

（3）按揭担保的范围

按揭合同应写明按揭所担保的债券范围，一般包括按揭款的本金、利息、罚息和实现债券的费用等。

（4）按揭的期限

按揭是房地产抵押的一种特殊形式，在主债务未受清偿时，本不受约定期限的限制，但实践中的按揭合同多设期限条款，即将期限设定为自按揭合同登记之日起，到主债务受清偿之日止。

（5）按揭当事人的权利和义务

① 按揭权人的权利

1）优先受偿权。无论被按揭的是物权期待权还是不动产物权，在实现按揭权时，按揭权人均有优先受偿权。在因房屋发生毁损而获得赔偿时，所获赔偿是按揭标的的代位物，按揭权人对代位物也同样有优先受偿权。

2）对按揭人的处分权的限制权。如果按揭人欲转让其在购房合同中的权益，如按揭人欲转让或出租按揭标的，应先征得按揭权人的书面同意。

3）物上请求权。当按揭房屋受到来自按揭人或第三人的妨碍，或其行为足以减损按揭房屋的价值时，按揭权人有权要求加害人停止侵害、排除妨碍和赔偿损失。

4）检查权。按揭权人有权在合理的时间以合理的方式检查按揭房屋的物理状况。

5）其他知情权。如果有重要事件影响按揭人的支付能力，如发生对按揭人不利的诉讼或仲裁，或有重大事件影响开发商的施工进度，如开发商的银行账户被法院查封，工程建设出现技术难题等，按揭权人均有权获得有关当事人的书面通知，以便了解事件真相及其相关后果。

② 按揭人的义务

1）接受按揭的义务。按揭人同意将其房屋或有关合同权益用于按揭，并在其不能偿还按揭款时，接受按揭人行使按揭权。

2）保管义务。按揭人应妥善保管按揭房屋，不得为并不得允许他人为有可能减损按揭房屋的价值并最终损害按揭权人利益的行为。按揭人一般还须为所购房屋购买财产保险。

3）接受处分权限制的义务。按揭人在将按揭房屋转让或出租或另设抵押时，应事先征得按揭权人书面同意。

4）告知义务。在有重大事件影响按揭人的支付权利时，按揭人应及时将该事件告知按揭权人。

5）承认开发商的回购权。若按揭人不能按时支付按揭款，除按揭权人可行使有关按揭权外，开发商也可以选择代按揭人支付余下按揭款，从而代替按揭人取得其对按揭房屋的有关权益。此时，开发商应对按揭人已经支付的按揭款予以适当补偿，该补偿行为实践中被称为"回购"行为。

（6）担保人的权利与义务

① 担保按揭人还款的责任。按揭合同一般要求开发商做出书面承诺。在按揭人不能按期偿还贷款时，开发商承担相应的担保责任。

② 确认和保护按揭权人利益的责任。由于开发商是购房合同中的当事人，且按揭房屋在办理产权证之前实际上为开发商所拥有，故无论按揭的标的是合同利益，还是一种不动产物权，按揭权人实现其按揭权必有赖于开发商的配合。开发商的有效配合既利于按揭权的顺利实现，也利于保护按揭权人的利益在按揭期内不受侵犯。

③ 保证专款专用的责任。在按揭中，按揭权人发放的按揭贷款并不直接付给按揭人，而是直接付给开发商，以便开发商用于按揭房屋的建设。由于贷款的使用直接影响按揭房屋的建设和按揭权的实现，故按揭合同应要求开发商专款专用，不得将资金挪作他用。

④ 按房屋买卖合同约定的条件建造房屋和交付使用的责任。如果开发商不按时、按质交付房屋，既违反了对购房人（按揭人）的合同义务，也违反了对贷款人（按揭权人）的合同义务。

⑤ 回购责任。有时，按揭合同还规定在按揭人失去还款能力时，开发商有责任将已购出的房屋回购，然后由开发商继续履行对按揭权人的还款义务。

⑥ 办理登记和向按揭权人交付权证的责任。开发商必须向按揭人承诺办理或协助办理按揭登记手续或房屋所有权证的申领手续，并保证将权证交按揭权人保管，直到按揭人履行完毕还款义务为止，方可交还按揭人。

10.4.3　房地产抵押

这里主要介绍房地产抵押的概念与法律特征。

1. 房地产抵押的概念

房地产抵押，是指抵押人（债务人或第三人）以其特定的房地产向抵押权人保证债务履行但不移转房地产占有的行为。债务人不履行债务时，抵押权人有权依法以抵押的房地产变卖所得价款优先受偿。在房地产抵押关系中，作为担保财产的房地产是抵押物，提供抵押房地产的债务人或第三人为抵押人。享有房地产抵押权的债权人为抵押权人。

2. 房地产抵押的法律特征

房地产抵押除了有从属性、不可分性、特定性、物上代位性等一般抵押所具有的特征外，还有其特殊性，主要表现如下。

（1）房地产抵押的标的具有复合性

《城市房地产管理法》第三十二条规定："房地产转让、抵押时，房屋的所有权和该房屋占用范围内的土地使用权同时转让、抵押。"《物权法》第一百八十二条规定："以建筑物抵押的，该建筑物占用范围内的建设用地使用权一并抵押。以建设用地使用权抵押的，该土地上的建筑物一并抵押。抵押人未依照前款规定一并抵押的，未抵押的财产视为一并抵押。"因此，房地产抵押的标的不仅包括抵押人拥有所有权的房屋及其他建筑物、附着物等不动产，还包括房屋等不动产占用范围内的土地使用权。

（2）房地产抵押具有要式性

房地产抵押的设定，应在抵押人和抵押权人之间订立书面合同。《城市房地产管理法》第五十条规定："房地产抵押，抵押人和抵押权人应当签订书面抵押合同。"同时，房地产抵押还需当事人双方办理房地产抵押登记。

（3）抵押人不转移对房地产的占有

对抵押权人来说，目的不是为了取得抵押物，而是为了取得抵押物的变现价值。抵押人提供的是对抵押物所拥有的权利。在抵押期间，其权利虽然受到限制但并不影响对抵押物的占有、使用。

10.5 房地产权属登记管理

10.5.1 土地所有权

1. 土地所有权的概念

土地所有权是指所有人对自己所有土地的占有、使用、收益和处分的权利。

（1）土地所有权的权能

① 土地占有权

土地占有权是指对土地实际控制的权利。土地占有权可以由所有人自己行使，也可以依法由非所有人行使。有法定或约定根据的非所有人占有为合法占有，反之则为非法占有。

② 土地使用权

土地使用权是指根据土地的性能和用途利用土地的权利。土地使用权可以由土地所有人自己行使，也可以从土地所有权中依法分离出来。依法分离出来的土地使用权有两种情形：出让土地使用权和划拨土地使用权。

③ 土地收益权

土地收益权是指享有在土地使用过程中产生的各种天然孳息和法定孳息的权利。

④ 土地处分权

土地处分权是指对土地进行处置，决定其财产命运的权利，其结果是所有权的消灭。

处分可分为事实上的处分和法律上的处分。事实上的处分，是指所有人把财产直接消耗在生产或生活活动中。由于土地不可能像其他财产一样消耗（除非因海水、江河侵蚀而改变形态），故对土地的处分主要是指对土地进行法律上的处分。在我国行使土地处分，当前主要表现在：

1）土地调整。根据有关规定，对插花地、飞地应予调换，但土地调整并不完全取决于当事人一方的意愿。《城乡规划法》规定："任何单位和个人必须服从城市人民政府根据城市规划作出的调整用地决定。"

2）土地征收。国家可以根据公共利益及需要，征收集体所有的土地。集体所有的土地被征收后，即成为国有土地。

国有土地使用权的出让、转让不同于对土地所有权的处分，因为国有土地使用权出让后，国家仍享有所有权（只是将其中的某些权能出让）、收益权（出让金）、监督使用权、出让期满收回土地使用权和最高处分权。集体土地交由农民承包经营后，也同样拥有所有权。

（2）土地所有权的形式

我国宪法规定了土地所有权的两种形式：国家土地所有权和农民集体土地所有权。

2. 国家土地所有权

（1）国家土地所有权的形成

新中国成立以后，对城市土地没有立即实行完全的国有化，而是针对不同性质的所有形式，分阶段分别采取接管、没收、赎买、征收、征购、征用、收归国有及宣布全部城市土地属于国家所有等方式，一步一步实现国有化，历时30余年。

① 接管和没收帝国主义、官僚主义、国民党反动政府和反革命分子等占有的城市土地，无偿把它们变为国有土地。

② 改造资本主义工商业、私营房地产公司和私有房地产业主拥有的城市地产，用赎买的办法把它们转变为国有财产。

③ 以征收、征购、征用（有偿）土地等方式，将非国有土地转变为国有土地。

④ 1982 年宪法规定，全部城市土地属于国家所有，将其余没有国有化的城市土地全部变为国有土地。

⑤《土地管理法》明确规定国家所有土地的所有权由国家国务院代表国家行使。

（2）国家所有土地的范围

《土地管理法实施条例》第二条规定："下列土地属于全民所有即国家所有：（一）城市市区的土地；（二）农村和城市郊区中已经依法没收、征收、征购为国有的土地；（三）国家依法征用的土地；（四）依法不属于集体所有的林地、草地、荒地、滩涂及其他土地；（五）农村集体经济组织全部成员转为城镇居民的，原属于其成员集体所有的土地；（六）因国家组织移民、自然灾害等原因，农民成建制地集体迁移后不再使用的原属于迁移农民集体所有的土地。"国家土地管理局《确定土地所有权和使用权的若干规定》第三条至第十八条对国家所有土地的范围作了更详细的规定。

（3）国有土地使用权的确定

国有土地使用权可以依法与国有土地所有权分离，确定给直接使用土地的具有法人资格的单位或个人。国家土地管理局《确定土地所有权和使用权的若干规定》第二十八条规定："土地公有制之前，通过购买房屋或土地及租赁土地方式使用私有的土地，土地转为国有后迄今仍继续使用，可确定现使用者国有土地使用权。"

3. 集体土地所有权

（1）集体土地所有权的形成

新中国成立以来，我国农村土地所有制的变革基本上可分为两个阶段。

第一阶段，废除封建的土地所有制，建立土地的农民私有制。根据《土地改革法》进行土地改革，建立农民土地私有制。土改后实行农业合作化，从农业劳动互助组到土地集体经营、土地参加分红的初级农业合作社。

第二阶段，建立土地集体所有制。具体过程为：

① 成立高级农业生产合作社。土地集体所有、集体经营，不允许土地自由买卖和出租。

② 在人民公社化初期（1958～1962年），所有土地公有化，可以由公社甚至全县任意调配。

③ 进一步稳定农村土地集体所有制。1962年9月颁布的《农村人民公社工作条例修正草案》（又称《六十条》）规定："生产队范围内的土地，都归生产队所有。"

④ 建立土地集体所有、个体农民使用为主的制度。1979年以来，实行土地联产承包责任制。

集体土地所有权在《土地管理法》中得到了确认，该法规定"农民集体所有的土地由本集体经济组织的成员承包经营，从事种植业、林业、畜牧业、渔业生产。土地承包经营期限为三十年。""农民集体所有的土地，可以由本集体经济组织以外的单位或者个人承包经营，从事种植业、林业、畜牧业、渔业生产"。

（2）农民集体所有土地的范围

按照《宪法》第十条第二款的规定：农村和城市郊区的土地，除由法律规定属于国家所有的以外，属于集体所有；宅基地和自留地、自留山，也属于集体所有。《土地管理法》规定："农民集体所有的土地依法属于村农民集体所有的，由村集体经济组织或者村民委员会经营、管理；已经分别属于村内两个以上农村集体经济组织的农民集体所有的，由村内各该农村集体经济组织或者村民小组经营、管理；已经属于乡（镇）农民集体所有的，由乡（镇）农民集体经济组织经营、管理。农民集体所有的土地，由县级人民政府登记造册，核发证书，确认所有权。"

国家土地管理局《确定土地所有权和使用权的若干规定》规定，土地改革时分给农民并颁发了所有证的土地，属于农民集体所有；实施《六十条》时确定为集体所有的土地，属农民集体所有。村农民集体所有的土地，按目前该村农民集体实际使用的本集体土地所有权界线确定所有权。

（3）集体土地建设用地使用权的确定

乡（镇）村办企事业单位和个人依法使用农民集体土地进行非农业建设的，可依法确定使用者集体土地建设用地使用权。农民集体所有的土地依法用于非农业建设的，由县级人民政府登记造册，核发证书，确认建设用地使用权。

10.5.2 房屋所有权

这里主要介绍房屋所有权的概念和权能。

房屋所有权是指所有人对自己所有的房屋的占有、使用、收益和处分的权利。

房屋所有权有以下权能。

1. 房屋占有权

房屋占有权是指对房屋实际控制的权利。房屋占有权可以由所有人享有，也可以由非所有人合法享有。有法定或约定根据的非所有人占有为合法占有，反之为非法占有。

2. 房屋使用权

房屋使用权是指对房屋依法占有、使用的权利。房屋使用权可以依法从所有权中分离，由非所有人行使，如承典人、承租人、借用人都能依法取得使用权。非房屋所有人对房屋的使用，可分为合法使用和非法使用。

3. 房屋收益权

房屋是重要的生活资料，也可作生产资料。在使用房屋的过程中，可获取收益（法定孳息）。房屋所有人有获取房屋收益（如房租）的权利。

4. 房屋处分权

房屋处分权是指依法对房屋进行处置的权利。对房屋的处分分为事实上的处分（改建、拆除）和法律上的处分（买卖、赠与、互换等）。房屋处分权一般只属于房屋所有人，但根据规定，国家机关、全民所有制企事业单位在国家授权范围内，对国有房产有占有、使用、收益和处分的权利。

10.5.3 房地产继承权

1. 房地产继承权的概念

房地产继承权是指依照法律规定或者死者生前所立的合法遗嘱取得被继承人房地产遗产的权利。

房地产遗产是指公民死亡时，遗留下来的个人合法房地产。按照目前我国法律、政策的规定，公民死亡时遗留下来的房屋所有权、私有房屋所占有的国有土地使用权以及出让国有土地使用权，可以成为遗产。公房使用权和私房承租权不能列入房地产遗产范围。

房地产遗嘱是指遗嘱人生前对其个人合法房地产所作的处分，并于遗嘱人死亡时发生效力的法律行为。遗嘱人为处分房地产而设立的遗嘱应当采用书面形式，并经房地产所在地公证机关的公证。

2. 房地产继承权的行使

（1）依法确定房地产遗产的范围

如果房地产系夫妻在婚姻关系存续期间所得的共同共有财产，应将其中的一半分出为配偶所有，其余一半房地产为被继承人的遗产。

房地产遗产在家庭共同财产之中的，应当先分出他人的房地产，余下的房地产确定为被继承人的遗产。

房地产遗产在按份共有状态之中的，应当先分出其他按份共有人的份额，再将被继承人生前所占份额确定为遗产。

（2）依法分割房地产遗产

继承人依照《继承法》的有关规定分割被继承人的房地产遗产。继承开始后，按照法定继承办理；有遗嘱的，按照遗嘱继承或者遗赠办理；有遗赠扶养协议的，按照协议办理。

10.5.4　房地产权属登记

1. 概念

房地产权属登记（又称房地产登记）是指房地产管理部门对土地所有权、土地使用权、房屋所有权和房地产他项权利的登记。房地产是需要登记才能表征其权利的一种财产，登记的作用主要在于公示财产权利归属状态和权利范围。

2. 性质

房地产权属登记是房地产管理的重要内容，其性质是房地产管理部门依职权实施的行政行为，体现了房地产管理部门和登记申请人之间的管理与被管理关系。房地产管理部门具有审查申请、登记发证、对不履行登记义务进行处罚的权利，而登记申请人则负有及时申请登记、服从管理、接受处罚的义务。

3. 功能

房地产权属登记具有三项功能，即权利确认功能、权利公示功能和管理功能。

权利确认功能，指房地产权属登记确认房地产权利归属状态，经登记的房地产权利受国家强制力保护，可以对抗权利人以外的任何人；权利公示功能，指房地产权属登记公开房地产权利变动状况，昭示利益关系人给社会公众，保障房地产交易的安全；管理功能，指房地产权属登记实现国家的管理意图，一方面通过登记建立产籍资料，进行产籍管理；另一方面，通过登记审查相关权利设立、变更、终止的合法性，进而取缔或处罚违法行为。

10.6　物业管理服务

10.6.1　物业管理概述

1. 物业与物业管理基本概念

（1）物业的含义

物业是指各类房屋及配套的设施设备和相关场地。

各类房屋可以是建筑群，如住宅小区、工业区等；也可以是单体建筑，如一幢多层或高层住宅楼、写字楼、商业大厦、宾馆、停车场等。同时，物业也是单元房地产的称谓，如一个住宅单元。同一宗物业，往往分属一个或多个产权所有者。

配套的设施设备和相关场地是指与房屋相配套或为房屋使用者服务的室内外各类市政公用设施、设备和与之相邻的场地、庭院、干道等。

（2）物业管理的含义

物业管理是指业主通过选聘物业服务企业，由业主和物业服务企业按照物业服务合同约定，对房屋及配套的设施设备和相关场地进行维修、养护、管理，维护相关区域内的环境卫生和秩序的活动。

2. 物业管理的特性及基本内容

（1）物业管理的特性

① 社会化。物业管理社会化，一是物业的所有权人要到社会上去选聘物业服务企业；二是物业服务企业要到社会上去寻找可以代管的物业。

② 专业化。物业服务企业必须具备一定的专业资质并达到一定的专业水平。

③ 市场化。市场化是物业管理的最主要特点。物业服务企业是按照现代企业制度组建并运作，向业主和使用人提供服务，而业主和使用人购买并消费这种服务。

（2）物业管理的基本内容

物业管理服务的基本内容按服务的性质和提供的方式可分为：

① 常规性的公共服务

常规性的公共服务是指物业管理中公共性的管理和服务工作，是物业服务企业面向所有住用人提供的最基本的管理和服务，目的是确保物业的完好与正常使用，保证正常的工作、生活秩序和良好的环境。

② 针对性的专项服务

针对性的专项服务是指物业服务企业面向广大住用人，为满足其中一些住房、群体和单位的一定需要而提供的各专门项目服务工作。专项服务是物业服务企业开展多种经营的主渠道。

③ 委托性的特约服务

特约服务是为满足物业产权人、使用人的个别需求受其委托而提供的服务。通常指在物业管理委托合同中未要求、物业服务企业在专项服务中也未设立，而物业产权人、使用人又提出该方面需求的服务。

10.6.2 物业管理的主体

1. 物业服务企业

（1）物业服务企业的性质

物业服务企业是依法定程序设立，以物业管理为主业，独立核算、自主经营、自负盈亏的具有独立企业法人地位的经济组织。

物业服务企业的性质是具有独立企业法人地位的经济实体。物业服务企业按自主经营、自负盈亏、自我约束、自我发展的机制运行，其指导思想是以服务为宗旨，以经营为手段，以经济效益、社会效益和环境效益的综合统一为目的。这是物业服务企业与房地产行政部门所属的各房管单位最本质的区别。

（2）物业管理企业的设立

物业服务企业的设立分工商注册、税务登记和资质审批两步。

① 物业服务企业的工商注册、税务登记

设立物业服务企业须向工商行政管理部门进行注册登记，领取营业执照，并到税务部门办理税务登记后方可开业。

② 物业服务企业的资质管理

为加强物业服务企业的资质管理，住房和城乡建设部印发了《物业服务企业资质管理办法》（以下简称《资质管理办法》）。房地产行政主管部门根据物业服务企业的资产、专业技术人员和物业管理业绩等，对设立的物业服务企业核定资质等级。未经主管部门进行资质评定并取得资质证书的，不得从事物业管理业务。

物业管理企业资质等级分为一级、二级、三级。《资质管理办法》从企业的资产、人员构成、管理物业的类型与规模、业绩和内部规章制度等方面，对一、二、三级资质等级做出了具体规定。

物业服务企业的资质管理实行分级审批。国务院建设主管部门负责一级物业服务企业资质证书的颁发和管理；省、自治区人民政府建设主管部门负责二级物业服务企业资质证书的颁发和管理；直辖市人民政府房地产主管部门负责二级及三级物业服务企业资质证书的颁发和管理，并接受国务院建设主管部门的指导和监督；设区的市人民政府房地产主管部门负责三级物业服务企业资质证书的颁发和管理，并接受省、自治区人民政府建设主管部门的指导和监督。

经资质审查合格的企业，由资质审批部门发给相应等级的资质证书。物业服务企业资质等级实行动态管理和年检制度。对于不符合原定资质等级标准的企业，由资质等级评定初审部门提出降级或吊销资质证书的意见，报上一级审批部门批准后执行。申请升级的物业服务企业将所需材料报初审部门审核，初审部门将审核意见报上一级审批部门审定。资质等级升级应依次逐级上升，不得越级提升。

2. 业主、业主大会及业主委员会

业主及其权利、义务如下：

① 业主在物业管理中的地位

业主指物业的所有权人。在物业管理中，业主又是物业服务企业所提供的物业管理服务的对象。业主是物业管理市场的需求主体。

② 业主的基本权利和义务

业主具有以下权利：

1）按照物业服务合同的约定，接受物业服务企业提供的服务。

2）提议召开业主大会，并就物业管理的有关事项提出议案。

3）提出制定和修改管理规约及业主大会议事规则的建议。

4）参加业主大会会议，行使投票权。

5）选举业主委员会委员并享有被选举权。

6）监督业主委员会的工作。

7）监督物业服务企业履行物业服务合同。

8）对物业共用部位、共用设施设备及相关场地使用情况享有知情权和监督权。

9）监督物业共用部位、共用设施设备专项维修资金的管理和使用。

10）法律、法规规定的其他权利。

10.6.3 物业服务合同

1. 物业服务合同的性质和类型

（1）物业服务合同的属性

业主、业主大会委托物业服务企业对物业实施物业管理，物业服务企业接受委托从事物业管理服务，双方应当签订物业服务合同。物业服务合同属于我国合同分类中的委托合同。委托合同是受托人以委托人的名义和费用为委托人处理委托事务，委托人支付约定报酬的协议。物业服务合同既可以发生在法人之间，也可以发生在公民与法人之间。

（2）物业服务合同的类型

物业服务合同按委托人的不同和签订的先后顺序分为两种。

① 前期物业服务合同

前期物业管理是指业主大会与物业服务企业签订的《物业服务合同》生效前实施的物业管理。

特别需要指出的是,《前期物业服务合同》是房屋建设单位与物业服务企业之同签订的,前期物业服务合同可以约定期限,但是期限未满,业主委员会与物业服务企业签订的物业服务合同生效时,前期物业服务合同即自动终止。为确保双方的权益以及所有购房人的权利,该合同应以住房和城乡建设部颁布的示范文本为依据,结合本物业情况制定细则,并经政府行政主管部门审查后签订。在同一物业管理区域内,前期物业服务合同中凡涉及物业购买人共同利益的约定应当一致。

② 物业服务合同

业主委员会成立后,一项重要工作就是选聘物业服务企业,并与中标的物业服务企业签订《物业服务合同》。该合同生效时,原建设单位与物业服务企业所签订的《前期物业服务合同》自行失效。

2. 物业服务合同的内容

为规范物业管理的行为,住房和城乡建设部制订了《前期物业服务合同》的示范文本。前期物业服务合同和物业服务合同的主要内容包括:

1)当事人和物业的基本情况。

2)双方的权利义务。

3)物业管理服务事项和服务质量要求。

4)物业管理服务费用的标准和收取办法。

5)物业的经营与管理。

6)物业的承接验收。

7)物业的使用与维护。

8)维修基金的管理与使用。

9)合同的期限、合同中止和解除的约定。

10)违约责任及解决纠纷的途径。

11)双方当事人约定的其他事项。

3. 物业服务合同的签订要点

(1)"宜细不宜粗"的原则

为确保合同双方的权益,明确各自的责任、权利、义务,减少日后的纠纷,在对合同进行谈判洽商时,要遵循"宜细不宜粗"的原则,即对合同的具体条款要进行细致的充分协商,取得一致,不仅要从宏观上把握,更要从微观上给予明确。国内一般物业服务合同对委托的管理服务包括四个层次的约定:首先,委托管理服务的具体项目;其次,该项管理服务所包含的具体内容;第三,该项管理服务质量的评判方法与具体标准;第四,该项管理服务收取的实际费用金额。通常,上述内容用附录形式列出。

(2)不应有无偿无限期的承诺

除委托方对物业服务企业可无偿提供管理、办公用房外,在物业服务合同中,不应有无偿无期限的承诺,如对住用人无偿提供班车服务等。这是因为:

① 物业管理从本质讲是市场经济条件下的有偿服务,无偿提供服务是福利制的产物。

② 无偿提供服务会导致住用人之间享受到的服务不一致,因为物业服务企业提供的无偿服务对每个住用人来说,并不都是必需的。

③ 物业管理的委托是有期限的,无期限的承诺在理论上是讲不通的,在实践上也是

难以做到的。

④ 无偿提供的管理服务仍是有成本的，需要支付费用。无论是开发商还是物业服务企业，都不可能也不应该长期承担该费用；否则，将导致管理服务标准的降低或变相分摊给全体业主。

10.6.4　物业管理收费

这里主要介绍物业服务收费原则、定价形式和计费方式。

1. 物业服务收费原则

物业服务收费应当遵循合理、公开以及费用与服务水平相适应的原则。国家鼓励物业服务企业开展正当的价格竞争，禁止价格垄断和牟取暴利行为。

2. 物业服务费的定价形式

《物业管理办法》第六条规定，物业服务收费应当区分不同物业的性质和特点，分别实行政府指导价和市场调节价，具体定价形式由省、自治区、直辖市人民政府价格主管部门会同房地产行政主管部门确定。

（1）政府指导价

物业服务收费实行政府指导价的，由有定价权限的人民政府价格主管部门会同房地产行政主管部门根据物业管理服务等级标准等因素，制定相应的基准价及其浮动幅度并定期公布，具体收费标准由业主与物业服务企业根据规定的基准价和浮动幅度，在物业服务合同中约定。

按照我国《价格法》的规定，政府指导价的确定应通过听证会，征求业主、物业服务企业和有关方面的意见后最终确定。同时，政府指导价的具体适用范围、价格水平，应当根据经济运行情况，按照规定的定价权限和程序适时调整。消费者、经营者可以对政府指导价提出调整建议。

（2）市场调节价

市场调节价是指由经营者自主制定并通过市场竞争而形成的价格，是在实际招标中市场竞争而形成的价格。在实际招标和中标谈判中，通过市场竞争，物业服务收费实质是业主和物业服务企业双方协商的结果。实行市场调节价的物业服务收费，由业主与物业服务企业在物业服务合同中约定。

3. 物业服务计费方式及区别

《收费管理办法》第九条规定，业主与物业服务企业可以采取包干制或者酬金制等形式约定物业服务费用。

（1）包干制

是指由业主向物业服务企业支付固定物业服务费用，盈余或者亏损均由物业服务企业享有或者承担的物业服务计费方式。实行包干制时，物业服务费用的构成包括：物业服务成本、法定税费和物业服务企业的利润。

（2）酬金制

酬金制是指在预收的物业服务资金中按约定比例或者约定数额提取酬金支付给物业服务企业，其余全部用于物业服务合同约定的支出，结余或者不足均由业主享有或者承担的物业服务计费方式。

10.7 房地产管理案例

案例1 房屋买卖合同的效力

李某与邓某于2014年6月18日签订了一份房屋买卖合同,合同约定李某将其位于某市的一套房屋卖给邓某,房屋价款50万元,分两次付清,签订合同时先付30万元,其余20万元在办理房屋产权过户手续时付清。双方约定于同年8月10日到房地产管理部门办理房屋产权过户登记手续。

邓某按约定交付了第一期房款,等着与李某去办理过户手续。同年7月9日,李某经人介绍与在该市做生意的钱某认识,钱某正欲在该市购买一套住房,得知李某有房屋出售的情况,愿意以60万元的价格购买该房屋,并在订立合同时一次付清全部房款。李某见有利可图,立即与钱某订立一份房屋买卖合同,并于7月18日一起到房地产管理部门办理房屋产权转移登记。同年8月10日,邓某要求李某一起去办理房屋产权过户登记手续时,李某称自己已将该房屋卖给他人,要求解除与邓某签订的房屋买卖合同,愿退还邓某的30万元。邓某则认为,自己与李某签订合同在先,而且自己按约定履行了合同。而李某与钱某签订的合同在后,按理属无效合同,故要求李某按约定履行合同。双方争执不下,邓某诉至人民法院,要求人民法院确认李某与钱某的房屋买卖合同无效,并判决李某履行与自己签订的合同。

问题:

(1) 李某与邓某签订的房屋买卖合同是否有效?为什么?

(2) 李某与钱某签订的房屋买卖合同是否有效?为什么?

(3) 邓某与钱某之间,谁取得该争议房屋的所有权?为什么?

(4) 本案应如何处理?请说明理由。

【正确答案】

(1) 李某与邓某签订的房屋买卖合同有效。因为李某与邓某签订房屋买卖合同属于双方真实的意思表示,合同主体具有完全民事行为能力,合同不具有法律规定的无效合同的情形。虽然双方尚未办理房屋过户登记手续,但根据我国有关法律的规定,登记只是房屋所有权转移的必经程序和要件,而不是房屋买卖合同生效的要件,故并不影响房屋买卖合同的成立和生效。

(2) 李某与钱某签订的房屋买卖合同有效。因为李某与钱某签订房屋买卖合同属于双方真实的意思表示,合同主体具有完全民事行为能力,合同不具有法律规定的无效合同的情形。

(3) 钱某取得该争议房屋的所有权。因为钱某与李某到房地产管理部门合法地办理了房屋过户登记手续,而邓某与李某尚未办理房屋过户登记手续。根据我国有关法律的规定,登记是房屋所有权转移的必经程序和要件,故钱某取得该房屋的所有权。

(4) 法院应判决房屋归钱某所有,李某对邓某已构成违约,应承担违约责任,故李某应退还邓某所付30万元房价款并支付同期银行利息。如果约定有违约金,则应向邓某支付违约金。给邓某造成其他损失的,应判决予以赔偿损失。

案例 2　房屋抵押合同案例

2015 年 3 月 5 日，甲公司与乙公司签订了一份房屋租赁合同，约定：甲公司将 A 广场的一栋大楼出租给乙公司，每月租金 150 万元，按月收租，租期两年，从 2015 年 4 月 1 日到 2017 年 3 月 30 日止。合同签订后，双方到房地产管理部门办理了登记备案手续。乙公司交付了押金和租金后，甲公司将楼房交付乙公司使用。此后，乙公司按期交租。2015 年 9 月，甲公司因欠丙公司 2800 万元，便将该楼房抵押给丙公司，双方订立了抵押合同，约定：如甲公司不能在 2015 年 12 月底还债，丙公司将对该房屋行使抵押权。但是，一直到 2015 年 12 月，甲公司仍然无钱清偿对丙公司的债务，于 2016 年 1 月，丙公司要求乙公司向其缴纳租金，乙公司拒绝。从 2015 年 1 月至 2016 年 3 月，乙公司以甲公司、乙公司之间存在的抵押合同纠纷尚未解决为由，既拒绝向甲公司交租，又不向丙公司交租。2016 年 4 月，甲公司、丙公司因抵押合同纠纷诉到法院。

问题：

（1）甲公司能否将已出租的房屋抵押给丙公司，是否需要取得乙公司的同意？为什么？

（2）如果甲公司与乙公司签订抵押合同没有进行登记，甲公司与丙公司的抵押合同是否有效？为什么？

（3）如果甲公司与丙公司的抵押合同有效，那么丙公司能否在债务履行期限届满时将楼房拍卖，以清偿自己的债权？如承租人提出异议能否成立？为什么？

（4）丙公司是否有权向乙公司收取租金，以充抵甲公司的债务？为什么？

【正确答案】

（1）甲公司将已出租给乙公司的房屋抵押给丙公司，不需要获得乙公司的同意。根据我国现行法律规定，抵押人将已出租的财产抵押的，应当书面告知承租人，原租赁合同继续有效。抵押人将已出租的财产抵押的，抵押权实现后，租赁合同在有效期内对抵押物的受让人继续有效。

（2）未登记对抵押合同没有影响，抵押合同有效。根据我国相关法律规定，当事人之间订立的抵押合同，自合同成立时生效，未办理登记不影响合同效力。

（3）丙公司可以将房屋拍卖。承租人的异议不能成立。因为我国相关法律规定，丙公司拍卖之后，房屋的买受人并不能终止租赁关系，承租人的利益不会受到影响。

（4）丙公司无权向乙公司收取租金来充抵自己对甲公司的债权。租金请求权属于出租人所有，本案中甲公司是出租人，拥有租金请求权。

复习思考题

1. 什么是房地产转让？具体包括哪些形式？
2. 简述房地产转让的条件。
3. 如何理解土地使用权转让的概念？
4. 简述商品房买卖的概念和条件。
5. 简述法律禁止房屋转让的情形。
6. 简述商品房预售的概念和条件。

7. 如何理解商品房按揭的含义?

8. 什么是房地产抵押? 其条件如何?

9. 简述房地产抵押权的终止。

10. 房屋租赁的种类有哪些?

11. 简述房地产中介服务的概念和特征。

12. 简述商品房预售合同当事人的权利和义务。

13. 结合实际,谈一谈商品房预售中的主要法律问题有哪些?

11 市政工程建设法规

11.1 市政工程法律制度

11.1.1 市政工程概述

1. 市政工程的概念

市政工程是指城市建设中的各种公共交通设施、给水、排水、燃气、城市防洪、环境卫生及照明等基础设施，是城市生存和发展必不可少的物质基础，与城市人民生活密切相关，直接为城市生产、生活服务。

2. 市政工程的分类

市政工程主要包括：城市道路、城市桥涵、城市排水设施和城市防洪设施等基础设施。

3. 市政工程的特点

(1) 市政工程一般都具有投资额度大，建设周期长，施工难度大、影响因素多等特点。而且，不同设施在施工过程中往往会相互影响，一项设施新建或改建都会影响到其他措施。例如：要新建一条给水管线，就必须破坏相关市政道路。因此，每项设施一旦确定，就不宜更改。

(2) 市政工程更多地表现为服务性、公共性和公益性，即巨大的社会效益和间接的经济效益。市政工程不像其他工程项目，一旦项目竣工开始运营，就会带来可观的直接经济效益。市政工程更多的是为人们的日常生活服务，带来便利、提升效率。而且，市政工程多为国家投资的用于改善民生的非营利性项目，故一般不会产生直接经济效益，其收益多表现为社会性和间接性。

11.1.2 城市道路（桥涵）交通工程

1. 城市道路的概念、分类及范围

(1) 概念

《城市道路管理条例》第二条规定："本条例所称城市道路，是指城市供车辆、行人通行的，具备一定技术条件的道路、桥梁及其附属设施。"城市道路是城市的血管，是城市社会经济活动所产生的人流、物流的运输通道；又是组织城市布局结构的骨架，是城市赖以生存和发展的基础；同时，还是安排绿化、排水及城市其他工程基础设施（地上、地下管线）的主要空间，是现代化城市的一个重要构成部分。它关系到整个城市的有机活动，为城市的正常运转起着至关重要的作用。

(2) 分类

根据道路在城市道路系统中的地位和交通功能，分为：①快速路，②主干路，③次干路，④支路。

快速路为流畅地处理城市大量交通而建筑的道路。要有平顺的线形，与一般道路分开，使汽车交通安全、通畅和舒适。与交通量大的干路相交时应采用立体交叉，与交通量小的支路相交时可采用平面交叉，但要有控制交通的措施。两侧有非机动车时，必须设完整的分隔带。横过车行道时，需经由控制的交叉路口或地道、天桥。

主干路为连接城市各主要部分的交通干路，是城市道路的骨架，主要功能是交通运输。主干路上的交通要保证一定的行车速度，故应根据交通量的大小设置相应宽度的车行道，以供车辆通畅地行驶。线形应顺捷，交叉口宜尽可能少，以减少相交道路上车辆进出的干扰。平面交叉要有控制交通的措施，交通量超过平面交叉口的通行能力时，可根据规划采用立体交叉。机动车道与非机动车道应用隔离带分开。交通量大的主干路上快速机动车如小客车等，也应与速度较慢的卡车、公共汽车等分道行驶。主干路两侧应有适当宽度的人行道，应严格控制行人横穿主干路。主干路两侧不宜建造吸引大量人流、车流的公共建筑物，如剧院、体育馆、大商场等。

次干路为一个区域内的主要道路，是一般交通道路兼有服务功能，配合主干路共同组成干路网，起广泛联系城市各部分与集散交通的作用，一般情况下快慢车混合行驶。条件许可时，也可另设非机动车道。道路两侧应设人行道，并可设置吸引人流的公共建筑物。

支路次干路与居住区的联络线，为地区交通服务，也起集散交通的作用，两旁可有人行道，也可有商业性建筑。

根据道路力学分类，城市道路主要分为刚性路面和柔性路面两大类。

A. 柔性路面。荷载作用下产生的弯沉变形较大、抗弯强度小，它的破坏取决于极限垂直变形和弯拉应变。以沥青路面为代表。沥青路面结构组合的基本原则：面层、基层的结构类型及厚度应与交通量相适应；层间必须紧密、稳定，保证结构整体性和应力传递的连续性；各结构层的回弹模量自上而下递减。

B. 刚性路面。荷载作用下产生板体作用，弯拉强度大，弯沉变形很小，它的破坏取决于极限弯拉强度。主要代表是水泥混凝土路面。

（3）范围

城市道路包括：

① 机动车道、非机动车道、人行道、广场、公共停车场、隔离带、路肩、路坡、路堤、边沟；

② 桥梁、隧道、涵洞、人行地下通道；

③ 路灯、路标、路牌以及城市道路其他附属设施；

④ 已征用的道路建设用地。

2. 城市道路的管理权限

《城市道路管理条例》第六条规定："国务院建设行政主管部门主管全国城市道路管理工作。省、自治区人民政府城市建设行政主管部门主管本行政区域内的城市道路管理工作。县级以上城市人民政府市政工程行政主管部门主管本行政区域内的城市道路管理工作。"各级政府建设行政主管部门在中央的领导下，相互配合、相互合作，统一管理城市的道路。

3. 城市道路的规划

《城市道路管理条例》第七条规定："县级以上城市人民政府应当组织市政工程、城市规划、公安交通等部门，根据城市总体规划编制城市道路发展规划。市政工程行政主管部门应当根据城市道路发展规划，制定城市道路年度建设计划，经城市人民政府批准后实施。"

4. 城市道路的设计原则

（1）路线设计应符合城市总体规划、城市综合交通规划、相关专项规划。因地制宜，充分利用，逐步改造，并贯彻"以近期为主，考虑到远期发展的需要，远近期结合，分期修建"的原则。

（2）必须满足交通量的需要。应在充分调查研究的基础上，科学预测城市经济和城市建设的发展速度与交通量的变化规模，充分估计未来城市需要满足的交通量。

（3）道路路线设计必须结合平面线形、纵断线形、横断布置及路面种类（重要的道路交叉口尚须结合路口因素）统一考虑，并采用适当的技术指标，使之有机结合，布置协调。必须兼顾路线的整体性及局部路段或构造物的特殊性，从而取得组合布局合理，技术标准适当。避免由于个别处所的地形、地物、工程量以及道路或构造物本身的技术要求而造成路况突变，致使全线失调。如布局标准不能协调时，应采取措施逐步过渡，更应避免不利条件聚集，以保证行车安全。

（4）在满足道路本身技术要求的条件下，结合街道总体布置的需要、房屋建筑和其他市政设施的需要等，进行综合考虑。

（5）考虑社会效益、环境效益与经济效益的协调统一，必须合理利用规定的各项技术指标，宜采用推荐值，只有在工程艰巨不得已时才采用极限值。在地形、工程造价和施工技术允许的条件下，应尽量提高设计标准，为将来发展或提高创造条件。

（6）依照道路的性质及所处的环境，以美学观点出发，使线形圆顺、优美，并与附近的自然景色和建筑艺术相结合，照顾道路的美观及景观，遵循和体现以人为本、资源节约、环境友好的设计原则。

（7）设计单位必须具备相应的资质。严格禁止设计单位超越资质、挂靠资质或者无资质设计、施工。

5. 城市道路的建设

城市道路工程投资一般较大，而且城市道路工程竣工运营后也不会产生直接经济效益，只会产生社会效益和间接经济效益，故投资回收周期较长。如果仅仅依靠国家投资来进行城市道路建设，则完全无法满足人们的通行需要和城市的发展要求。故城市道路建设资金可以按照国家有关规定，采取政府投资、集资、国内外贷款、国有土地有偿使用收入、发行债券等多种渠道筹集。同时，国家鼓励国内外企业和其他组织以及个人按照城市道路发展规划，投资建设城市道路。

县级以上城市人民政府应当有计划地按照城市道路技术规范改建、拓宽城市道路和公路的结合部，公路行政主管部门可以按照国家有关规定在资金上给予补助。国家还允许市政工程行政主管部门对利用贷款或者集资建设的大型桥梁、隧道等，可以在一定期限内向过往车辆（军用车辆除外）收取通行费（过路费），用于偿还贷款或者集资款，不得挪作他用。收取通行费的范围和期限，由省、自治区、直辖市人民政府规定。

政府投资建设城市道路的，应当根据城市道路发展规划和年度建设计划，由市政工程行政主管部门组织建设。单位投资建设城市道路的，应当符合城市道路发展规划。城市住宅小区、开发区内的道路建设，应当分别纳入住宅小区、开发区的开发建设计划配套建设。

城市道路施工难度大，影响因素多，其建设应当符合城市道路技术规范。尤其是城市供水、排水、燃气、热力、供电、通信、消防等依附于城市道路的各种管线、杆线等设施的建设，和城市道路建设密不可分，应当与城市道路发展规划和年度建设计划相协调，坚持先地下、后地上的施工原则，与城市道路同步建设。新建的城市道路与铁路干线相交的，应当根据需要在城市规划中预留立体交通设施的建设位置。城市道路与铁路相交的道口建设应当符合国家有关技术规范，并根据需要逐步建设立体交通设施。建设立体交通设施所需投资，按照国家规定由有关部门协商确定。建设跨越江河的桥梁和隧道，应当符合国家规定的防洪、通航标准和其他有关技术规范。城市道路的设计、施工，应当严格执行国家和地方规定的城市道路设计、施工的技术规范，并由具有相应资质等级的企业承担设计、施工任务。

6. 城市道路的质量与保修

《城市道路管理条例》第十七条规定："城市道路施工，实行工程质量监督制度。"这里的监督管理包括两个层面：（1）国家主管机关与城市道路建设单位、勘察单位、设计单位、施工单位、监理单位之间的工程质量监督管理。这是纵向的质量管理。（2）城市道路建设单位与勘察单位、设计单位、施工单位和监理单位以合同的形式约定工程质量，各单位按照合同内容对自身完成的任务承担监督管理责任。这是横向的质量管理。

城市道路工程竣工，经验收合格后方可交付使用；未经验收或者验收不合格的，不得交付使用。城市道路的保修期为1年，自交付使用之日起计算。保修期内出现工程质量问题，由有关责任单位负责保修。

7. 城市道路养护维修

道路养护和维修是保持路况完好，延长道路使用寿命，为经济建设提供良好服务的根本条件。如果城市道路长期失养、失修，路况必然会很快下降，道路供人流、物流通行的作用就必然无法实现。所以，在城市道路管理中必须高度重视养护和维修工作。城市道路实行工程质量保修制度。

（1）城市道路养护维修的概念

道路养护维修，就是对道路的日常保养、维护和修缮。指市政工程行政主管部门或道路的投资建设单位按照城市道路养护、维修技术规范的要求，采取相关技术手段，对原有道路和构筑物及沿线设施进行分期改善和添建，尽可能提高或保持道路使用性能，及时恢复道路破损部分，保证行车安全、舒适、畅通，节约运输费用和时间，延长道路的使用年限，推迟重建时间的综合管理活动。

（2）城市道路养护维修原则

为了保证城市道路的使用功能，城市建设行政主管部门应当按照管理与养护并重、预防和维修相结合的原则，加强城市道路的养护和维修工作，保证城市道路经常处于完好状态。相关主管部门在日常的城市道路管理活动中，既要高瞻远瞩地做好城市道路问题的预防观测，又要脚踏实地使已经出现的问题得到妥善处理，加强监督监管，建立健全城市道路病害的预警机制及病害发生后的处理预案，尽一切手段保证城市道路的完好运行。

（3）城市道路养护维修的职责分工

《城市道路管理条例》第二十二条规定："市政工程行政主管部门组织建设和管理的道路，由其委托的城市道路养护、维修单位负责养护、维修。单位投资建设和管理的道路，由投资建设的单位或者其委托的单位负责养护、维修。城市住宅小区、开发区内的道路，由建设单位或者其委托的单位负责养护、维修。"设在城市道路上的各类管线的检查井、箱盖或者城市道路附属设施，应当符合城市道路养护规范。因缺损影响交通和安全时，有关产权单位应当及时补缺或者修复。在城市道路维修、养护过程中，承担任务的单位应当严格执行城市道路养护、维修的技术规范，定期对城市道路进行养护、维修，确保养护、维修工程的质量。

对于城市道路养护、维修所产生的费用支出，市政工程行政主管部门按照城市道路的等级、数量及养护和维修的定额，逐年核定养护、维修经费，统一安排养护、维修资金。

（4）城市道路养护维修施工管理

① 城市道路的养护、维修工程应当按照规定的期限修复竣工，并在养护、维修工程施工现场设置明显标志和安全防护围挡设施，保障行人和交通车辆安全。

② 城市道路养护、维修的专用车辆应当使用统一标志；执行任务时，在保证交通安全、畅通的情况下，不受行驶路线和行驶方向的限制。

③ 养护、维修的工程质量必须符合《城镇道路养护技术规范》和有关的技术标准规范。

8. 城市道路的路政管理

（1）概念

路政管理是我国行政管理的组成部分，城市道路路政管理是指路政管理机构根据国家的法律、法规和规章，对城市道路进行的行政管理，目的是为了保障城市道路使用的质量，提高城市道路的社会经济效益。路政管理的对象包括自然人、法人及其他组织、物质资助（路产）、时空资源（路权）和信息资源。

（2）路政管理的任务

城市道路路政管理的任务就是：制定城市道路管理规章，负责城市道路日常管理，制止一切破坏城市道路和妨碍城市道路正常使用的行为。《路政管理规定》第五条规定，县级以上地方人民政府交通主管部门或者其设置的公路管理机构的路政管理职责如下：

① 宣传、贯彻执行公路管理的法律、法规和规章；

② 保护路产；

③ 实施路政巡查；

④ 管理公路两侧建筑控制区；

⑤ 维持公路养护作业现场秩序；

⑥ 参与公路工程交工、竣工验收；

⑦ 依法查处各种违反路政管理法律、法规、规章的案件；

⑧ 法律、法规规定的其他职责。

（3）市政管理的原则及分工

《路政管理规定》第三条，路政管理工作应当遵循"统一管理、分级负责、依法行政"的原则。交通部根据《公路法》及其他有关法律、行政法规的规定主管全国路政管理工作。县级以上地方人民政府交通主管部门根据《公路法》及其他有关法律、法规、规章的规定主管本行政区域内路政管理工作。县级以上地方人民政府交通主管部门设置的公路管理机构根据《公路法》的规定或者根据县级以上地方人民政府交通主管部门的委托，负责路政管理的具体工作。

（4）市政管理的具体要求

城市道桥行政主管部门应负责管理和保护城市道路、桥涵。《城市道路管理条例》第二十七条，城市道路范围内禁止下列行为：

① 擅自占用或者挖掘城市道路；

② 履带车、铁轮车或者超重、超高、超长车辆擅自在城市道路上行驶；

③ 机动车在桥梁或者非指定的城市道路上试刹车；

④ 擅自在城市道路上建设建筑物、构筑物；

⑤ 在桥梁上架设压力在 $4kg/cm^2$（0.4MPa）以上的煤气管道、10kV 以上的高压电力线和其他易燃易爆管线；

⑥ 擅自在桥梁或者路灯设施上设置广告牌或者其他挂浮物；

⑦ 其他损害、侵占城市道路的行为。

任何单位和个人都应服从城市道路桥梁行政主管部门的管理，自觉爱护城市道桥设施。对城市道路负荷较大的履带车、铁轮车或者超重、超高、超长车辆，需要在城市道路上行驶的，事先须征得市政工程行政主管部门同意，并按照公安交通管理部门指定的时间、路线行驶。军用车辆执行任务需要在城市道路上行驶的，可以不受前款限制，但是应当按照规定采取安全保护措施。

未经市政工程行政主管部门和公安交通管理部门批准，任何单位或者个人不得占用或者挖掘城市道路。因特殊情况需要临时占用城市道路的，须经市政工程行政主管部门和公安交通管理部门批准，方可按照规定占用。经批准临时占用城市道路的，不得损坏城市道路；占用期满后，应当及时清理占用现场，恢复城市道路原状；损坏城市道路的，应当修复或者给予赔偿。城市人民政府应当严格控制占用城市道路作为集贸市场。

因工程建设需要挖掘城市道路的，应当持城市规划部门批准签发的文件和有关设计文件，到市政工程行政主管部门和公安交通管理部门办理审批手续，方可按照规定挖掘。新建、扩建、改建的城市道路交付使用后 5 年内，大修的城市道路竣工后 3 年内不得挖掘；因特殊情况需要挖掘的，须经县级以上城市人民政府批准。埋设在城市道路下的管线发生故障需要紧急抢修的，可以先行破路抢修，并同时通知市政工程行政主管部门和公安交通管理部门，在 24 小时内按照规定补办批准手续。

经批准挖掘城市道路的，应当在施工现场设置明显标志和安全防护围挡设施，最大限度地降低施工安全隐患。施工过程中为减轻对于道路通行的影响，可选择错峰施工或凌晨施工。竣工后应及时清理现场，通知市政工程行政主管部门检查验收。经批准占用或者挖掘城市道路的，应当按照批准的位置、面积、期限占用或者挖掘。需要移动位置、扩大面积、延长时间的，应当提前办理变更审批手续。占用或者挖掘由市政工程行政主管部门管理的城市道路的，应当向市政工程行政主管部门交纳城市道路占用费或者城市道路挖掘修复费。城市道路占用费的收费标准，由省、自治区人民政府的建设行政主管部门、直辖市人民政府的市政工程行政主管部门拟订，报同级财政、物价主管部门核定；城市道路挖掘修复费的收费标准，由省、自治区人民政府的建设行政主管部门、直辖市人民政府的市政工程行政主管部门制定，报同级财政、物价主管部门备案。

根据城市建设或者其他特殊需要，市政工程行政主管部门可以对临时占用城市道路的单位或者个人决定缩小占用面积、缩短占用时间或者停止占用，并根据具体情况退还部分城市道路占用费。

9. 违法行为的处罚

合格的设计成果是道路质量合格的前提，规范的施工过程是道路质量合格的保证。《城市道路管理条例》第三十九条规定，有下列行为之一的，由市政工程行政主管部门责令停止设计、施工，限期改正，可以并处 3 万元以下的罚款；已经取得设计、施工资格证书，情节严重的，提请原发证机关吊销设计、施工资格证书：

（1）未取得设计、施工资格或者未按照资质等级承担城市道路的设计、施工任务的；

（2）未按照城市道路设计、施工技术规范设计、施工的；

（3）未按照设计图纸施工或者擅自修改图纸的。

对于已经完工的城市道路，必须经过竣工验收，验收合格后方能使用。擅自使用未经验收或者验收不合格的城市道路的，由市政工程行政主管部门责令限期改正，给予警告，可以并处工程造价 2% 以下的罚款。

城市道路只有定期进行养护、维修才能保证其使用功能，才能长久地为城市发展服务。承担城市道路养护、维修的单位，未定期对城市道路进行养护、维修或者未按照规定的期限修复竣工，并拒绝接受市政工程行政主管部门监督、检查的，由市政工程行政主管部门责令限期改正，给予警告；对负有直接责任的主管人员和其他直接责任人员，依法给予行政处分。

在道路施工过程中有下列行为之一的，由市政工程行政主管部门或者其他有关部门责令限期改正，可以处以 2 万元以下的罚款；造成损失的，应当依法承担赔偿责任：

（1）未对设在城市道路上的各种管线的检查井、箱盖或者城市道路附属设施的缺损及时补缺或者修复的；

（2）未在城市道路施工现场设置明显标志和安全防护围挡设施的；

（3）占用城市道路期满或者挖掘城市道路后，不及时清理现场的；

（4）依附于城市道路建设各种管线、杆线等设施，不按照规定办理批准手续的；

（5）紧急抢修埋设在城市道路下的管线，不按照规定补办批准手续的；

（6）未按照批准的位置、面积、期限占用或者挖掘城市道路，或者需要移动位置、扩大面积、延长时间，未提前办理变更审批手续的。

上述违法行为，构成犯罪的，由司法机关依法追究刑事责任；尚不构成犯罪，应当给予治安管理处罚的，依照治安管理处罚法的规定给予处罚。市政工程行政主管部门人员玩忽职守、滥用职权、徇私舞弊，构成犯罪的，依法追究刑事责任；尚不构成犯罪的，依法给予行政处分。

11.1.3　城市防洪设施建设

城市防洪就是运用各种科学技术手段，防止洪水，防御、减轻洪涝灾害，维护人民的生命和财产安全。《中华人民共和国防洪法》第二条规定："防洪工作实行全面规划、统筹兼顾、预防为主、综合治理、局部利益服从全局利益的原则。"

1. 城市防洪设施的范围

城市防洪设施包括：城市防洪堤岸、侧坝、防洪墙、排涝泵站、排洪道及其附属设施。

城市防洪是城市建设的重要组成部分，也是河流流域防洪规划的一部分。做好城市防洪工作，对确保城市各项建设的顺利进行和人民生命财产免遭洪涝灾害至关重要。

2. 城市防洪设施的规划和建设

（1）城市防洪设施的规划

根据《城市防洪规划规范》的要求，城市防洪规划应遵循下列原则：

① 城市防洪规划方案、防洪构筑物选型应因地制宜、统筹兼顾、防治结合、预防为主。我国幅员辽阔，城市的地理位置、流域特性、洪水特征以及社会经济状况等千差万别。城市防洪规划方案、防洪构筑物选型应遵循因地制宜、统筹兼顾、防治结合的原则，平原地区、河网地区城市应以提高城市防洪设施标准为主，泄蓄兼顾、以泄为主；山地丘陵城市应重视工程措施与植被措施相结合，控制水土流失；滨海城市应充分考虑海潮与河洪的遭遇，合理选择防潮工程结构形式和消浪设施。总之，各地区在制订城市防洪规划时一定要结合当地具体情况，体现城市各自特点，统筹城市自身发展和城市防洪减灾。各地区除了每年汛期要做好防汛工作外，特别要注意从长远考虑，结合江河规划和城市总体建设，做好城市防洪规划、防洪建设、河道清障和日常管理工作。

② 城市防洪规划应在加强工程措施建设的同时，重视发挥非工程措施功能，构建工程措施与非工程措施相结合的城市防洪安全保障体系。城市防洪工程措施是指兴建水利工程（如建水库、大堤、涵闸等措施），以达到调节洪量，削减洪峰或分洪、滞洪等，改变洪水其自然运动状况，最终控制洪水，减少损失。这是硬件措施。防洪工程措施一般包括城市防洪堤岸、侧坝、防洪墙、排涝泵站、排洪道及其附属设施。非工程设施指通过法令、政策、经济和防洪工程以外的技术等手段，以减轻洪水灾害损失的措施。这是软件措施。防洪非工程措施一般包括洪水预报、洪水警报、洪泛区、蓄滞洪区管理、河道清障、洪水保险、超标准洪水防御措施、洪灾救济等。其两者的目的都是为民造福，减少经济损失。两者相依相存，缺一不可，少了工程措施，如同巧妇难为无米之炊；少了非工程措施，兴利就可能成为灾难。

③ 注重城市防洪工程措施综合效能，充分协调好城市防洪工程与城市市政建设、涉水交通建设以及滨水景观建设的关系。城市防洪工程是城市建设的重要组成部分，需在国家城市建设方针和技术经济政策指导下，注重城市防洪工程措施综合效能研究，以获取最大的社会、经济和环境效益为目的，充分协调好各方建设关系。同时，城市防洪设施建设必须树立尊重自然、顺应自然、保护自然的生态文明理念；要按照对城市生态环境影响最低的开发建设理念，控制开发强度，合理安排布局，要与城市开发、道路建设、园林绿化统筹协调，既保证城市防洪效果又改善城市自然景观。

④ 除害与兴利相结合，注重雨洪利用，削减或控制城市暴雨所产生的径流和污染。城市防洪规划要合理安排布局，有效控制地表径流，最大限度地减少对城市原有水生态环境的破坏；因地制宜地配套建设雨水滞渗、收集利用等削峰调蓄设施，增加下凹式绿地、植草沟、人工湿地、可渗透路面、砂石地面和自然地面，以及透水性停车场和广场的建设。有条件的地区应对现有硬化路面进行透水性改造，提高对雨水的吸纳能力和蓄滞能力。在减少暴雨带来的城市洪涝灾害和水质污染的同时，还可达到净化空气、减轻热岛效

应、促进自然水力循环、优化生态环境等功效。

同时，城市防洪规划还应满足：

1）编制城市规划应当符合防洪的要求，在规划中采取相应的防洪措施。

2）城市防洪设施的建设要根据轻重缓急、近远期相结合、分期分批建设，真正起到防御洪水灾害的作用。

3）注意城市防洪设施的综合效应，将建设堤防和城市道路建设、园林绿化建设结合起来。

（2）城市防洪设施的建设

《中华人民共和国防洪法》第三十四条规定："大中城市，重要的铁路、公路干线，大型骨干企业，应当列为防洪重点，确保安全。受洪水威胁的城市、经济开发区、工矿区和国家重要的农业生产基地等，应当重点保护，建设必要的防洪工程设施。城市建设不得擅自填堵原有河道沟叉、贮水湖塘洼淀和废除原有防洪围堤。确需填堵或者废除的，应当经城市人民政府批准。"

城市防洪设施的建设一定要统筹规划、科学布局，因地制宜地建设防洪工程设施。属于国家所有的防洪工程设施，应当按照经批准的设计，在竣工验收前由县级以上人民政府按照国家规定，划定管理和保护范围。属于集体所有的防洪工程设施，应当按照省、自治区、直辖市人民政府的规定，划定保护范围。在防洪工程设施保护范围内，禁止进行爆破、打井、采石、取土等危害防洪工程设施安全的活动。

同时，各级人民政府应当组织有关部门加强对水库大坝的定期检查和监督管理。对未达到设计洪水标准、抗震设防要求或者有严重质量缺陷的险坝，大坝主管部门应当组织有关单位采取除险加固措施，限期消除危险或者重建，有关人民政府应当优先安排所需资金。对可能出现垮坝的水库，应当事先制定应急抢险和居民临时撤离方案。各级人民政府和有关主管部门应当加强对尾矿坝的监督管理，采取措施，避免因洪水导致垮坝。任何单位和个人不得破坏、侵占、毁损水库大坝、堤防、水闸、护岸、抽水站、排水渠系等防洪工程和水文、通信设施以及防汛备用的器材、物料等。

在防洪设施建设的过程中，要遵循下列要求：

① 全面普查摸清现状。各地区要尽快对当地的地表径流、排水设施、受纳水体等情况进行全面普查，建立管网等排水设施地理信息系统。同时，全面评估城市排水防涝能力和风险。

② 合理确定建设标准。各地区应根据本地降雨规律和暴雨内涝风险情况，合理确定城市排水防涝设施建设标准，在人口密集、灾害易发的特大城市和大城市，应采用国家标准的上限，并可视城市发展实际适当超前提高有关建设标准。

③ 科学制定建设规划。各地区要抓紧制定城市排水防涝设施建设规划，明确排水出路与分区，科学布局排水管网，确定排水管网雨污分流、管道和泵站等排水设施的改造与建设、雨水滞渗调蓄设施、雨洪行泄设施、河湖水系清淤与治理等建设任务，优先安排社会要求强烈、影响面广的易涝区段排水设施的改造与建设。要加强与城市防洪规划的协调衔接，将城市排水防涝设施建设规划纳入城市总体规划和土地利用总体规划。

④ 扎实做好项目前期工作。各地区主管部门要做好项目技术论证和审核把关，并建立相应工作机制，提高建设项目立项、建设用地、环境影响评价、节能评估、可行性研究

和初步设计等环节的审批效率。

⑤ 加快推进雨污分流管网改造与建设。在雨污合流区域加大雨污分流排水管网改造力度，暂不具备改造条件的，要尽快建设截流干管，适当加大截流倍数，提高雨水排放能力，加强初期雨水的污染防治。新建城区要依据《"十三五"全国城镇污水处理及再生利用设施建设规划》和有关要求，建设雨污分流的排水管网。

⑥ 积极推行低影响开发建设模式。各地区旧城改造与新区建设必须树立尊重自然、顺应自然、保护自然的生态文明理念；要按照对城市生态环境影响最低的开发建设理念，控制开发强度，合理安排布局，有效控制地表径流，最大限度地减少对城市原有水生态环境的破坏；要与城市开发、道路建设、园林绿化统筹协调，因地制宜地配套建设雨水滞渗、收集利用等削峰调蓄设施，增加下凹式绿地、植草沟、人工湿地、可渗透路面、砂石地面和自然地面，以及透水性停车场和广场。有条件的地区应对现有硬化路面进行透水性改造，提高对雨水的吸纳能力和蓄滞能力。

3. 城市防洪设施的维护

《中华人民共和国防洪法》第四十八条规定："各级人民政府应当采取措施，提高防洪投入的总体水平。提高防洪投入最重要的是加大资金投入。各地区要提高城市建设维护资金、土地出让收益、城市防洪经费等用于城市排水防涝设施改造、建设和维护资金的比例。发展改革、财政、水利、环保等部门要结合相关资金渠道，对符合条件的城市排水防涝设施改造、建设项目予以支持。"

我国对于防洪设施的建造与维护费用主要由国家承担。《防洪法》第四十九条规定："江河、湖泊的治理和防洪工程设施的建设与维护所需投资，按照事权和财权相统一的原则，分级负责，由中央和地方财政承担。城市防洪工程设施的建设和维护所需投资，由城市人民政府承担。"

但是，仅仅依靠国家投资用于防洪设施的建设和维护是远远不够的，任何受洪水威胁的地区都要积极采取措施，尽一切手段防范洪水灾害。《防洪法》第四十九条第二款规定："受洪水威胁地区的油田、管道、铁路、公路、矿山、电力、电信等企业、事业单位应当自筹资金，兴建必要的防洪自保工程。"

各地区要加强对城市排水防涝设施建设和运行状况的监管，切实落实国家对防洪设施规划编制、设施建设和运行维护等方面的要求。要严格实施接入排水管网许可制度，避免雨水、污水管道混接；加强河湖水系的疏浚和管理，汛前要严格按照防汛要求对城市排水设施进行全面检查、维护和清疏。在城市防洪设施防护带内要严格禁止下列行为：

（1）城市防洪设施防护带内，不准进行有损防洪设施的任何活动。

（2）城市防洪设施防护带内，禁止在非码头区装卸或堆放货物。

（3）城市防洪堤的护堤地，禁止建房、放牧、开渠、打井、挖窖、葬坟、晒粮、存放物料以及开展集市贸易活动。

（4）城市内河的故道、旧堤、原有防洪设施等，不得填堵、占用或者拆毁。

（5）建立健全管理机构，依法进行管理。

11.1.4 城市排水工程

1. 城市排水的概念

城市排水是指城市生活污水、工业废水、大气降水径流和其他废水的收集、传输、净化、利用和排放。

城市排水设施，通常是指以收集和排除生活污水为主的排水系统。包括城市污水和雨水输送管网的管道、暗渠、泵站、出水口、窨井以及附属设施、污水处理厂、污泥处理厂和调蓄排水的湖塘、排污河道等。

2. 排水及污水处理规划

随着我国城镇化水平的快速提高，城市下垫面硬化比例增大，立体交通的建设量在特大城市、大城市的发展迅速，导致城市排水工程的建设条件发生了很大变化，城市原有自然生态本底和水文特征发生了根本性改变，城市生态环境、河湖水系的自然生态功能丧失，城市水安全问题频发，这些都对城市排水和污水处理产生了一定的影响。为保障城市水安全，提高水资源利用效率，促进水生态环境改善，必须对城市排水和污水处理进行统一规划。

（1）城镇排水与污水处理规划的编制

《城镇排水与污水处理条例》第七条规定："国务院住房城乡建设主管部门会同国务院有关部门，编制全国的城镇排水与污水处理规划，明确全国城镇排水与污水处理的中长期发展目标、发展战略、布局、任务以及保障措施等。

城镇排水主管部门会同有关部门，根据当地经济社会发展水平以及地理、气候特征，编制本行政区域的城镇排水与污水处理规划，明确排水与污水处理目标与标准，排水量与排水模式，污水处理与再生利用、污泥处理处置要求，排涝措施，城镇排水与污水处理设施的规模、布局、建设时序和建设用地以及保障措施等；易发生内涝的城市、镇，还应当编制城镇内涝防治专项规划，并纳入本行政区域的城镇排水与污水处理规划。"

城镇排水与污水处理规划的编制，应当依据国民经济和社会发展规划、城乡规划、土地利用总体规划、水污染防治规划和防洪规划，并与城镇开发建设、道路、绿地、水系等专项规划相衔接。

（2）城镇排水与污水处理规划的审批

城镇排水主管部门应当将编制的城镇排水与污水处理规划报本级人民政府批准后组织实施，并报上一级人民政府城镇排水主管部门备案。城镇排水与污水处理规划一经批准公布，应当严格执行；因经济社会发展确需修改的，应当按照原审批程序报送审批。

3. 城市排水及污水处理设施的建设

县级以上地方人民政府应当根据城镇排水与污水处理规划的要求，加大对城镇排水与污水处理设施建设和维护的投入。城乡规划和城镇排水与污水处理规划确定的城镇排水与污水处理设施建设用地，不得擅自改变用途。

县级以上地方人民政府应当按照先规划后建设的原则，依据城镇排水与污水处理规划，合理确定城镇排水与污水处理设施建设标准，统筹安排管网、泵站、污水处理厂以及污泥处理处置、再生水利用、雨水调蓄和排放等排水与污水处理设施建设及改造。

城镇新区的开发和建设，应当按照城镇排水与污水处理规划确定的建设时序，优先安排排水与污水处理设施建设；未建或者已建但未达到国家有关标准的，应当按照年度改造计划进行改造，提高城镇排水与污水处理能力。

新建、改建、扩建市政基础设施工程应当配套建设雨水收集利用设施，增加绿地、砂石地面、可渗透路面和自然地面对雨水的滞渗能力，利用建筑物、停车场、广场、道路等建设雨水收集利用设施，削减雨水径流，提高城镇内涝防治能力。

城镇排水与污水处理规划范围内的城镇排水与污水处理设施建设项目以及需要与城镇排水与污水处理设施相连接的新建、改建、扩建建设工程，城乡规划主管部门在依法核发建设用地规划许可证时，应当征求城镇排水主管部门的意见。城镇排水主管部门应当就排水设计方案是否符合城镇排水与污水处理规划和相关标准提出意见。

建设单位应当按照排水设计方案建设连接管网等设施；未建设连接管网等设施的，不得投入使用。城镇排水主管部门或者其委托的专门机构应当加强指导和监督。城镇排水与污水处理设施建设工程竣工后，建设单位应当依法组织竣工验收。竣工验收合格的，方可交付使用，并自竣工验收合格之日起15日内，将竣工验收报告及相关资料报城镇排水主管部门备案。

城镇排水与污水处理设施竣工验收合格后，由城镇排水主管部门通过招标投标、委托等方式确定符合条件的设施维护运营单位负责管理。特许经营合同、委托运营合同涉及污染物削减和污水处理运营服务费的，城镇排水主管部门应当征求环境保护主管部门、价格主管部门的意见。国家鼓励实施城镇污水处理特许经营制度。具体办法由国务院住房城乡建设主管部门会同国务院有关部门制定。

城镇排水与污水处理设施维护运营单位应当具备下列条件：

（1）有法人资格；

（2）有与从事城镇排水与污水处理设施维护运营活动相适应的资金和设备；

（3）有完善的运行管理和安全管理制度；

（4）技术负责人和关键岗位人员经专业培训并考核合格；

（5）相应的良好业绩和维护运营经验；

（6）法律、法规规定的其他条件。

4. 城市排水与污水处理设施的运营维护

对城市排水与污水处理设施进行经常性维修和养护是保持设施功能完好、延长设施使用寿命、保障设施正常运转的根本条件。如果排水设施年久失修，功能必然会很快下降，排水设施收集、传输、净化、利用和排放污水的作用就必然无法实现。所以，必须高度重视排水设施的养护和维修工作。

《城镇排水与污水处理条例》第三十八条规定："城镇排水与污水处理设施维护运营单位应当建立健全安全生产管理制度，加强对窨井盖等城镇排水与污水处理设施的日常巡查、维修和养护，保障设施安全运行。"

从事管网维护、应急排水、井下及有限空间作业的，设施维护运营单位应当安排专门人员进行现场安全管理，设置醒目警示标志，采取有效措施避免人员坠落、车辆陷落，并及时复原窨井盖，确保操作规程的遵守和安全措施的落实。相关特种作业人员，应当按照国家有关规定取得相应的资格证书。

排水户因发生事故或者其他突发事件，排放的污水可能危及城镇排水与污水处理设施安全运行的，应当立即采取措施消除危害，并及时向城镇排水主管部门和环境保护主管部门等有关部门报告。城镇排水与污水处理安全事故或者突发事件发生后，设施维护运营单位应当立即启动本单位应急预案，采取防护措施、组织抢修，并及时向城镇排水主管部门和有关部门报告。

城镇排水主管部门应当会同有关部门，按照国家有关规定划定城镇排水与污水处理设施保护范围，并向社会公布。

在保护范围内，有关单位从事爆破、钻探、打桩、顶进、挖掘、取土等可能影响城镇排水与污水处理设施安全的活动的，应当与设施维护运营单位等共同制定设施保护方案，并采取相应的安全防护措施。

禁止从事下列危及城镇排水与污水处理设施安全的活动：

（1）损毁、盗窃城镇排水与污水处理设施；

（2）开凿、堵塞城镇排水与污水处理设施；

（3）城镇排水与污水处理设施排放、倾倒剧毒、易燃易爆、腐蚀性废液和废渣；

（4）城镇排水与污水处理设施倾倒垃圾、渣土、施工泥浆等废弃物；

（5）建设占压城镇排水与污水处理设施的建筑物、构筑物或者其他设施；

（6）其他危及城镇排水与污水处理设施安全的活动。

任何新建、改建、扩建建设工程，不得影响城镇排水与污水处理设施安全。建设工程开工前，建设单位应当查明工程建设范围内地下城镇排水与污水处理设施的相关情况。城镇排水主管部门及其他相关部门和单位应当及时提供相关资料。

建设工程施工范围内有排水管网等城镇排水与污水处理设施的，建设单位应当与施工单位、设施维护运营单位共同制定设施保护方案，并采取相应的安全保护措施。因工程建设需要拆除、改动城镇排水与污水处理设施的，建设单位应当制定拆除、改动方案，报城镇排水主管部门审核，并承担重建、改建和采取临时措施的费用。

县级以上人民政府城镇排水主管部门应当会同有关部门，加强对城镇排水与污水处理设施运行维护和保护情况的监督检查，并将检查情况及结果向社会公开。实施监督检查时，有权采取下列措施：

（1）进入现场进行检查、监测；

（2）翻阅、复制有关文件和资料；

（3）要求被监督检查的单位和个人就有关问题作出说明。

被监督检查的单位和个人应当予以配合，不得妨碍和阻挠依法进行的监督检查活动。

11.2　城市公用事业法律制度

城市公用事业是指从事城市供水、供热、供气、公共交通等建设与管理的行业。它们都是城市的重要基础设施，是城市生产和人民生活的不可缺少的物质生活条件。规范管理好城市公用事业，对于改善人民的生活质量，提高社会经济和环境效益，促进国民经济的发展有着重要意义。

11.2.1　城市公用事业概述

1. 城市公用事业的内容

（1）城市供水：是指城市公共供水和自建设施供水。

（2）城市供热：指由集中热源所产生的蒸汽、热气通过城市供热管道提供给城市使用。

（3）城市供气：指城市生活、生产等使用的气体燃料（如天然气、液化气、煤气等）

的生产、储存、输配等。

（4）城市公共交通：指利用城市交通工具，如公共汽车、电车、地铁、出租车等，为人们出行提供方便。

2. 城市公用事业法规

城市公用事业建设与管理涉及的法律、法规主要有《城市供水条例》《城市节约用水管理规定》《中华人民共和国水法》《城镇燃气管理条例》《城市公共交通当前产业政策实施办法》等。

11.2.2　城市供水管理

1. 城市供水管理概述

城市供水是指城市公共供水和自建设施供水。城市公共供水是指城市自来水供水企业以公共供水管道及其附属设施向单位和居民的生活、生产与其他各项建设提供用水。自建设施供水是指城市的用水单位以其自行建设的供水管道及其附属设施主要向本单位的生活、生产和其他各项建设提供用水。

《城市供水条例》第七条规定："国务院城市建设行政主管部门主管全国城市供水工作。省、自治区人民政府城市建设行政主管部门主管本行政区域内的城市供水工作。县级以上城市人民政府确定的城市供水行政主管部门（以下简称城市供水行政主管部门）主管本行政区域内的城市供水工作。"

2. 城市供水水源

我国是水资源短缺的国家，城市缺水问题尤为突出。随着经济发展和城市化进程的加快，当前相当一部分城市水资源短缺，城市缺水范围不断扩大，缺水程度日趋严重；与此同时，水价不合理、节水措施不落实和水污染严重等问题也比较突出。为切实加强与改进城市供水、节水和水污染防治工作，促进经济社会的可持续发展，必须按规划开发利用水资源。

《城市供水条例》第九条规定："县级以上城市人民政府应当组织城市规划行政主管部门、水行政主管部门、城市供水行政主管部门和地质矿产行政主管部门等共同编制城市供水水源开发利用规划，作为城市供水发展规划的组成部分，纳入城市总体规划。"

编制城市供水水源开发利用规划，应遵循下列原则：

（1）从城市发展的需要出发，并与水资源统筹规划和水长期供求计划相协调。要依据流域和区域水资源规划，尽快组织制定城市水资源综合利用规划，并将其作为城市总体规划的组成部分，纳入城市经济和社会发展规划。城市水资源综合利用规划应包括水资源中长期供求、供水水源、节水、污水资源化、水资源保护等专项规划。

（2）根据当地情况，合理安排利用地表水和地下水。加强城市水资源的综合规划和管理，重点加强地下水资源开发利用的统一管理。要科学确定供水水源次序，城市用水要做到先地表水、后地下水，先当地水、后过境水。逐步改变过去一个水系、一个水库、一条河道的单一水源向城市供水的方式，采取"多库串联，水系联网，地表水与地下水联调，优化配置水资源"的方式，提高城市供水保证率。

（3）优先保证城市生活用水，统筹兼顾工业用水和其他各项建设用水。

3. 城市供水设施的建设与维护

（1）供水设施建设

城市供水工程的建设，应当按照城市供水发展规划及其年度建设计划进行。城市供水工程的设计、施工，应当委托持有相应资质证书的设计、施工单位承担，并遵守国家有关技术标准和规范。禁止无证或者超越资质证书规定的经营范围承担城市供水工程的设计、施工任务。

城市供水工程竣工后，应当按照国家规定组织验收；未经验收或者验收不合格的，不得投入使用。城市新建、扩建、改建工程项目需要增加用水的，其工程项目总概算应当包括供水工程建设投资；需要增加城市公共供水量的，应当将其供水工程建设投资交付城市供水行政主管部门，由其统一组织城市公共供水工程建设。

（2）供水设施维护

城市自来水供水企业和自建设施供水的企业对其管理的城市供水的专用水库、引水渠道、取水口、泵站、井群、输（配）水管网、进户总水表、净（配）水厂、公用水站等设施，应当定期检查维修，确保安全运行。

用水单位自行建设的与城市公共供水管道连接的户外管道及其附属设施，必须经城市自来水供水企业验收合格并交其统一管理后方可使用。

在规定的城市公共供水管道及其附属设施的地面和地下的安全保护范围内，禁止挖坑取土或者修建建筑物、构筑物等危害供水设施安全的活动。因工程建设确需改装、拆除或者迁移城市公共供水设施的，建设单位应当报经县级以上人民政府城市规划行政主管部门和城市供水行政主管部门批准，并采取相应的补救措施。

涉及城市公共供水设施的建设工程开工前，建设单位或者施工单位应当向城市自来水供水企业查明地下供水管网情况。施工影响城市公共供水设施安全的，建设单位或者施工单位应当与城市自来水供水企业商定相应的保护措施，由施工单位负责实施。

任何单位和个人都禁止擅自将自建设施供水管网系统与城市公共供水管网系统连接；因特殊情况确需连接的，必须经城市自来水供水企业同意，报城市供水行政主管部门和卫生行政主管部门批准，并在管道连接处采取必要的防护措施。

4. 城市节约用水

《城市节约用水管理规定》第三条规定："城市实行计划用水和节约用水。"

城市节水是解决水资源供需矛盾、提升水环境承载能力、应对城市水安全问题的重要举措，对支撑新型城镇化战略实施和社会主义生态文明建设具有重要意义。我国历来高度重视城市节水工作。各单位和个人要以创建节水型城市为目标，大力开展城市节约用水活动，使节约用水成为每个单位、每个家庭、每个人的自觉行动。

（1）城市节约用水要做到"三同时、四到位"，即建设项目的主体工程与节水措施同时设计、同时施工、同时投入使用；取水用水单位必须做到用水计划到位、节水目标到位、节水措施到位、管水制度到位。严格限制高耗水型工业项目建设和农业粗放型用水，尽快形成节水型经济结构。

（2）加大国家有关节水技术政策和技术标准的贯彻执行力度，制定并推行节水型用水器具的强制性标准。积极推广节水型用水器具的应用，提高生活用水效率，节约水资源。要制定政策鼓励居民家庭更换使用节水型器具，尽快淘汰不符合节水标准的生活用水器具。所有新建、改建、扩建的公共和民用建筑中，均不得继续使用不符合节水标准的用水器具；各单位现有房屋建筑中安装使用的不符合节水标准的用水器具，必须限期全部更换为节水型器具。

（3）采取有效措施加快城市供水管网技术改造，降低管网漏失率。各城市要加快对使用年限超过 50 年和材质落后供水管网的更新改造，确保公共供水管网漏损率达到国家标准要求。督促供水企业通过管网独立分区计量的方式加强漏损控制管理，督促用水大户定期开展水平衡测试，严控"跑、冒、滴、漏"。

（4）大力推行低影响开发建设模式。成片开发地块的建设应大力推广可渗透路面和下凹式绿地，通过雨水收集利用、增加可渗透面积等方式控制地表径流。新建城区硬化地面中，可渗透地面面积比例不应低于 40%；有条件的地区应对现有硬化路面逐步进行透水性改造，提高雨水滞渗能力。结合城市水系自然分布和当地水资源条件，因地制宜地采取湿地恢复、截污、河道疏浚等方式改善城市水生态。按照对城市生态环境影响最低的开发建设理念，控制开发强度，最大限度地减少对城市原有水生态环境的破坏，建设自然积存、自然渗透、自然净化的"海绵城市"。

11.2.3　城市供热管理

1. 城市供热管理概述

城市供热是指由集中热源所产生的蒸汽、热气通过城市供热管道提供给城市使用。

2. 城市集中供热的方针

城市供热要因地制宜，广开热源，并力求技术先进、经济合理。城市供热规划应近期、远期相结合，并应正确处理近期建设和远期发展的关系。

要坚持集中供热为主，多种方式互为补充，鼓励开发和利用地热、太阳能等可再生能源及清洁能源供热。各地区要按照城镇总体规划，编制城镇供热发展专项规划，优化城镇供热结构；要从保护环境、节约土地、提高热能利用效率出发，积极整合供热资源；要改变机关、企事业单位后勤部门分散供热的模式，实行供热社会化、专业化。

集中供暖要根据工业用热和生活用热需要，采取热电联产，建设集中供热的锅炉房，充分利用工业余热和开发地热等多种方式，在城市总体规划的指导下有计划、有步骤地分期实施。凡是新建住宅、公用设施和工厂用热，在技术经济合理的条件下都应采取集中供热，一般不再建分散的供热锅炉房。

3. 城市集中供暖的管理体制

城镇供热体制改革的主要内容有：

（1）停止福利供热，实行用热商品化、货币化。将采用费用由单位统包，改为直接向供热企业缴费采暖。

（2）逐步推行按用热量分户计量收费办法。

（3）采暖扶持政策，加快城镇现有住宅节能改造和供热采暖措施改造。

（4）实行城镇供热特许经营制度，引入竞争机制，深化供热企业改革，积极培育和规范城镇供热市场。

4. 城市集中供热的建设资金

（1）地方自筹；

（2）向受益单位集资；

（3）从城市维护建设税中适当拿出部分资金补助城市居民供热网的建设；

（4）国家根据情况可给予部分节能投资，以补助热力建设。

5. 城市集中供热的优惠政策及价格政策

城市集中供热是城市公用事业，利润甚微，因此国家要给予一定的优惠政策，热力价格要按照热力资源生产单位、热力公司和用户三兼顾的原则，根据实际成本和效益合理确定。

11.2.4　城市燃气管理

1. 城市燃气管理概述

城市燃气是指供给城市中生活、生产等使用的天然气、液化石油气、人工煤气等气体燃料。城市燃气与城市居民的日常生产、生活息息相关，同时又是城市经济发展的主要能源动力之一。加之，燃气在生产、存储、输送和使用的过程中具有一定的危险性，为了保障燃气供应，防止和减少燃气安全事故，保障公民生命、财产安全和公共安全，维护燃气经营者和燃气用户的合法权益，促进燃气事业健康发展，必须加强城市燃气管理。

《城镇燃气管理条例》第五条规定："国务院建设主管部门负责全国的燃气管理工作。县级以上地方人民政府燃气管理部门负责本行政区域内的燃气管理工作。县级以上人民政府其他有关部门依照本条例和其他有关法律、法规的规定，在各自职责范围内负责有关燃气管理工作。"

2. 城市燃气发展规划

《城镇燃气管理条例》第八条规定："国务院建设主管部门应当会同国务院有关部门，依据国民经济和社会发展规划、土地利用总体规划、城乡规划以及能源规划，结合全国燃气资源总量平衡情况，组织编制全国燃气发展规划并组织实施。

县级以上地方人民政府燃气管理部门应当会同有关部门，依据国民经济和社会发展规划、土地利用总体规划、城乡规划、能源规划以及上一级燃气发展规划，组织编制本行政区域的燃气发展规划，报本级人民政府批准后组织实施，并报上一级人民政府燃气管理部门备案。"

燃气发展规划的内容应当包括：燃气气源、燃气种类、燃气供应方式和规模、燃气设施布局和建设时序、燃气设施建设用地、燃气设施保护范围、燃气供应保障措施和安全保障措施等。

3. 城市燃气设施的建设与维护

（1）城市燃气设施的建设

《城镇燃气管理条例》第十条规定："县级以上地方人民政府应当根据燃气发展规划的要求，加大对燃气设施建设的投入，并鼓励社会资金投资建设燃气设施。"

进行新区建设、旧区改造，应当按照城乡规划和燃气发展规划配套建设燃气设施或者预留燃气设施建设用地。

对燃气发展规划范围内的燃气设施建设工程，城乡规划主管部门在依法核发选址意见书时，应当就燃气设施建设是否符合燃气发展规划征求燃气管理部门的意见；不需要核发选址意见书的，城乡规划主管部门在依法核发建设用地规划许可证或者乡村建设规划许可证时，应当就燃气设施建设是否符合燃气发展规划征求燃气管理部门的意见。

燃气设施建设工程竣工后，建设单位应当依法组织竣工验收，并自竣工验收合格之日起 15 日内，将竣工验收情况报燃气管理部门备案。

（2）城市燃气设施的维护

《城镇燃气管理条例》第三十三条规定："县级以上地方人民政府燃气管理部门应当会同城乡规划等有关部门按照国家有关标准和规定划定燃气设施保护范围，并向社会公布。"在燃气设施保护范围内，禁止从事下列危及燃气设施安全的活动：

1）建设占压地下燃气管线的建筑物、构筑物或者其他设施；

2）进行爆破、取土等作业或者动用明火；

3）倾倒、排放腐蚀性物质；

4）放置易燃易爆危险物品或者种植深根植物；

5）其他危及燃气设施安全的活动。

在燃气设施保护范围内，有关单位从事敷设管道、打桩、顶进、挖掘、钻探等可能影响燃气设施安全活动的，应当与燃气经营者共同制定燃气设施保护方案，并采取相应的安全保护措施。

任何单位和个人不得侵占、毁损、擅自拆除或者移动燃气设施，不得毁损、覆盖、涂改、擅自拆除或者移动燃气设施安全警示标志。任何单位和个人发现有可能危及燃气设施与安全警示标志的行为，有权予以劝阻、制止；经劝阻、制止无效的，应当立即告知燃气经营者或者向燃气管理部门、安全生产监督管理部门和公安机关报告。

新建、扩建、改建建设工程，不得影响燃气设施安全。建设单位在开工前，应当查明建设工程施工范围内地下燃气管线的相关情况；燃气管理部门以及其他有关部门和单位应当及时提供相关资料。

建设工程施工范围内有地下燃气管线等重要燃气设施的，建设单位应当会同施工单位与管道燃气经营者共同制定燃气设施保护方案。建设单位、施工单位应当采取相应的安全保护措施，确保燃气设施运行安全；管道燃气经营者应当派专业人员进行现场指导。法律、法规另有规定的，依照有关法律、法规的规定执行。

燃气经营者改动市政燃气设施，应当制定改动方案，报县级以上地方人民政府燃气管理部门批准。改动方案应当符合燃气发展规划，明确安全施工要求，有安全防护和保障正常用气的措施。

4. 燃气安全事故预防与处理

《城镇燃气管理条例》第三十九条规定："燃气管理部门应当会同有关部门制定燃气安全事故应急预案，建立燃气事故统计分析制度，定期通报事故处理结果。燃气经营者应当制定本单位燃气安全事故应急预案，配备应急人员和必要的应急装备、器材，并定期组织演练。"

任何单位和个人发现燃气安全事故或者燃气安全事故隐患等情况，应当立即告知燃气经营者，或者向燃气管理部门、公安机关消防机构等有关部门和单位报告。燃气经营者应当建立健全燃气安全评估和风险管理体系，发现燃气安全事故隐患的，应当及时采取措施消除隐患。

燃气管理部门以及其他有关部门和单位应当根据各自职责，对燃气经营、燃气使用的安全状况等进行监督检查，发现燃气安全事故隐患的，应当通知燃气经营者、燃气用户及时采取措施消除隐患；不及时消除隐患可能严重威胁公共安全的，燃气管理部门以及其他有关部门和单位应当依法采取措施，及时组织消除隐患，有关单位和个人应当予以配合。

燃气安全事故发生后，燃气经营者应当立即启动本单位燃气安全事故应急预案，组织抢险、抢修。燃气管理部门、安全生产监督管理部门和公安机关消防机构等有关部门及单位，应当根据各自职责，立即采取措施防止事故扩大，根据有关情况启动燃气安全事故应急预案。

燃气安全事故经调查确定为责任事故的，应当查明原因、明确责任，并依法予以追究。对燃气生产安全事故，依照有关生产安全事故报告和调查处理的法律、行政法规的规定报告和调查处理。

11.2.5 城市公共交通管理

1. 城市公共交通管理概述

城市公共交通是与人民群众生产、生活息息相关的重要基础设施。改革开放以来，我国城市公共交通有了较快发展，但随着经济社会发展和城镇化进程的加快，一些城市交通拥堵、群众出行不便等问题日益突出，严重影响了城市发展和人民群众生活水平的提高。优先发展城市公共交通是提高交通资源利用效率、缓解交通拥堵的重要手段。为解决好城市交通问题，促进城市健康发展，发挥城市公共交通对经济社会协调和可持续发展的作用，加强城市公共交通管理，提升城市交通管理水平迫在眉睫。城市公共交通是指利用城市交通工具，如公共汽车、电车、地铁、出租车等，为人们出行提供方便。

国务院交通运输主管部门负责指导全国城市公共交通的监督管理工作。省、自治区人民政府交通运输主管部门负责指导本行政区域城市公共交通的监督管理工作。城市人民政府及其指定的城市公共交通管理部门（以下简称城市公共交通管理部门）具体负责本行政区域城市公共交通的监督管理工作。

2. 城市公共交通规划与建设

（1）城市公共交通规划

城市人民政府应当组织交通运输、城乡建设、规划、公安等部门根据城市总体规划编制城市公共交通规划。城市公共交通规划应当包括城市公共交通发展目标、城市公共交通方式的构成比例和规模、城市公共交通设施和线路布局、城市公共交通车辆配置、信息化建设以及城市公共交通设施用地保障等内容。编制城市公共交通规划应当征求社会公众意见。

城市人民政府规划主管部门在组织编制控制性详细规划时，应当与城市公共交通规划相衔接，并优先保障城市公共交通设施用地。城市公共交通规划确定的城市公共交通设施用地符合划拨用地目录的，应当以划拨方式供地。城市人民政府可以在确保城市公共交通设施用地功能及规模的基础上，对城市公共交通设施用地依法实行综合利用，提高土地利用效率。任何单位和个人不得非法占用城市公共交通设施用地。

（2）城市公共交通建设

城市人民政府应当加大对城市公共交通设施建设的投资力度，并充分考虑老年人、残疾人出行需求，完善城市公共交通无障碍设施。规划、建设航空港、铁路客运站、水路客运码头、公路客运站、居住区、商务区等建设项目的，应当按照国家有关标准规划、建设配套的城市公共交通设施；配套的城市公共交通设施应当与主体工程同步设计、同步建设、同步竣工、同步交付使用。

新建、改建、扩建城市道路应当根据城市公共交通规划设置首末站、中途停靠站、换乘接驳站等城市公共交通设施。城市人民政府可以根据城市道路的技术条件、交通流量、出行结构等因素，开设公共汽（电）车专用道，设置公共汽（电）车优先通行信号系统。

城市公共交通设施的管理人应当加强对城市公共交通设施的管理和维护，确保城市公共交通设施完好。

3. 城市公共交通运营管理

（1）通过经济、法律和行政手段规范公交市场，建立平等竞争、法规健全的统一市场；

（2）发挥公共汽车、电车、地车、轻轨、轮渡企业在城市公交中的主体和骨干作用，利用国内外各种经济力量发展城市公共交通事业；

（3）实行城市公交经营单位和个人的资质认证制度，维护正常的公共交通运营秩序；

（4）加强对小型公共汽车、出租汽车的经营权有偿出让和转让管理，所收费用主要用于发展城市公共交通事业；

（5）建立城市公交线路专营权制度，制定具体实施办法，规定专营单位的权利、义务及法律责任；

（6）转换企业经营机制，各类公交经营企业要实行依法经营、自主经营、自负盈亏、自我发展、自我约束的商品生产和经营，使其成为独立享有民事权利和承担民事义务的企业法人。

11.3　城市市容与环境卫生管理法规

市容市貌代表着一个城市的形象，映射城市的文明程度和发展水平，是一个地区政治、经济和社会发展能力的综合体现，是一种看得见、摸得着的软实力。城市的环境和形象对于投资者的信心、居民生活的幸福指数有着非常重要的影响。加强市容环境综合整治，是改善城市面貌、提高城市品位、推动城市科学发展的重要举措；是优化发展环境、改善生态环境、提升城市综合竞争力的现实需要；是引领外商投资、促进城市经济发展的有效手段，更是改善市民居住生活条件、提高群众幸福指数的重要抓手。

11.3.1　城市市容与环境卫生管理概述

城市容貌是城市外观的综合反映，是指与城市环境密切相关的城市建（构）筑物、道路、园林绿化、公共设施、广告标志、照明、公共场所、城市水域、居住区等构成的城市局部或整体景观。

《城市市容和环境卫生管理条例》第三条规定："城市市容和环境卫生工作，实行统一领导、分区负责、专业人员管理与群众管理相结合的原则。"

城市市容与环境卫生工作实行分级管理。《城市市容和环境卫生管理条例》第四条规定："国务院城市建设行政主管部门主管全国城市市容和环境卫生工作。省、自治区人民政府城市建设行政主管部门负责本行政区域的城市市容和环境卫生管理工作。城市人民政府市容环境卫生行政主管部门负责本行政区域的城市市容和环境卫生管理工作。"

11.3.2　城市市容管理

1. 在建筑物和城市设施管理方面

（1）建筑物和城市设施应当符合国家规定的城市容貌标准

《城市市容和环境卫生管理条例》第九条规定："城市中的建筑物和设施，应当符合国家规定的城市容貌标准。对外开放城市、风景旅游城市和有条件的其他城市，可以结合本地具体情况，制定严于国家规定的城市容貌标准；建制镇可以参照国家规定的城市容貌标准执行。"这就要求我们在进行城市建设（包括新建、改建、扩建）时，建筑物应保持当地风貌，体现城市特色，其造型、装饰等应与所在区域环境相协调。城市文物古迹、历史街区、历史文化名城应按现行国家标准《历史文化名城保护规划规范》GB 50357 的有关规定进行规划控制；历史保护建（构）筑物不得擅自拆除、改建、装饰装修，并应设置专门标志；其他具有历史价值的建（构）筑物及具有代表性风格的建（构）筑物，宜保持原有风貌特色。

一切单位和个人都应当保持建筑物的整洁、美观。现有建（构）筑物应保持外形完好、整洁，保持设计、建造时的形态和色彩，符合街景要求。破残的建（构）筑物外立面应及时整修。在城市人民政府规定的街道的临街建筑物的阳台和窗外，不得堆放、吊挂有碍市容的物品。搭建或者封闭阳台必须符合城市人民政府市容环境卫生行政主管部门的有关规定。电力、电信、有线电视、通信等空中架设的缆线宜保持规范、有序，不得乱拉乱设。建筑物屋顶应保持整洁、美观，不得堆放杂物。屋顶安装的设施、设备应规范设置。屋顶色彩宜与周围景观相协调。

（2）建筑物和城市设施应符合城市规划要求

① 建筑物和城市设施的市容管理应始于城市规划阶段。《城市规划法》规定：编制城市规划应加强城市绿化建设和市容环境卫生建设。保护历史文化遗产、城市传统风貌、地方特色和自然景观。

② 建设项目竣工验收时，各类建筑物的平面位置、立面造型、装修色调等符合批准的规划设计要求。城市中的市政公用设施，应当与周围环境相协调，并维护和保持设施完好、整洁。

2. 在户外广告管理方面

《城市市容和环境卫生管理条例》第十一条规定："在城市中设置户外广告、标语牌、画廊、橱窗等，应当内容健康、外型美观，并定期维修、油饰或者拆除。大型户外广告的设置必须征得城市人民政府市容环境卫生行政主管部门同意后，按照有关规定办理审批手续。"有关广告设施与标识的分类见表 11-1。

广告设施与标识分类   表 11-1

类型	$a(m)$ 或 $S(m^2)$
大型	$a \geqslant 4$ 或 $S \geqslant 10$
中型	$4 > a > 2$ 或 $10 > S > 2.5$
小型	$a \leqslant 2$ 或 $S \leqslant 2.5$

注：a 指广告设施与标识的任一边边长，S 指广告设施与标识的单面面积。

广告设施与标识设置应符合城市专项规划，与周边环境相适应，兼顾昼夜景观。广告设施与标识使用的文字、商标、图案应准确、规范。陈旧、损坏的广告设施与标识应及时更新、修复，过期和失去使用价值的广告设施应及时拆除。广告应张贴在指定场所，不得在沿街建（构）筑物、公共设施、桥梁及树木上涂写、刻画、张贴。

有下列情形之一的，不得设置户外广告：

（1）利用交通安全设施、交通标志的。

（2）影响市政公共设施、交通安全设施、交通标志使用的。

（3）妨碍生产或者人民生活，损害市容市貌的。

（4）国家机关、文物保护单位和名胜风景点的建筑控制地带。

（5）当地县级以上地方人民政府禁止设置户外广告的区域。

3. 在街道两侧和公共场地的管理方面

主要街道两侧的建筑物前，应当根据需要与可能，选用透景、半透景的围墙、栅栏或者绿篱、花坛（池）、草坪等作为分界。临街树木、绿篱、花坛（池）、草坪等，应当保持整洁、美观。栽培、整修或者其他作业留下的渣土、枝叶等，管理单位、个人或者作业者应当及时清除。

任何单位和个人都不得在街道两侧和公共场地堆放物料，搭建建筑物、构筑物或者其他设施。因建设等特殊需要，在街道两侧和公共场地临时堆放物料，搭建非永久性建筑物、构筑物或者其他设施的，必须征得城市人民政府市容环境卫生行政主管部门同意后，按照有关规定办理审批手续。

4. 在交通运输工具管理方面

在市区运行的交通运输工具，应当保持外型完好、整洁，货运车辆运输的液体、散装货物，应当密封、包扎、覆盖，避免泄漏、遗洒。

5. 在工程施工现场管理方面

《建筑法》规定，建筑施工企业应当遵守有关环境保护和安全生产的法律、法规的规定，采取控制和处理施工现场的各种粉尘、废气、废水、固体废物以及噪声、振动对环境的污染和危害的措施。2003 年 11 月颁布的《建设工程安全生产管理条例》进一步规定，施工单位应当遵守有关环境保护法律、法规的规定，在施工现场采取措施，防止或者减少粉尘、废气、废水、固体废物、噪声、振动和施工照明对人及环境的危害和污染。

因此工程施工现场是城市市容管理的重点。

《城市市容和环境卫生管理条例》第十六条规定："城市的工程施工现场的材料、机具应当堆放整齐，渣土应当及时清运；临街工地应当设置护栏或者围布遮挡；停工场地应当及时整理并作必要的覆盖；竣工后，应当及时清理和平整场地。"

城市各类工地应有围墙、围栏遮挡，围墙的外观宜与环境相协调。临街建筑施工工地周围宜设置不低于 2m 的遮挡墙，市政设施、道路挖掘施工工地围墙高度不宜低于 1.8m，围栏高度不宜低于 1.6m。围墙、围栏保持整洁、完好、美观，并设有夜间照明装置；2m 以上的工程立面宜使用符合规定的围网封闭。围墙外侧环境应保持整洁，不得堆放材料、机具、垃圾等，墙面不得有污迹，无乱张贴、乱涂画等现象。靠近围墙处的临时工棚屋顶及堆放物品高度不得超过围墙顶部。

11.3.3 城市环境卫生管理

1. 环境卫生设施规划

（1）一般规定

城市环境卫生设施专业（专项）规划的期限和范围应与城市总体规划相一致，与城镇体系规划相协调。

城市环境卫生设施的规划设置必须从整体上满足城市生活垃圾收集、运输、处理和处置等功能，贯彻生活垃圾处理无害化、减量化和资源化原则，实现生活垃圾的分类收集、分类运输、分类处理和分类处置。

重大环境卫生工程设施的规划设置宜做到区域共享、城乡共享，实现环境卫生重大基础设施的优化配置。

（2）其他规定

在城市总体规划中应预测城市生活垃圾产量和成分，确定城市生活垃圾收集、运输、处理和处置方式，给出公共厕所布局原则及数量，并给出主要环境卫生工程设施的规划设置原则、类型、标准、数量、布局和用地范围。

分区规划在城市总体规划基础上适度深化，重点应确定主要环境卫生工程设施的位置和用地范围。在城市环境卫生设施专业（专项）规划中，除满足上述要求外，尚应给出环境卫生公共设施的设置原则、类型、等级、数量和用地面积等指标，提出工艺、技术、建设等要求。

对其他环境卫生设施的规划要求，可根据其特点分别按对环境卫生公共设施或环境卫生工程设施的要求执行。

在详细规划中，应确定各类环境卫生设施的种类、等级、数量、用地和建筑面积、定点位置等内容，满足环境卫生车辆通道要求。

2. 城市环境卫生设施的建设

城市人民政府在进行城市新区开发或者旧区改造时，应当依照国家有关规定，建设生活废弃物的清扫、收集、运输和处理等环境卫生设施，所需经费应当纳入建设工程概算。

多层和高层建筑应当设置封闭式垃圾通道或者垃圾贮存设施，并修建清运车辆通道。城市街道两侧、居住区或者人流密集地区，应当设置封闭式垃圾容器、果皮箱等设施。一切单位和个人都不得擅自拆除环境卫生设施；因建设需要必须拆除的，建设单位必须事先提出拆迁方案，报城市人民政府市容环境卫生行政主管部门批准。

3. 城市公厕的规划

城市人民政府市容环境卫生行政主管部门，应当根据城市居住人口密度和流动人口数量以及公共场所等特定地区的需要，制定公共厕所建设规划，并按照规定的标准，建设、改造或者支持有关单位建设、改造公共厕所。

城市人民政府市容环境卫生行政主管部门，应当配备专业人员或者委托有关单位和个人负责公共厕所的保洁与管理；有关单位和个人也可以承包公共厕所的保洁与管理。公共厕所的管理者可以适当收费，具体办法由省、自治区、直辖市人民政府制定。对不符合规定标准的公共厕所，城市人民政府应当责令有关单位限期改造。公共厕所的粪便应当排入贮（化）粪池或者城市污水系统。污水管网及污水处理设施不完善的地区，其公共厕所应配建粪便污水前端处理设施。

商业区、市场、客运交通枢纽、体育文化场馆、游乐场所、广场、大型社会停车场、公园及风景名胜区等人流集散场所附近应设置公共厕所。其他城市用地也应按需求设置相应等级和数量的公共厕所。

公共厕所位置应符合下列要求：

（1）设置在人流较多的道路沿线、大型公共建筑及公共活动场所附近。

（2）独立式公共厕所与相邻建筑物间宜设置不小于3m宽绿化隔离带。

（3）附属式公共厕所应不影响主体建筑的功能，并设置直接通至室外的单独出入口。

（4）公共厕所宜与其他环境卫生设施合建。

（5）在满足环境及景观要求条件下，城市绿地内可以设置公共厕所。

4. 城市环境卫生的清洁

按国家行政建制设立的市的主要街道、广场和公共水域的环境卫生，由环境卫生专业单位负责。居住区、街巷等地方，由街道办事处负责组织专人清扫保洁；飞机场、火车站、公共汽车始末站、港口、影剧院、博物馆、展览馆、纪念馆、体育馆（场）和公园等公共场所，由本单位负责清扫保洁；机关、团体、部队、企事业单位，应当按照城市人民政府市容环境卫生行政主管部门划分的卫生责任区负责清扫保洁；城市集贸市场，由主管部门负责组织专人清扫保洁；各种摊点，由从业者负责清扫保洁；城市港口客货码头作业范围内的水面，由港口客货码头经营单位责成作业者清理保洁；在市区水域行驶或者停泊的各类船舶上的垃圾、粪便，由船上负责人依照规定处理。

城市人民政府市容环境卫生行政主管部门对城市生活废弃物的收集、运输和处理实施监督管理。一切单位和个人，都应当依照城市人民政府市容环境卫生行政主管部门规定的时间、地点、方式，倾倒垃圾、粪便。对垃圾、粪便应当及时清运，并逐步做到垃圾、粪便的无害化处理和综合利用。对城市生活废弃物应当逐步做到分类收集、运输和处理。

5. 环境卫生管理的社会化服务

环境卫生管理应当逐步实行社会化服务。这是在市场经济条件下，社会分工专业化、社会化的必然趋势。环境卫生管理的社会化服务，主要有以下两个途径：

（1）成立专门的环境卫生服务公司；

（2）由相关物业管理公司进行环境卫生管理。

11.4　城市园林绿化管理法规

11.4.1　城市园林绿化管理概述

城市绿化是城市重要的基础设施，是城市现代化建设的重要内容，是改善生态环境和提高广大人民群众生活质量的公益事业。改革开放以来，我国的城市绿化工作取得了显著成绩，城市绿化水平有了较大提高。但总的看来，绿化面积总量不足、发展不平衡、绿化水平比较低；城市内树木特别是大树少，城市中心地区绿地更少，城市周边地区没有形成以树木为主的绿化隔离林带，建设工程的绿化配套工作不落实。一些城市人民政府的领导对城市绿化工作的重要性缺乏足够的认识；违反城市总体规划和城市绿地系统规划，随意侵占绿地和改变规划绿地性质的现象比较严重；绿化建设资金短缺，养护管理资金严重不足；城市绿化法制建设滞后，管理工作薄弱。

地方政府和相关主管部门要充分认识城市绿化对调节气候、保持水土、减少污染、美化环境、促进经济社会发展和提高人民生活质量所起的重要作用，增强对搞好城市绿化工作的紧迫感和使命感，采取有力措施，加强城市绿化建设，提高城市绿化的整体水平。

国务院设立全国绿化委员会，统一组织领导全国城乡绿化工作，其办公室设在国务院林业行政主管部门。国务院城市建设行政主管部门和国务院林业行政主管部门等，按照国务院规定的职权划分，负责全国城市绿化工作。地方绿化管理体制，由省、自治区、直辖市人民政府根据本地实际情况规定。城市人民政府城市绿化行政主管部门主管本行政区域内城市规划区的城市绿化工作。在城市规划区内，有关法律、法规规定由林业行政主管部门等管理的绿化工作，依照有关法律、法规执行。

11.4.2　城市绿化的规划与建设

城市人民政府应当组织城市规划行政主管部门和城市绿化行政主管部门等共同编制城市绿化规划，并纳入城市总体规划。

城市绿化规划应当从实际出发，根据城市发展需要，合理安排同城市人口和城市面积相适应的城市绿化用地面积。城市人均公共绿地面积和绿化覆盖率等规划指标，由国务院城市建设行政主管部门根据不同城市的性质、规模和自然条件等实际情况规定。

城市绿化规划应当根据当地的特点，利用原有的地形、地貌、水体、植被和历史文化遗址等自然、人文条件，以方便群众为原则，合理设置公共绿地、居住区绿地、防护绿地、生产绿地和风景林地等。

城市绿化工程的设计，应当委托持有相应资格证书的设计单位承担。工程建设项目的附属绿化工程设计方案，按照基本建设程序审批时，必须有城市人民政府城市绿化行政主管部门参加审查。建设单位必须按照批准的设计方案进行施工。设计方案确需改变时，须经原批准机关审批。在设计的过程中应当借鉴国内外先进经验，体现民族风格和地方特色。城市公共绿地和居住区绿地的建设，应当以植物造景为主，选用适合当地自然条件的树木花草，并适当配置泉、石、雕塑等景物。

城市绿化规划应当因地制宜地规划不同类型的防护绿地。各有关单位应当依照国家有关规定，负责本单位管界内防护绿地的绿化建设。单位附属绿地的绿化规划和建设，由该单位自行负责，城市人民政府城市绿化行政主管部门应当监督检查并给予技术指导。

城市苗圃、草圃、花圃等生产绿地的建设，应当适应城市绿化建设的需要。城市新建、扩建、改建工程项目和开发住宅区项目，需要绿化的，其基本建设投资中应当包括配套的绿化建设投资并统一安排绿化工程施工，在规定的期限内完成绿化任务。

11.4.3　城市绿化的保护和管理

1. 城市绿化的保护措施

城市的公共绿地、风景林地、防护绿地、行道树及干道绿化带的绿化，由城市人民政府城市绿化行政主管部门管理；各单位管界内的防护绿地的绿化，由该单位按照国家有关规定管理；单位自建的公园和单位附属绿地的绿化，由该单位管理；居住区绿地的绿化，由城市人民政府城市绿化行政主管部门根据实际情况确定的单位管理；城市苗圃、草圃和花圃等，由其经营单位管理。这是城市绿化管理的总要求。

在城市土地资源开发和利用的过程中，任何单位和个人都不得擅自改变城市绿化规划用地性质或者破坏绿化规划用地的地形、地貌、水体和植被。

任何单位和个人都不得擅自占用城市绿化用地；占用的城市绿化用地，应当限期归还。因建设或者其他特殊需要临时占用城市绿化用地，须经城市人民政府城市绿化行政主管部门同意，并按照有关规定办理临时用地手续。

任何单位和个人都不得损坏城市树木花草和绿化设施。砍伐城市树木，必须经城市人民政府城市绿化行政主管部门批准，并按照国家有关规定补植树木或者采取其他补救措施。

2. 城市绿化的管理措施

在城市的公共绿地内开设商业、服务摊点的，应当持工商行政管理部门批准的营业执照，在公共绿地管理单位指定的地点从事经营活动，并遵守公共绿地和工商行政管理的规定。

城市的绿地管理单位，应当建立健全管理制度，保持树木花草繁茂及绿化设施完好。为保证管线的安全使用需要修剪树木时，应当按照兼顾管线安全使用和树木正常生长的原则进行修剪。承担修剪费用的办法，由城市人民政府规定。

因不可抗力致使树木倾斜危及管线安全时，管线管理单位可以先行扶正或者砍伐树木。但是，应当及时报告城市人民政府城市绿化行政主管部门和绿地管理单位。

百年以上树龄的树木，稀有、珍贵树木，具有历史价值或者重要纪念意义的树木，均属古树名木。

对城市古树名木实行统一管理，分别养护。城市人民政府城市绿化行政主管部门，应当建立古树名木的档案和标志，划定保护范围，加强养护管理。在单位管界内或者私人庭院内的古树名木，由该单位或者居民负责养护，城市人民政府城市绿化行政主管部门负责监督和技术指导。

严禁砍伐或者迁移古树名木。因特殊需要迁移古树名木，必须经城市人民政府城市绿化行政主管部门审查同意，并报同级或者上级人民政府批准。

11.5 市政工程建设法规案例

案例 1 井盖被盗的责任

2001 年 5 月 29 日，中山市市政工程总公司维修管理公司的巡查人员在例行检查中发现，某路段绿化带上一下水道检查井的井盖被盗，巡查人员及时补上新的井盖。谁知新的井盖又被盗了。当天晚上 9 点多，年幼的女孩萍萍随姨妈在该路段绿化带上玩耍时，没有发现脚下的井盖已经没有了，不小心跌进约 3m 深的下水道里，经抢救无效死亡。

究竟是谁盗走井盖造成萍萍身亡？一时难以破案。萍萍的父母提起诉讼，状告中山市市政管理中心，要求赔偿死亡补偿、赡养费、精神抚慰金及其他费用 359549 元。而该市政管理公司认为，当天才换上新的井盖，公司已尽到责任，萍萍的死亡纯属意外，自己不应承担被告要求。双方谁的理由充分呢？萍萍父母的诉讼能赢吗？

【案例评析】

萍萍的父母在诉讼中称，萍萍依法享有生命健康权，被告人作为市政维修管理公司，承担下水道等的维护、检查、管理义务，由于被告的不作为造成萍萍的死亡，应依法承担民事赔偿责任。

被告认为：井盖酿祸全怪小偷，幼女死亡纯属意外，作为市政维修管理公司，其管理路段范围广，每天派人巡查，发现井盖被盗及时更换新井盖，已尽职尽责。在现有人力物力的情况下，井盖被盗不是管理者能预防和制止的。此外，萍萍是不满 6 周岁的儿童，其监护人也有过错。

法院认定：井盖所有者负全责，判赔萍萍父母包括死亡补偿费 4 万余元、精神损失费 20 万元等在内的 5 项赔偿合计 25 万余元。

两原告（市政工程总公司及其维修管理公司）作为市政管理、维修部门，对其管辖地域的市政设施负有管理、维修职责。

被告所辖地域的下水道井盖的遗失没有及时补上，致使萍萍不慎掉入无井盖下水道溺水窒息死亡，两原告应为其所管辖市政设施不作为承担全部责任。遗失井盖的下水道口在公共绿化带，并非在马路上或者交通要道，萍萍的父母不可能预见在绿化带上散步时存在危险，所以萍萍的父母没有责任。

案例 2 终端供电不通知造成损失的赔偿

2017 年 3 月，某供电企业检查线路，于工作日上午 8 时 30 分突然中断供电，直至当日下午 4 时才恢复供电，造成该路段的机关、学校、商场、居民等断电近 8 个小时，严重影响了这些单位和居民的正常工作和生活。事发当日，人们议论纷纷，为什么呢? 认为该供电企业的行为已经构成侵权。

【案例评析】

(1) 供电人中断供电负有通知义务。

1999 年 10 月 1 日起施行的《中华人民共和国合同法》第 180 条规定: "供电人因供电设施计划检修、临时检查、依法限电或者用电人违法用电等原因，需要中断供电时，应当按照国家有关规定通知用电人。"

只要供电人因故要中断供电，就必须履行"事先通知用电人"的义务。未履行此义务造成用电人损失的，就应当承担损害赔偿责任。国家对供电人因检修设备等正当理由需要中断供电时，有明确的提前通知的时间规定，即计划检修停电应在 7 日前通知用电人，临时或紧急检修停电应在 24 小时以前通知用电人。因此，供电人因故中断供电必须履行"事先通知用电人"的法定义务。

(2) 供电人未履行通知义务，就构成侵权。

《合同法》第 180 条还明确规定: 供电人"未事先通知用电人中断供电，造成用电人的损失的，应当承担损失赔偿责任"; 《用电法》第 59 条第 2 款中也有对电力企业"未保证供电质量或者未事先通知用户中断供电，给用户造成损失的，应当承担赔偿责任"的明确规定。

(3) 供电人与用电人之间是合同关系

在合同履行过程中，按法律规定和合同约定，供电人因自身原因或用电人原因需对用电人中断而未事先通知用电人，就是违约行为，造成损失的应当赔偿; 用电人不按规定及时缴纳电费，也是违约，用电人应支付违约金。在合理期限内不缴纳电费和违约金的，供电人可以按规定的程序对用电人中止供电。

案例 3 改制后用户的用水问题

原告: 张某

被告: 某县水务局

2003 年 6 月，某县响水镇自来水厂以自来水管网陈旧、需要维护为由，要求张某等自来水用户缴纳管网维护费。张某认为，管网维护应是自来水厂的职责，拒绝缴纳。同月 30 日，自来水厂未经批准，对张某等用户停止供水，张某书面申请某县水务局对自来水厂的违法停水行为进行查处。2003 年 7 月 1 日，原告张某认为书面申请后 24 小时仍未恢复供水，以某县水务局不履行供水管理职责为由，向某县人民法院提起行政诉讼，请求人民法院判决被告某县水务局履行法定职责，作出具体行政行为，对某县响水镇自来水厂擅自停水行为进行查处，恢复供水，以保护原告的合法权益。

【案例评析】

某县水务局认为，某县响水镇自来水厂以前系其直接管理的公用事业单位，改制后卖给了私人，本局无权管，再加之响水镇不是城市，不属于本局的职责管理范围。

《城市供水条例》（以下简称《条例》）系 1994 年 7 月 19 日由国务院发布，同年 10 月 1 日起施行。该行政法规是衡量某县响水镇是否依法行政的法律依据。针对某县水务局对该法规的立法宗旨、适用范围等存在理解上的偏差，某县人民法院及时与某县水务局交换了意见，取得了共识。某县水务局于 7 月 2 日派出执法人员到纠纷发生地进行调查后，责令某县响水镇自来水厂于同月 4 日为原告恢复了供水。2003 年 7 月 7 日，原告以诉讼目的已达到为由，向某县人民法院提出撤诉申请并自愿承担案件诉讼费。

某县人民法院经审查认为，《条例》第七条第三款明确规定，县级以上城市人民政府确定的城市供水行政主管部门主管本行政区域内的城市供水工作。第三十三条规定，城市自来水供水企业擅自停止供水或者未履行停水通知义务的，由城市供水行政主管部门责令改正，可以处以罚款。情节严重的，可以责令停业整顿。被告某县水务局是某县区域内的城市供水行政主管部门。被告于 2003 年 7 月 1 日接到原告要求查处供水违法行为的申请后，及时派人进行了调查并责令供水企业迅速恢复了供水，依法履行了法定职责。原告申请撤诉，符合法律规定。依照《中华人民共和国行政诉讼法》第五十一条的规定，某县人民法院于 2003 年 7 月 10 日作出裁定：准许原告张某撤回起诉，案件受理费由原告张某负担。

复习思考题

简答题

1. 城市道路的设计原则是什么？
2. 城市的道路范围内有哪些禁止行为？
3. 城市防洪设施的建设有哪些要求？
4. 排水与污水处理设施运营单位应当具备哪些条件？
5. 应如何预防燃气安全事故？
6. 户外广告的设置有哪些限制条件？
7. 城市绿化规划的原则是什么？

12 其他相关法律法规

12.1 建筑节能法规

能源是指煤炭、石油、天然气、生物质能和电力、热力以及其他直接或者通过加工、转换而取得有用能的各种资源。节约能源是指加强用能管理，采取技术上可行、经济上合理以及环境和社会可以承受的措施，从能源生产到消费的各个环节，降低消耗、减少损失和污染物排放、制止浪费，有效、合理地利用资源。

节约资源是我国的基本国策。国家实施节约与开发并举、将节约放在首位的能源发展战略。

在工程建设领域节约能源主要包括建筑节能和施工节能两个方面。

建筑节能是解决建设项目建成后使用过程中的节能问题。2008年8月颁布的《民用建筑节能条例》规定，"民用建筑节能，是指在保证民用建筑使用功能和室内热环境质量的前提下，降低其使用过程中能源消耗的活动。"施工节能则是要解决施工过程中的节能的能源问题。如《绿色施工导则》规定，"绿色施工是指工程建设中，在保证质量、安全等基本要求的前提下，通过科学管理和技术进步，最大限度地节约资源与减少对环境负面影响的施工活动，实现四节一环保（节能、节地、节水、节材和环境保护）。"

12.1.1 节约能源法概述

1. 节约能源立法简述

1991年3月完成《中华人民共和国节能法》讨论稿及编写说明，列入1991年国务院立法规划；1995年4月30日，国务院第31次常务会议审核报请全国人大常委会审议；1995年5月5日，全国人大常委会第一次审议；1995年6月23日，全国人大常委会第二次审议；1996年6月28日，全国人大常委会第三次审议；1997年11月1日，全国人大常委会第四次审议通过；1998年1月1日开始施行。

2007年10月28日，十届全国人大常委会第三十次会议通过了修订的《中华人民共和国节约能源法》。

最新的《中华人民共和国节约能源法》根据2016年7月2日第十二届全国人民代表大会常务委员会第二十一次会议《关于修改〈中华人民共和国节约能源法〉等六部法律的决定》修正。

2. 节约能源法立法意义

（1）是转变经济增长方式的需要

新中国成立后特别是改革开放以来在资源和环境方面付出了巨大的代价，其中最突出的问题是资源消耗高、浪费大、污染重。因此，我们必须加快促进能源资源节约，努力实现经济增长方式的根本转变。

（2）是由我国基本国情决定的

人口众多、资源相对不足、环境承载能力较弱是我国的基本国情。这种基本国情决定了我国经济社会发展必须特别重视节约和合理利用资源。

（3）保障经济安全和国家安全的重要举措

加快推进节约型社会建设，控制和降低对国外资源的依赖程度，对于确保经济安全和国家安全有重要意义。

3. 相关部门的管理权限

国务院管理节能工作的部门主管全国的节能监督管理工作。国务院有关部门在各自的职责范围内负责节能监督管理工作，并接受国务院管理节能工作的部门的指导。

县级以上地方各级人民政府管理节能工作的部门负责本行政区域内的节能监督管理工作。县级以上地方各级人民政府有关部门在各自的职责范围内负责节能监督管理工作，并接受同级管理节能工作的部门的指导。

12.1.2　合理使用与节约能源的一般规定

1. 节能的产业政策

2007 年 10 月颁布的《中华人民共和国节约能源法》（以下简称《节约能源法》）规定，国家实行有利于节能和环境保护的产业政策，限制发展高耗能、高污染行业，发展节能环保型产业。

国家对落后的耗能过高的用能产品、设备和生产工艺实行淘汰制度。禁止使用国家明令淘汰的用能设备、生产工艺，国家鼓励企业制定严于国家标准、行业标准的企业节能标准。

2. 用能单位的法定义务

用能单位应当按照合理用能的原则加强节能管理，制定并实施节能计划和节能技术措施，降低能源消耗。用能单位应当建立节能目标责任制，对节能工作取得成绩的集体和个人给予奖励。用能单位应当定期开展节能教育和岗位节能培训。

用能单位应当加强能源计量管理，按照规定配备和使用经依法检定合格的能源计量器具。用能单位应当建立能源消耗统计和能源利用状况分析制度，对各类能源的消费实行分类计量和统计，并确保能源消费统计数据真实、完整。任何单位不得对能源消费实行包费制。

3. 循环经济的法律要求

循环经济是指在生产、流通和消费等过程中进行的减量化、再利用、资源化活动的总称。减量化，是指在生产、流通和消费的过程中减少资源消耗和废物产生；再利用，是指废物直接作为产品或者经修复、翻新、再制造后继续作为产品使用，或者将废物的全部或者部分作为其他产品的部件予以使用；资源化，是指将废物直接作为原料进行利用或者对废物进行再生利用。

2008 年 8 月颁布的《中华人民共和国循环经济促进法》（以下简称《循环经济促进法》）规定，发展循环经济应当在技术可行、经济合理和有利于节约资源、保护环境的前提下，按照减量化优先的原则实施。在废物再利用和资源化过程中应当保障生产安全，保证产品质量符合国家规定的标准并防止产生再次污染。

企业事业单位应当建立健全管理制度，采取措施降低资源消耗，减少废物产生量和排放量，提高废物的再利用和资源化水平。

国务院循环经济发展综合管理部门会同国务院环境保护等有关主管部门，定期发布鼓励、限制和淘汰的技术、工艺、设备、材料和产品名录。禁止生产、进口、销售列入淘汰名录的设备、材料和产品，禁止使用列入淘汰名录的技术、工艺、设备和材料。

12.1.3　建筑节能的规定

《节约能源法》规定，国家实行固定资产投资项目节能评估和审查制度。不符合强制性节能标准的项目，依法负责项目审批或者核准的机关不得批准或者核准建设；建设单位不得开工建设；已经建成的，不得投入生产、使用。

国家鼓励在新建建筑和既有建筑节能改造中使用新型墙体材料等节能建筑材料和节能设备，安装和使用太阳能等可再生能源利用系统。

建筑工程的建设、设计、施工和监理单位应当遵守建筑节能标准。

1. 采用太阳能、地热能等可再生能源

《民用建筑节能条例》规定，国家鼓励和扶持在新建建筑及既有建筑节能改造中采用太阳能、地热能等可再生资源。

在具备太阳能利用条件的地区，有关地方人民政府及其部门应当采取有效措施，鼓励和扶持单位、个人安装使用太阳能热水系统、照明系统、供热系统、采暖制冷系统等太阳能利用系统。

2. 新建建筑节能的规定

国家推广使用民用建筑节能的新技术、新工艺、新材料和新设备，限制使用或者禁止使用能源消耗高的技术、工艺、材料和设备。国家限制进口或者禁止进口能源消耗高的技术、材料和设备。

建设单位、设计单位、施工单位不得在建筑活动中使用列入禁止使用目录的技术、工艺、材料和设备。

（1）施工图审查机构的节能义务

施工图设计文件审查机构应当按照民用建筑节能强制性标准对施工图设计文件进行审查。经审查不符合民用建筑节能强制性标准的，县级以上地方人民政府建设主管部门不得颁发施工许可证。

（2）建设单位的节能义务

建设单位不得明示或者暗示设计单位、施工单位违反民用建筑节能强制性标准进行设计、施工，不得明示或者暗示施工单位使用不符合施工设计文件要求的墙体材料、保温材料、门窗、采暖制冷系统和照明设备。

按照合同的约定，由建设单位采购墙体材料、保温材料、门窗、采暖制冷系统和照明设备，建设单位应当保证其符合施工图设计文件要求。

建设单位组织竣工验收，应当对民用建筑是否符合民用建筑节能强制性标准进行查验；对不符合民用建筑节能强制性标准的，不得出具竣工验收合格报告。

（3）设计单位、施工单位、工程监理单位的节能义务

设计单位、施工单位、工程监理单位及其注册执业人员，应当按照民用建筑节能强制性标准进行设计、施工、监理。

施工单位应当对进入施工现场的墙体材料、保温材料、门窗、采暖制冷系统和照明设

备进行查验。不符合施工图设计文件要求的，不得使用。

工程监理单位发现施工单位不按照民用建筑节能强制性标准施工的，应当要求施工单位改正；施工单位拒不改正的，工程监理单位应当及时报告建设单位，并向有关主管部门报告。

墙体、屋面的保温工程施工时，监理工程师应当按照工程监理规范的要求，采取旁站、巡视和平行检验等形式实施监理。未经监理工程师签字，墙体材料、保温材料、门窗、采暖制冷系统和照明设备不得在建筑上使用或者安装，施工单位不得进行下一道工序的施工。

3. 既有建筑节能的规定

既有建筑节能改造，是指对不符合民用建筑节能强制性标准的既有建筑的围护结构、供热系统、采暖制冷系统、照明设备和热水供应设施等实施节能改造的活动。

实施既有建筑节能改造，应当符合民用建筑节能强制性标准，优先采用遮阳、改善通风等低成本改造措施。既有建筑围护结构的改造和供热系统的改造应当同步进行。

12.1.4　施工节能的规定

《循环经济促进法》规定，建筑设计、建设、施工等单位应当按照国家有关规定和标准，对其设计、建设、施工的建筑物及构筑物采用节能、节水、节地、节材的技术工艺和小型、轻型、再生产品。有条件的地区应当充分利用太阳能、地热能、风能等可再生能源。

1. 节材与材料资源利用

《循环经济促进法》规定，国家鼓励利用无毒、无害的固体废物生产建筑材料，鼓励使用散装水泥，推广使用预拌混凝土和预拌砂浆。禁止损毁耕地烧砖。在国务院或者省、自治区、直辖市人民政府规定的期限和区域内禁止生产、销售和使用黏土砖。

《绿色施工导则》进一步规定，图纸会审时，应审核节材与材料资源利用的相关内容，达到材料损耗率比定额损耗率降低 30%；根据施工进度、库存情况等合理安排材料的采购、进场时间和批次，减少库存；现场材料堆放有序；储存环境适宜，措施得当；保管制度健全，责任落实；材料运输工具适宜，装卸方法得当，防止损坏和遗撒；根据现场平面布置情况就近卸载，避免和减少二次搬运；采取技术和管理措施提高模板、脚手架等的周转次数；优化安装工程的预留、预埋、管线路径等方案；应就地取材，施工现场 500km 以内生产的建筑材料用量占建筑材料总用量的 70% 以上。

此外，还分别就结构材料、围护材料、装饰装修材料、周转材料提出了明确要求。例如，结构材料节材与材料资源利用的技术要点是：

（1）推广使用预拌混凝土和商品砂浆。准确计算采购数量、供应频率、施工速度等。在施工过程中动态控制。结构工程使用散装水泥。

（2）推广使用高强度钢筋和高性能混凝土，减少资源消耗。

（3）推广钢筋专业化加工和配送。

（4）优化钢筋配料和钢构件下料方案。钢筋及钢结构制作前，应对下料单及样品进行复核，无误后方可批量下料。

（5）优化钢结构制作和安装方法。大型钢结构宜采用工厂制作，现场拼装；宜采用分段吊装、整体提升、滑移、顶升等安装方法，减少方案的措施用材量。

（6）采取数字化技术，对大体积混凝土、大跨度结构等专项施工方案进行优化。

2. 节水与水资源利用

《循环经济促进法》规定，国家鼓励和支持使用再生水。企业应当发展串联用水系统和循环用水系统，提高水的重复利用率。企业应当采用先进技术、工艺和设备，对生产过程中产生的废水进行再生利用。

《绿色施工导则》进一步对提高用水效率、非传统水源利用和安全用水作出规定。

（1）提高用水效率：

① 施工中采用先进的节水施工工艺。

② 施工现场喷洒路面、绿化浇灌不宜使用市政自来水。现场搅拌用水、养护用水应采取有效的节水措施，严禁无措施浇水养护混凝土。

③ 施工现场供水管网应根据用水量设计布置。管径合理、管路简捷，采取有效措施减少管网和用水器具的漏损。

④ 现场机具、设备、车辆冲洗用水必须设立循环用水装置。施工现场办公区、生活区的生活用水采用节水系统和节水器具，提高节水器具配置比率，项目临时用水应使用节水型产品，安装计量装置，采取有针对性的节水措施。

⑤ 施工现场建立可再利用水的收集处理系统，使水资源得到梯级循环利用。

⑥ 施工现场分别对生活用水与工程用水确定用水定额指标，并分别计量管理。

⑦ 大型工程的不同单项工程、不同标段、不同分包生活区，凡具备条件的应分别计量用水量。在签订不同标段分包或劳务合同时，将节水定额指标纳入合同条款，进行计量考核。

⑧ 对混凝土搅拌站点等用水集中的区域和工艺点进行专项计量考核。施工现场建立用水、中水或可再利用水的搜集利用系统。

（2）非传统水源利用：

① 优先采用中水搅拌、中水养护，有条件的地区和工程应收集雨水养护。

② 处于基坑降水阶段的工地，宜优先采用地下水作为混凝土搅拌用水、养护用水、冲洗用水、部分生活用水。

③ 现场机具、设备、车辆冲洗、喷洒路面、绿化浇灌等用水，优先采用非传统水源，尽量不使用市政自来水。

④ 大型施工现场，尤其是雨量充沛地区的大型施工现场建立雨水收集利用系统，充分收集自然降水用于施工和生活中适宜的部位。

⑤ 力争施工中非传统水源和循环水的再利用量大于30%。

（3）安全用水：

在非传统水源和现场循环再利用水的使用过程中，应制定有效的水质检测与卫生保障措施，确保避免对人体健康、工程质量以及周围环境产生不良影响。

3. 节能与能源利用

《绿色施工导则》对节能措施，机械设备与机具，生产、生活及办公临时设施，施工用电及照明分别作出规定。

（1）节能措施：

① 制订合理施工能耗指标，提高施工能源利用率。

② 优先使用国家、行业推荐的节能、高效、环保的施工设备和机具，如选用变频技术的节能施工设备等。

③ 施工现场分别设定生产、生活、办公和施工设备的用电控制指标，定期进行计量、核算、对比分析并有预防与纠正措施。

④ 在施工组织设计中，合理安排施工顺序、工作面，以减少作业区域的机具数量，相邻作业区充分利用共有的机具资源。安排施工工艺时，应优先考虑耗用电能或其他能耗较少的施工工艺。避免设备额定功率远大于使用功率或超负荷使用设备的现象。

⑤ 根据当地气候和自然资源条件，充分利用太阳能、地热能等可再生能源。

（2）机械设备与机具：

① 建立施工机械设备管理制度，开展用电、用油计量，完善设备档案，及时做好维修保养工作，使机械设备保持低耗、高效的状态。

② 选择功率与负载相匹配的施工机械设备，避免大功率施工机械设备低负载长时间运行。机电安装可采用节电型机械设备，如逆变式电焊机和能耗低、效率高的手持电动工具等，以利节电。机械设备宜采用节能型油料添加剂。在可能的情况下考虑回收利用，节约油量。

③ 合理安排工序，提高各种机械的使用率和满载率，降低各种设备的单位耗能。

（3）生产、生活及办公临时设施：

① 利用场地自然条件，合理设计生产、生活及办公临时设施的体形、朝向、间距和窗墙面积比，使其获得良好的日照、通风和采光。南方地区可根据需要在其外墙窗设置遮阳设施。

② 临时设施宜采用节能材料，减少夏天空调、冬天取暖设备的使用时间及耗能量。

③ 合理配置采暖、空调、风扇数量，规定使用时间，施行分段分时使用，节约用电。

（4）施工用电及照明：

① 临时用电优先选用节能电线和节能灯具，临时用电线路合理设计、布置，临电设备宜采用自动控制装置。采用声控、光控等照明灯具。

② 照明设计以满足最低照度为原则，照度不应超过最低照度的 20%。

4. 节地与施工用地保护

《绿色施工导则》对临时用地指标、临时用地保护、施工总平面布置分别作出规定。

（1）临时用地指标：

① 根据施工规模及现场条件等因素合理确定临时设施，如临时加工厂、现场作业棚及材料堆场、办公生活设施等的占地指标。临时设施的占地面积应按用地指标所需的最低面积设计。

② 要求平面布置合理、紧凑，在满足环境、职业健康与安全及文明施工要求的前提下尽可能减少废弃地和死角，临时设施占地面积有效利用率大于 90%。

（2）临时用地保护：

① 应对深基坑施工方案进行优化，减少土方开挖和回填量，最大限度地减少对土地的扰动，保护周边自然生态环境。

② 红线外临时占地应尽量使用荒地、废地，少占用农田和耕地。工程完工后，及时对红线外占地恢复原地形、地貌，使施工活动对周边环境的影响降至最低。

③ 利用和保护施工用地范围内原有绿色植被。对于施工周期较长的现场，可按建筑永久绿化的要求，安排场地新建绿化。

（3）施工总平面布置：

① 施工总平面布置应做到科学、合理，充分利用原有建筑物、构筑物、道路、管线，为施工服务。

② 施工现场搅拌站、仓库、加工厂、作业棚、材料堆场等布置应尽量靠近已有交通线路或者即将修建的正式或临时交通线路，缩短运输距离。

③ 临时办公和生活用房应采用经济、美观，占地面积小，对周边环境地貌影响较小，而且适合于施工平面布置动态调整的多层轻钢活动板房、钢骨架水泥活动板房等标准化装配式结构。生活区与生产区应分开布置，并设置标准的分隔设施。

④ 施工现场围墙可采用连续封闭的轻钢结构预制装配式活动围挡，减少建筑垃圾，保护土地。

⑤ 施工现场道路按照永久道路和临时道路相结合的原则布置。施工现场内形成环形道路，减少道路占用土地。

⑥ 临时设施布置应注意远近结合（本期工程与下期工程），努力减少和避免大量临时建筑拆迁及场地搬迁。

12.1.5 施工节能技术进步和激励措施的确定

1. 节能技术进步

《节约能源法》规定，国家鼓励、支持节能科学技术的研究、开发、示范和推广，促进节能技术创新与进步。

（1）政府政策引导

国务院管理节能工作的部门会同国务院科技主管部门发布节能技术政策大纲，指导节能技术研究、开发和推广应用。县级以上各级人民政府应当把节能技术研究开发作为政府科技投入的重点领域，支持科研单位和企业开展节能技术应用研究。制定节能标准，开发节能共性和关键技术，促进节能技术创新和成果转化。

国务院管理节能工作的部门会同国务院有关部门制定并公布节能技术、节能产品的推广目录，引导用能单位和个人使用先进的节能技术及节能产品。

国务院管理节能工作的有关部门会同国务院有关组织实施重大节能科研项目、节能示范项目、重点节能工程。

（2）政府资金扶持

《循环经济促进法》规定，国务院和省、自治区、直辖市人民政府设立发展循环经济有关的专项资金，支持循环经济的科技研究开发、循环经济技术和产品的示范与推广、重大循环经济项目的实施、发展循环经济的信息服务等。

国务院和省、自治区、直辖市人民政府及其有关部门应当将循环经济重大科技攻关项目的自主创新研究、应用示范和产业化发展，列入国家或者省级科技发展规划和高技术产业发展规划，并安排财政性资金予以支持。

利用财政性资金引进循环经济重大技术、装备的，应当制定消化、吸收和创新方案，报有关主管部门审批并由其监督实施；有关主管部门应当根据实际需要建立协调机制，对重大技术、装备的引进和消化、吸收、创新实施统筹协调，并予以资金支持。

2. 节能激励措施

按照《节约能源法》、《循环经济促进法》的规定，主要有如下相关的节能激励措施：

（1）财政安排节能专项资金

中央财政和省级地方财政安排节能专项资金，支持节能技术研究开发、节能技术和产品的示范与推广、重点节能工程的实施、节能宣传培训、信息服务和表彰奖励等。

国家通过财政补贴支持节能照明器具等节能产品的推广和使用。

（2）税收优惠

国家对生产、使用列入国务院管理节能工作的部门会同国务院有关部门制定并发布的节能技术、节能产品和推广目录的需要支持的节能技术、节能产品，实行税收优惠等扶持政策。

国家运用税收等政策，鼓励先进节能技术、设备的进口，控制在生产过程中耗能高、污染重的产品的出口。

国家对促进循环经济发展的产业活动给予税收优惠，并运用税收等措施鼓励进口先进的节能、节水、节材等技术、设备和产品，限制在生产过程中耗能高、污染重的产品的出口。

企业使用或者生产列入国家清洁生产、资源综合利用等鼓励名录的技术、工艺、设备或者产品的，按照国家有关规定享受税收优惠。

（3）信贷支持

国家引导金融机构增加对节能项目的信贷支持，为符合条件的节能技术研究开发、节能产品生产以及节能技术改造等项目提供优惠贷款。国家推动和引导社会有关方面加大对节能的资金投入，加快节能技术改造。

对符合国家产业政策的节能、节水、节地、节材、资源综合利用等项目，金融机构应当给予优先贷款等信贷支持，并积极提供金融配套服务。

对生产、进口、销售或者使用列入淘汰名录的技术、工艺、设备、材料或者产品的企业，金融机构不得提供任何形式的授信支持。

（4）价格政策

国家实行有利于节能的价格政策，引导施工单位和个人节能。国家运用财税、价格等政策，支持推广电力需求侧管理、合同能源管理、节能自愿协议等节能办法。

国家实行有利于资源节约和合理利用的价格政策，引导单位和个人节约与合理使用水、电、气等资源性产品。

（5）表彰奖励

各级人民政府对在节能管理、节能科学技术研究及推广应用中有显著成绩以及检举严重浪费能源行为的单位和个人，给予表彰和奖励。

企业事业单位应当对在循环经济发展中做出贡献的集体和个人给予表彰与奖励。

12.2 噪声污染防治法规

12.2.1 施工现场环境噪声污染的防治

施工噪声，是指在建设工程施工过程中产生的干扰周围生活环境的声音。随着城市化进程的不断加快及工程建设的大规模开展，施工噪声污染问题日益突出，尤其是在城市人口稠密地区的建设工程施工中产生的噪声污染，不仅影响周围居民的正常生活，而且损害城市的环境形象。施工单位与周围居民因噪声而引发的纠纷也时有发生，群众投诉日渐增多。因此，应当依法加强施工现场噪声管理，采取有效措施防治施工噪声污染。

1. 排放建筑施工噪声应当符合建筑施工场界环境噪声排放标准

1996 年 10 月颁布的《中华人民共和国环境噪声污染防治法》（以下简称《环境噪声污染防治法》）规定，在城市市区范围内向周围生活环境排放建筑施工噪声的，应当符合国家规定的建筑施工场界环境噪声排放标准。

所谓噪声排放，是指噪声源向周围生活环境辐射噪声。2011 年 12 月，经修改后颁布的《建筑施工场界环境噪声排放标准》GB 12523—2011 中规定，建筑施工过程中场界环境噪声不得超过规定的排放限值。建筑施工场界环境噪声排放限值，昼间 70dB（A），夜间 55dB（A）。夜间噪声最大声级超过限值的幅度不得高于 15dB（A）。"昼间"是指 6：00 至 22：00 之间的时段；"夜间"是指 22：00 至次日 6：00 之间的时段。县级以上人民政府为环境噪声污染防治的需要（如考虑时差、作息习惯差异等）而对昼间、夜间的划分另有规定的，应按其规定执行。

dB 是英文 Decibel 的缩写，是噪声分贝单位。（A）是指频率加权特性为 A，A 计权声级是目前世界上噪声测量中应用最广泛的一种。

2. 使用机械设备可能产生环境噪声污染的申报

《环境噪声污染防治法》规定，在城市市区范围内建筑施工过程中使用机械设备，可能产生环境噪声污染的，施工单位必须在工程开工 15 日以前向工程所在地县级以上地方人民政府环境保护行政主管部门申报该工程的项目名称、施工场所和期限、可能产生的环境噪声值以及所采取的环境噪声污染防治措施的情况。

国家对环境噪声污染严重的落后设备实行淘汰制度。国务院经济综合主管部门应当会同国务院有关部门公布限期禁止生产、禁止销售、禁止进口的环境噪声污染严重的设备名录。

3. 禁止夜间进行产生环境噪声污染施工作业的规定

《环境噪声污染防治法》规定，在城市区噪声敏感建筑物集中区域内，禁止夜间进行产生环境噪声污染的建筑施工作业，但抢修、抢险作业和因生产工艺上要求或者特殊需要必须连续作业的除外。因特殊需要必须连续作业的，必须有县级以上人民政府或者其他有关主管部门的证明。以上规定的夜间作业，必须公告附近居民。

所谓噪声敏感建筑物集中区域，是指医疗区、文教科研区和以机关或者居民住宅为主的区域。所谓噪声敏感建筑物，是指医院、学校、机关、科研单位、住宅等需要保持安静的建筑物。

4. 政府监管部门的现场检查

《环境噪声污染防治法》规定，县级以上人民政府环境保护行政主管部门和其他环境噪声污染防治工作的监督管理部门、机构，有权依据各自的职责对管辖范围内排放环境噪声的单位进行现场检查。

被检查的单位必须如实反映情况，并提供必要的资料。检查部门、机构应当为被检查的单位保守技术秘密和业务秘密。检查人员进行现场检查，应当出示证件。

12.2.2 建设项目环境噪声污染的防治

城市道桥、铁路（包括轻轨）、工业厂房等，其建成后的使用可能会对周围环境产生噪声污染。因此，建设单位必须在建设前期就规定环境噪声污染的防治措施，并在建设过程中同步建设环境噪声污染防治设施。

《环境噪声污染防治法》规定，新建、改建、扩建的建设项目，必须遵守国家有关建设项目环境保护管理的规定。

建设项目可能产生环境噪声污染的，建设单位必须提出环境影响报告书，规定环境噪声污染的防治措施，并按照国家规定的程序报环境保护行政主管部门批准。环境影响报告书中，应当有该建设项目所在地单位和居民的意见。

建设项目的环境噪声污染防治设施必须与主体工程同时设计，同时施工，同时投产使用。例如，建设经过已有的噪声敏感建筑物集中区域的高速公路和城市高架、轻轨道路，有可能造成环境噪声污染的，应当设置隔声屏障或者采取其他有效的控制环境噪声污染的措施。在已有的城市交通干线的两侧建设噪声敏感建筑物的，建设单位应当按照国家规定间隔一定距离，并采取减轻、避免交通噪声影响的措施等。

建设项目在投入生产或者使用之前，其环境噪声污染防治设施必须经原审批环境影响报告书的环境保护行政主管部门验收，达不到国家规定要求的，该建设项目不得投入或使用。

12.2.3 交通运输噪声污染的防治

建设工程施工有着大量的运输任务，还会产生交通运输噪声。所谓交通运输噪声，是指机动车辆、铁路机车、机动船舶、航空器等交通运输工具在运行时所产生的干扰周围生活环境的声音。

《环境噪声污染防治法》规定，在城市市区范围内行驶的机动车辆的消声器和喇叭必须符合国家规定的要求。机动车辆必须加强维修和保养，保持技术性能良好，防治环境噪声污染。

警车、消防车、工程抢险车、救护车等机动车辆安装、使用警报器，必须符合国务院公安部门的规定；在执行非紧急任务时，禁止使用警报器。

12.2.4 对产生环境噪声污染企业事业单位的规定

《环境噪声污染防治法》规定，产生环境噪声污染的企业事业单位，必须保持防治环境噪声污染的设施正常使用；拆除或者闲置环境噪声污染防治设施的，必须事先报经所在地的县级以上地方人民政府环境保护行政主管部门批准。

产生环境噪声污染的单位，应当采取措施进行治理，并按照国家规定缴纳超标准排污费。征收的超标准排污费必须用于污染的防治，不得挪作他用。

对于在噪声敏感建筑物集中区域内造成严重环境噪声污染的企业事业单位，限期治理。被限期治理的单位必须按期完成治理任务。

12.3 固体废物环境防治法规

固体废物，是指在生产、生活和其他活动中产生的丧失原有利用价值或者虽未丧失利用价值但被抛弃或者放弃的固态、半固态和置于容器中的气态的物品、物质以及法律、行政法规规定纳入固体废物管理的物品、物质。固体废物的污染环境，是指固体废物在产生、收集、贮存、运输、利用、处置的过程中产生的危害环境的现象。

2016年11月，经修改后公布的《中华人民共和国固体废物污染环境防治法》（以下简称《固体废物污染环境防治法》）规定，国家对固体废物污染环境的防治，实行减少固体废物的产生量和危害性、充分合理利用固体废物和无害化处置固体废物的原则，促进清洁生产和循环经济发展。

12.3.1 施工现场固体废物污染环境的防治

施工现场的固体废物主要是建筑垃圾和生活垃圾。固体废物又分为一般固体废物和危险废物。所谓危险废物，是指列入国家危险废物名录或者根据国家规定的危险废物鉴别标准和鉴别方法认定的具有危险特性的固体废物。

1. 一般固体废物污染环境的防治

《固体废物污染环境防治法》规定，产生固体废物的单位和个人，应当采取措施，防止或者减少固体废物对环境的污染。

收集、贮存、运输、利用、处置固体废物的单位和个人，必须采取防扬撒、防流失、防渗漏或者其他防止污染环境的措施；不得擅自倾倒、堆放、丢弃、遗撒固体废物。禁止任何单位或者个人向江河、湖泊、渠道、水库及其最高水位线以下的滩地和岸坡等法律、法规规定禁止倾倒、堆放废弃物的地点倾倒、堆放固体废物。

转移固体废物出省、自治区、直辖市行政区区域贮存、处置的，应当向固体废物移出地的省、自治区、直辖市人民政府环境保护行政主管部门提出申请。移出地的省、自治区、直辖市人民政府环境保护行政主管部门应当经接受地的省、自治区、直辖市人民政府环境保护行政主管部门同意后，方可批准转移该固体废物出省、自治区、直辖市、行政区域。未经批准的，不得转移。

工程施工单位应当及时清运工程施工过程中产生的固体废物，并按照环境卫生行政主管部门的规定进行利用或者处置。

2. 危险废物污染环境防治的特别规定

对危险废物的容器和包装物以及收集、贮存、运输、处置危险废物的设施、场所，必须设置危险废物识别标志。以填埋方式处置危险废物不符合国务院环境保护行政主管部门规定的，应当缴纳危险废物排污费。危险废物排污费用于污染环境的防治，不得挪作他用。

禁止将危险废物提供或者委托给无经营许可证的单位从事收集、贮存、利用、处置的经营活动。运输危险废物，必须采取防止污染环境的措施，并遵守国家有关危险货物运输管理的规定。禁止将危险废物与旅客在同一运输工具上载运。

收集、贮存、运输、处置危险废物的场所、设施、设备和容器、包装物及其他物品转作他用时，必须经过消除污染的处理方可使用。

产生、收集、贮存、运输、利用、处置危险废物的单位，应当制定意外事故的防范措施和应急预案，并向所在地县级以上地方人民政府、环境保护行政主管部门备案；环境保护行政主管部门应当进行检查。因发生事故或者其他突发性事件，造成危险废物严重污染环境的单位，必须立即采取措施消除或者减轻对环境的污染危害，及时通报可能受到污染危害的单位和居民，并向所在地县级以上地方人民政府环境行政主管部门和有关部门报告，接受调查处理。

3. 施工现场固体废物的减量化和回收再利用

《绿色施工导则》规定，制定建筑垃圾减量化计划，如住宅建筑，每万平方米的建筑垃圾不宜超过 400 吨。

加强建筑垃圾的回收再利用，力争建筑垃圾的再利用和回收率达到 30%，建筑物拆除产生的废弃物的再利用和回收率大于 40%。对于碎石类、土石方类建筑垃圾，可采用地基填埋、铺路等方式提高再利用率，力争再利用率大于 50%。

施工现场生活区设置封闭式垃圾容器，施工场地生活垃圾实行袋装化，及时清运。对建筑垃圾进行分类，并收集到现场封闭式垃圾站集中运出。

12.3.2 建设项目固体废物污染环境的防治

《固体废物污染环境防治法》规定，建设产生固体废物的项目以及建设贮存、利用、处置固体废物的项目，必须依法进行环境影响评价，并遵守国家有关建设项目环境保护管理的规定。

建设项目的环境影响评价文件确定需要配套建设的固体废物污染环境防治设施，必须与主体工程同时设计、同时施工、同时投入使用。固体废物污染环境防治设施必须经原审批环境影响评价文件的环境保护行政主管部门验收合格后，该建设项目方可投入生产或者使用。对固体废物污染环境防治设施的验收，应当与主体工程的验收同时进行。

在国务院和国务院有关主管部门及省、自治区、直辖市人民政府划定的自然保护区、风景名胜区、饮用水水源保护区、基本农田保护区和其他需要特别保护的区域内，禁止建设工业固体废物集中贮存、处置的设施、场所和生活垃圾填埋场。

12.4 建设项目环境保护及评价法规

12.4.1 建设项目环境保护法规

1. 建设项目环境保护的含义

"环境"在通常意义上，是指围绕某一中心事物的所有外部条件的总和。

作为环境科学意义上的环境，是指围绕人类活动这一中心事物，或针对客观世界为人类所提供生存和发展的空间以及其中可以直接影响人类活动的各种自然因素，而对这一具体的对象发生作用的所有外界影响与力量的总和，即通常所谓的人类环境。

简单地讲，环境是影响人类生存和发展的各种物质条件及自然因素的总和。为了研究和运用的需要，我国环境保护基本法将环境分为天然环境和人工环境。在有关环境的单行法中，是依据环境要素和功能来进行分类的，如大气环境、水环境、草原环境、森林环境、海洋环境、农业环境、生态环境等。在学术上，人们可以对环境从不同的角度进行种类繁多的分类。

为保护和改善生活环境与生态环境，防治污染和其他公害，保障人体健康，促进社会主义现代化建设的发展，由中华人民共和国第七届全国人民代表大会常务委员会第十一次会议于 1989 年 12 月 26 日通过并公布施行《中华人民共和国环境保护法》。该法中所指环境，指的是影响人类生存和发展的各种天然的和经过人工改造的自然因素的总体，包括大气、水、海洋、土地、矿藏、森林、草原、野生生物、自然遗迹、人文遗迹、自然保护区、风景名胜区、城市和乡村等，适用于中华人民共和国领域和中华人民共和国管辖的其他海域。

该法规定，由国务院环境保护行政主管部门对全国环境保护工作实施统一监督管理；县级以上地方人民政府环境保护行政主管部门，对本辖区的环境保护工作实施统一监督管理。

2. 建设项目环境保护法规体系及立法概况

根据国内外环境法现状，有关环境保护的法律规范主要包括宪法、环境保护基本法、环境保护单行法、环境标准等，它们之间存在着内在的联系，从而形成了环境法规体系。

（1）宪法是国家的根本大法，是有关环境保护的规定，是环境法的基础，包括我国在内的许多国家在宪法中都对环境保护做了原则性规定。

（2）环境保护基本法通常对环境法的基本问题，如适用范围、组织机构、法律原则与制度等进行原则性规定。

（3）环境保护单行法是针对特定的环境保护对象或特定的人类活动而制定的专项法律法规。

（4）环境标准是为保护人群健康、社会物质财富和维护生态平衡，对大气、水、土壤等环境质量污染源、监测方法以及其他需要所制定的标准。

（5）其他法中关于环境保护的法律规定。

我国 20 世纪 70 年代就开始建立环境影响评价制度。

1978 年，中共中央在批转国务院关于《环境保护工作汇报要点》的报告中首次提出进行"环境影响评价"的工作意向。

1979 年 9 月，《中华人民共和国环境保护法（试行）》的第六、七条对"环境影响评价"进行了具体规定。

1989 年，《中华人民共和国环境保护法》第十三条对建设污染环境的项目，必须遵守国家有关建设项目环境保护管理进行了规定。建设项目的环境影响报告书，必须对建设项目产生的污染和对环境的影响作出评价，规定防治措施，经项目主管部门预审并依照规定的程序报环境保护行政主管部门批准。环境影响报告书经批准后，计划部门方可批准建设项目设计任务书。

1998 年 1 月，国务院《建设项目环境保护管理条例》第二章对环境影响评价制度进行了规定，1998 年 11 月 29 日开始实施。

《中华人民共和国环境影响评价法》由中华人民共和国第九届全国人民代表大会常务委员会第三十次会议于 2002 年 10 月 28 日通过，自 2003 年 9 月 1 日起施行。

2016 年 7 月 2 日，全国人大常委会发布关于修改《中华人民共和国节约能源法》等六部法律的决定（含《中华人民共和国水法》《中华人民共和国防洪法》《中华人民共和国职业病防治法》《中华人民共和国航道法》《中华人民共和国环境影响评价法》）对《环境影响评价法》做出了最新修订。

12.4.2　环境影响评价

1. 环境影响评价的定义

环境影响评价是指对规划和建设项目实施后可能造成的环境影响进行分析、预测和评估，提出预防或者减轻不良环境影响的对策和措施，进行跟踪监测的方法与制度。《建设项目环境保护管理条例》以及 2002 年 10 月 28 日全国人大常务委员会发布的《环境影响评价法》，以法律的形式确立了规划和建设项目的环境影响评价制度。

（1）建设项目的环境影响评价实行分类管理

建设单位应当按照下列规定组织编制环境影响报告书、环境影响报告表或者填报环境影响登记表（以下统称环境影响评价文件）：

① 可能造成重大环境影响的，应当编制环境影响报告书，对产生的环境影响进行全面评价。

② 可能造成轻度环境影响的，应当编制环境影响报告表，对产生的环境影响进行分析或者专项评价。

③ 对环境影响很小、不需要进行环境影响评价的，应当填报环境影响登记表。

（2）建设项目环境影响评价机构

接受委托为建设项目环境影响评价提供技术服务的机构，应当经国务院环境保护行政主管部门考核审查合格后颁发资质证书，按照资质证书规定的等级和评价范围，从事环境影响评价服务并对评价结论负责，为建设项目环境影响评价提供技术服务的机构的资质条件和管理办法，由国务院环境保护行政主管部门制定。

国务院环境保护行政主管部门对已取得资质证书的为建设项目环境影响评价提供技术服务的机构名单，应当予以公布。为建设项目环境影响评价提供技术服务的机构，不得与负责审批建设项目环境影响评价文件的环境保护行政主管部门或者其他有关审批部门存在任何利益关系。环境影响评价文件中的环境影响报告书或者环境影响报告表，应当由具有相应环境影响评价资质的机构编制。任何单位和个人不得为建设单位指定对其建设项目进行环境影响评价的机构。

（3）建设项目环境影响评价文件的审批管理

为规范建设项目环境影响评价文件分级审批管理活动，提高审批效率和审批行为的科学性和民主性，保护公民、法人和其他组织的合法权益，国家有关部门制定出台了一系列审批管理制度。

《建设项目环境保护管理条例》第二章"环境影响评价"第十条至第十二条，2003 年 1 月 1 日起实施、2008 年修订的《建设项目环境影响评价文件分级审批规定》，分别对中央与地方的审批权限、分级审批办法、审批流程等内容作出了规定。

建设项目的环境影响评价文件，由建设单位按照国务院的规定报有审批权的环境保护行政主管部门审批。建设项目有行业主管部门的，其环境影响报告书或者环境影响报告表应当经行业主管部门预审后，报有审批权的环境保护行政主管部门审批。其中，国家环保局负责以下建设项目环境影响报告书（表）的审批：

① 跨越省、自治区、直辖市界区的建设项目。

② 特殊性质的建设项目（如核设施、绝密工程等）。

③ 特大型的建设项目（报国务院审批），即总投资限额 2 亿元以上，由国家发改委（原国家计委，下同）批准，或计划任务书由国家发改委报国务院批准的建设项目。

④ 由省级环境保护部门提交上报，对环境问题有争议的建设项目。

审批部门应当自收到环境影响报告书之日起 60 日内，收到环境影响报告表之日起 30 日内，收到环境影响登记表之日起 15 日内，分别做出审批决定并书面通知建设单位。

建设项目的环境影响评价文件经批准后，建设项目的性质、规模、地点、采用的生产工艺或者防治污染、防止生态破坏的措施发生重大变动的，建设单位应当重新报批建设项目的环境影响评价文件。

建设项目的环境影响评价文件自批准之日起超过 5 年，方决定该项目开工建设的，其环境影响评价文件应当报原审批部门重新审核。原审批部门应当自收到建设项目环境影响评价文件之日起 10 日内，将审核意见书面通知建设单位。

建设项目的环境影响评价文件未经法律规定的审批部门审查或者审查后未予批准的，该项目审批部门不得批准其建设，建设单位不得开工建设。

2006 年 1 月 1 日起施行的《环境保护总局建设项目环境影响评价文件审批程序规定》，针对由国家环保总局负责审批的环境影响评价文件的审批程序指出："按照国家规定实行审批制的建设项目，建设单位应当在报送可行性研究报告前报批环境影响评价文件。按照国家规定实行核准制的建设项目，建设单位应当在提交项目申请报告前报批环境影响评价文件。按照国家规定实行备案制的建设项目，建设单位应当在办理备案手续后和开工前报批环境影响评价文件。"另外，对文件的申请与受理、审查、批准、期限等也应作出明确规定。

（4）建设项目环境影响的后评价和跟踪管理

在项目建设、运行过程中产生不符合经审批的环境影响评价文件的情形的，建设单位应当组织环境影响的后评价，采取改进措施，并报原环境影响评价文件审批部门和建设项目审批部门备案。原环境影响评价文件审批部门也可以责成建设单位进行环境影响的后评价，采取改进措施。

环境保护行政主管部门应当对建设项目投入生产或者使用后所产生的环境影响进行跟踪检查，对造成严重环境污染或者生态破坏的，应当查清原因，查明责任。对属于为建设项目环境影响评价提供技术服务的机构编制不实的环境影响评价文件的，或者属于审批部门工作人员失职、渎职，对依法不应批准的建设项目环境影响评价文件予以批准的，应依法追究其法律责任。

2. 环境影响评价的基本内容

（1）环境影响评价制度

我国《环境影响评价法》的法律草案于 2000 年 12 月提请国家最高立法机关审议，历时 22 个月于 2002 年 12 月通过。

① 立法目的

环境影响评价法的基本目的在这部法律的总则中有明确表述，就是为了实施可持续发展战略，预防因规划和建设项目实施后对环境造成不良影响，促进经济、社会和环境的协调发展。

② 关于规划的环境影响评价

1）对于宏观的、长远的综合性规划以及预测性、参考性的指导规划，要求在规划编制过程中同步进行环境影响评价。

2）对属于指标、要求比较具体的规划，一般称作专项规划的，可以要求单独编写该规划的环境影响报告书，并对报告书进行审查。

3）为了增强规划环境影响评价的可操作性，协调相关方面的关系，在《环境影响评

《价法》中专门规定，进行环境影响评价的规划的具体范围由国务院环境保护行政主管部门会同国务院有关部门规定，报国务院批准。

③ 关于建设项目的环境影响评价

在有关建设项目环境影响评价的规定中，除了对法定权限、法定程序、法定内容、提供技术服务机构的资质、跟踪检查等项内容作出规定外，还专门对以下几个方面作出有针对性的规定：

1）为建设项目环境影响评价提供技术服务的机构，对其所作的评价结论负责。

2）建设项目环境影响评价提供技术服务的机构，不得与负责审批建设项目环境影响评价的环境保护行政主管部门或者其他有关审批部门存在任何利益关系。

3）任何单位和个人不得为建设单位指定对其建设项目进行环境影响评价的机构。

4）预审、审核、审批建设项目环境影响评价文件，不得收取任何费用。

以上这些规定，其目的是有利于保证环境影响评价的客观、公正，促进评价的高质量。

④ 关于规划建设项目环境影响评价之间的关系处理

规划和建设项目是两个相对独立的事项，而它们之间又有密不可分的关系。为了协调两者之间环境影响评价的关系，避免工作的重复以及人力、财力、物力上的浪费，根据有关方面的反映和现实中可能出现的问题，在《环境影响评价法》中规定：建设项目的环境影响评价，应当避免与规划的环境影响评价相重复。作为一项整体建设项目的规划，按照建设项目进行环境影响评价，不进行规划的环境影响评价。已经进行了环境影响评价的规划包含具体建设项目的，规划的环境影响评价结论应当作为建设项目环境影响评价的重要依据，建设项目环境影响评价的内容应当根据规划的环境影响评价审查意见予以简化。这些规定的立法用意在于，重复的环境影响评价应当依法避免，爱惜人力物力，讲究效率；当然，并不是该评的却不评，或者是削弱环境影响评价的作用。

（2）建设项目的环境影响评价

① 对建设项目的环境影响评价实行分类管理的基本制度。1998 年 11 月 29 日，国务院发布了《建设项目环境保护管理条例》，对建设项目环境保护分类管理制度作了规定。1999 年 4 月 19 日，原国家环境保护总局又发布了《关于公布〈建设项目环境保护分类管理目录〉（试行）的通知》。2015 年 4 月 9 日，又对《建设项目环境影响评价分类管理目录》进行了第二次修订。2008 年 8 月 15 日第一次修订的《建设项目环境影响评价分类管理名录》（环境保护部令第 2 号）同时废止，使建设项目环境影响评价分类管理制度进一步具体化。现在，立法机关又在环境影响评价法中对建设项目的环境影响评价分类管理制度作了专门规定，使这一制度法律化。

② 建设项目的环境影响评价分类管理的依据和类别。根据不同的建设项目对环境影响的程度，将建设项目环境影响评价分为以下三类：

1）建设项目可能造成重大环境影响的，应当编制环境影响报告书，对产生的环境影响进行全面评价。

2）建设项目可能造成轻度环境影响的，应当编制环境影响报告表，对产生的环境影响进行分析或者专项评价。

3）建设项目对环境影响很小，不需要进行环境影响评价的，应当填报环境影响登记表。根据这一项的规定，对环境影响很小的建设项目，不需要另外进行环境影响评价，但必须履行环境影响登记表的填报和审批手续。

③ 授权由国务院环境保护行政主管部门负责制定建设项目环境影响评价的分类管理名录，并予以公布。建设项目的环境影响报告书应当包括下列内容：

1）建设项目概况。

2）建设项目周围环境现状。

3）建设项目对环境可能造成影响的分析、预测和评估。

4）建设项目环境保护措施及其技术、经济论证。

5）建设项目对环境影响的经济损益分析。

6）对建设项目实施环境监测的建议。

7）环境影响评价的结论。

（3）环境影响评价结论

环境影响评价结论是环境影响报告书中最重要、最关键的内容。环境影响评价结论必须清楚说明下列主要问题：

① 建设项目对环境质量的影响。

② 建设项目的建设规模、性质、选址是否合理，是否符合环境保护要求。

③ 建设项目所采取的防治措施在技术上是否可行，经济上是否合理。

④ 是否需要再做进一步的评价等。

建设项目环境影响报告书除了包括上述四项内容外，还可以根据建设项目的实际情况增加其他内容。

（4）建设项目的环境影响评价，应当避免与规划的环境影响评价相重复

规划的环境影响评价与规划所涉及的建设项目的环境影响评价不应重复，以免影响环境影响评价工作的效率。

① 一个整体建设项目的规划，应当按照建设项目进行环境影响评价，不进行规划的环境影响评价。

② 已经进行环境影响评价的规划所包含的具体建设项目，其环境影响评价在内容上应当简化。

③ 环境影响评价文件中的环境影响报告书或者环境影响报告表，应当由具有相应环境影响评价资质的机构编制。任何单位和个人不得为建设单位指定对其建设项目进行环境影响评价的机构。

④ 除国家规定需要保密的情形外，对环境可能造成重大影响，应当编制环境影响报告书的建设项目，建设单位应当在报批建设项目环境影响报告书前举行论证会、听证会或者采取其他形式，征求有关单位、专家和公众的意见。建设单位报批的环境影响报告书应当附有关单位、专家和公众的意见采纳或者不采纳的说明。

⑤建设项目的环境影响报告书、报告表，由建设单位按照国务院的规定报有审批权的环境保护行政主管部门审批。海洋工程建设项目的海洋环境影响报告书的审批，依照《中华人民共和国海洋环境保护法》的规定办理。

审批部门应当自收到环境影响报告书之日起 60 日内，收到环境影响报告表之日起 30 日内，收到环境影响登记表之日起 15 日内，分别作出审批决定并书面通知建设单位。国

家对环境影响登记表实行备案管理。

预审、审核、审批建设项目环境影响报告书、报告表以及备案环境影响登记表，不得收取任何费用。

（5）国务院环境保护行政主管部门审批的建设项目范围

国务院环境保护行政主管部门负责审批下列建设项目的环境影响评价文件：

① 核设施、绝密工程等特殊性质的建设项目；

② 跨省、自治区、直辖市行政区域的建设项目；

③ 由国务院审批的或者由国务院授权有关部门审批的建设项目。

（6）建设项目的环境影响评价文件报批的相关规定

① 建设项目环境影响评价文件经批准后，建设项目的性质、规模、地点、采用的生产工艺或者防治污染、防止生态破坏的措施发生重大变动的，建设单位应当重新报批。这样的规定是考虑到建设项目的性质、规模、地点或者采用的生产工艺发生重大变化，该建设项目的环境影响也会相应地发生变化。另外，建设项目对环境的影响主要包括对环境的污染和生态的破坏两个方面。如果建设项目防治污染、防止生态破坏的措施发生重大变动，以至于可能对环境造成新的不良影响的，如果不重新报批建设项目环境影响评价文件，很可能使环境影响评价制度的执行流于形式，难以起到防止环境污染和生态破坏的作用。

② 环境影响评价文件批准后，建设项目超过 5 年才决定开工建设的情况下，建设项目环境影响文件应重新审核，防止因时间变迁、建设项目所在地环境状况或者国家环保方面的规定发生变化，使原来进行的环境影响评价失去价值的情况出现。这里所讲的"重新审批"与原来的审批不同，通常只是对过去已经批准的建设项目环境影响评价文件予以重新核实。重新审核的结果大体可能有三种情况：第一种情况是，建设项目所在地的环境状况未发生改变或者环境状况的变化不影响该建设项目继续建设的，予以审核同意，也就是对原批准的环境影响评价文件重新肯定和确认其法律效力；第二种情况是，建设项目所在地的环境状况发生根本改变，根据法律、法规和国家有关规定，原建设项目已经属于禁止在该地建设的项目的，对该建设项目予以否决，也就是不同意原建设单位在该地继续从事该建设项目的建设活动；第三种情况是，建设项目所在地的环境状况发生较大变化，原经批准的环境影响评价文件已经不能准确地说明该建设项目对环境的影响。在这种情况下，决定该建设项目应当重新进行环境影响评价，建设单位应当重新履行环境影响评价文件的审批手续。不管属于哪一种情况，原审批部门都应当自收到建设项目环境影响评价文件之日起 10 日内，将审核意见书面通知建设单位。

③ 建设项目的环境影响评价文件未经法律规定的审批部门审查或者审查后未予批准的，建设单位不得开工建设。

建设项目的环境影响评价文件，是该项目环境影响评价结果的书面表现形式，依照规定，必须报经法定审批部门审批，审批部门应当依法对报批的环境影响评价文件进行审查。按照环境保护的要求，对该环境影响评价文件作出是否予以批准的决定。环境影响评价文件未经法定审查或审查后未予批准的建设项目，一律不得开工建设，这是保证建设项目环境影响评价制度能够真正发挥作用的关键所在。

④ 建设项目建设过程中，建设单位应当同时实施环境影响报告书、环境影响报告表

以及环境影响评价文件审批部门审批意见中提出的环境保护对策措施。

建设项目的环境影响报告书、环境影响报告表，是建设项目环境影响评价结果的书面表现形式。按照建设项目环境影响评价的要求，在建设项目环境影响报告书、报告表中，应当根据该项目对环境可能造成影响的分析和预测，有针对性地提出防范和减少对环境产生不良影响的各种对策和措施；审批该建设项目环境影响报告书、报告表的部门在审批过程中，也可以对该项目提出必要的环保对策和措施要求。

⑤ 环境保护行政主管部门应当对建设项目投入生产或者使用后所产生的环境影响进行跟踪检查，对造成严重环境污染或者生态破坏的，应当查清原因、查明责任。

1）要使建设项目环境影响评价制度真正能够起到预防或减轻不良环境影响的作用，一是要求所做的环境影响评价必须尽可能客观、准确，在此基础上提出的环境保护对策和措施切实有效；二是要求在环境影响评价中所提出的环境保护对策和措施应当在项目建设中真正得到落实；否则，环境影响评价制度就会流于形式。为了避免这种情况的发生，维护建设项目环境影响评价这一法定制度的权威性和有效性，环境保护行政主管部门应当对建设项目投入生产或者使用后所产生的环境影响进行跟踪检查。这种跟踪检查，重点是检查该建设项目的环境影响评价是否符合项目实施后的实际情况。造成严重不良环境影响的，应当分析其原因。跟踪检查既可以结合日常的环境保护监督检查工作一并进行，也可以专项进行。实施跟踪检查的环境保护行政主管部门，既可以是原审批该建设项目环境影响评价文件的环境保护行政主管部门，也可以是该审批部门的上级环境保护行政主管部门。

2）对在跟踪检查中发现已投入生产或者使用的项目造成了严重环境污染或者生态破坏的，应当对造成环境污染或者生态破坏的原因进行分析，查明是因为事先难以预料的客观情况变化所造成的，还是属于环境影响评价中人为因素造成的，总结教训，明确责任。对确属于人为责任因素造成的，应当依法追究责任。对其中属于为建设项目环境影响评价提供技术服务的机构编制环境影响评价文件不实，以致造成严重环境污染或者生态破坏的，应当依法追究其法律责任。

（7）建设工程环境影响评价流程

《建设项目环境保护管理条例》是对评价对象的建设项目的内容来进行分类管理的。《环境影响评价法》也继承了这个方法，即在"对环境有重大影响"的情况下，要提交环境影响报告书，进行全面的评价；当在"对环境有轻微影响"的情况下，要提交环境影响报告表，分析对环境产生的影响或进行专项评价；当"对环境影响非常小"时，只需要填写简单的环境影响登记表，不必填写环境影响评价表。

12.5　大气污染的防治规定

按照国际标准化组织（ISO）的定义，大气污染通常是指由于人类活动或自然过程引起某些物质进入大气中，呈现出足够的浓度，达到足够的时间，并因此危害了人体的舒适、健康和福利或环境污染的现象。如果不对大气污染物的排放总量加以控制和防治，将会严重破坏生态系统和人类生存条件。

1. 大气污染防治法

《中华人民共和国大气污染防治法》是为保护和改善环境，防治大气污染，保障公众健康，推进生态文明建设，促进经济社会可持续发展制定。由全国人民代表大会常务委员会于 1987 年 9 月 5 日发布，自 1988 年 6 月 1 日起实施。2000 年 4 月 29 日，第九届全国人民代表大会常务委员会第十五次会议第一次修订通过，自 2000 年 9 月 1 日起施行。中华人民共和国第十二届全国人民代表大会常务委员会第十六次会议于 2015 年 8 月 29 日第二次修订通过，自 2016 年 1 月 1 日起施行。

2. 施工现场大气污染的防治

2015 年 8 月 29 日颁布的《中华人民共和国大气污染防治法》（以下简称《大气污染防治法》）规定，城市人民政府应当采取绿化责任制、加强建设施工管理、扩大地面铺装面积、控制渣土堆放和清洁运输等措施，提高人均占有绿地面积，减少市区裸露地面和地面尘土，防治城市扬尘污染。

在城市市区进行建设施工或者从事其他产生扬尘污染活动的单位，必须按照当地环境保护的规定，采取防治扬尘污染的措施。运输、装卸、贮存能够散发有毒有害气体或者粉尘物质的，必须采取密闭措施或者其他防护措施。

在人口集中地区存放煤炭、煤矸石、煤渣、煤灰、砂石、灰土等物料，必须采取防燃、防尘措施，防止污染大气。严格限制向大气排放含有毒物质的废气和粉尘；确需排放的，必须经过净化处理，不超过规定的排放标准。

施工现场大气污染的防治，重点是防治扬尘污染。2007 年 9 月，建设部颁发的《绿色施工导则》中规定：

（1）运送土方、垃圾、设备及建筑材料等，不污损场外道路。运输容易散落、飞扬、流漏的物料的车辆，必须采取措施封闭严密，保证车辆清洁。施工现场出口应设置洗车槽。

（2）土方作业阶段，采取洒水、覆盖等措施，达到作业区目测扬尘高度小于 1.5m，不扩散到场区外。

（3）结构施工、安装装饰装修阶段，作业区目测扬尘高度小于 0.5m。对易产生扬尘的堆放材料应采取覆盖措施；对粉末状材料应封闭存放；场区内可能引起扬尘的材料及建筑垃圾搬运应有降尘措施，如覆盖、洒水等；浇筑混凝土前清理灰尘和垃圾时，尽量使用吸尘器。避免使用吹风器等易产生扬尘的设备；机械剔凿作业时，可用局部遮挡、掩盖、水淋等防护措施；高层或多层建筑清理垃圾应搭设封闭性临时专用道或采用容器吊运。

（4）施工现场非作业区达到目测无扬尘的要求。对现场易飞扬物质采取有效措施，如洒水、地面硬化、围挡、密网覆盖、封闭等，防止扬尘产生。

（5）构筑物机械拆除前，做好扬尘控制计划。可采取清理积尘、拆除体洒水、设置隔挡等措施。

（6）构筑物爆破拆除前，做好扬尘控制计划。可采用清理积尘、淋湿地面、预湿墙体、屋面敷水袋、楼面蓄水、建筑外设高压喷雾状水系统、搭设防尘排栅和直升机投水弹等综合降尘。选择风力小的天气进行爆破作业。

（7）在场界四周隔挡高度位置测得的大气总悬浮颗粒物（TSP）月平均浓度与城市背景值的差值不大于 $0.08mg/m^3$。

3. 建设项目大气污染的防治

《大气污染防治法》规定，新建、扩建、改建向大气排放污染物的项目，必须遵守国家有关建设项目环境保护管理的规定。

建设项目的环境影响报告书，必须对建设项目可能产生的大气污染和对生态环境的影响作出评价，规定防治措施并按照规定的程序报环境保护行政主管部门审查批准。例如，新建、扩建排放二氧化硫的火电厂和其他大中型企业，超过规定的污染物排放标准或者总量控制指标的，必须建设配套脱硫、除尘装置或者采取其他控制二氧化硫排放、除尘的措施；炼制石油、生产合成氨、煤气和燃煤焦化、有色金属冶炼过程中排放含有硫化物气体的，应当配备脱硫装置或者采取其他脱硫措施等。

建设项目投入生产或使用前，其大气污染防治设施必须经过环境保护行政主管部门验收，达不到国家有关建设项目环境保护管理规定的要求的建设项目，不得投入生产或使用。

4. 对向大气排放污染物单位的监管

《大气污染防治法》规定，向大气排放污染物的单位，必须按照国务院环境保护行政主管部门的规定向所在地的环境保护行政主管部门申报拥有的污染物排放设施、处理设施和在正常作业条件下排放污染物的种类、数量、浓度，并提供防治大气污染方面的有关技术资料。

排污单位排放大气污染物的种类、数量、浓度有重大改变的，应当及时申报，其大气污染物处理设施必须保持正常使用。拆除或者闲置大气污染物处理设施的，必须事先报经所在地的县级以上地方人民政府环境保护行政主管部门批准。

向大气排放污染物的，其污染物排放浓度不得超过国家和地方规定的排放标准。在人口集中地区和其他依法需要特殊保护的区域内，禁止焚烧沥青、油毡、橡胶、塑料、皮革、垃圾以及其他产生有毒、有害烟尘和恶臭气体的物质。

12.6　水污染的防治规定

水污染，是指水体因某种物质的介入而导致其化学、物理、生物或者放射性等方面特性的改变，从而影响水的有效利用。危害人体健康或者破坏生态环境，造成水质恶化的现象。水污染防治包括江河、湖泊、运河、渠道、水库等地表水体以及地下水体的污染防治。

水资源可持续利用是我国经济社会发展的战略问题，直接关系到人民群众的生活，关系到社会的稳定，关系到城市的可持续发展。这既是我国当前经济社会发展的一项紧迫任务，也是关系现代化建设长远发展的重大问题。各地区、各部门要高度重视，采取切实有力的措施，认真做好城市水污染防治工作。

1. 水污染防治法

《中华人民共和国水污染防治法》是为了防治水污染，保护和改善环境，保障饮用水安全，促进经济社会全面、协调、可持续发展而制定的法规。1984 年 5 月 11 日，第六届全国人民代表大会常务委员会第五次会议通过；根据 1996 年 5 月 15 日第八届全国人民代表大会常务委员会第十九次会议《关于修改〈中华人民共和国水污染防治法〉的决定》第一次修正；2008 年 2 月 28 日，第十届全国人民代表大会常务委员会第三十二次会议修订；

根据2017年6月27日第十二届全国人民代表大会常务委员会第二十八次会议《关于修改〈中华人民共和国水污染防治法〉的决定》第二次修正，自2018年1月1日起施行。

2018年1月修订的《中华人民共和国水污染防治法》（以下简称《水污染防治法》）规定，水污染防治应当坚持预防为主、防治结合、综合治理的原则，优先保护饮用水水源，严格控制工业污染、城镇生活污染，防治农业面源污染，积极推进生态治理工程建设，预防、控制和减少水环境污染和生态破坏。

2. 施工现场水污染的防治

《水污染防治法》规定，排放水污染物，不得超过国家或者地方规定的水污染物排放标准和重点水污染物排放总量控制指标。

直接或者间接向水体排放污染物的企业事业单位和个体工商户，应当按照国务院环境保护主管部门的规定，向县级以上地方人民政府环境保护主管部门申报登记拥有的水污染物排放设施、处理设施和在正常作业条件下排放水污染物的种类、数量和浓度，并提供防治水污染方面的有关技术资料。

禁止向水体排放油类、酸液、碱液或者剧毒废液。禁止在水体清洗装贮过油类或者有毒污染物的车辆和容器。禁止向水体排放、倾倒放射性固体废物或者含有高放射和中放射性物质的废水。向水体排放含低放射性物质的废水，应当符合国家有关放射性污染防治的规定和标准。

禁止向水体排放、倾倒工业废渣、城镇垃圾和其他废弃物。禁止将含有汞、镉、砷、铬、氰化物、黄磷等的可溶性剧毒废渣向水体排放、倾倒或者直接埋入地下。存放可溶性剧毒废渣的场所，应当采取防水、防渗漏、防流失的措施。禁止在江河、湖泊、运河、渠道、水库最高水位线以下的滩地及岸坡堆放、存储固体废弃物和其他污染物。

在饮用水水面保护区内，禁止设置排污口。在风景名胜区水体、重要渔业水体和其他具有特殊经济文化价值的水体的保护区内，不得新建排污口。在保护区附近新建排污口，应当保证保护区水体不受污染。

禁止利用渗井、渗坑裂隙和溶洞排放、倾倒含有毒污染物的废水、含病原体的污水和其他废弃物。禁止利用无防渗漏措施的沟渠、坑塘等输送或者存贮含有毒污染物的废水、含病原体的污水和其他废弃物。

兴建地下工程设施或者进行地下勘探、采矿等活动，应当采取防护性措施，防止地下水污染。人工回灌地下水，不得恶化地下水质。

2013年9月颁布的《城镇排水与污水处理条例》规定，城镇排水主管部门应当会同有关部门，按照国家有关规定划定城镇排水与污水处理设施保护范围，并向社公公布。在保护范围内，有关单位从事爆破、钻探、打桩、顶进、挖掘、取土等可能影响城镇排水与污水处理设施安全的活动的，应当与设施维护运营单位等共同制定设施保护方案，并采取相应的安全防护措施。

建设工程开工前，建设单位应当查明工程建设范围内地下城镇排水与污水处理设施的相关情况。城镇排水主管部门及其他相关部门和单位应当及时提供相关资料。建设工程施工范围内有排水管网等城镇排水与污水处理设施的，建设单位应当与施工单位、设施维护运营单位共同制定设施保护方案，并采取相应的安全保护措施。因工程建设需要拆除、改动城镇排水与污水处理设施的，建设单位应当制定拆除、改动方案，报城镇排水主管部门审核并承担重建、改建和采取临时措施的费用。

《绿色施工导则》进一步规定，水污染控制：

（1）施工现场污水排放应达到国家标准《污水综合排放标准》GB 8978 的要求。

（2）在施工现场应针对不同的污水设置相应的处理设施，如沉淀池、隔油池、化粪池等。

（3）污水排放应委托有资质的单位进行废水水质检测，提供相应的污水检测报告。

（4）保护地下水环境，采用隔水性能好的边坡支护技术。在缺水地区或地下水位持续下降的地区，基坑降水尽可能少地抽取地下水。当基坑开挖抽水量大于 50 万立方米时，应进行地下水回灌并避免地下水被污染。

（5）对于化学品等有毒材料、油料的储存地，应有严格的隔水层设计，做好渗漏液收集和处理。

3. 建设项目水污染的防治

《水污染防治法》规定，新建、改建、扩建直接或者间接向水体排放污染物的建设项目和其他水上设施，应当依法进行环境影响评价。

建设单位在江河、湖泊新建、改建、扩建排污口的，应当取得水体行政主管部门或者流域管理机构同意；涉及通航、渔业水域的，环境保护主管部门在审批环境影响评价文件时，应当征求交通、渔业主管部门的意见。建设项目的水污染防治设施，应当与主体工程同时设计、同时施工、同时投入使用。水污染防治设施应当经过环境保护主管部门验收，验收不合格的，该建设项目不得投入生产或使用。

禁止在饮用水水源一级保护区内新建、改建、扩建与供水设施和保护水源无关的建设项目。已建成的与供水设施和保护水源无关的建设项目，由县级以上人民政府责令拆除或者关闭。禁止在饮用水水源二级保护区内新建、改建、扩建排放污染物的建设项目。已建成的排放污染物的建设项目，由县级以上人民政府责令拆除或者关闭。

禁止在饮用水水源准保护区内新建、扩建对水体污染严重的建设项目；改建建设项目，不得增加排污量。

4. 发生事故或者其他突发性事件的规定

《水污染防治法》规定，企业事业单位发生事故或者其他突发性事件，造成或者可能造成水污染事故的，应当立即启动本单位的应急事故处理预案，采取应急措施，并向事故发生地的县级以上地方人民政府或者环境保护主管部门报告。

12.7 其他相关法规案例

案例 1   噪声扰民案例

2011 年 4 月 19 日 23 时，某市环境保护行政主管部门接到居民投诉，称某项目工地有夜间施工噪声扰民情况。执法人员立刻赶赴施工现场，并在施工场界进行了噪声测量。经现场勘查：施工噪声源主要是推土机、挖掘机、打桩机等设备的施工作业噪声，施工场界噪声经测试为 65.4dB（A）。通过调查，执法人员核实了此次夜间施工作业不属于抢修、抢险作业，也不属于因生产工艺要求必须进行的连续作业，并无有关主管部门出具的相关证明。

问题：

（1）本案中，施工单位的夜间施工作业行为是否合法？如违法，请说明理由。

（2）对本案中施工单位的夜间施工作业行为应如何处理？

【案例分析】

（1）本案中，施工单位的夜间施工作业行为构成了环境噪声污染违法行为。《环境噪声污染防治法》第30条规定，"在城市市区噪声敏感建筑物集中区域内，禁止夜间进行产生环境噪声污染的建筑施工作业，但抢修、抢险作业和因生产工艺上要求或者特殊需要必须连续作业的除外。因特殊需要必须连续作业的，必须有县级以上人民政府或者其有关主管部门的证明。以上规定的夜间作业，必须公告附近居民。"经执法人员核实，该施工单位夜间作业既不属于抢修、抢险作业，也不属于因生产工艺上要求必须进行的连续作业，并无有关主管部门出具的因特殊需要必须连续作业的证明。同时，该法第28条规定，"在城市市区范围内向周围生活环境排放建筑施工噪声的，应当符合国家规定的建筑施工场界环境噪声排放标准。"经检测，该施工场界噪声为65.4dB（A），超过了《建筑施工场界环境噪声排放标准》中关于夜间噪声最大声级超过限值的标准。

（2）依据《环境噪声污染防治法》第56条规定，"在城市市区噪声敏感建筑物集中区域内，夜间进行禁止进行的产生环境噪声污染的建筑施工作业的，由工程所在地县级以上地方人民政府环境保护行政主管部门责令改正，可以并处罚款。"据此，对该施工单位应由市环境保护行政主管部门依法责令改正，还可以并处罚款。

案例2 建筑工地刺鼻气味案例

2012年11月22日，某市环保局接到居民投诉，城区二环路一处建筑工地正进行施工，尘土飞扬，还传来阵阵刺鼻味道，严重影响了当地居民生活。市环保局随即对该工场进行检查，发现该工地堆放大量砂、石、灰土等物料及建筑垃圾。由于冬期施工天气干燥，经风一吹尘土飞扬，而且该地交通繁忙，车辆经过也激起大量扬尘。同时，屋面防水工程使用的沥青在熬制过程中挥发大量刺激（刺鼻）性气体，对小区居民生活造成了严重影响。

市环保局责令该施工单位进行限期整改。但是，该施工单位未采取任何整改措施，依然照常进行施工作业。

问题：

（1）施工单位违反了《大气污染防治法》的哪些规定？

（2）市环保局应当如何对其作处罚？

【案例分析】

（1）《大气污染防治法》第36条规定，"向大气排放粉尘的排污单位，必须采取除尘措施。严格限制向大气排放含有毒物质的废气和粉尘；确需排放的，必须经过净化处理，不超过规定的排放标准。"本案中的施工单位违反了此项规定，没有对运土方车辆采取必要的防漏洒及清洗等除尘措施，导致产生大量粉尘污染环境。

《大气污染防治法》第40条规定，"向大气排放恶臭气体的排污单位，必须采取措施防止周围居民区受到污染。"第41条规定，"在人口集中地区和其他依法需要特殊保护的区域内，禁止焚烧沥青、油毡、橡胶、塑料、皮革、垃圾以及其他产生有毒有害烟尘和恶臭气体物质。"本案中的施工单位违反法律规定，导致沥青在熬制过程中挥发出大量刺激

（刺鼻）性气体，对小区的居民生活造成了严重影响。

（2）依据《大气污染防治法》第 56、57 条规定，该市环保局应当责令施工单位停止违法行为，限期改正，可以处 5 万元以下罚款。此外，依据该法第 58 条规定，对于该施工单位违反限期改正要求，逾期仍未达到当地环境保护规定要求的违法行为，市环保局可以责令其停工整顿。

案例 3 施工工地排放废水案例

2013 年 3 月 22 日，南方某市突降大雨，环保局执法人员巡查发现市区某段有大雨积的积水，便及时上报该局。不久，市政部门派人疏通管道，从管道中清出大量的泥沙、水泥块，还发现井口内有一个非市政部门设置的排水口，其方向紧靠某工地一侧。经执法人员调查确认，该工地的排水管于 2013 年 1 月份打桩时铺设，工地内侧没有任何的污水处理设施，其施工废水直接排放到工地外。工地的排污口通向该路段一侧的雨水井，但未办理任何的审批手续。

问题：

（1）本案中，施工单位向道路雨水井排放施工废水的行为是否构成水污染违法行为？

（2）施工单位向道路雨水井排放施工废水的行为应该受到何种处罚？

【案例分析】

（1）施工单位向道路雨水井排放施工废水的行为构成了水污染违法行为。《水污染防治法》第 21 条规定，"直接或间接排放污染物的企业事业单位和个体工商户，应当按照国务院环境保护主管部门的规定，向县级以上地方人民政府环境保护主管部门申报登记拥有的水污染排放设施、处理设施和在正常条件作用下排放水污染的种类、数量和浓度有重大改变的，应当及时申报登记；其水污染处理设施应当保持正常使用；拆除或者闲置水污染处理措施的，应当事先报县级以上地方人民政府环境保护主管部门的批准。"本案中的施工单位，没有依法申报登记水污染的情况和提供防治水污染方面的有关技术资料。

《水污染防治法》第 22 条规定，"向水体排放污染物的企业事业单位和个体工商户，应当按照法律、行政法规和国务院环境保护主管部门的规定设置排污口；在江河、湖泊设置排污口的，还应当遵守国务院水行政主管部门的规定。禁止私设暗管或者采取其他规避监管的方式排放水污染物。"本案中的施工单位私自设置排水口排放污染物，没有办理相应的审批手续。

《水污染防治法》第 33 条第 1 款规定，"禁止向水体排放、倾倒工业废渣、城镇垃圾和其他废弃物"本案中的施工单位向雨水井中排放的施工废水中含有大量的泥沙、水泥块等废弃物。

（2）依据《水污染防治法》第 72 条、第 75 条第 2 款的规定，市环保局应当责令该施工单位限期改正，限期拆除私自设置的排污口，并可对该施工单位处 2 万元以上 10 万元以下的罚款；逾期不拆除的，强制拆除，所需费用由违法者承担，处 10 万元以上 50 万元以下的罚款。

案例 4 工程材料检验案例

2011 年底，某住宅小区一期工程完成设计，2012 年开始施工。按当地规定，所有新建、改建、扩建的住宅项目，必须按照《夏热冬冷地区居住建筑节能设计标准》的要求进行建筑节能设计、施工。在施工过程中，建设单位按设计图纸规定的规格、数量要求采购了墙体材料、保温材料、采暖制冷系统等，并声称是优质产品；施工单位在以上材料设备进入施工现场后，便直接用于该项目的施工并形成工程实体，导致一期工程验收不合格。经有关部门检验，建设单位购买的墙体材料、保温材料、采暖制冷系统存在严重质量问题，根本不符合该项目设计图纸规定的质量要求。

问题：

（1）施工单位的行为是否违法？

（2）施工单位应承担哪些法律责任？

【案例分析】

（1）《民用建筑节能条例》第16条规定，"施工单位应当对进入施工现场的墙体材料、保温材料、门窗、采暖制冷系统和照明设备进行查验；不符合施工图纸设计要求的，不得使用。"本案中，施工单位未对进入施工现场的墙体材料、保温材料、采暖制冷系统等进行查验，导致不符合施工图设计文件要求的墙体材料等用于该项目的施工，构成了违法行为。

（2）《民用建筑节能条例》第41条规定，"施工单位有下列行为之一的，由县级以上地方人民政府建设主管部门责令改正，处10万元以上20万元以下的罚款；情节严重的，由颁发资质证书的部门责令停业整顿、降低资质等级或者吊销资质证书；造成损失的，依法承担赔偿责任：①未对进入施工现场的墙体材料、保温材料、门窗、采暖制冷系统和照明设备进行查验的；②使用不符合施工图设计文件要求的墙体材料、保温材料、门窗、采暖制冷系统和照明设备的；……"据此，当地建设主管部门应当依法责令该施工单位改正，处10万元以上20万元以下的罚款。

复习思考题

1. 环境保护法律体系是如何构成的？
2. 《建设项目环境保护管理条例》的主要内容是什么？
3. 建设项目环境保护的意义及遵循的原则是什么？
4. 建设项目环境管理各阶段的内容要点是什么？
5. 环境影响评价管理的程序是什么？
6. 建设项目环境报告书的主要内容是什么？

参 考 文 献

[1] 马楠. 建设法规与典型案例分析［M］. 北京：机械工业出版社，2011.

[2] 何佰洲. 工程建设法规与案例［M］. 北京：中国建筑工业出版社，2004.

[3] 住房与城乡建设部高等学校土建学科教学指导委员会编. 建设法规教程［M］. 北京：中国建筑工业出版社，2011.

[4] 李永福，史伟利. 建设法规（第3版）［M］. 北京：中国电力出版社，2016.

[5] 金国辉. 建设法规概论与案例（修订本）［M］. 北京：清华大学出版社，北京交通大学出版社，2008.

[6] 顾永才，杨雪梅. 建设法规［M］. 北京：科学出版社，2009.

[7] 全国二级建造师执业资格考试用书编写委员会. 建设工程法规及相关知识（第三版）［M］. 北京：中国建筑工业出版社，2009.

[8] 彭向真，肖铭. 建设法规［M］. 北京：北京大学出版社，2006.

[9] 黄安永. 建设法规［M］. 南京：东南大学出版社，2002.

[10] 刘亚臣，朱昊. 新编建设法规［M］. 北京：机械工业出版社，2006.

[11] 叶胜川，刘平. 工程建设法规［M］. 武汉：武汉理工大学出版社，2004.

[12] 刘文锋. 建设法规概论［M］. 北京：高等教育出版社，2004.

[13] 郑润梅. 建设法规概论［M］. 北京：中国建材工业出版社，2004.

[14] 梁涤坚，郭风典. 土地法新教程［M］. 武汉：中国地质大学出版社，2002.

[15] 周剑云，戚冬瑾. 中国城市规划法规体系［M］. 北京：中国建筑工业出版社，2007.

[16] 朱宏亮. 建设法规（第三版）［M］. 武汉：武汉理工大学出版社，2012.

[17] 喻岩. 土木工程建设法规［M］. 北京：机械工业出版社，2010.

[18] 康耀江，张健铭，文伟. 住房保障制度［M］. 北京：清华大学出版社，2011.

[19] 顾永才，何佰洲. 建设法规（第三版）［M］. 武汉：华中科技大学出版社，2013.

[20] 朱昊. 建设法规案例与评价［M］. 北京：机械工业出版社，2007.

[21] 孙峻. 建设法规［M］. 武汉：华中理工大学出版社，2007.

[22] 祝连波. 建设法规［M］. 北京：化学工业出版社，2012.

[23] 李珊，冯顾军，陈友雄. 建设法规［M］. 西安：西北工业大学出版社，2015.

[24] 黄南铨，朱国红，张秋娇. 工程建设法规与实务［M］. 北京：中国传媒大学出版社，2011.

[25] 全国一级建造师执业资格考试用书编写委员会. 建设工程法规及相关知识（第四版）［M］. 北京：中国建筑工业出版社，2014.

[26] 全国一级建造师执业资格考试用书编写委员会. 建筑工程管理与实务（第四版）［M］. 北京：中国建筑工业出版社，2014.

[27] 北京城建集团. 建筑给排水暖通空调燃气工程施工工艺标准［M］. 北京：中国计划出版社，2004.

[28] 杨伟军，夏栋舟. 工程建设法规［M］. 北京：中国建材工业出版社，2015.